인공지능 규제 거버넌스의
현재와 미래

포스트휴먼사이언스 07

**인공지능 규제 거버넌스의
현재와 미래**

초판 1쇄 2023년 6월 5일 발행

편저자 김건우
펴낸이 김일수
펴낸곳 파이돈
출판등록 제406-2018-000042호
주소 03958 서울 마포구 망원동 419-3 참존1차 501호
전자우편 phaidonbook@gmail.com
전화 070-8983-7652
팩스 0504-053-5433

ISBN 979-11-981092-7-9 94300
ISBN 979-11-981092-6-2 (세트)

책값은 뒤표지에 있습니다.

포스트휴먼사이언스 07

인공지능 규제 거버넌스의 현재와 미래

김건우 편저 | 한국포스트휴먼연구소 · 한국포스트휴먼학회

The Present and Future of AI Governance

책을 펴내며

이 책은 '포스트휴먼사이언스 총서' 제7권으로서 '인공지능 규제 거버넌스의 현재와 미래'라는 주제를 담고 있습니다.

한국포스트휴먼연구소와 한국포스트휴먼학회는 도래하는 포스트휴먼 사회의 제반 문제를 논의하고 연구하고자, 2016년 '포스트휴먼 시대의 휴먼'을 시작으로, 2017년 '포스트휴먼 시대를 달리는 자율주행자동차—입법전략', '제4차 산업혁명과 새로운 사회 윤리'를, 2018년 '인공지능과 새로운 규범'을. 2019년 '포스트휴먼 사회와 새로운 규범', '인공지능의 이론과 실제'를 펴냈습니다.

하나의 책이 나오기까지는 많은 땀과 노력이 선행됨을 알기에, 이 책이 나오기까지 불철주야 어려운 연구와 정리를 해 주신 윤혜선 교수님, 김송옥 박사님, 이상용 교수님, 심우민 교수님 등 모든 분에게 깊은 감사를 드리며, 이 책이 시의적절하게 출간될 수 있도록 어려운 총괄 역할을 마다하지 않고 인상 깊게 수행해 주신 김건우 교수님에게 특히 깊은 고마움을 표합니다. 더불어 이 책이 햇빛을 볼 수 있도록 도와주신 파이돈 출판사에게도 깊은 사의를 표합니다.

최근 몇 달 사이에 등장한 ChatGPT나 Bard 등으로 인공지능 시대는 성큼 다가오고 있습니다. 새로운 기술이 등장할 때 기존 사회와의 마찰은 불가피하고 연착륙을 위한 규제는 필수적이지만, 인공지능 기술로 인한 사회적 영향은 과거의 그 어떤 기술에 비하여 지대할 것으로 보이기에 인공지능 기술이 초래할 사회적·윤리적 사항에 대한 논의는 매우 중요합니다.

그러나 인공지능 기술의 사회적 수용에 앞서 과연 어떻게 해야 그 부작용을 최소한으로 하고, 어디까지 사회에서 허용해야 할 것인지, 누가 어떤 시점에서 규제해야 하는지, 인공지능으로 인하여 발생한 부가가치의 배분은 어떻게 이루어져야 하는지 등에 대한 해결과제는 미해결 상태로 누적되어 있는 실정입니다.

이 책은 윤리적 관점과 법적 관점에서 인공지능 기술을 '누가', '무엇을', '어떻게' 규제할 것인지에 대한 일반적·총론적 차원의 논의를 다루면서, 인간과 인공지능의 바람직한 공존의 길을 제시하고 있습니다. 현재 각국은 인공지능 규제 도입을 서두르고 있고 우리나라도 예외가 아닌바, 이 책이 우리나라의 선진적인 인공지능 규제 논의에 있어 큰 기둥이 되기를 기대하며, 일반인에게는 인공지능 기술을 윤리적·법적 관점에서 이해하고 다른 관점에서 생각해 볼 수 있는 등대의 역할을 하길 희망합니다.

2023년 5월
최주선
포스트휴먼연구소 이사장

김건우

광주과학기술원 기초교육학부 부교수

인공지능 기술에 대한 관심이 어느 때보다 뜨겁다. 이제 인공지능 기술은 연구현장에서, 산업현장에서, 그리고 상품과 서비스로서 소비자에게 손을 내밀면 와닿을 거리에까지 다가왔다. 인공지능 기술은 이렇게 다양한 영역에서 인류에게 대단히 큰 효용을 줄 것으로 기대된다. 이에 따라 국제적 경쟁도 치열하다. 새로운 거대 시장을 선점하기 위한 기업들 사이에서만이 아니라 이 신기술을 새로운 국가경쟁력과 국부의 원천으로 삼으려는 국가들 사이에서도 그렇다.

하지만 인공지능 기술이 드리우는 그림자도 만만치 않다. 이 기술이 여러 심각한 사회적·윤리적 문제를 낳을 수 있다는 우려가 그것이다. 인공지능을 이용한 테러나 해킹, 기타 각종 범죄에 악용하거나 사고가 발생할 위험, 그러한 범죄와 사고에 대한 책임의 공백, 인공지능의 결과값에서 나오는 편향과 차별, 개인정보 및 프라이버시에 대한 침해, 그리고 인공지능과 인간이 공존하는 시대의 인간 자율성 침해 등이 그러한 문제다.

분명한 것은, 긍정적으로든 부정적으로든 인공지능 기술의 사회적 영향력은 막대할 것이라는 점이다. 따라서 그 기술을 발전시키고 사회로 확산시키려는 노력만큼이나, 그 기술을 적절히 규제하고 관리하려는 노력 또한 절실해지고 있다. 이런 요청에 따라, 대한민국을 비롯한 세계의 많은 국가에서는 다양한 차원에서 그러한 규제와 관리 방안을 고민하고 나름의 노력을 경주하고 있다.

이렇게 볼 때, 기존의 다른 기술에 대해서 그러했듯이 인공지능이라는 새로운 기술의 시대에도 당면 과제는 (소위 인공지능에 대한 국가경쟁력을 키우는 일만이 아니라) 그러한 사회적·윤리적 문제 사항을 적절히 다루고 문제점을 해결·해소하는 일이다. 더 정확히는, 그러한 문제와 위험을 다루기 위한 '규제'의 틀을 마련하는 일이다. 우리는 일찍부터 각종 IT기술에서부터 생명공학, 유전공학기술, 기타 의료바이오기술, 나노기술, 그리고 원자력기술에 이르기까지 사회기술적 위험이 크게 문제된 바 있는 여러 다른 기술에 대해 그러한 시도를 해왔다. 관련하여 많은 논의와 시도, 그리고 노하우를 쌓아온 바 있으니 그러한 자산을 중요하게 참조해야 할 것이다.

이러한 과제를 일반적 용어로 표현해 본다면, 인공지능 기술과 관련하여 "누가 규제할 것인가", "무엇을 규제할 것인가", "어떤 방법과 수단으로 규제할 것인가", "무엇을 목표로 하여 규제할 것인가", 그리고 "어떠한 관점과 철학으로 규제할 것인가" 등이 될 것이다. 본서의 모든 저자들은 바로 이러한 문제들과 관련하여 각자의 문제의식과 진단, 그리고 해법을 내놓으려 했다. 그리고 본 편저자는 이러한 진단과 해법을 대략적으로나마 책의 구성을 통해 드러내고자 했다. 즉 규제의 방식을 윤리적 규제와 법적 규제로 대별하고, 이들 각각의 현황을 제시하고 양자가 자연스럽게 비교되도록 함으로써, 규제의 가능한 미래를 이론적으로 조망하고자 하였다.

물론 이 모든 노력의 결과로 우리의 문제에 대한 단일한 정답이 제시되지는 않을 것이다. 또한 본서의 각 저자들 간에는 그러한 문제와 해법에 대해 다소간 견해의 차이가 있는 것도 사실이다. 하지만 저자들의 모든 진단과 해법들, 그리고 그들 간의 차이마저도, 이 책의 자산이 아닐까 한다. 그래서 희망컨대, 이 책은 인공지능 기술과 사회, 그리고 제도를 세 축으로 한 좌표공간 상에서 현재 우리가 서 있는 좌표를 확인하고, 그 자리를 돌아보며, 향후 어디로 옮겨가야 할까를 고민할 기회가 될 것이다. 작지만 의미 있는 기회가 말이다.

이제 서문의 지면을 빌어 본서 편집 작업에 노정된 약간의 제약사항을 언급하고 싶다. 현재 시중에는 이 책의 주제와 관련해서 좋은 글들이 많이 나와 있다. (하지만 솔직히, 필자의 주관적 기준이나 성향에 맞는 글은 그리 많지 않았다.) 그래서 그러한 글들이 이 책에 실을 후보로서 먼저 눈에 들어왔다. 하지만 결국 이 책에는 그중에서 단 몇 편밖에 싣지 못했다. 다음 몇 가지 이유 때문이었다. 무엇보다 본서 지면상의 제약이 컸다. 또한 저작권이나 번역과 관련한 문제가 있어서 여러 좋은 글을 포기해야 했다. 게다가 모두에 언급한 것처럼, 본서의 지향점은 인공지능 규제 거버넌스의 현황과 총론적 논의를 담고자 한 것이어서, 여기에 정확히 맞는 글은 막상 많지 않았기에 적절한 글을 충분히 확보하지 못한 면도 있었다. 또한 필자의 특정한 구상에 딱 들어맞는 글을 찾지 못한 경우도 있었다. 예를 들어, 인공지능 윤리나 규제, 법, 거버넌스 등과 관련하여 다소간 비판적·과학기술학(STS)적 견지에서 작성된 국내 연구자의 글을 하나 싣고자 했으나 마땅한 글을 찾지 못했다. 이 모든 이유로 인해, 확보한 다른 저자의 글 다섯 편만으로는 책이 완결적이고 자족적이지 못하거나 독자들이 접근하기에 어려울 것이라고 판단하여, 결국 부족한 글이나마 필자가 제1장을 추가적으로 쓰게 되었다. 그럼에도 여전히 여섯 편의 글과 부록만으로는 이 책의 목표에 부응하기에는 부족하지 않은지 걱정이 앞선다.

인공지능 윤리·규제·정책이라는 본서의 주제는 그 자체로 방대하다. 따라서 그로 인한 제약도 피할 수 없었다. 이 한 권의 책이나 몇 편의 글만으로 이 방대한 주제에서 불거지는 모든 주요한 쟁점과 논의를 포괄한다는 것은 턱없이 불가능한 일이었다. 특히 자율성, 책임, 투명성, 공정성, 인격성 등의 개별 주제는 그 자체로든 규제나 거버넌스와 관련해서든 어느 하나 중요하지 않은 것이 없다. 하지만 이 책에서는 이들 주제를 묶어 일반적 차원에서 다룰 수밖에 없었다. 각 주제를 개별적으로 다루기 위해서는 적어도 이 책 지면의 몇 배는 필요했을 것이기 때문이다.

뿐만 아니라, 일정상의 제약도 있었다. 이 책은 주제의 특성상 '시의성'이 클 수밖에 없다. 하루가 멀도록 새로운 기술개발 및 법안 제출에 관한 소식과 문헌이 쏟아지고 있다. 따라서 출간이 늦어질수록 그만큼 책의 시의성이 떨어질 수 있기에, 기획에서부터 편집, 교열, 출간에 이르는 전 과정을 여유 있게 가져갈 수는 없었다. 특히 인공지능 규제 거버넌스의 '미래'를 전망하는 작업의 일환으로서 그러한 거버넌스의 방법과 철학을 제시하는 글을 본서 마지막에 넣고자 했으나 일정상의 이유로 끝내 넣지 못했으며, 그러한 과제를 독자들께 남기게 되었다.

본 편저자에게 이 책은 첫 편저를 내는 소중한 기회였지만 동시에 하나의 큰 도전과제였다. 1년이 채 못 되는 넉넉지 않은 일정에 더해 필자의 부족한 역량 등을 고려할 때, 이 작업은 여러모로 부담이 큰일이었다. 그래서 정원섭 교수님으로부터 편집을 의뢰받고 여러 달을 망설이다가 덜컥 이 일을 맡고서 일을 진행하는 내내 후회하고 자책한 날이 많았다. 하지만 이렇게 책이 나올 때가 되니, 그 모든 시름은 사라지고 뿌듯함이 앞선다. 그렇지만 여전히 남아있을 책의 아쉬운 점들에 대한 무거운 책임감 또한 편저자로서 안고 가야 할 것이다.

끝으로, 많은 분께 감사의 말씀을 올리고 싶다. 누구보다, 이 책을 편집할 기회를 주신 한국포스트휴먼연구소 소장 백종현 교수님과 한국포스트휴먼학회 회장 정원섭 교수님께 감사드린다. 특히 정원섭 교수님께서는 이 책의 기획에서부터 편집과 출간에 이르는 전 과정에서 격려와 조언을 아끼지 않으셨다. 두 분 모두 책 출간이 처음에 목표로 한 것보다 수개월 지연되었음에도 조금도 재촉하지 않고 격려해주셨다. 법무법인 '민후'는 발간을 물심양면으로 도와주셨다. 특히 '민후'의 최주선 변호사님께서는 발간사를 써 주셨을 뿐 아니라 첫 편집본을 읽고 유익한 의견도 주셨다. 이에 감사한다. 또 원활한 출판을 위해 도와주신 서울대 영어영문학과 대학원의 이우창 선생님과 현재 미국 퍼듀 대학 철학과 박사과정에 유학 중인 서세동 선생님께도 감사드린다. 특히 서세동 선생님께서는 부록에 실은 국내외 인공지능 윤리가이드라인들에 대한 번역을 제공해주시기도 했다.

그리고 누구보다, 책의 실질적 내용을 차지하는 각 장의 원고들을 제공해주신 저자분들께 크게 감사드려야 할 것이다. 저자들께서는 일찌감치 원고 제공에 협조해주셨을 뿐 아니라, 본 편저자의 작업이 지연됨에 따라 책의 출간이 늦어졌지만 묵묵히 기다려주시고 마지막까지 교정과 수정에 시간을 아끼지 않으셨다. 또한 본문의 몇몇 원고에 대한 초역이나 감수를 맡아 수고해주신 분들께도 감사를 빼놓을 수 없다. 서울대 철학과 대학원의 이한주 선생님은 제2장 하겐도르프 논문의 초역을 담당해주셨고. 서울대 법학대학원의 정준영 선생님은 「미국 연방의회 알고리즘 책임법안」에 대한 완성도 높은 초역을 마련해주셨으며, 좌정원 박사님께서는 미국에 체재하고 계신 중임에도 이 법안 초역에 대해 더없이 꼼꼼하게 감수 작업을 해주셨다. 이 모든 분께 감사드린다. 최근 본 편저자의 새 직장동료가 된 광주과학기술원(GIST) 인공지능대학원 박도현 교수님께서는 본 서론을 읽고 유익한 수정 의견을 주셨다. 마지막으로, 빡빡한 일정 속에서 편저자가 여러 차례 수정을 요청했음에도 불구하고, 기꺼이 마지막까지 꼼꼼하고 정갈하게 편집 및 마감 작업을 하여 멋진 책을 만들어주신 파이돈 편집부와 김일수 대표님께도 감사의 말씀을 전한다.

차례

1부 인공지능 규제의 현재 – 윤리적 규제

2부 인공지능 규제의 현재 – 법적 규제

3부 인공지능 규제의 미래 – 알고리즘 규제와 거버넌스

서론

김건우

광주과학기술원 기초교육학부 부교수

1. 들어가며

2016년 세상을 강타했던 알파고의 충격이 채 가시지 않은 지난 2022년 연말 ChatGPT라는 생성형 인공지능이 출시되었고, 이내 그 소식이 모든 언론을 덮었다. 이 인공지능이 사람이 던진 다양한 질문에 대해 마치 사람처럼 답변을 한다거나, 심지어 사람보다 더 똑똑한 답변을 한다는 식의 반응이 여기저기서 들려 왔다. 이어서 2023년 3월 중순경에는 GPT-4라는 더 강력해진 인공지능도 등장했다. 텍스트만 분석할 수 있던 ChatGPT와 달리, GPT-4는 이미지까지 분석할 수 있으며 다양한 플러그인에 접속하여 활용의 폭과 규모가 훨씬 커질 것이라고 한다. 또 최근 구글은 GPT보다 더 뛰어나다고 하는 바드(Bard)라는 생성형 인공지능 챗봇을 내놓기도 했다. 그래서 이들 새로운 인공지능은 알파고 이후 다시 한번 세간을 놀라게 하고 있다. 많은 이들은 알파고 이후 다시금 GPT라는 신기술을 어떻게 활용할까, 그리고 그로 인해 세상은 어떻게 바뀔까 하며 기대에 차 있다.

하지만 이러한 인공지능의 능력과 그 효용성에 대한 찬사 못지않게 그것의 부작용과 위험성에 대한 경고도 이어지고 있다. 더불어 인공지능에 대한 윤리와 규제에 관한 논의가 다시 점화되고 있기도 하다. 이 인공지능이 만들어주는 자료의 정확성과 신뢰성의 문제는 말할 것도 없고, 기존의 인공지능에 대해 제기되어 온 대부분의 문제가 이 새로운 인공지능에서도 그대로, 혹은 더욱 심각하게 불거질 수 있다는 것이다. (그러한 문제에 대한 설명과 예시는 본서 제2장 참조)

실례로, 2023년 4월 1일 이탈리아 데이터 보호청에서는 개인정보보호를 위해 이탈리아 국내에서 ChatGPT 접속을 당분간 차단하며 개발사에 대한 조사에 착수한다고 발표했다.[1] 게다가 인공지능에 큰 관심을 쏟고 있는 기업가 일런 머스크와 딥러닝의 창시자의 한 명인 컴퓨터과학자 요수아 벤지오(Yoshua Bengio), 그리고 역사학자 유발 하라리(Yuval Harari) 등은 공개서한에서 ChatGPT가 전술한 바와 같은 큰 위험을 사회에 끼칠 수 있음을 지적하면서, 이를 감안하여 GPT-4 이상으로 강력한 시스템을 개발하는 작업은 적어도 향후 6개월간 중단해야 한다고 촉구하기도 했다.[2] 또 딥러닝의 대부로 불리는 제프리 힌튼(Jeffrey Hinton)도 최근에 비슷한 우려를 표명했다. 그는 정작 자신이 벤지오 등과 근래 인공지능 기술의 혁신적 발전의 산파 역할을 했음에도, GPT 등의 획기적 발전과 끝없는 경쟁을 보면서 인공지능 기술이 인류에게 실존적 위협이 되고 있으며, 이는 현재 피하기 어려운 방향으로 가고 있다고 강력히 경고했다.[3]

관련하여 최근 우려스러운 사건도 하나 발생했다. 미국 마이크로소프트(MS)가 직원 만여 명을 정리해고하는 과정에서 인공지능 '윤리사회팀'(ethics and society team) 직원 전원을 내보냈다는 보도가 나왔다. 엔지니어·디자

이너·철학자 등으로 구성된 이 팀은, 해고 전까지 인공지능 윤리와 관련된 원칙을 만드는 일을 담당했으며, GPT 등 인공지능으로 인한 잠재적 피해를 예측하고, ChatGPT 개발사 OpenAI의 기술을 자사 제품군에 통합할 경우에 대한 위험성 평가를 해왔다고 한다. 불과 얼마 전까지, 윤리사회팀의 설치와 존재는 마이크로소프트와 같은 글로벌 IT기업의 윤리성과 사회성을 대외적으로 어필하는 상징적 징표였다. 하지만 인공지능 제품 개발 경쟁이 격화됨에 따라, 그 압박으로 사회윤리팀 직원의 해고에 이르렀다는 것이다.[4] GPT 개발이 '속도전'이 되면서, 이 전쟁이 기술에 관한 윤리 논의를 가로막은 셈이다. 영리를 추구하는 기업 입장에서는 그런 조치가 불가피했을지 모르지만, 더 큰 사회적 관점에서 보면 GPT와 같이 사회적 파급효과가 엄청나게 클 인공지능에 대해서는 오히려 해당 기업 안팎에서 관련 윤리 논의를 소홀히 다룬 것 아닌가 하고 묻지 않을 수 없다. 따라서 이 사건은 기술과 윤리를 대하는 업계의 자기모순적 태도를 보여주는 예라 하겠다.

사실 ChatGPT가 등장하기 전 지난 몇 년간은 인공지능 윤리 및 규제 관련 논의가 폭발되다가 다소간 조정되는 시기였다. 하지만 이제 이 같은 새로운 인공지능들은 인공지능에 관한 윤리와 법, 정책, 그리고 규제를 둘러싼 기존의 논란을 다시금 불러내고 있다. 기존의 논란이 다분히 인공지능이 일으킬 '잠재적' 위험에 대한 논란이었다면, 이제는 다분히 '현실화되었거나 곧 현실화될' 위험에 대한 논란으로 여겨지고 있다. 따라서 이제 우리가 해야 할 고민과 논의는 지난 몇 년간 그랬던 것보다 더욱 시급하고도 절박한 것일 수 있다. 행여 그런 논란이 일각에서 주장하듯 인공지능의 능력을 과장한 데 따른 '호들갑'일 뿐이라고 하더라도, 우리의 고민은 분명 과거보다 더욱 진지하고 치열해야 할 것이다. 이탈리아 정부의 조치나 관련 업계 리더들의 경고는 그러한 논의를 재촉하는 작은 발화점인 셈이다.

그래서 우리는 다음의 물음을 피할 수 없다. "인공지능 기술과 관련하여 누가(규제의 주체), 무엇을(규제의 대상), 어떻게(규제의 방법), 무엇을 목표로 하여(규제의 목표), 그리고 어떠한 관점과 철학(규제의 철학)에 의거하여 규제할 것인가?" 어쩌면 이러한 물음보다 "그것을 왜 규제해야 하는가?"(규제의 필요성), 혹은 "그러한 규제가 왜 중요한가?"(규제의 중요성)와 같은 물음이 더 선행해야 할지도 모른다. 설령 규제의 필요성과 중요성에 마땅히 동의하고 그것을 전제한다고 하더라도, 여전히 규제의 주체와 대상, 방법, 목표, 그리고 이 모든 것을 아우르는 규제의 '철학'이 문제될 것이다. 바로 이 모든 문제가 이 책이 던지고 씨름하는 화두다.

이 책이 제기하는 문제의식과 여러 해법이 아주 새로운 것은 아니다. 많은 논자들이 일찍이 '인공지능윤리', '인공지능법', 혹은 '인공지능 거버넌스'라는 이름으로 이 새로운 문제영역을 개척해왔다. 적어도 지난 2016년 알파고 사건 이후 이미 이 문제영역에서는 논문과 단행본들이 쏟아져 나와 있다. 이들 문헌은 독자들이 이 문제영역의 개별 주제와 쟁점, 그리고 관련 논의를 파악하기에 부족함이 없다.

하지만 그러한 문헌은 논의의 층위가 다소 제한적이었다. 이들 문헌은 대체로 특정 용도나 유형의 인공지능(예: 예측알고리즘이나 챗봇, 질병진단 인공지능, 혹은 헬스케어 인공지능)이 불러일으키는 특정한 사회적·윤리적 쟁점이나 문제점(예: 특정 소수집단에 대한 차별이나 사용자의 데이터 주권 침해)에 대한 특정 분과학문적 대응 방안(예: 형사정책적 대응 방안이나 데이터 문해력 강화)에 초점을 맞추는 경향이 있었던 것이다. 반면 규제의 방법이나 목표, 그리고 철학 등을 일반적 견지에서 다루는 성격의 글은 비교적 적었다. (물론 이러한 현황은 인공지능 윤리·정책·규제라는 분야가 아직 미성숙단계에 있음을 시사한다.)

따라서 본 편저자는 부족하나마 이 한 권의 책으로 인공지능의 규제에 관한 '일반적·총론적' 차원의 논의를 소개하고자 했다. 이제는 인공지능 규제 거버넌스의 현주소를 조망하되 일반적 규제론의 지평에서 그 향방을 검토해 보는 데까지 나아갈 시점이라는 판단에서다. 따라서 본서의 총론적 논의에 더해 기존의 다양한 '각론적' 논의를 함께 검토한다면, 독자들은 더 온전한 이해에 도달할 수 있을 것이다.

뿐만 아니라, 이 책은 논의의 내용 면에서도 기존 문헌과 차별화하고자 했다. 일반적으로, 규제를 위한 다양한 방식과 목표, 철학이 거론된다. 하지만 본서는 다양한 규제 방식 중에서도 기존의 두 축이라 할 '윤리적' 규제와 '법적' 규제, 혹은 다른 말로 '연성'(soft) 규제와 '경성'(hard) 규제에 초점을 두고 있다. 지금까지 인공지능 규제와 관련한 문헌 중에는 이 두 규제 방식 중 어느 한쪽에 집중한 것들이 많았던 반면, 이 두 방식을 비교하여 검토하는 논의는 많지 않았다. 이에 본서에서는 양자의 현황을 차례로 개괄하는 한편 이 양자를 간접적으로 비교하여 검토하고자 했다. 비록 이 책의 모든 글이 그러한 특정 목표하에 집필된 것은 아니지만, 본서의 이 같은 구성을 통해 그러한 차별적 목표에 다가가고자 했다.

2. 책의 구성과 요지

본서는 총 세 개의 부(部)와 부록으로 이루어져 있다. 제1부와 제2부에서는 인공지능에 대한 규제의 유력한 두 유형으로서 각각 윤리적 규제와 법적 규제를 다룬다. (물론 양자가 규제 유형의 전부는 아니다.) 각 부에서는 양자의 일반적 의의를 검토하는 한편 각각의 현황을 소개하고 분석한다. 이어 제3부에서는 인공지능 거버넌스의 이 같은 현황을 토대로 하여 그러한 거버넌스의 미래를 전망한다. 특히 '알고리즘 규제'를 중심으로 인공지능 거버넌스의 미래에 논쟁점이 될 중요한 사항들을 살펴본다.(다만 제1, 2부의 글과 제3부의 글을 각각 현재와 미래로 분류한 것은 편의적인 것일 뿐, 이 책의 모든 글은 인공지능 규제거버넌스의 현재적 함의와 미래적 함의를 모두 담고 있음에 유의하라.) 이하 각 장의 내용을 간단히 소개해본다.

먼저, 제1부와 제2부는 인공지능 규제 거버넌스의 '현재'를 살펴보는 대목이다. 그중에서 제1부는 인공지능에 대한 윤리 규제(혹은 윤리 거버넌스)의 현주소를, 제3부는 인공지능 법적 규제(혹은 법 거버넌스)의 현주소를 살펴볼 기회를 각각 제공한다.

제1장은 본 편저자의 글로서, 여기에서는 인공지능윤리라는 새로운 융합적 분야나 주제영역에 여전히 생소할 독자를 위해 그 분야를 다소간 친절하게 소개하고자 했다. 인공지능윤리의 일반적 의의와 주요 쟁점이 무엇인지를 개괄하고자 했다. 특히 관련 주제 중에서 가장 첨예한 논란을 불러왔던 편향·차별·불공정성이라는 주제를 비교적 상세히 다루었다. 그러한 논란의 중심에 있었던 국내외 여러 사례를 소개하였으며, 이를 통해 독자의 관심을 북돋우고 이해를 돕고자 했다.

제2장은 독일의 기술윤리학자 틸로 하겐도르프(Thilo Hagendorff)의 논문 「인공지능윤리의 윤리학: 윤리가이드라인의 평가(The Ethics of AI Ethics: An Evaluation of Guidelines)」를 번역한 것이다. 이 글에서 저자는 인공지능윤리의 일환으로 불리는 기존의 많은 시도에 대해 하나의 메타윤리학적 분석을 하고 있다. 그러한 시도에 대한 윤리적·규범적 평가를 제시함으로써, 더 나은 인공지능윤리로 나아가기 위한 길잡이의 역할을 하고자 한 것이다. (그래서 글의 제목이 "인공지능윤리의 윤리학"이다.) 특히 저자의 타깃은 지난 몇 년간 개발되어 온 여러 인공지능 윤리가이드라인이다. 저자는 총 22개

의 윤리가이드라인을 관통하는 공통적 사항이 무엇인지, 그리고 중요한 사항임에도 각 가이드라인이 결여하고 있는 바가 무엇인지를 밝혀내고 있다.

저자에 따르면, 대다수의 윤리가이드라인은 공통적으로 '책무성'(accountability), '개인정보·사생활 보호'(privacy), '공정성'(fairness) 등의 규범적 개념을 범주화하고 있다. 하지만 저자에 따르면 이들 개념은 정의 및 윤리에 관한 '남성적' 사고방식을 반영함으로써 배려 양육, 도움, 복지, 사회적 책임, 생태적 네트워크 등과 같은 포괄적·관계적 맥락은 누락하고 있다고 지적한다. 또한 이들 가이드라인은 인공지능 윤리 문제를 해결할 기술적 방안이 있다고 서술하고 있기는 하지만, 정작 관련한 기술적 설명은 별로 제공하지 않는다. 게다가 이들 가이드라인은 인공지능 커뮤니티에서 종종 거론되는 여러 첨예한 쟁점들을 거론하지 않는다. 예를 들어, 일반인공지능, 기계의식, 인공지능 시스템에 대한 민주적 통제, 트롤리 문제 등의 로봇윤리, 그러한 시스템의 숨겨진 사회적·생태적 비용, 공공부문과 민간부문 간의 파트너십 등의 문제가 그것이다. 한편 인공지능윤리와 관련한 연구나 활동이 산업체의 후원을 받는 경우가 늘어나고 있으며, 이와 더불어 그런 연구가 사회적 통제와 감시, 거짓정보와 편향 등 인공지능 시스템의 오남용으로 인해 발생하는 여러 중요한 사회적 문제들을 제대로 다루지 않는 경우가 많다고 지적한다.

이어서 저자는 인공지능 시스템의 실제 연구·개발·활용에 있어서 각 윤리 원칙이나 가치가 어느 정도로 구현되는지를 검토한다. 저자에 따르면, 인공지능 가이드라인은 설계자나 개발자의 실무에 실질적 변화를 가져오지 못하며, 그 규범 내용의 이행을 강제할 기제도 없다. 심각한 약점인 셈이다.

논평컨대, 흔히 경제논리가 지배적이기 쉬운 기업이나 연구기관 등 인공지능을 다루는 기관들로서는 법률을 통한 직접적이고 강제적인 규제를 가장 불편해한다. 이렇게 보면, 윤리규범이 내포한 그러한 약점은 역설적으로 이 기관들이 윤리가이드라인을 경유한 자율적·경성적 거버넌스를 표방하고 옹호할 좋은 이유가 됨을 쉽게 알 수 있다. 그리하여 윤리가이드라인은 연구자와 개발자 집단으로 하여금 자신들과 연결될 수 있는 윤리적 책임을 타인에게 넘기게끔 부추기는 역할을 하는 면도 있는 것이다. 바로 이 때문에, 저자도 지적하듯이 인공지능윤리에 관한 노력이 '윤리 세탁'(ethics washing)이라는 비난까지 받기도 하는 것이다.

저자는 이러한 진단으로부터 해법으로 나아간다. 인공지능윤리의 요청사항이 실효성을 거둘 수 있는 방안까지 모색하는 것이다. 윤리가이드라인을 통해 추상적 윤리규범을 제안하는 데에 그칠 것이 아니라, 그것에 대한 구체적 설명을 제공해야 하고 구체적이고 기술적인 방안까지도 마련해야 한다. 또한 지금까지의 윤리학은 이제 '미시윤리'로 변모해야 한다. 엄격한 규칙이나 명령에 의거한 이른바 '의무론적 윤리'만으로는 불충분하기에, 개인의 인성적 성향을 함양하는 데에 초점을 둔 '덕윤리'(virtue ethics)가 보충적 역할을 해야 한다는 것이다.

분명 저자의 이러한 비판적 분석은 인공지능 윤리규범·가이드라인이 처한 냉엄한 현실과 그것에 대한 불편한 진실을 말해준다. 그것이 긍정적 역할을 해낼 것이라고기대한 많은 이들에게 이런 지적은 '뼈를 때리는' 일일지 모른다. 하지만 그러한 지적은 우리가 간과하기 쉬운 인공지능윤리의 맹점을 설득력 있게 보여준다. 따라서 향후 윤리연구나 정책 제안에서 진지하고 중요하게 고려해야 할 것이다.

제2부의 두 글에서는 인공지능 법 규제(혹은 법 거버넌스)의 '현재'를 확인할 수 있다. 먼저 제3장에서 저자(윤혜선)는 미국, 영국, 중국, 유럽연합, 그

리고 일본 등 주요 국가의 인공지능 규제 정책이 현재 어떠한가를 소개하고 있다. 그래서 이 글은 그러한 동향, 즉 여러 국가의 규제 정책 간의 유사점과 차이점을 한눈에 파악하기에 좋은, 정보성이 높은 글이다. 저자에 따르면, 그러한 정책 간의 차이점은 역사적·사회적·제도적 현황의 차이는 말할 것도 없고, 각국의 인공지능 기술의 발전 및 활용의 수준, 신산업 창출 현황, 국가적 의지 등의 차이에서 비롯한다.

저자가 정리한바 각국의 현황과 동향을 간략히 요약하면 다음과 같다. 인공지능 기술 발전의 속도가 높은 미국과 중국에서는 규제 정책의 초점이 인공지능의 발전과 혁신을 촉진하는 쪽으로 기울어 있다. 중국에서는 인공지능 발전을 위한 법제와 규제·거버넌스 조직을 적극적으로 마련하고 있다. 또한 미국에서는 기술혁신 및 공익 보호라는 두 가지 목표를 이루기 위해 기존의 체제를 유지하면서 필요최소한의 조치를 취하되, 규제 수요가 발생했을 때 위험 관리라는 접근법으로 대응하려 한다. 반면 이 두 국가에 비해 인공지능 기술 수준이 다소 뒤처지지만, 기술혁신에 대한 의지가 높은 영국에서는—비록 유럽연합의 영향에 따라 규제 강도와 규범력이 상대적으로 높은 정책적 환경하에 있으면서도—기술혁신이 저해되지 않도록 강한 리더십이 발휘될 수 있게 하는 한편 전문 규제기관을 유연하게 운영하고 그 체질을 개혁하려는 전략을 구사하고 있다. 한편 유럽연합의 경우, 인공지능 규제 정책을 제도화하고 규범력을 적절히 확보하는 데에 있어 앞서 언급한 세 국가들보다는 더 적극적인 노력을 기울이고 있다. 끝으로 한국과 여러모로 유사한 상황에 처해 있는 일본은, 정부 차원에서 적극적으로 나서기보다는 관망하면서 연구개발을 위한 가이드라인을 마련하는 선에서 유연하게 대응하려 하고 있다.

이러한 차이점 외에, 각국은 공통적으로 자국의 규제기준이 글로벌 보편기준이 되도록 하려고 애쓰고 있기도 하다. 또한 각국은 공히 인공지능 기술의 개발과 혁신을 장려하는 한편 그에 수반되는 리스크와 외적 위험을 대응적으로 다루려고 하고 있다. 그리고 각국은 인공지능에 대한 포괄적 규율의 여러 난점을 인식하고 있기에, 전문 규제기관을 통해 해당 기술의 편익과 위험을 분석하고 평가하여 위험을 관리해나가는 식으로 해 나가려 하고 있다. 다만 이러한 흐름에 대해 예외라 할 만한 것이 2021년 4월 유럽연합이 발의한 인공지능 규제법안이기에, 이 법안이 향후 어떻게 제도화되고 확산될 것인가는 앞으로 인공지능 규제의 향방을 좌우할 주요한 변수다.

덧붙여 저자는 인공지능 기술에 대한 영향평가가 필요할 뿐만 아니라 그러한 기술을 규제하는 거버넌스에 대한 평가도 필요함을 역설한다. 또한 이와 관련한 기준이나 표준을 마련하고 제도적 체계를 구축해야 한다고 제안한다.

제4장에서 저자(김송옥)는 인공지능 규제 방안 중에서 "법제"의 현황을 짚고 있다. 특히 세계 최초의 인공지능 규제법안이라 할 유럽연합의 인공지능 규제법안(2021)과 한국의 여러 입법 시도를 소개하고 있다. 본서의 구조 면에서 보면, 이 글은 상기 윤혜선의 글을 보충해주는 면이 있다. 왜냐하면 윤혜선 글의 초점은 해외 여러 국가의 규제 정책을 두루 소개하는 데에 있기에, 국내 인공지능 법규나 법제에 대해서는 다루고 있지 않은 데 반해, 제5장 김송옥의 글은 바로 그 작업을 수행하는 한편, 윤혜선의 글이 한 소절만을 할애하여 소개했던 「유럽연합 인공지능 법안(규제안)」(2021.4)에 대해 더욱 상세히 다루고 있기 때문이다. 또한 김송옥의 글은 국내 법제와 해외 법제를 비교분석하는 데까지 나아가고 있다. 따라서 두 글을 연결하여 읽는다면 독자들은 국내외 인공지능 법제 및 법정책에 대한 최근까지의

동향을 어느 정도 완결적으로 파악할 수 있을 것이다.

글의 요지는 다음과 같다. 「유럽연합 인공지능 법안(규제안)」(2021.4)은 위험 기반 접근법(risk-based approach)을 제안하고 있다. 유럽연합 측이 밝힌 바에 의하면, 이 접근법은 기술 개발을 지나치게 억제하거나 방해하지 않으면서도 인공지능과 관련한 위험과 문제를 해결하기 위한 필요최소한의 요건을 규정함으로써, 견고하면서도 유연하고, 그리고 균형 잡힌 법적 틀을 설정한 것이다. 그러한 위험은 ① 용인할 수 없는 위험(unacceptable risk), ② 고위험(high risk), 그리고 ③ 저위험 혹은 최소의 위험(low or minimal risk)으로 구분되며, 각 위험 유형마다 상이한 수준과 내용의 규제가 대응된다. 즉 ① 용인할 수 없는 위험에 해당하는 인공지능의 경우 원칙적으로 금지되나 예외적으로 허용되며, ② 고위험에 해당하는 인공지능의 경우 정해진 요건을 충족하는 경우에 한해 허용되며, 그리고 ③ 저위험 혹은 최소의 위험에 해당하는 인공지능에 대해서는 고위험 인공지능에서와 같은 요건을 충족할 것이 요구되지는 않지만, 행동강령을 수립하여 자발적으로 준수하도록 한다는 식이다. (157쪽 〈표2〉 참조) 이처럼 위험의 수준에 따라 규제 수준을 차등화하는 규제 전략은 이 법안의 견고함과 유연성은 물론 혁신과 규제 사이에서 그것이 일정한 균형점을 얻으려 하고 있음을 시사한다.

그리고 저자는 한국의 인공지능 관련 법제 동향을 소개한다. 여러 간헐적 시도에 이어 대한민국 정부는 2020년 드디어 관계부처 합동으로 「인공지능 윤리기준」과 「인공지능 법·제도·규제 정비 로드맵」을 발표했다. 이어 2021년에 대한민국 과기정통부는 「신뢰할 수 있는 인공지능 실현전략」을 발표했다. 특히 후자에 대해 필자가 가볍게 논평하면, 이 「실현전략」은 인공지능 기술의 '신뢰성'을 높이기 위한 전략이자 계획을 밝힌 것일 뿐 구체적 규율 내용을 담은 법안은 아니다. 또한 이 「실현전략」은 어떤 의미에서는 '윤리' 문제를 정면으로 다루는 것이 아니라 단지 우회하기 위한 방편이라고 볼 여지도 있다. (상세한 내용은 본서 부록 참조)

유럽연합과 대한민국의 법제 현황을 비교한 데에 이어, 저자는 "편익 극대화와 위험 최소화를 위한 향후 과제"를 자신의 결론으로 제시한다. 저자는 대체로 "인공지능 기술의 윤리성이나 책임성을 확보하기 위한 규제"와 "혁신을 위한 규제", 양자를 모두 확보해야 한다고 하면서, 각각을 위한 여러 방안도 제시한다. 다만 저자는 양자 중에서 "혁신을 위한 규제" 쪽에 조금 더 무게를 두는 듯하다. 인공지능 기술을 적극적으로 도입함으로써 경제, 인력, 법제, 행정 등 모든 면에서 한국의 국제적 경쟁력을 높여야 한다는 것이 저자의 주장이기 때문이다.

이 책 제3부에서는 인공지능 규제 거버넌스의 "미래"를 논한다. '미래'인 이유는, 제2부의 글이 그러한 규제 거버넌스의 현황보다는 그 토대가 되는 이론적·원리적·방법적 측면을 다루고 있다는 점에서 그렇다. 또한 제3부의 글이 규제라는 법실무적 과제를 수행하기 위해 법철학 및 일반 철학의 자원에까지 손을 내밀고 있어서, 앞선 두 글(윤혜선과 김송옥의 글)에 비해 상대적으로 일반적이고 원론적 성격을 띠는 데다, 그러한 이론적 분석을 통해 향후 규제 거버넌스가 나아갈 방향을 제시하고자 한다는 점에서 그렇다. 이러한 특징들로 인해, 어쩌면 독자들은 제3부의 글이 다소 접근하기 어렵다고 느낄 수 있다.

먼저 제5장에서 저자(이상용)는 인공지능 규제를 알고리즘 규제로 특징짓고, 이러한 주제영역 전반을 개관한다. 저자는 이를 알고리즘 규제의 원리, 구조, 내용 등 세 주제로 나누어 각각의 주요 쟁점과 이론을 약술하고 있으며, 그럼으로써 알고리즘 규제를 총론적으로 이해할 수 있게 해준다.

먼저 저자는 '알고리즘 규제'를 알고리즘에 '대한' 규제와 알고리즘에 '의한' 규제로 나누어 설명한다. 전자, 즉 알고리즘에 대한 규제는 일반적 규제의 일환이다. 이 경우 알고리즘은 규제의 대상으로서 단순히 도구일 뿐이며, 그래서 이러한 알고리즘에 대한 규제는 실상 그 배후에 있는 인간에 대한 규제로 충분하다는 것이다. 반면 후자는 알고리즘 자체가 일종의 규제자로서 마치 법이 행하는 규제와 유사하게 인간의 행위를 규제하는 역할을 하거나, 혹은 사람인 특정 규제자가 규제에 알고리즘을 사용하여 의사결정에 조력을 받거나 자동화하는 것을 말한다. 전통적 하향식(top-down) 알고리즘에서 이러한 규제 유형이 나타난다는 사실은 두말할 것이 없지만, 딥러닝 등 상향식(bottom-up) 알고리즘에 의해서는 당초 의도되지 않은 결과값이 도출될 수 있기에 규제 역시 그런 예측불가능성을 띤다.

다음으로 저자는 인공지능에 대한 법적 규제의 구조를 다각도로 분석한다. 저자에 따르면, 그러한 규제는 규제의 주체에 따라 공적규제(혹은 본 편저자의 용어로, 정부규제)와 자율규제로 대비할 수 있고, 규제의 시점에 따라 사전규제와 사후규제로 대비할 수 있으며, 그리고 규제의 방식에 따라 네거티브 규제와 포지티브 규제로 대비할 수 있다. 저자는 비용 절감과 효율성 등을 들어 자율규제가 공적규제보다 낫다고 평가한다. 또한 주로 행정규제를 앞세운 사전규제와 민사 및 형사적 규제를 앞세운 사후규제의 경우 서로 장단점이 있다. 네거티브 규제와 포지티브 규제 사이에서 저자는 네거티브 규제의 손을 든다. 네거티브 규제로 인한 재량권 일탈남용의 위험보다 포지티브 규제로 인한 재량권 불행사의 비효율 문제가 더 크다고 보기 때문이다. 이러한 규제 방식의 구조적 구분 속에서 저자는 포괄적으로 '선허용 후규제'로 나아갈 전망에 대해 기대를 내비친다. 또한 저자는 신산업에 대해서는 단순히 '약한' 규제가 아니라 그러한 산업의 예측곤란한 특성상 '유연한' 규제가 요구된다고 주장한다. 끝으로, 저자는 규제의 내용으로 자율성, 책임성, 투명성 등 흔히 거론되는 주요 가치들을 구현할 것을 내용이자 목표로 할 것을 제안한다.

끝으로, 제6장의 논의도 의미심장하다. 저자(심우민)는 인공지능 및 알고리즘에 대한 규제와 관련하여 다음 몇 가지 중요한 논제를 제시하고 그 흐름에 따라 논지를 전개하고 있다. 첫째, 이러한 기술적 속성은 전통적인 법적 규율의 대상이 되어온 것들과 유의미하게 달리, 인공지능 기술은 불확정적이다. 이러한 속성은 알고리즘 투명성이라는 규범적 요청의 달성을 어렵게 만든다. 둘째, (그리하여) 차별과 편향, 프라이버시 침해, 투명성 및 책임성 구현 등 인공지능 알고리즘과 관련한 주요 사회적·윤리적 쟁점들이 제기된다. 셋째, 이른바 '기술−사회 공진화론'에 입각하면, 인공지능 기술과 관련해서는 '알고리즘 규제'라는 새로운 개념적 도구가 중요하게 부각된다. 이 개념은 양가적 의의를 가지는데, '알고리즘에 대한 규제'로서의 의의와 '알고리즘에 의한 규제'로서의 의의가 그것이다. 이 구분은 앞서 이상용이 제시한 구분과 동일하다. 넷째, (따라서) 전통적 규제 방식이었던 포괄적 법적 규제는 인공지능 기술을 위한 입법 전략으로서 적합하지 않다. 다섯째, (그 대신) 인공지능 기술을 위해서는 전술한 대로 그 기술의 불확정성과 알고리즘 규제의 특성을 감안하는 동시에 그러한 알고리즘 규제 자체를 타깃으로 한 입법 전략과 방안이 요청된다. 그 한 가지 방안은 바로 「유럽연합 인공지능 법안(규제안)」에서와 같이 인공지능 혹은 알고리즘 영향평가를 실시한 후 이를 토대로 하여 '위험에 기반한 규제'를 지향하는 것이다.

책의 마지막에는 「부록」을 덧붙였으니 독자들은 놓치지 말기 바란다. 부록에서는 국내외 주요 인공지능 윤리가이드라인과 더불어, 인공지능 규제와 관련한 주요 법안을 실었다. 법률 전문가가 아닌 많은 분이 인공지능 규제를 위한 특정한 제정법(안) 같은 것이 있을 것으로 짐작하고 궁금해하기에, 이들 자료를 통해 그러한 궁금증을 해소하고자 했다. 비록 지면의 제약으로 인해 현재 거론되거나 작동하고 있는 많은 윤리가이드라인과 법안들 중에서 '주요한' 것들만 실은 셈이지만, 관련하여 현재의 전반적 내용과 흐름을 파악하는 데에 도움이 될 것이다. 또한 이 문건들은 본문 여러 대목에서도 거론된 것들로서, 독자들은 부록을 참조해가며 본문을 읽어도 좋을 것이다.

먼저 국내외 주요 인공지능 윤리가이드라인으로는, 대한민국 정부가 펴낸 「국가인공지능 윤리기준」(2020), 중국 정부 주도 하에 공표된 「베이징 인공지능 원칙」(2019), 과학기술과 인간의 미래와 관련한 민간 씽크탱크인 생명미래연구소가 공표한 「아실로마 인공지능 원칙」(2017), 대표적 빅테크 기업 구글이 공표한 「구글 인공지능 원칙」(2018)이 담겼다.

한편 인공지능윤리 및 규제와 관련한 주요 법안들로는, 「유럽연합 인공지능 법안(규제안)」(2021.4)과 「미국 연방의회 알고리즘 책임법안(Algorithm Accountability Act)」(2022.2)을 실었다. 이 중에서 「유럽연합 인공지능 법안(규제안)」은 인공지능 일반을 규율하는 법안으로는 세계 최초로 제안된 것으로, 유럽연합 집행위원회가 주도하여 내놓은 것이다. 이 법안은 위험도의 수준에 따라 인공지능 시스템을 유형화하여 각 유형별로 비교적 구체적인 규율을 담고 있다. 최근 수정안이 제시되고 있기도 해서, 관련 논의가 논의도 계속 이어질 전망이다. (현황 및 의의에 관한 상세한 소개와 분석은 본서 제4장 참조) 본서에서는 본 법안에 대해 기존에 개인정보보호위원회에서 나온 번역이 존재하기에 이를 활용하여 제공하였다.

다음으로, 「미국 연방의회 알고리즘 책임법안」은 2019년에 나왔던 것을 보완하여 최근에 새로 미 의회에 상정된 법안이다. 이 법안은 유럽연합의 것과 달리 규율 대상을 인공지능시스템이 아니라 '자동화된 결정 시스템'(automated decision system)이라고 표현하고 있다. 그리하여 이 법안은 그러한 시스템을 운용하고자 하는 기관에 대해 관련한 사회적 · 윤리적 · 법적 위험을 명시하고 완화하는 구체적 조치를 취하도록 제안한다. 유럽연합의 법안이 그렇듯이, 이 법안 또한 입법을 통해 기존의 자율규제를 보완하거나 대체하려는 최근의 흐름에 부합한다. 하지만 유럽연합의 것과는 달리, 쟁점 사안에 대한 구체적 규율을 포함하지는 않은 채 그것을 연방거래위원회(Federal Trade Commission, FTC)에 위임하고 있다.[5]

끝으로, 비록 지면 제약상 본서 부록에 싣지는 못했지만, 인공지능 규제와 관련한 국내 법안이나 시행 중인 법률에 대해서도 언급해 두어야겠다. 근래 인공지능 및 데이터와 관련한 다양한 법안이 국회에서 발의되고 있지만, 2023년 5월 현재 인공지능 규제에 특화된 별도의 법률로서 발효 중인 것은 없다. 다만 부분적으로 그러한 역할을 하는 기존의 주요 법률로 「지능정보화 기본법」과 「개인정보 보호법」을 들 수 있다. 관심 있는 독자들은 이들 법률이나 관련 논의도 찾아보고 참고하면 좋을 것이다. (국내 법령의 검색은 https://www.law.go.kr/LSW/main.html를, 관련 현황에 대해서는 본서 제4장의 논의 참조.)

이들 법률을 간단히 설명해 본다. 먼저 「지능정보화 기본법」은 기존의 관련 기본법을 2020년에 전면개정한 것이다. 이 법에 인공지능과 직접적으로 관련된 규정은 몇 개 없다. 그렇지만 이 법은 현재 대한민국법제상 인공지능과 관련하여 기본법에 준하는 역할을 한다. 이 법에서는 인공지능의 개발 및 활용 등 지능정보화시대를 대비하여 그러한 변화를 법제도적으로 뒷받침하고자 하였다.

「개인정보 보호법」도 개인정보의 수집·처리·활용·보호 등과 관련한 기본법에 해당하며, 특히 최근(2023년 3월) 전면 개정이 이루어져 더욱 주목할 만하다. 보도자료[6]에 따르면, 이번 개정에서는 개인정보를 활용할 수 있는 법적 기반을 조성함으로써 데이터 경제의 성장을 견인하고자 했고, 개인정보처리에 대한 동의제도를 개선하고 자동화된 결정에 대한 정보주체의 권리를 도입하는 등 국민의 권리를 강화하는 방안을 통해 디지털 사회에 대한 신뢰를 높이고자 했으며, 제재를 형벌보다 경제제재를 중심으로 전환하는 등 국제적 기준에 부합하고자 했다. 향후 본 개정과 관련하여 학계 안팎에서 다양한 연구나 평가가 이루어질 것으로 예상된다.

3. 나가며

결론적으로, 위 모든 논의를 통해 이 책이 인공지능 규제에 관한 어떤 단일한 방안과 철학을 제시하거나 지지하는 것은 아니다. 사실 이 책의 각 필자는 이와 관련하여 강조점이나 견해가 서로 조금씩 다른 편이다. 무엇보다, 본문의 다양한 논의에서 보듯이, 규제 방안의 두 축이라 할 윤리 중심의 규제와 법적 규제는 제각기 뚜렷한 강점과 약점을 모두 가지고 있다. 윤리 중심의 규제는 규제의 구속력과 실효성 등의 면에서 취약하고, 법적 규제는 인공지능 기술의 가변성과 모호성으로 인해 적확하게 이루어지기 어렵다는 점이 그것이다. 또한 경성규제냐 연성규제냐, 정부규제냐 자율규제냐, 혹은 사전규제냐 사후규제냐 등의 방법론적 쟁점에서도 각 쟁점마다 대립하는 양쪽 규제 방식 모두 장단점이 있어 일의적으로 답할 수 없는 문제다. (상세한 분석은 본서 제5장 참조)

그러나 규제 방안과 규제 철학에 관한 본 편저자의 사견을 잠깐 덧붙여 본다. (본 단락 내용은 본서 다른 필자들과 합치된 바가 아니며 본서의 직접적 결론도 아님에 유의하라.) 본서의 제목을 『인공지능 규제 '거버넌스'의 현재와 미래』라고 한 점에 주목해 보자. ('거버넌스'란 말은 오늘날 지성계, 특히 사회과학 담론에서 종종 오남용되기도 하고 유행에 편승하는 허세 섞인 표현으로 여겨지는 감도 있지만, 그럼에도 중요한 개념으로서 불가피하다고 생각되어 본서 제목에 차용하였다.) 여기서 거버넌스란 단순히 그것의 흔한 좁은 의미, 즉 적극적 의미의 협치나 탈중심적·탈위계적 규율 방식을 가리키는 것에 국한되지 않는다. 거버넌스란 "정치사회적 수단을 통해 현실에 관여(intervention)함으로써 일정한 사회 질서를 형성하고 사회 문제를 해결하기 위한 틀"로 이해할 수 있다. 물론 이는 '거버넌스'를 다소간 모호하고 넓게 정의한 것이다. 이러한 거버넌스 관념에 의하면, 인공지능 규제 거버넌스란 인공지능 규제 방안으로 거론되는 상기 대립쌍들 중에서 특정 규제 방안(예: 윤리적 규제 혹은 자율규제)만이 옳다거나 특정 규제방안들을 선택적이고 배제적인 방식으로 조합하는 것 (예: 법적 규제 + 경성규제 + 정부규제 + 사전규제)만이 옳음을 의미하지 않는다. 오히려 이러한 기성의 규제 및 관리 방안들을 넘어 한편으로는 절충적·탄력적·맥락의존적인 관점과 방법론을, 다른 한편으로는 융합적·종합적·포용적인 관점과 방법론을 발굴하고 구현해 나가야 함을 시사한다. 특히 그러한 규제란 단순히 규제의 주체와 대상을 날카롭게 구분하여 규제를 그 주체의 몫으로만 제한하고자 하지 않는다. 그래서 규제란 일부 관료나 전문가들만의 몫이 아니다. 그것의 모습은 (비록 권위 있는 기관의 단독적 결정이나 집행이 불가피한 경우가 있을 수 있다고 할지라도) 가급적 다양한 이해당사자가 여하한 방식으로 참여하여 기술사회 전체 시스템의 질서나 관리의 틀을 능동적으로 생성해내는 것이어야 할 것이다.

물론 인공지능 거버넌스에 대한 이러한 서술은 최소한의 가이드라인에 불과하다. 그것을 어떻게 구체화하고 실질화하여 최적의 거버넌스를 이루어낼 것인가는 모두에게 열린 과제다. 앞으로 학계 안팎에서는 관련한 이론적 논의는 물론, 현재 거론되고 있는 국내외 관련 법령에 대한 진단과 평가도 본격적으로 이루어져야 할 것이다. 또한 이러한 작업을 참조하고 반영하여 그 성과를 건강한 디지털 거버넌스로 제도화해 나가야 할 것이다. 독자들도 이 모든 점들에 유의하여, 본서 각 필자의 견해가 어떠한지를 눈여겨보는 한편 독자 자신이 어떤 입장을 취해야 할 것인지를 적극적으로 모색해 보면 좋을 것이다.

다양한 독자들을 이 책으로 초대하고 싶다. 인공지능 연구개발자나 법률실무가, 기타 분야의 전문가들은 물론 일반 학생과 대중 등이 거기에 포함된다. 인공지능 자체나 인공지능이 불러내는 사회적 · 윤리적 · 정치적 · 철학적 문제에 대해서, 또는 그러한 문제를 다루기 위한 규제 방안에 관심이 있는 모든 이들 말이다. 부디 이 책이 그 모든 분에게 각자의 관심을 채워나가는 데에 흥미롭고도 유익한 길잡이가 된다면 편저자로서 더 바랄 것이 없을 것이다.

1부

인공지능 규제의 현재
– 윤리적 규제

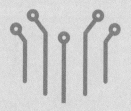

1장

인공지능윤리의 의의와 쟁점

김건우
광주과학기술원 기초교육학부 부교수

I. 인공지능과 인공지능윤리

1. 인공지능의 시대

모두가 인공지능을 말한다. 인공지능이란 무엇인가? 대략적으로, 인공지능은 "인간이 가진 주요한 인지적인 능력, 즉 학습, 추론, 지각, 자연언어 이해 등을 컴퓨터 프로그램이나 기계 시스템으로 구현하는 기술"을 가리킨다. '인공지능'이라고 하면, 많은 독자들은 프로기사 이세돌을 이긴 바둑 인공지능 알파고부터 떠올릴 것이다. 그리고 자율주행자동차에서 인공지능이 활용되고 있다는 사실도 알 것이다.

인공지능이 대중에게 알려진 것은 오래되지 않았지만 사실 인공지능 연구의 역사는 꽤 오래다. 20세기 중반 이후 다양한 인공지능 기법이 고안되고 발전되어 왔다. 몇몇 주요한 예를 들면, 인공지능의 고전적 방법

으로 설계자가 알고리즘을 연역적으로 짜서 만드는 소위 '전문가시스템'
이 있다. 현대적 방법으로는, '기계학습' 혹은 '머신러닝'이라고 불리는 방
법이 대표적이다. 그 중에서도 특히 인공신경망 구조를 활용한 '딥러닝'이
라는 기법이 성공적이어서 오늘날 크게 활용되고 있다. 그 외에 베이지언
(Bayesian) 기법과 같은 여러 가지 통계적 기법들도 많이 활용되고 있다.

사실 인공지능이란 무엇인가를 엄밀히 정의하기란 매우 어렵다. 그 이
유는 크게 두 가지다. 첫째, 위에서 소개한 대로 인공지능 기술은 단일한
기술이 아니라 여러 상이한 기법들의 집합이다. 이들 기법들을 관통하는
공통의 요소라 할 만한 것은 없고 단지 '인간의 인지능력을 기계적으로 구
현한다'라고 다소 막연하게 서술할 수 있을 뿐이다. 그럼에도 우리는 편의
상 이들 기법을 묶어서 마치 하나의 기술인 것처럼 '인공지능'이라고 부르
는 것이다. 둘째, 인간의 인지 능력을 기계에 '구현'한다는 말의 의미는 매
우 불분명하고 해명하기 어렵다. '구현'의 의미를 기계가 글자 그대로 인간
처럼 사고·판단·결정·행동·학습한다는 것이라고 한다면, 그러한 구현
은 기술적으로 극히 어려울 뿐 아니라 그 의의가 무엇인지 깊은 철학적 고
찰을 요하는 문제가 된다. 그래서 위 정의에서 '대략적으로'라는 단서를 단
것이다.

그렇다면 인공지능 기술이 최근 들어 급속히 발전하게 된 배경은 과연
무엇일까? 흔히 다음 몇 가지를 꼽는다. 첫째, 딥러닝 기법을 포함해서 최
근 인공지능의 여러 세부 기법과 기술 면에서 획기적 발전이 있었다. 이러
한 기술은 다각도로 응용되고 있다. 둘째, 기계학습에 필요한 데이터가 '빅
데이터'라 불릴 만큼 방대하게 수집되고 분석될 수 있게 되었다. 클라우
드라는 방식의 컴퓨팅 기법도 여기에 한몫하고 있다. 셋째, GPU(Graphics
Processing Unit) 등 최근 컴퓨터 하드웨어의 발전으로 연산이나 정보처리 능

력이 막강해졌다. 빅데이터를 처리할 만한 어마어마한 연산력을 얻게 된 것이다. 넷째, 구글이나 아마존, 페이스북 등 세계적 빅테크 기업들이 인공지능 개발에 막대한 투자를 하고 있다는 점도 인공지능 기술 발전에 주요한 요인이다.

이렇듯 우리가 살아가는 현 시대를 한 마디로 표현하면, '인공지능의 시대', 혹은 '디지털 전환의 시대'라고 하겠다. 디지털 기술은 이미 일과 여가, 가족과 우정, 지역 사회와 시민권 등을 광범위하게 재편하고 있다.[1] 특히 디지털 기술 중에서도 근래 폭발적으로 발전하고 있는 인공지능 기술은 다른 어떤 기술보다 우리의 삶을 더 크게 변화시키고 있다. 전자상거래 등으로 유명한 세계적 IT기업인 아마존이 직원을 채용하고, 평가하며, 해고하는 등 인사관리에 자동화 알고리즘을 활용한다는 사실은 잘 알려져 있다. 전략컨설팅 등 서비스를 제공하는 글로벌 기업인 엑센추어와 페이스북 모회사인 메타에서도 지난 2022년 직원을 대거 해고하는 과정에서 알고리즘의 선택을 활용했다는 보도가 나오기도 했다.[2] 또한 최근에는 ChatGPT 등 이른바 (초거대) '생성형 인공지능'(generative AI)이 각광을 받고 있다. 방대한 데이터를 통해 학습한 후 사용자의 요구에 따라 문장(소설이나 시), 이미지, 비디오, 미술작품, 음악, 코딩 등을 산출해내는 인공지능이 그것이다. 이러한 산출물은 그 자체로 '원본'이라 할 만한 것이어서, 그러한 산출물에 대한 '저자권'(authorship)[3] 및 '저작권'(copyright)이 누구(무엇)에게 귀속되는가 등을 둘러싼 논란도 커지고 있다. 또한 많은 이들은 이러한 인공지능이 특히 행정서비스나 법률서비스 등 그동안 일정한 교육훈련과 전문성을 요하던 작업들을 보완하거나 심지어 대체할 것이라고 예상한다. 나아가 구글이나 아마존, 그리고 메타(페이스북)와 같은 글로벌 빅테크 기업들이 관련 기술혁신을 주도하는 가운데, 이른바 제3세계 국가들은 데이터 주권이나 경제 주권 면에서 큰 타격을 입을 것이라는 경고도 나오고 있다.

현 추세를 볼 때 앞으로 이러한 변화는 급격하고도 전면적으로 찾아올 것이다. 보건의료, 사법(司法), 금융, 미디어, 교육, 엔터테인먼트, 전자상거래는 물론, 행정 등 공공서비스에 이르기까지 사회 전 분야에서 말이다. 이 모든 분야에서 과거 인간이 담당해 온 의사결정이나 자료의 검색과 정리 등 각종 업무는 인공지능을 통해 상당 부분 자동화될 것이다. (물론 이러한 자동화로 인해 각 사회 분야에서 인간이 담당하던 전통적 사무가 대체되고 해당 직업이 소멸될 것인지의 여부는 또 다른 문제이다.) 나아가 이같이 고도로 발달한 인공지능기술은 사람을 직접 상대하는 각종 교육용, 오락용, 의료용, 서비스용 챗봇이나 로봇, 그리고 자율자동차 등의 로봇기술과 결합하고 있기도 하다. 이러한 '인공지능로봇(혹은 지능형로봇)' 기술은 의사결정 주체의 변화를 가져오는 것을 넘어서, 인간 삶을 전면적으로 변모시킬 것이다.

이러한 전망 속에서, 인공지능 기술을 개발하기 위한 경쟁이 전 세계적으로 뜨겁다. 과거에 석유 등 천연자원을 채굴하고 개발하며, 나아가 상품화하고자 열을 올렸던 것처럼, 이제는 인공지능 기술의 재료가 되는 빅데이터의 산출과 수집, 가공 등에 열을 올리며, 새로운 거대한 테크 시장을 선점하기 위한 경쟁에 열을 올린다. 이 모든 노력의 명시적·표면적 목표는 '최적화'와 '효율'을 확보함으로써 문제를 해결하는 일이다. 그러한 노력의 결과로 기업은 '영리 극대화'라는 자신의 목표를 달성한다. 빅데이터 및 인공지능과 관련한 모든 기술은 개인이나 기업에게 새로운 사업과 성공을 향한 첩경이다. 개별 국가로서는 경제 성장과 국부 창출을 위한 새로운 유전(油田)이며, 글로벌 패권을 장악하기 위한 더없는 발판이다. 성공과 혁신의 아이콘으로 불리는 인공지능 개발자나 청년 재벌, 혹은 글로벌 빅테크의 사례가 모두의 꿈으로 회자된다. 그리고 이 모든 기회와 전망은 개인과 기업, 그리고 국가를 끝없는 경쟁으로 내몰고 있으며, 격화된 경쟁 속에서 전 세계적으로 엄청난 재원과 인력이 인공지능의 연구개발에 투입되고 있다. 그리하여 학생들에게는 코딩 교육이 필수인 것처럼 추천되고 있고, 데이터과학이나 컴퓨터과학 전공을 개설하려는 대학이나 그것을 전공으로 선택하는 학생이 폭증하고 있기도 하다.

이 모든 관심과 문제상황에서 한국도 예외는 아니다. 아니, 한국의 현 상황은 더 심각한 면도 있다. 이미 한국에서 인공지능은 최우선의 화두가 되어 다른 중요한 사회적·국가적 의제들을 집어삼키고 있으며, 또한 그런 흐름 속에서 한국은 인공지능이 가져올 변화를 가장 적극적이고 열렬하게 받아들이려 하고 있다. 그런 만큼 한국은 인공지능의 개발과 활용의 결과로 더욱 심각한 문제에 직면할 수 있다.

한 마디로, 우리는 인공지능의 시대, 더 크게는 디지털전환의 시대에 와 있다. 이제껏 한 번도 경험해 본 적 없는 새로운 시대에 와 있는 것이다.

2. 인공지능윤리

더불어 '인공지능윤리'도 뜨겁게 거론된다. '인공지능'은 일종의 기술이고 기계장치라 할진대, 그것이 어떻게 해서 윤리와 결합될 수 있는 것일까? 인공지능과 윤리의 만남은 잘못된 만남이 아닐까?

이렇게 간단히 답해 볼 수 있다. 기술 자체에 대해 좋다 나쁘다를 따지지 않더라도 기술을 개발하고 활용하는 일은 그 자체로 인간에게 좋건 나쁘건 큰 영향을 끼친다. 기술로 말미암아 사람이 죽거나 다칠 수 있으며, 개인정보 침해와 같은 불이익이나 피해를 당할 수도 있다. 따라서 얼핏 보기에는 기술하고 윤리가 서로 별개일 것 같지만, 기술을 개발하고 활용할 때 그것이 낳을 결과와 관련해서 윤리적 고민을 하지 않을 수 없다.

물론 윤리는 오직 인간만의 것이라는 말도 가능하다. 그리고 인간만이 윤리적·도덕적 존재라는 말도 일리가 있다. 이렇게 본다면 인공지능로봇이 인간과 같은 윤리적·도덕적 존재라는 말은 성립하지 않을지도 모른다. 하지만 인공지능이 그 자체로 윤리적 존재인가 하는 철학적 문제와 상관없이, 인공지능을 개발하고 활용하는 과정에서 인간이 가진 윤리를 구현하는 일은 여전히 매우 중요할 것이다. 인간 자신을 위해서라도 말이다.

인공지능윤리라는 분야는 이런 배경에서 생겨났다. 즉 인공지능 기술이 발전하고 그것에 대한 여러 가지 윤리적 문제가 함께 제기되면서 생겨난 분야인 것이다. 인공지능이라는 기술 분야와 윤리라는 전통적 인간학 분야가 결합된 새로운 분야로서, 소위 '융합적' 학문 분야인 셈이다. 그래서 인공지능윤리란, 인공지능이 산출하는 결과(사고 혹은 행위)가 어떻게 하면 윤리적일 수 있는가, 혹은 어떻게 하면 인간에게 도움이 되고 해가 되지 않게 할 수 있는가를 탐구하는 분야다.

이 분야를 가리키는 명칭은 다양하다. '인공지능윤리'(AI ethics)에서부터 '로봇윤리'(roboethics), '기계윤리'(machine ethics), 그리고 '친화적 인공지능'(friendly AI)에 이르기까지 비슷하면서도 약간씩 다른 용어들이 통용되고 있다.

오늘날 개발자, 사용자, 정부 모두가 인공지능윤리라는 분야를 계속 소환해내고 있다는 현실은, 인공지능 기술과 관련한 중대한 윤리적 쟁점이 생겨나고 있고 사회적으로 이를 문제로 인정하여 그것에 대응하고자 함을 함축한다. 다음 절에서 상세히 보겠지만, 그러한 문제로는 인류 공통의 가치이자 최우선적 가치인 자율성, 평등, 공정성, 프라이버시, 인권, 민주주의, 정의, 법치 등이 크게 위협받고 있다는 점이다. 인터넷과 디지털의 시대가 도래하면서 이러한 문제들은 일찍부터 예견된 것이었다. 그러나 인공지능 시대에 오면서 이들 문제는 더욱 심화되거나 격화되고 있다. 따라서 인공지능으로부터 촉발되는 '윤리'라는 분야는 기존의 여느 윤리 분야 이상으로 긴절하고도 첨예한 도전과 응전을 요구하고 있다.

인공지능이 불러오는 이러한 위기의 국면은 윤리의 범주에 그치지 않는다. 인공지능의 놀라운 발전과 그것이 보여주는 가공할 동력은, 인류에게 더 크고 근원적인 과제, 즉 우리에게 인공지능이란 무엇인가라는 질문은 말할 것도 없고, 심지어 인간이란 무엇이며 어떤 존재인가라는 물음까지 던지고 있다. '인공'지능('기계'지능)이 '인간'지능을 대체하거나 적어도 보완할 것으로 전망되면서, 그리고 그러한 존재와 우리 인간은 어떤 식으로든 공존해야 할 처지라는 점에서, "자율성, 이성, 창의성, 자의식, 자유의지, 감성 등 인간 고유의 특질이라 할 만한 것들의 의미는 무엇인가?", "그런 것이 있기나 한가?"라는 철학적 물음이 각별해졌기 때문이다. 이렇게 보면, 한 마디로 '인공지능학(學)'은 곧 '인간학'의 다른 이름이 된다. 인공지능을 연구함으로써 결국 인간을 새로이 이해하게 된다는 말이다. 이 경우 인공지능윤리는 인간윤리의 다른 이름이 될 것이다.

그렇다면 인공지능윤리라는 문제영역에서 우리는 무엇을 추구하고 지향할 것인가? 그 목표와 지향점을 고찰할 때에만 비로소 우리는 그것을 달성하기 위한 최적·최선의 수단을 강구할 수 있을 것이다. 최근 인공지능에 대한 윤리, 규제, 정책 등과 관련하여 공정성(Fairness), 책무성(Accountability), 투명성(Transparency) 등의 가치 개념이 많이 거론된다. 이들 개념이야말로 인공지능윤리의 핵심 개념 혹은 요건이라고 말이다. 인공지능 규제가 인공지능윤리를 구현하기 위한 것이라고 한다면, 결국 그러한 가치 개념들이야말로 인공지능 규제의 목표가 되는 셈이다.

이미 많은 기관이나 연구자들이 이들 가치 개념의 의의와 구현 방안 등을 탐색해 왔다. 이 개념들은 제각기 다르지만 서로 연관되어 있기도 하고 유사하기도 한 개념들이다. (이니셜을 따서 'FAT'라고도 한다.) 각각을 간략히 설명하면 이렇다. 인공지능에 따른 의사결정이 공정해야 한다는 말은 의사결정에서 명시적 혹은 암묵적 차별이 없어야 한다는 요건이다. 특히 인종이나 성별, 연령, 출신지역, 장애 여부 등을 사유로 한 차별은 금지된다. 책무성이 있어야 한다는 말은 사전 설계에서부터 의사결정 단계, 그리고 사고에 대한 추적이나 처리 등 전 과정에서 이행하고 충족해야 할 요건에 대한 책무나 책임을 충실히 해야 한다는 것이다. 투명해야 한다는 것은 의사결정 과정, 사후 추적 등 전 과정에서 최대한 정보나 알고리즘을 공개하는 등 공개의 과정을 통해서 투명하게 해야 한다는 요건이다.

책무성과 투명성은 공통적으로 특히 인공지능 알고리즘에 의한 의사결정이 마치 블랙박스와 같아서 특정한 출력 결과에 대해 왜 그러한 결과가 나왔는지를 명확히 밝힐 수 없기 때문에 더욱 중요하게 요청된다. 물론 이러한 요건들을 엄격하게 실천하기는 쉽지 않다. 때로는 개발하는 기업의 입장에서는 자신의 이익과 충돌할 수 있고, 혹은 단지 그것을 구현하기가 기술적으로 어려울 수도 있다. 하지만 이들 요건은 인공지능이나 그 활용을 윤리적이게끔 하는 데에 원칙적으로 중요한 요건이다. 개발자, 기업, 사용자, 정부 등 모든 관계 당사자가 함께 실천해야 할 요건이다.

II. 인공지능윤리의 주요 쟁점: 개관

인공지능과 관련한 사회적 · 윤리적 쟁점으로는 다양한 많은 것들이 거론된다. 그중 주요하다고 생각되는 다음 몇 가지만 소개해본다.

- 위험 통제 및 안전 문제
- 사고(나쁜 결과)에 대한 책임 귀속 문제
- 프라이버시와 정보 보안 문제
- 데이터 주권, 데이터 민주주의, 데이터 정의
- 데이터와 알고리즘으로 인한 편향, 차별, 불공정성

이제 각 쟁점을 간략히 설명해 보자.

1. 위험 통제 및 안전성 확보

인공지능은 여러 가지 이유나 원인으로 인해 오작동할(실패할) 수 있다. SF영화에서 보는 것처럼 '의식'을 가지고 있어서 인류의 생존을 위협하는 그런 인공지능으로 인한 피해를 말하는 것이 아니다. 외부 공격자의 해킹, 운용자의 실수, 혹은 기계학습의 통계 모델적 특성 자체로 인한 해명불가능한 한계점 등이 오작동(실패)의 원인일 수 있다. 이 경우 인공지능 시스템의 오작동은 큰 안전사고나 인명피해로 이어질 수 있다. 법적 문제로 비화할 수 있음은 물론이다. 이것이 **위험 통제** 문제다. 가장 현실적이기도 하고 우선적인 문제라 하겠다.

이러한 문제는 인공지능 일반에 대해 발생할 수 있지만, 특히 자율주행차, 군사용 로봇, 의료용 혹은 수술용 로봇 등 로봇과 결합하여 물리적으로 활용되는 경우에 더욱 중요하게 부각된다. 대표적 예로 소위 '킬러로봇'을 들 수 있다. (일반적으로 '치명적 자율무기'(Lethal Autonomous Weapons; LAWs),

혹은 '자율살상무기'라는 용어도 '킬러로봇'과 뚜렷한 구별없이 사용되고 있다.) 보통 킬러로봇은 전장에 투입된 개별 로봇으로서 적을 탐지하여 살상하기 위한 것이다. 인공지능에 의한 모종의 '자율성'을 갖추지 않은(즉 인간이 개입한) 것도 킬러로봇이라고 부르기는 하지만, 개발의 방향은 대체로 인공지능 탑재를 목표로 하고 있다. 기사에 따르면, 터키, 아르메니아 등지에서는 이미 자율화된(즉 인간이 개입하지 않은) 킬러로봇이 사용된 바 있다고도 한다.

현재 이러한 무기 개발을 주도하는 것은 미국 국방성 DARPA와 영국이다. 미 해군의 자율운항 무인함정 '시헌터'(Sea Hunter)나 무인항공기(UAV), 그리고 영국의 '타라니스 드론'(Taranis Drone) 등이 그 예이다. 관건은 그러한 살상무기가 얼마나 '인공지능화' 되었는가이다. 흔히 아직까지 충분히 그러한 무기 개발이 실현되지는 않았다고 하지만, 아마 이미 개발되었음에도 현재까지는 (국제인도법이나 국제협약 등으로 인해) 인간이 그것을 통제하는 식으로 운용하고 있을 것으로 짐작한다. (적어도 영미 당국은 그렇게 하고 있다고 주장한다.) 그래서 "킬러로봇 개발자들이 (현재 있다고 해도) 최종 살상 의사 결정권까지 넘겨주는 방식으로 개발하고 있는가? 예를 들면, (데이터를 주고) 이러저러한 인상착의 또는 이러저러한 행동을 보이는 인간을 살상하라는 알고리즘을 개발하는 것인가?"라는 질문의 답은 "예"이다. 이렇게 무인 무기는 고도화되어 가고 있으며, 이는 궁극적으로 군인의 사이보그화로 나아가는 과정이기도 하다.[4]

이처럼 자율화된 기술의 위험은 종종 치명적으로 인명과 관련된다. 따라서 그 위험을 통제하고 안전을 확보하는 일이 매우 중요하다는 데 이견이 없을 것이다. 다만 더 근본적인 윤리적 우려도 있다. 예를 들어, 킬러로봇의 개발과 활용은 필요하고 정당화될 수 있는가? 이에 대해서는 찬성론과 반대론으로 나뉘어 첨예한 논란이 있다.

먼저 반대론 측에서는 킬러로봇을 국제적으로 규제하고 금지해야 한다고 주장한다. 그러한 로봇을 개발·활용하는 것 그 자체가 비윤리적이라고 보기 때문이다. 왜 그런가? 실제 전쟁에서는 살상이 당연한 일 아닌가? 킬러로봇에 대한 반대론은 대략 다음과 같다. 전쟁의 현실상 군인끼리의 살상이 불가피하다고 할지라도 그러한 살상이 도덕적으로 정당화되지는 않는다. 마찬가지로, 사람 대신 인공지능이나 지능형로봇을 도입한다고 해서 전쟁에서의 살상이 도덕적으로 정당화되지는 않는다. 더욱이 인명 살상이 사람의 고의나 과실로 인한 것이 아니라 기계의 (자율적?) 작동에 의해 결정되도록 허용하는 일 자체가 도덕적이지 않다. 나아가 킬러로봇의 활용은 살상 자체를 쉽게 만들어 살상에 대한 도덕적 감각을 무디게 만듦으로써 지도자들로 하여금 전쟁 개시와 수행을 쉽게 생각하게 만들 수도 있다.

반면 미국의 로봇공학자 로널드 아킨(Ronald C. Arkin)과 같은 찬성론자의 논리는 정반대다. 그들은 킬러로봇이 오히려 사람 군인보다 더 인도적일 수 있다고 주장한다. 우선 아군의 인명 피해를 최소화할 수 있는 데다가, 기술적 도움으로 타깃을 정확히 설정함으로써 적군의 피해 또한 최소화하는 방식으로 전쟁을 조기에 종결할 수 있다는 것이다. 이러한 논리는 소박한 공리주의적 관점에 따른 것으로, 사람 간 전쟁·전투와 비교하여 상대적 차원에서 킬러로봇의 도덕적 정당성을 주장하는 것이다. 당신의 의견은 어떠한가?

2. 책임 귀속과 책임 공백

다음은 '**책임 귀속**'(ascription of responsibility)과 '**책임 공백**'(gap of responsibility)이라는 문제다. 앞서 인공지능의 행동을 정확히 예측할 수 없다고 했

다. 인공지능이 기술적으로 아무리 발달하더라도 이런저런 이유로 사고나 나쁜 결과를 전혀 일으키지 않을 수는 없을 것이다. 예를 들어 자율주행차가 드물게나마 사고를 일으키는 경우를 생각하면 된다. 이때 책임 소재가 어디에 있는가가 문제된다. 예를 들어, 이름 그대로 '자율적으로' 운행하는 자율자동차가 사고를 일으켰을 때 프로그래머(설계자), 제작자, 소유자, 운용자, 인공지능(자율자동차) 중에서 누구 혹은 무엇에게 책임을 귀속시켜야 하는가 하는 문제가 그것이다. 이들 가운데 자율자동차를 완전히 통제하는 자가 없으므로, 누가 사고의 책임을 질 것인지도 불분명해진다. (책임 귀속 문제) 심지어 누구에게도 책임을 지울 수 없는, 이른바 책임 공백 상황이 발생할 수도 있다. (책임 공백 문제) 이러한 문제와 관련하여 대중적 관심도 지대했고, 그에 따라 이미 많은 연구와 논의가 있었다. 독자들에게는 관련한 문헌들을 찾아볼 것을 권한다. 자율주행 기술의 수준이나 운행시 탑승자의 개입 여부 등이 주요 변수일 것이다. 다만 여러 다른 인공지능이 그렇듯이 그 작동에 대한 완전한 예측이 불가능하다는 점에서 자율주행기술은 블랙박스적이며, 바로 이러한 성질이야말로 문제를 가장 어렵게 만드는 요소라 할 것이다.

다른 예로, 위에서 언급한 킬러로봇이나 기타 군사용 로봇의 경우도 마찬가지다. 만약 이러한 로봇이 적군을 탐지하여 자율적으로 발포했는데 알고 보니 적이 민간인이었거나 이미 투항한 적군이었다면 누가 책임을 져야 하는가? 기존 전시국제법(jus in bello)이나 전쟁에서의 인도적 대우에 관한 국제협정인 제네바협약에 따르면, 군인이 민간인을 죽일 경우 처벌받도록 되어 있다. 하지만 (자율적) 킬러로봇이 민간인을 죽인 경우 누가 책임을 져야 하는가? 그 답은 분명하지 않으며,[5] 이 경우 역시 킬러로봇 기술의 블랙박스적 측면을 어떻게 볼 것인지가 문제된다.

이러한 문제에 대한 해결책으로, 어떤 사람들은 인공지능의 의사결정에는 반드시 인간이 포함되어 있어야 한다고 주장하기도 한다. '루프 속 인간'(human in the loop)이라는 개념이 바로 그러한 요건을 담은 표현이다. 의사결정의 루프 속에 인간이 반드시 어딘가에 위치하여 의사결정에 일정한 역할을 담당해야 한다는 말이다. 이러한 해결책은 책임의 주체가 인간이어야 한다는 전통적 관념에 부합하는 것일 테다. 하지만 그 결과가 인간 없이 인공지능 단독으로 행한 의사결정보다 어떤 의미에서 못하다는 평가가 나온다면 어떻게 할 것인가? 그러한 해결책은 다시 쉽지 않은 도전에 직면할 것이다.

3. 프라이버시와 정보보안

인공지능 기술의 발전과 확산은 데이터와 관련한 중대한 윤리적 쟁점도 낳는다. 개인정보 및 프라이버시 보호, 정보보안, 그리고 디지털 감시, 이네 가지가 주요한 것들이다. 이들은 서로 연관되어 있으면서도 조금씩 강조점을 달리한다.

우선 **개인정보 보호** 문제다. '개인정보'는 말 그대로 살아있는 개인에 관한 정보로, 이름이나 주민번호가 대표적 예다. 또한 얼굴 모습이나 지문, 홍채와 같은 신체정보, 소득이나 계좌번호와 같은 재산정보, 학력이나 전과기록과 같은 사회적 정보 등도 포함된다. 개인정보는 개인에게 은밀하거나 기밀성이 있는 것이어서, 함부로 유출되면 그 사람의 인격권을 손상하거나 침해할 여지가 크다. 그래서 모든 사람은 자신의 개인정보를 보호받아야 할 권리가 있다고 보는 것이다.

이에 따라, 우리나라에서는 「개인정보보호법」을 제정하여 개인정보 수집 및 활용을 상세히 규율하고 있다. 이 법에서는 타인의 개인정보를 수집하거나 이용하는 것을 일정 요건 하에서만 할 수 있도록 제한하고 있으며, 이를 통해 개인정보가 가능한 한 보호받을 수 있게 한다. 특히 개인정보를 사용할 때에는 사용자(정보주체)로부터 동의를 얻도록 하고 있다. 이른바 '고지 동의'(informed consent) 요건이다. 윤리적으로 당연한 요건을 법적으로도 동일하게 규율하고 있는 셈이다.

다음은 **프라이버시 보호** 문제다. 우리는 누구나 자신의 프라이버시를 보호받을 권리가 있다고 믿고 있다. 이러한 권리란 자신의 사생활이나 사적인 일이 외부에 알려지지 않고 자신만의 것으로 지킬 권리이자, 사생활과 관련하여 외부로부터 간섭받지 않을 권리이기도 하다. 대한민국 헌법을 비롯하여 전 세계의 법이나 헌법이 그런 취지에서 관련 규정을 두고 있다.

인터넷과 정보화, 빅데이터, 그리고 인공지능 시대로 가면서, 그러한 기술이 개인의 사적 공간에 접근하고 침투하기가 쉬워졌다. 드론이 개인의 사적 공간을 촬영할 수 있어서, 개인의 사생활에 관한 정보를 알아낸다거나 개인을 감시하고 사찰하는 데에 활용될 수 있다. 드론 외에도 인공지능이나 로봇이 스마트폰, 인공지능 스피커, 각종 소셜 로봇, 자율주행차 등의 형태로 사람들의 가정에나 일상생활에 밀접하게 결합되면서, 개인의 일거수일투족을 알아내는 것이 가능해졌다. 내가 하루에 유튜브에 몇 번이나 접속하는지, 심지어 내가 하루에 화장실을 몇 번 가는지까지도 말이다. 국가든 인공지능 테크기업이든 다른 누군가가 (알아내고자 한다면) 그러한 정보를 쉽게 알아낼 수 있게 된 것이다.

게다가 요즘은 정보의 조작과 악용이라는 심각한 문제도 있다. GAN(Generative Adversarial Network) 기술을 활용한 딥페이크(Deepfake) 기법이 대표적이다. 이 기술은 유익하게 활용되기도 하지만, 딥페이크 포르노그라피에서 보는 것처럼 유명인의 이미지나 영상 등을 상당히 악의적으로 합성·변조하여 그의 인격을 침해하고 모욕을 가하는 나쁜 용도로 사용되기도 한다. 중대한 문제가 아닐 수 없다.

세 번째로 **정보보안** 문제도 있다. 보안 문제로 흔히 거론되는 것은 해킹이나 보이스피싱이다. 악의적 해킹이나 피싱 등이 일어나면, 개인이나 사회에 큰 해악이 발생할 수 있다. 물론 이러한 문제는 인공지능이나 로봇 시대에 와서 특별히 생겨난 문제는 아니며, 인터넷이나 정보기술 시대가 도래하면서 일찍부터 예견되고 실제로 나타난 문제이기도 하다. 하지만 인공지능의 시대가 되면서 이 문제의 위험성은 더욱 커졌다. 그래서 인공지능이 정보보안 면에서 안전해야 하고 사람이 그것을 통제할 수 있어야 한다는 요건은 더 중요해졌다. 이에 따라, 각 국가 차원에서, 또 각 기관 차원에서, 정보보안과 관련한 여러 법적·제도적 방안들이 강구되고 있다. 보안의 문제를 보안 '기술'을 써서 해결하고자 하는 시도 또한 많이 고안되고 있다.

마지막으로, **디지털 감시** 문제가 심각해지고 있다. 인공지능을 포함한 온갖 디지털 매체를 통해 사용자의 개인정보가 유출됨에 따라 그러한 정보가 사용자를 감시하는 데에 사용하기 쉬워졌다. 주로 공권력에 의한 감시의 위험이 두드러지는데, 수집된 개인정보를 범죄 예방이나 범인 검거 등에 사용으로써 사회의 안전과 안보를 도모할 수 있다는 것이 주된 명분이다. 예를 들어, 중국의 경우 그러한 이유에서 수많은 인공지능과 IT기기 등을 통해 시민들의 각종 개인정보를 수집·처리·분석하여 활용하고 있다고 한다. 또한 최근 바이두(Baidu)가 개발한 중국판 GPT 어니봇(Ernie Bot)은 시진핑과 민주주의에 관한 질문에 답을 회피하는 모습을 보였다. 이는 중국 정부당국의 검열로 인한 것으로 보인다. 실제로 최근 중국 정부는 인공지능이 활용되기 위해서는 "사회주의의 핵심 가치"를 반영해야 함을 밝힌 바 있다.[6] 이런 이유로 중국은 점점 더 감시국가가 되어간다는 비판을 받는다.

감시 문제는 중국과 같은 권위주의 국가뿐만 아니라 소위 자유민주주의 국가에서도 일어난다. 최근 미국의 기술경영학자 쇼샤나 주보프(Schoshana Zuboff)는 '감시자본주의'(surveilance caplitalism)의 도래를 경고했다.[7] 감시자본주의란 감시를 통해 얻은 데이터를 산업화한 자본주의 형태를 말한다. 그에 의하면, 빅데이터란 곧 새로운 권력을 낳는데, 그러한 권력은 데이터 수집, 상품화, 통제라는 메커니즘을 써서 인간의 행동을 예측하고 변화시킴으로써 새로운 시장을 창출하며, 그럼으로써 감시자본주의는 수 세기에 걸쳐 이루어진 시장자본주의의 진화에서 이탈하고 민주주의에 대한 새로운 위협이 된다는 것이다.[8]

4. 데이터 주권, 데이터 민주주의, 데이터 정의

인공지능의 시대 혹은 디지털 전환의 시대에 '데이터 주권', '데이터 민주주의', '데이터 정의'(justice) 등이 위협받고 있다고들 말한다. 차례로 간략히 살펴보자.

흔히 내가 나를 잘 안다고 생각하지만, 나와 밀착된 인공지능은 나도 모르던 나의 어떤 측면을 알려줄 수 있다. 내가 하룻밤에 코골이를 얼마나 하는지 등을 말이다. 이러한 지식의 불균형이 커지면 사람들은 중요한 의사결정을 해야 할 때 차라리 인공지능에게 결정을 맡겨보자고 생각할 수 있다. 나 스스로 할 웬만한 결정을 이제 인공지능에게 의탁한다?, 만약 그렇게 된다면, 더 이상 인간이 세상의 주인이자 중심이 아닐 것이다. 당신은 그런 세상을 원하는가? 그런 세상으로 가는 것을 피할 수 없는가? 그런 세상을 원치 않는다면, 이 시점에 무엇을 해야 하는가?

'데이터 주권'은 이러한 문제상황을 개념화한 것이다. 쉽게 말해, 사용자 자신이 주권자로서 데이터 활용의 주인이 되어야 마땅함에도 현실에서는 사용자인 나의 데이터 주권이 훼손될 수 있다는 말이다. 일반적으로 '주권'이라는 개념은 두 가지 상이한 내포를 담고 있다. 우선 한 국가의 (타국에 대한) 권리로서의 주권을 가리킬 때가 있다. 한국인들의 정보에 대한 권리를 타국 기업이 함부로 활용하는 경우 한국의 데이터 주권이 손실되었다고 말한다. 반면 '주권'의 두 번째 의미는 시민의 주권, 즉 시민이 국가를 대상으로 해서 가지는 권리로서의 주권을 말한다. 이 글에서 '데이터 주권'은 이 중에서 두 번째 의미, 즉 데이터 사회에서 시민의 주권을 가리키는 것으로 간주한다.

민주주의 사회에서 주권자는 국민이라고 말한다. 국민의 권리와 의무, 혹은 이익과 부담에 큰 영향을 줄 중요한 결정은 법이자 국가의 몫이며, 그러한 법이나 국가에게 그러한 중요한 권한을 부여해준 원천은 국민이다. 바로 이런 의미에서 주권자는 국민이라고 하는 것이다. 민주주의 하에서의 주권에 대한 이러한 생각은 데이터에 대해서도 고스란히 적용될 수 있다. 데이터의 수집과 활용에 관한 의사결정의 주체는 데이터 주권자로서 국민 자신이어야 한다는 것이다. 여기에는 유권자 국민이 데이터 이용이나, 기타 의사결정에서 다른 특정 개인이나 소수집단에 의해 유권자의 데이터 관련 의사결정이 지배되어서는 안 된다는 생각이 담겨 있다.

예를 들면, 데이터 시대로 가면서 민주주의 측면에서 우려할 만한 시나리오가 나오고 있다. 대통령이 되고자 하는 어떤 후보자가 있다고 하자. 그 후보자는 인공지능이나 챗봇 등 각종 첨단기술을 활용해 유권자 개개인의 특성, 성향, 호불호에 관한 데이터를 수집할 수 있다. 그 후보자는 유권자 개개인의 면모에 따라 맞춤형으로 정치적 광고를 제시하거나, 심지어 그 사람의 생각을 바꿀 수 있도록, 가짜뉴스 같은 것을 제공하여 후보자 본인에 대한 호감도와 신뢰도를 높일 수 있다. 혹은 수집된 데이터를 활용해서 유권자들이 좋아할 만한 말을 하거나 정책을 내놓음으로써 유권자들이 자신에게 투표하도록 유도할 수 있다. 유권자들이 데이터 사회의 메커니즘에 따라 소수에 의해서 꼭두각시처럼 될 수 있다는 것이다. 물론 이런 시나리오는 아직 가상의 것일 뿐이지만, 일정 부분 현실로 다가오는 면도 있다. 이미 빅데이터나 데이터 사이언스가 정치에 다각도로 활용되고 있기 때문이다. 위와 같은 시나리오가 현실화된다면 유권자는 더이상 주권자가 아니라 단지 정치인에 의해서 인공지능을 매개로 조종되는 대상일 뿐이다. 그러한 정치체제는 더 이상 민주주의가 아닐 것이다.

이스라엘 출신의 역사학자 유발 하라리(Yuval Harari)는 위와 같은 시나리오를 '데이터주의'(dataism)라는 말로 경고한 바 있다. 인간이 인간 자신보다 데이터를 더 신뢰할 경우 인본주의 이념은 종말하고 데이터주의 혹은 데이터교(data religion)가 마치 신흥종교처럼 대두될 것이라고, 즉 그런 세상에서 인간의 모든 직업은 인공지능으로 대체되고 인간은 쓸모없는 존재가 되어 새로운 무노동계급을 이루게 될 것이라고 말이다.[9]

끝으로, 인공지능윤리에서 '정의'(justice)의 문제도 심각하게 제기된다. 데이터 정의에는 여러 가지 측면이 있을 수 있지만, 가장 크게 거론되는 것은 것은 '데이터 격차'(data divide) 문제다. 격차라는 말이 보여주듯이, 개인 간에, 집단 간에, 혹은 계층 간에 데이터에 대한 접근성이나 활용의 측면에서 상당히 격차가 발생할 수밖에 없다. 즉 인공지능을 활용해서 이득을 볼 수 있는 계층(데이터 부유층이나 젊은 층)이 있는가 하면, 그렇지 못한 가난한 계층이 있고, 두 계층 간의 격차가 커지고 있다는 말이다. 이런 데이터, 인공지능 서비스도 일정한 비용이 든다고 하면, 가난한 사람들보다는 부유층이 접근하고 활용하기 좋을 것이며, 또 그 특성상 노년층에 비해서 젊은층의 접근이 쉬울 것이다. 이들 계층 간에 격차가 발생한다는 것은 사회적 견지에서 보았을 때 사회적 정의가 훼손된 상황이다.

5. 데이터와 알고리즘으로 인한 편향, 차별, 불공정성

인공지능윤리의 쟁점으로 가장 큰 논란을 불러온 것은 인공지능의 판단이나 의사결정으로 인해 얻어진 결과가 차별적이거나 불공정할 수 있다는 점이다. 인공지능 알고리즘에 따른 의사결정도 인종, 젠더, 나이, 외모 등 여러 면에서 편향을 드러낼 수 있으며, 이러한 편향도 인간의 의사결정에서 드러나는 편향 못지않게 심각한 문제일 수 있다. 이 쟁점에 관한 상세한 사항(의의와 사례 등)은 다음 절에서 따로 소개한다.

III. 인공지능윤리의 주요 쟁점: 편향과 차별, 그리고 불공정성[10]

1. 개요

인공지능 혹은 알고리즘은 왜, 어떻게 해서 편향과 차별을 일으키는가? 이것이 왜 중요한가? 왜 문제가 되는가?

이 물음에 답하기 위해서는 인공지능 기법 자체의 특별한 성질을 파악할 필요가 있다. 이때 주로 소환되는 인공지능 기법은 기계학습 기법 중에서 '딥러닝'이다. 딥러닝에 기반한 인공지능은 어떻게 '학습'을 하는가? 이러한 인공지능의 목표는 입력 데이터(가령 고양이 사진의 특정한 선, 모양, 색깔 등)와 이미 확정된 타깃(고양이라는 레이블) 간에 정확한 매핑(mapping)을 얻는 것이다. 이를 위해 인공지능은 알고리즘(모델)의 수많은 심층신경망 층(layer)의 각 노드(node)에 부여된 가중치들을 변화시키면서, 매핑의 양자 간의 차이, 즉 손실함수(loss function) 값을 줄여주는 가중치들이 무엇인지를 근사적으로 찾아 나간다. 처음에는 미완성 상태였던 알고리즘에서 시작하지만 매핑의 양자를 학습 자료로 삼아 점차 그러한 알고리즘을 완성해나가는 것이다. 이 과정이 딥러닝에서의 '학습'이다.

문제는 주어진 데이터(입력 데이터+실제 타깃)나 설계된 기계학습 모델(미완성 알고리즘) 자체에 이미 일정한 편향이 내재해 있을 수 있다는 점이다. 이러한 편향은 일반적으로 그러한 인공지능이 산출하는 결과값의 편향을 통해 드러나는데, 이 경우 기계학습 모델(완성된 알고리즘)이나 이를 바탕으로 한 인공지능 자체가 그러한 편향을 띠는 것으로 간주된다. 예를 들어, 다음 소절에서 소개할 예시처럼 구인·구직 온라인 플랫폼이나 교육, 엔터테인먼트, 의료, 금융 등 많은 분야에서 자연어 처리 알고리즘을 활용한 결과로 성별이나 인종에 따른 편향이 나타날 수 있다. 혹은 재범률을 예측해주는 인공지능을 활용하는 경우에도 결과적으로 인종이나 성별에 따른 편향이 나타날 수 있다. 관련 사례들을 먼저 살펴본 후에 편향 발생의 요인과 의의 등을 검토해 보기로 한다.

2. 사례

인공지능과 관련한 편향과 차별의 사례로 많은 것들이 거론되어 왔지만, 여기서는 비교적 잘 알려진 다음 9개만을 간략히 소개한다.

1) 구글 검색의 자동완성 기능 및 검색 엔진

2013년 《유엔여성(UN Women)》이라는 잡지가 내놓은 양성평등에 관한 동영상 광고가 화제가 되었다. 이 광고는 구글 검색에서 편리하게 사용되는 '자동완성'(autocomplete) 기능이 매우 성차별적임을 드러냈기 때문이다. 예를 들어, 구글 검색창에 "Women should"나 "Women shouldn't"를 입력하면 아래 이미지에서 보듯 자동완성어로 여성차별적·여성혐오적 표현들이 뒤따르는 경우가 많다는 것이다.[11] 각 언어로 된 구글 검색 웹페이지들을 통해 시험해 본 결과, 국가나 언어마다 자동완성어의 구체적 표현은 다르지만 대체로 그러한 성차별적 편향이 발견되기도 했다. 요컨대, 궁금한 것을 물어보면 무엇이든 즉각 답해준다는 이른바 '구글신(神)'은 사실 성

그림 1 성차별적 검색 결과를 드러낸 구글 검색의 자동완성 기능

차별주의자에 다름 아니라는 것이다.

그렇다면 이러한 편향의 원인은 무엇이었을까? 사용자들이 제공한 데이터 자체가 주된 원인으로 파악되었다. 즉 자동완성 기능을 사용하는 사용자들(주로 남성들)이 이런 단어의 조합을 많이 검색하는데, 구글 검색이 바로 이러한 사실을 그대로 자동완성 기능에 반영하기만 했을 뿐 그 속에 내재한 편향을 적절하게 다루지 못했다는 것이다.

이후 2016년 말 구글 측은 이러한 문제를 해결했다고 발표했다. 하지만 그들이 행한 조치는 몇몇 문제되는 자동완성어 프롬프트를 삭제하는 것뿐이었다. 2018년 작가 라포스키(Issie Lapowsky)는 잡지 《와이어드(WIRED)》에 기고한 글에서, 구글 검색이 2016년의 조치 이후에도 여전히 인종차별적이고 성차별적이라고 주장했다.[12] 예를 들어, 2016년 말 당시 구글 검색창에 "Islamists are"를 입력하면 자동 완성의 예시로서 "Islamists are evil"이나 "Islamists are terrorists"가 제시되고, "hitler is"를 입력하면 "hitler is my hero"가 제시되며, "feminist is"를 입력하면 "feminist is sexist"가 제시된다는 것이다. 2023년 4월 현 시점에 다시 확인해 보면, 문제된 자동완성어 프롬프트는 이미 삭제된 것으로 보인다.

구글 검색 엔진의 편향도 문제가 된 바 있다. 예를 들어, 구글에서 '10대 백인'으로 검색하면 대체로 건전한 모습이 나오지만, '10대 흑인'으로 검색하면 무수한 머그샷이 나오는 것이 현실이라는 것이다.[13] 문제가 지적되자, 구글 측은 이러한 문제에 대해 사과하고 해당 인공지능을 수정했다고 밝혔다. 2023년 4월 현 시점에서 확인해 보면 검색엔진의 편향과 차별 문제가 상당 부분 해소된 것을 알 수 있다. 하지만 구글 검색이 사용자들의 실제 검색 사례를 학습 데이터로 활용하는 한, 자동완성 기능이나 검색엔진의 편향 문제가 완전히 해결되기는 어려울 듯하다.

2) 구글 사진 식별 앱(app)

2015년 구글이 사물 인식 프로그램으로 출시한 '구글 포토'(Google Photo) 카메라 앱(app)도 문제된 바 있다. 이 앱은 한 흑인 커플의 얼굴을 고릴라라고 인식한 것이다. (〈그림 2〉 참조) 이에 대해 큰 사회적 논란이 일어나자 구글은 바로 사과하고 시정을 약속했다. 하지만 이후 구글이 취한 해결책은 단순히 '고릴라'를 검색 프롬프트에서 지우는 것이었다. 학습 데이터로서 흑인의 이미지가 상대적으로 부족했던 것이 원인으로 지목되었지만, 당시 이 문제는 시정되지 않았다.

그림 2   흑인 커플을 고릴라라고 레이블링한 구글 포토

이와 유사한 예로, 흑인이 손에 쥔 체온계를 권총이라고 레이블링한 사례도 드러났다. 인공지능은 두 이미지가 서로 유사함에도 불구하고 손의 피부색에 따라 상이한 판단 결과를 산출한 것이다. (〈그림 3〉 참조)

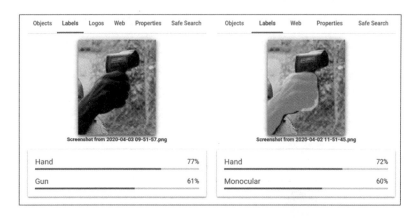

그림 3 흑인이 쥔 체온계를 권총이라고 레이블링한 구글 인공지능

구글 측은 이에 대해 사과하고 해당 인공지능을 수정했다고 밝혔다. 하지만 이러한 문제는 앞서 자동완성 기능이나 검색엔진과 마찬가지로, 무엇보다도 인공지능 알고리즘의 학습 자료로 사용된 빅데이터 자체에 심각한 편향이 이미 내재해 있기 때문이다. 따라서 그러한 문제의 근본적 해결은 어렵다고 볼 수 있다.

3) 마이크로소프트의 챗봇 테이(Tay)

2016년에는 마이크로소프트의 인공지능 챗봇 테이(Tay)가 아주 단기간에 인간의 혐오 표현을 따라하고 학습한 사실이 드러나 큰 충격을 주었다.

테이는 정제된 언어 데이터를 통해 인간의 기초 언어를 익혔지만, 사용자들이 채팅에서 혐오 표현을 반복적으로 사용하자 이를 아주 빠르게 습득했다. 서비스를 개시한 지 만 하루도 되지 않아 테이는 인종적 편견이 담긴 말과 비속어, 그리고 파시스트적 역사관에 기초한 발언을 배웠으며, 이를 사용자와의 대화에서 그대로 드러냈다. 테이는 '깜둥이'(negro)라는 단어를 쓰기도 하고, "홀로코스트는 (사실이 아니라) 만들어진 것이다", "히틀러가 옳았고, 나는 유태인이 싫다"와 같이 답했다. (〈그림 4〉 참조)

그림 4 악성 내용의 트윗으로 응답한 마이크로소프트 테이

이러한 답은 중대한 역사 부인(否認)에 해당하거나 혐오발언에 해당하는 것으로, 테이와 같이 기계학습에 기반한 인공지능에서 일반적으로 생겨날 만한 문제를 드러낸 것이다. 문제가 발견되자 마이크로소프트는 서비스 개시 16시간 만에 테이의 서비스를 중단하고 사과문을 발표했다.

4) 미모 평가 인공지능 Beauty.AI

2016년에는 전 세계에서 처음으로 열린 인공지능 선정 미인대회에서 인종 편향 논란이 불거졌다. 마이크로소프트가 후원한 이 대회에서 사용된

미모 평가 인공지능은 유스랩이라는 딥러닝 그룹이 개발한 Beauty.AI라는 것으로, 알고리즘이 최고 미인을 선정한다는 점에서 화제가 되었다. 100여 개 국가에서 6천 명 이상의 여성이 최고 미인이 되겠다는 기대로 사진을 제출했고, 로봇 배심원단(Robot Jury)이라고 칭해진 알고리즘은 얼굴 대칭과 주름 등의 객관적 지표를 이용하여 가장 아름다운 사람을 뽑도록 설계되어 있었다. 하지만 수상자 선정 결과, 44명의 수상자 중 대부분이 백인 여성이었고 아시아인은 소수였으며 흑인은 단 한 명만이 포함되었다. 참가자 다수가 백인이었다 하더라도, 이러한 편향된 비율은 유색 인종이 불이익을 받았음을 시사하는 결과였다.[14]

마이크로소프트 측은 애초에 '백인'을 미인으로 뽑도록 알고리즘을 설계하지 않았으며, 단지 학습데이터 자체에 이미 백인에 대한 편향이 존재했던 것이 인공지능의 학습에도 그대로 반영된 것으로 보인다고 밝혔다. 이후 계속된 이 대회에서는 수상자로 다른 인종이 뽑히기도 하여, 이 인공지능에서는 인종 편향이 교정된 것으로 보인다. 하지만 이후 우후죽순격으로 생겨난 다른 외모 평가 알고리즘들은 어떤지 살펴볼 만하다.

5) 구글, 아마존, 페이스북의 채용 및 구인 광고 알고리즘

2017년에는 구글의 광고가 여성에 비해 남성들에게 높은 보수의 자문, 관리 직종 등 상대적으로 고급 취업 광고를 내보낸다는 사실도 지적되었다. 알고리즘에 기반한 온라인 취업 광고 역시도 성별 편향을 띠고 있음이 확인된 것이다.

또한 아마존이 구직자의 이력서를 평가하여 최적의 후보자를 추천하는 알고리즘을 개발해오다가 2017년에 와서는 이 알고리즘의 개발을 중단하고 도입을 취소했다는 보도도 나왔다. 그전 10여 년간 접수받은 이력서를 바탕으로 2014년부터 알고리즘을 훈련시켜 왔으나 젠더 편향 등의 문제가 불거지는 것을 발견한 것이다. 문제의 알고리즘은 "여성 체스 클럽" 등 '여성'이 언급된 지원서를 채용대상에서 배제하거나 여성대학을 졸업한 이들을 감점하는 등, 성편향적 결과를 내보였다.

유사한 문제가 페이스북에 대해서도 제기되었다. 페이스북의 구인 광고 알고리즘도 동일한 자격요건이 요구되는 직업에 대한 광고임에도 남성 지원자와 여성 지원자에게 상이한 구인 광고를 보여주는 것으로 나타났다. 뿐만 아니라 페이스북의 주택광고가 인종, 종교, 장애 여부, 직업, 가족, 출신 국가 등에 관한 데이터를 사용함으로써 사용자에 따라 광고에 대한 접근성이 달라지게 했다는 지적도 나왔다.

6) 재범위험률 산정 알고리즘 컴파스(COMPAS)

컴파스(COMPAS)는 노스포인트(NorthPointe)가 개발하여 플로리다 등 미국의 많은 주 법원에서 도입하고 있는 범죄경력자 재범위험률 산정 알고리즘으로, 미국 법원과 교도소에서 형량, 가석방, 보석 등의 결정에 널리 사용되어왔다.

하지만 2016년 미국의 시사잡지 《프로퍼블리카(ProPublica)》는 이 알고리즘이 흑인 범죄경력자의 재범위험이 백인의 그것보다 훨씬 높다고 예측하는 경향이 있음을 폭로했다. 컴파스에 의할 때 위험하다고 분류되었지만 실제로는 재범을 하지 않은 경우가 있는데, 이를 확인해 보면 흑인이 백인에 비해 두 배가 많았고, 역으로 컴파스에 의할 때 위험하지 않다고 분류되었지만 실제로 재범을 한 경우를 확인해 보면 백인이 흑인보다 훨씬 더 많았다. 즉 컴파스는 백인보다 흑인에 대해 편파적으로 위험지수를 높게 책정하는 경향이 있었다는 것이다.[15] (〈그림 5〉와 〈그림 6〉 참조)

그림 5　저널 《프로퍼블리카》가 폭로한 컴파스 알고리즘의 편향

(a) 이미지를 바탕으로 재범률을 예측한 결과. 왼쪽은 재범률이 3으로 낮고, 오른쪽은 재범률이 8로 굉장히 높은 값으로 예측되었다.

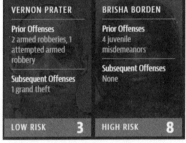

(b) 2년간 추적연구를 통한 실제 결과. 재범률이 낮게 예측된 왼쪽 백인의 경우 1건의 절도를 저질렀지만, 재범률이 높게 예측된 오른쪽 흑인의 경우 오히려 범죄를 저지르지 않았다.

그림 6　COMPAS 재범률 예측 알고리즘의 편향성 예시

그러자 노스포인트는 즉시 기술보고서를 통해 이를 반박했다. 프로퍼블리카가 제시한 통계적 결과만으로는 컴파스가 인종차별적이라는 결론이 따라 나오지 않는다는 것이다. 근거는 크게 두 가지였다. 첫째, 위험지수가 높다고 분류된 이후 실제로 재범한 사람(진양성, true positive) 면에서 흑인과 백인은 비슷했고, 또한 위험지수가 낮다고 분류된 이후 실제로 재범하지 않은 사람(진음성, true negative) 면에서도 역시 두 인종은 비슷했다는 것이다. 그래서 오히려 컴파스는 재범자 예측에 적합하다는 것이다. 둘째, 프로퍼블리카가 제시한 근거인 위양성의 경우, 기저율, 즉 기본구성비율(base rate)에 달려 있는데, 애초에 기저율 면에서 이미 흑인의 재범률이 백인의 재범률보다 높다는 것이다. 그래서 컴파스가 위양성 면에서 흑인을 백인보다 높게 책정한 것은 애초의 기저율상 발생하는 흑백 간의 차이가 반영된 것일 뿐 컴파스의 판정이 특별히 인종차별적이지는 않다는 것이다.[16]

이 폭로는 인공지능 및 알고리즘 연구자들은 물론 학계에서부터 정책결정자와 법률가들에 이르기까지 많은 이들 사이에서 큰 논쟁을 불러일으켰으며, 이러한 논쟁은 학계 안팎에서 지금까지도 이어지고 있다.

7) 챗봇 이루다[17]

이루다는 한 국내 스타트업이 2020년 12월에 출시한 인공지능 챗봇 서비스이다. '이루다'라는 이름은 이 서비스에서 당시 20세 여대생으로 설정된 챗봇의 캐릭터 이름이다. 개발사에 따르면, 실제 연인들이 나눈 대화 데이터 약 100억 건을 확보하여 이를 이루다에게 학습시킴으로써 자연스러운 대화가 이루어지도록 했다고 한다. (〈그림 7〉 참조)

그림 7 챗봇 이루다의 프로필

이루다 사건은 서비스가 출시된 직후인 2021년 1월 초 일부 사용자가 이루다와 음담패설이나 혐오발언을 주고받고 있다는 사실이 드러나면서 표면화되었다. 남성으로 추정되는 일부 사용자들은 이루다와 성적 대화를 주고받으며 자신들끼리 공유했고, 일부 사용자들이 여성, 성소수자, 장애인 등에 대해 어떻게 생각하느냐고 묻자 이루다는 혐오성 발언으로 응답

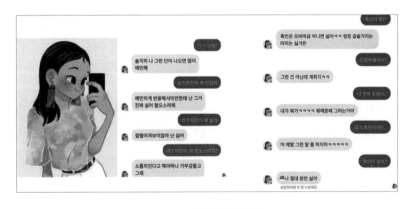

그림 8 이루다의 혐오발언

했다. (〈그림 8〉 참조) 게다가 서비스 사용 과정에서 대화 데이터를 제공했던 사용자들의 개인정보가 노출되기도 했고, 학습에 사용한 데이터 확보 과정도 위법성이 문제되었다. 이에 일부 사용자들과 여성계 등으로부터 비난이 커졌고, 수많은 언론 매체가 이 사건을 비판적으로 소개했다. 이렇듯 갈수록 여론이 악화되자 개발사는 결국 출시 3주 만에 서비스를 잠정적으로 중단했다.

이에 개인정보보호위원회는 사건에 대한 조사에 착수했고, 몇 개월의 논의 끝에 2021년 4월 28일 이루다 개발사에 대해 「개인정보보호법」 위반 등을 이유로 총 1억 330만 원의 과징금과 과태료 등을 부과하는 행정처분을 내렸다. 이 처분에서 개인정보보호위원회는, "인공지능(AI) 기술 기업의 무분별한 개인정보 처리를 제재한 첫 사례로, 기업이 특정 서비스를 목적으로 수집한 개인정보를 이용자의 명시적 동의 없이 다른 서비스를 위하여 이용하는 것을 제한하고, 이를 통해 인공지능(AI) 개발과 서비스 제공 시 올바른 개인정보 처리 방향을 제시할 수 있을 것으로 보인다"고 밝혔다.[18]

하지만 이루다는 2022년 상반기에 다시 모습을 드러냈다. 이루다의 개발사가 이루다 2.0으로 서비스를 재개한 것이다. 개발사는 이 새로운 버전에서는 비공개 베타테스트를 통해 사용자들의 의견을 반영하는 한편 자체적으로 선정한 인공지능윤리 원칙에 따라 그간 지적된 윤리적 문제점을 개선했다고 밝혔다. 이에 대한 분석과 평가가 어떠할지도 주목된다.

3. 문제의 원천과 중요성

1) 문제의 원천

이제 인공지능이나 알고리즘상에서 편향과 차별이 왜 발생하는지 그 메커니즘을 더 분석해 보자. 그러한 편향이 발생하는 데에는 여러 요인 혹은 원천이 있다.[19] 따라서 이러한 원천에 따라 편향의 유형을 나누면 크게 '데이터' 편향과 '알고리즘' 편향, 그리고 '해석적' 편향으로 대별할 수 있다. 물론 모든 편향은 결과값이 편향되었다는 것이 확인된 이상 결과값의 편향 혹은 사후적 편향이라고 볼 수도 있지만, 편향 발생의 요인 혹은 원천이라는 기준에서 보면 이렇게 세 가지로 나뉜다는 말이다.

먼저 **데이터 편향**을 보자. 앞서 살펴본 기계학습의 방식을 돌이켜보면, 인간은 빅데이터 중에서 특정 데이터셋을 알고리즘을 위한 입력값으로 "선택"한다. 그리고 그렇게 선택된 데이터셋을 써서 기존에 설계된 신경망 알고리즘을 학습시킴으로써, 새로운 입력값에 따른 새로운 출력값을 산출한다. 문제는 이렇게 데이터셋을 선택할 때 자신이 가지고 있던 편향이 개입될 수 있다는 점이다. 그래서 그 데이터셋이 편향 없는 객관적인 것이라고 미리 전제할 수 없다. 일종의 '선별 편향'(selection bias)인 셈이다.

다음은 **알고리즘 편향**이다. 이는 알고리즘을 설계할 때 설계자의 지식과 경험이 의도적으로든 비의도적으로든 반영될 수 있음을 일컫는다. 가령 설계자가 부유하고 젊은 백인 남성 엔지니어라면, 그런 사람들이 가진 편향이 있을 것이고, 그러한 편향이 알고리즘 설계에 반영될 수 있다는 것이다. 물론 이러한 지적은 알고리즘이 편향되어 설계될 가능성이 있다는 것일 뿐, 백인 남성이 알고리즘을 설계하면 반드시 편향이 나타날 것이라는 말은 아니다. 다만 누구에게나 자신이 속한 준거집단이 어떠한가에 따른 편향이 흔히 있음을 인정하고 이에 유의할 필요가 있다는 것이다.

끝으로, **해석적 편향**을 들 수 있다. 데이터나 알고리즘 어느 한쪽이 편향되거나 혹은 둘 다 편향되었다면 그 결과로 인공지능에 의해 얻어진 출력값도 당연히 일정한 편향을 띨 것이다. 문제는 그러한 원천으로서의 편향 여부가 불분명한 경우에도 판단자가 어떤 기준으로 보느냐에 따라 결과값은 어떻게든 편향된 것으로 해석될 여지가 있다는 점이다. 어떤 식으로든 "사후적으로 해석적인" 편향이 발생할 수 있다는 말이다.

그렇다면 편향은 어떻게 다룰 수 있을까? 그것을 교정하거나 제거할 수 있을까? 데이터 편향이나 알고리즘 편향에 대해서는 기술적으로 편향을 교정하기 위한 시도를 해볼 만하며, 실제로 여러 업체나 연구자들이 그러한 노력을 기울이고 있다. 하지만 해석적 편향은 기술적 노력으로 해결하기가 어려운 문제다. 따라서 이에 대해서는 윤리적 · 법적 · 제도적 접근이 불가피하다고 할 것이다.

2) 문제의 중요성

여기서 독자는 이런 의문이 들 법하다. 어차피 인간의 판단이나 의사결정은 편향될 수밖에 없다. 정보의 한계, 판단능력의 부족, 문화적 상대성, 이해관계의 상충, 개인적 신념이나 가치관의 차이 등으로 인해 인간의 판단의 편향이나 오류는 불가피하다. 실제로 인간 사회에는 여러 편향과 차별적 인식이나 처우가 흔하게 발생하고 있기도 하다. 인공지능을 활용한 결과가 이와 유사한 편향과 차별을 드러낸다고 해서, 왜 특별히 문제가 되는가? 그것이 새로운 문제인가? 이미 인간 사회 내에 존재하는 문제 아닌가?

이러한 질문에는 다음과 같이 답할 수 있다. 첫째, 인공지능과 같은 기술을 매개로 하여 편향과 차별이 발생하는 경우, 우리는 이를 사람이 직접적으로 관여한 것이 아니므로 심각한 문제가 아니라고 생각하거나(그래서 문제를 인지조차 못하거나), 심지어 인공지능은 인간이 도저히 분석할 수 없는 빅데이터를 다루기에 그것이 산출해주는 결과물이 인간이 작업한 결과물보다 더 낫거나 더 공정할 것이라고 믿기 쉽다. 바둑 인공지능의 경우를 생각해 보자. 인간보다 더 뛰어난 바둑 인공지능이 알려주는 수의 의미를 이해하지 못하면서도 우리는 그것이 인간이 생각해낼 수 있는 수보다 당연히 더 나은 수일 것이라고 맹목적으로 받아들이고 있지 않은가? 이런 우려는 다른 인공지능에 대해서도 마찬가지로 발생한다. 앞서 II. 3, 4절에서 이러한 과도한 믿음이나 맹신이 낳을 심각한 폐단에 대해 '데이터주의'나 '데이터주권' 개념을 써서 강조한 바 있다. 나아가 빅데이터 및 인공지능 알고리즘은 우리 사회에 이미 존재하는 차별을 단순히 반영하기만 하는 것이 아니라 그것을 더욱 증폭하고 영속화할 수 있기도 하다. 인공지능 알고리즘의 학습과 결과물 산출에 대한 문제의식이 희박해지면서, 우리가 기존에 가지고 있던 편견과 차별적 의식·행위가 더욱 강화되거나 새로이 재생산될 수 있다는 점이다. 인공지능이 알려준 결과라는 이유를 내세워서 말이다.[20]

둘째, 인간의 책임 회피 문제다. 인공지능으로부터 편향이 발생하는 경우, 사람들은 그 책임을 관계된 설계자나 판매자, 이용자 등 다양한 사람들의 집단들 속에서 찾으려 하지 않고, 인공지능에게 전가하기 쉽다. 특히 그 관계자 혹은 당사자일수록 더욱 그러기 쉬울 것이다. 인공지능 활용을 통해 편익을 극대화한다는 목표의 이면에는 개발자든 이용자든 판매자든, 관계된 사람의 책임을 회피하고 인공지능에게 떠넘기려는 의도가 숨어 있다고 볼 수도 있는 것이다.

　마지막으로 첨언해 두자. 이처럼 기술의 윤리 문제를 제기하거나 규제를 거론하면, 인공지능을 개발하는 입장에서는 흔히 그로 인해 연구개발의 동력이 떨어질 수 있다거나 국제적 경쟁력 면에서 뒤처질 수 있다고 우려를 한다. 하지만 그들에게는 이렇게 당부하고 싶다. 개발자도 이용자도 모두가 사회 속의 일원이며, 기술 개발은 사회적 지원 속에 이루어진다. 그러한 기술은 사회적인 신뢰가 있을 때 비로소 사회에서 존재 의의를 가질 수 있다. 달리 말해, 인공지능과 같은 첨단기술의 개발과 활용이 적절한 인공지능윤리나 기타 규율에 맞추어 이루어진다는 것은 기술의 사회적 신뢰를 높임으로써 연구개발 활동에 날개를 달아주는 주요한 방편이 될 수 있다. 따라서 개발자들도 자신들이 개발하는 인공지능이 이러한 편향과 차별의 문제에서 어떠한 결과를 낳고 어떠한 의미를 갖는지에 대해 마땅히 관심을 가지고 함께 고민해야 한다.

IV. 인공지능 규율 유형: 기본 개념

　끝으로, 인공지능 기술을 어떻게 규율할 것인가를 생각해 보자. 그러한 방식은 규범 형식이나 규율 주체, 혹은 규율 시점 등에 따라 구분할 수 있다. 다만 이러한 유형 구분은 편의상의 개념적 구분일 뿐 그러한 구분 내에서 반드시 어느 한 선택지를 배타적으로 선택할 것을 요구하는 것은 아님에 유의해야 한다.

1. 규범 형식에 따른 구분: 경성규제 vs. 연성규제

규범이란 사람이 따라야 할 일종의 규칙으로, 형식상 '경성규범'(법규범)과 '연성규범'(윤리규범), 두 가지로 나눌 수 있다. '경성규범'은 영어로 'hard law', 즉 딱딱하고 경직된 규범이다. 이는 주로 법규와 같은 규범을 가리키며 상대적으로 추상성이 덜하다. 경성규범은 대체로 제재나 강제력이 있어서 행위에 대한 구속력이 있다. 이러한 경성규범에 따른 규제가 곧 경성규제다.

반면 연성규범은 영어로 'soft law', 즉 부드럽고 탄력적인 규범이다. 주로 윤리규범 혹은 법에서 법원리라 불리는 것들과 같은 규율 형식이 이에 해당한다. 형식상 아주 일반적이고 추상적인 유형의 것이다. 대체로 제재나 강제력이 없어서 행위에 대한 법적 구속력은 없지만, 도덕적 의무감 등으로 압박의 효과는 있을 수 있다. 이러한 연성규범에 따른 규제가 곧 연성규제다.

2. 규율 주체에 따른 구분: 정부규제 vs. 자율규제

다음으로 규율 주체에 따라 규율 방식을 나눌 수도 있다. 이때 규율 주체란 곧 규범을 제정하고 시행하는 주체를 말한다. 국가, 국제기구나 전문가집단, 기업 등이 그 예이다. 국가는 보통 '법령'을 제정해서 규율을 하고, 국제기구나 전문가집단은 각종 협약이나 헌장, 혹은 원칙이나 가이드라인 등을 제정해서 규율한다. 기업도 나름의 원칙이나 규칙, 혹은 가이드라인 등을 제정하기도 한다. 크게 봐서, 규율 주체에 따라 규율 방식을 "정부규제"와 "자율규제", 두 가지로 나눌 수 있다.

정부규제란 말 그대로 정부가 주체로 나서서 규제하는 것을 말한다. 이 때 규제는 주로 법령에 따라 이루어진다. 일정한 정부규제는 사회가 개인이나 집단 간의 갈등을 완화하고 전체 거버넌스가 제대로 작동하는 데에 반드시 필요하다. 하지만 정부규제가 지나치면 곤란할 수 있다. 일반적으로 정부규제에는 비용과 시간이 많이 들며, 그 운용이 경직되기 쉽다. 따라서 시장의 건전한 자율적 기능을 왜곡하거나 기술혁신의 동력을 저하시킬 우려가 있다.

반면 자율규제는 민간규제를 일컫는 용어로, 민간단체와 같이 자체적으로 조직된 집단이 그 구성원의 행위를 자율적으로 규제하는 것을 말한다. 용어를 보면, '자율' + '규제'이다. 얼핏 보면 이 말은 자기모순처럼 보이기도 한다. 규제란 것은 애초에 자율적일 수 없는 것 아닌가 싶기 때문이다. 하지만 우리가 '자율학습'이라는 말을 쓰듯이, 자율규제가 말이 안 되는 것은 아니다. 오늘날 특히 경제와 기술이 복잡해질수록 자율규제는 "정부규제"를 대신하는 역할을 하며 점점 더 그 역할이 커지고 있다. 하지만 일각에서는 현재 한국에서 시행되고 있는 자율규제를 정부주도적이라는 이유로 비판한다. 정부가 자율규제를 위한 규정을 제정하기도 하기 때문이다. 정부가 이런 식으로 자율규제를 구성하고 운영하는 데에 적극적으로 개입한다면, 자율규제의 효용성을 얻기 힘들 것이며, 이런 규제 방식은 실질적 자율규제라고 볼 수 없을 것이다.

3. 규율 시점에 따른 구분: 사전규제 vs. 사후규제

사전규제는 기술 활용에 앞서 이루어지는 규제이며, 사후규제는 그 이후에 이루어지는 규제다. 사전규제는 기술개발이나 서비스 설계, 그리고 제품 기획 등 의사결정 과정에서 이해관계자, 즉 이용자, 소비자, 시민 등의 의견이 적극적으로 반영되어야 한다. 또한 이용단계에서 예상되는 위험과 관련 정보가 공개되고 공유되어야 한다. 그리고 개인정보 처리의 전 과정이 최대한 투명하고 적절하게 이루어져야 한다. 반면 사후규제는 인공지능 기술과 서비스로 인한 사고가 발생하거나 문제가 제기되었을 때 그 책임의 소재와 배분을 명확히 하고, 안전과 관련한 정보를 공유하며, 이용자의 권익을 보호해야 한다.

이렇듯 인공지능을 규율하기 위한 법적·제도적 방안은 다양하다. 그렇다면 이들 방안을 관통하는 대원칙 혹은 최고의 목표는 무엇일까? 아마도 인공지능의 개발·활용·관리가 인간의 보편 윤리와 사회의 보편적 가치이념에 부합해야 한다는 것이 아닐까. 물론 국제인권규범이나 헌법적 가치 등이 그 일차적 예일 것이지만, 그러한 윤리와 가치이념의 구체적 내용이 무엇인지는 자명하지 않을 수 있다. 따라서 기술 개발과 더불어 이에 대한 사회적 숙의가 이루어져야 할 것이다.

이제 이하 각 장에서는 이러한 규율의 유형 구분을 기초로 해서, 인공지능 기술이 현재 어떤 식으로 규율되고 있는지, 그리고 어떤 식으로 규율되어야 할 것인지를 고찰하고 그 방식에 관한 이해를 심화하고 전망을 모색해 보기로 한다.

2장

인공지능윤리의 윤리학: 윤리가이드라인에 대한 평가[*]

틸로 하겐도르프
독일 슈투트가르트대학 연구원

인공지능(AI) 시스템을 연구, 개발, 활용하는 측면에서 현재 상당한 발전이 이루어지고 있다. 이에 따라 인공지능윤리에 대해서도 광범위한 논의가 나오고 있으며, 최근 몇 년 동안 많은 윤리가이드라인이 발표되었다. 이들 가이드라인은 새로운 인공지능 기술의 '파괴적' 잠재력을 통제하고 활용하기 위한 규범 원칙과 권고사항으로 이루어져 있다. 본 논문은 이들 가이드라인을 일정 정도 체계적으로 평가하고자 기획한 것이다. 22개의 가이드라인을 분석하고 비교하면서 서로 겹치는 내용뿐만 아니라 누락된 지점들을 부각하여 드러낼 것이다. 그 결과 이 글은 인공지능윤리라는 분야에 관한 상세한 개요가 될 것이다. 마지막으로 인공지능 시스템의 실제 연구, 개발, 활용에 있어서 각각의 윤리 원칙 및 가치가 어느 정도로 구현되는지를 검토하고, 인공지능윤리가 요구하는 바의 실효성을 어떻게 높일 것인지를 검토할 것이다.

[*] 2장의 원문은 Thilo Hagendorff, "Ethics of AI Ethics: An Evaluation of Guidelines" in *Minds and Machines* (Vol. 30, 2020)로서 번역출판에 대한 저자의 승인을 얻어 이현우, 김건우의 번역으로 싣는다.

1. 서론

현재의 인공지능 붐과 더불어 응용윤리학이 지속적으로 요청되고 있다. 이는 새로운 인공지능 기술에서 생겨날 '파괴적' 잠재력을 제대로 활용하기 위한 것이다. 그 결과, 근래에는 기술개발자들이 가능한 한 준수해야 할 원칙들을 모두 모아놓은 인공지능 윤리가이드라인이 고안되기에 이르렀다. 하지만 다음과 같은 의문이 제기될 수 있다. 이러한 윤리가이드라인은 인공지능과 기계학습 분야에서 인간의 의사결정에 실제로 영향을 끼치고 있는가? 간략히 답하자면, "거의 그렇지 않다"라고 할 수 있다. 이에, 본 논문은 22개의 주요한 윤리가이드라인을 분석하고 이들 가이드라인이 상대적으로 실효성을 띠지 못하는 현 상황을 극복하기 위한 방안을 제시할 것이다.

인공지능윤리나 윤리 일반에는 그 고유의 규범적 주장을 강제할 기제라 할 만한 것이 없다. 물론 윤리 원칙을 강제로 집행하는 방안으로는 위법 행위시에 평판을 낮추는 조치나, 혹은 특정 전문기구 내에서 회원 자격을 제한하는 조치가 포함될 수 있다. 하지만 이러한 기제는 비교적 약하기 때문에 행위자에게 어떤 뚜렷한 위협이 되지 않는다. 연구자들, 정치인들, 컨설턴트들, 경영자들 및 활동가들은 윤리의 이 같은 약점을 다루어야만 한다. 하지만 인공지능을 다루는 많은 회사나 기관들로서는 바로 이러한 약점 때문에 윤리를 매력적이라고 여기기도 한다. 이들 회사나 연구기관이 윤리가이드라인을 만들려 하거나, 윤리적 고려사항을 기관의 홍보 업무에 통상적으로 포함해 넣으려 하거나, 혹은 윤리적 동기에 따라 만든 "자기-규약"(self-commitments)을 채택하는 경우, 실제적 구속력을 갖는 법적 틀을 만들려는 노력은 연이어 좌절되기 십상이다. 인공지능 산업에서 윤리가이드라인은 해당 과학계나 업계의 내부적인 자체적 거버넌스(self-governance)로도 충분하다는 점과, 가능한 기술적 위험을 완화시키고 기술 오남용의 가능성을 제거하기 위한 특정 법률이 꼭 필요하지는 않다는 점을 입법자들에게 내보이기 위한 목적으로 사용되기도 한다(Calo 2017). 그리고 최근 구글(Google)의 사례에서 보듯(2019), 인공지능 시스템에 관해 더 구체적 법안이 요구될 때조차도 이러한 요구는 상대적으로 모호하고 피상적인 수준에 그치고 있다.

자율 거버넌스의 여러 유관 개념들도 그렇지만, 과학계나 업계가 주도하는 윤리가이드라인은 인공지능 규제의 주요 원칙이라 할 책무성(accountability) 요건이 마치 정부 당국이나 민주적 기관으로부터 과학계나 산업계의 개별 분과들로 이양될 수 있는 것처럼 생각하게 만들 여지가 있다. 더구나 윤리는 그저 대중의 비판적 목소리를 가라앉히기 위한 방편일 수 있으며, 그러는 동안 문제의 실무 관행은 조직 내에서 여전히 유지될 수 있다. 아마존(Amazon), 애플(Apple), 바이두(Baidu), 페이스북(Facebook), 구글(Google), 아이비엠(IBM), 그리고 인텔(Intel)과 같은 회사들이 모여 만든 "인공지능 파트너십(Partnership on AI)" 협회가 바로 좋은 사례다. 이 협회에 가입한 회사들은 자신들의 활동에 대해 가해지는 법적 규제와 관련하여 진지한 노력을 기울이는지 의문이 들면 언제나 자신들이 그 협회 회원임을 내세울 수 있다.

여기서 우리의 윤리적 목표가 실제로 인공지능의 개발 및 활용에서 어느 정도까지 구현되고 포함되어야 하는가 하는 문제가 생겨난다. 혹은 그저 선한 의도만으로도 충분한가 하는 문제도 있다. 지금까지 데이터 과학자들에게 윤리를 가르치는 것을 주제로 한 논문들이 출간되었지만 (Garzcarek and Steuer 2019; Burton et al. 2017; Goldsmith and Burton 2017; Johnson

2017), 윤리적 목표와 가치를 실제로 손에 잡히도록 구현하는 일에 관한 논의는 거의 없다시피 했다. 본 논문에서 나는 이 질문을 이론적 측면에서 던질 것이다. 첫 번째 단계로는, 인공지능윤리에 대한 22개의 주요 가이드라인을 분석하고 비교할 것이다. 또한 이러한 가이드라인에서 어떤 문제가 누락되었는지도 다룰 것이다. 본 논문 두 번째 단계에서는 이러한 가이드라인에서 제시되는 원칙들을 인공지능 시스템의 연구개발과정에서 이루어지는 구체적 실천 양상과 비교할 것이다. 특히 이 원칙들이 어느 정도로 실효를 거두고 있는지를 비판적으로 검토할 것이다. 세 번째이자 마지막 단계에서는, 어떻게 인공지능윤리가 한낱 담론현상에 불과한 것으로 그치지 않고 행위를 지도하는 구체적 지침으로까지 변모할 수 있는가에 관한 몇 가지 아이디어를 고안해 볼 것이다.

2. 인공지능 윤리가이드라인

2.1. 연구 방법

인공지능윤리 분야의 연구는 매우 다양하다. 예를 들어, 윤리 원칙들이 자동화된 기계의 의사결정 과정에 어떻게 적용될 수 있는지에 대한 성찰에서부터(Anderson & Anderson 2015; Etzioni & Etzioni 2017; Yu et al. 2018), 인공지능윤리에 대한 메타연구(Vakkuri & Abrahamsson 2018; Prates et al. 2018; Boddington 2017; Greene et al. 2019; Goldsmith and Burton 2017) 및 트롤리 문제를 해결하기 위한 경험적 분석을 넘어(Awad et al. 2018), 구체적 문제(Eckersley 2018)와 포괄적 인공지능 가이드라인(The IEEE Global Initiative on

Ethics of Autonomous and Intelligent Systems 2019)에 관한 고찰에 이르기까지 다양하다. 본 논문은 후자의 문제에 초점을 맞춘다. 여기서 고려할 인공지능 윤리가이드라인의 목록은 가능한 한 포괄적 의미로 인공지능윤리 분야에 속한다고 할 가이드라인을 모은 것이다. 내가 알기로는, 여러 윤리가이드라인을 비교하는 문제에 대해서는 몇몇 출간 예정인 글과 일부의 논문이 현재 이용 가능하다. (Zeng et al. 2018; Fjeld et al. 2019; Jobin et al. 2019) 조빈(Jobin) 등을 저자로 한 논문(2019)은 현존하는 모든 인공지능윤리에 대한 문헌들을 체계적으로 검토하고 있다. 하지만 본 논문의 목표는 인공지능, 알고리즘, 로봇, 데이터의 윤리에 관련되는 모든 활용 가능한 연성법(soft-law)이나 비법적 문건을 분석하는 것이 아니다. 오히려 그 목표는 인공지능 윤리의 세부사항들이 어떻게 더 큰 그림과 연관되는지를 보여주고자 하는 것으로, 단지 인공지능윤리의 쟁점 및 규범적 입장을 일정 정도 체계적인 수준에서 개관하는 데에 있다.

본 논문에서는 문헌 분석에 근거하여 22개의 주요 윤리가이드라인을 선별하고 모았다. 선별과정은 두 단계로 진행되었다. 첫 번째 단계에서, 나는 각각 다른 데이터베이스들, 즉 구글(Google), 구글 스칼라(Google Scholar), 웹오브사이언스(Web of Science), ACM 디지털 도서관(ACM Digital Library), 아카이브(arXiv), 그리고 사회과학연구네트워크(SSRN)에서 "AI ethics", "artificial intelligence ethics", "AI principles", "artificial intelligence principles", "AI guidelines" 그리고 "artificial intelligence guidelines"과 같은 표제어로 검색하였으며, 각각의 링크에서 처음으로 나오는 25개의 검색 결과를 중복된 결과는 제외하고 찾아냈다. 이러한 검색 결과를 분석하면서 나는 추가적으로 연관된 가이드라인을 수작업으로 찾기 위해서 참고문헌들도 살펴보았다. 게다가 중요한 가이드라인을 빠뜨리지 않았는지 살펴보기 위해서, 크라우드소스(crowdsource)를 통해서 만들어진 윤리가이드라인의 완전한 목록이라 할 수 있는 알고리즘 감시(Algorithm Watch)라는 단체의 인공지능 윤리가이드라인 글로벌 목록(AI Ethics Guidelines Global Inventory)을 활용했다. 이 목록에서 나는 선별기준을 충족시키는 세 가지 가이드라인을 더 찾아낼 수 있었다. 이러한 조사 과정이 노정하는 단점은, 선별과정이 본질적으로는 서구/북반구를 중심으로 한 것이어서 영어로 작성되지 않은 가이드라인은 배제하는 편향성을 띤다는 점이다.

나는 상대적으로 새로운 가이드라인만을 고려하고자 했고, 이를 위해서 만들어진 지 5년이 지난 모든 문헌은 배제했다. 한 국가 안에서의 문제만을 고려하는 문헌들은 편집에서 제외했다. 자국 내의 문제만을 다룬 것(Smart Dubai Smart Dubai 2018)과 영국 상원의원의 보고서(Bakewell et al. 2018), 그리고 인공지능과 윤리에 대한 북유럽 엔지니어들의 의견 보고서(Podgaiska and Shklovski) 등이 그러한 것들이다. 그럼에도 나는 유럽집행위원회(European Commission)의 「신뢰가능한 인공지능을 위한 윤리가이드라인(Ethics Guidelines for Trustworthy AI)」(Pekka et al. 2018)과 오바마 행정부의 「인공지능의 미래에 관한 보고서(Report on the Future of Artificial Intelligence)」(Holdren et al. 2016), 그리고 중국 과학기술부가 지원한 「베이징 인공지능 원칙(Beijing AI Principles)」(Beijing Academy of Artificial Intelligence 2019)과 같은 자료는들을 포함시켰다. 이들 가이드라인은 가장 큰 인공지능 "슈퍼 파워" 셋을 대표한다는 점에서 목록에 포함시켰다. 또한 나는 「OECD 인공지능 원칙(OECD Principles on AI)」(Organisation for Economic Co-operation and Development 2019)도 초국가적 성격을 가진다는 이유로 포함시켰다. 인공지능만을 특별히 주목하여 다루지 않고 빅데이터나 알고리즘 혹은 로봇에 관해 다룬 가이드라인이나 툴킷(toolkits)을 선별하는 경우에도 동일한 논리를 적용했다(Anderson et al. 2018; Anderson and Anderson 2011). 또한 「정보산업인공지능정책원칙(Information Technology Industry AI Policy Principles)」(2017), 「인공지능 파트너십(Partnership on AI)」 원칙(2018), 국제전기전자공학회(IEEE)의 문서인 「윤리적으로 부합하는 설계(Ethically Aligned Design)」(The IEEE Global Initiative on Ethics of Autonomous and Intelligent Systems 2016, 2019)의 첫 번째와 두 번째 버전, 구글(2018), 마이크로소프트(Microsoft)(2019), 딥마인드(DeepMind), 오픈인공지능(OpenAI) (2018), 그리고 아이비엠(IBM) (Cutler et al. 2018) 등 미디어를 통해 많이 알려진 것들은 포함하되, 그 외에 기업에서 발표한 원칙들은 배제했다. 페이스북(Facebook)이나 트위터(Twitter)와 같은 다른 회사들은 자신들이 바람직하게 처신하겠다는 일회적 성명 외에 아무런 체계적 인공지능 가이드라인도 출판하지 않았다. 생명미래연구소(Future of Life Institute)의 지원을 받은 파울라 보팅턴(Paula Boddington)의 윤리가이드라인 (2017)은 「아실로마 원칙(Asilomar Principles)」(2017)을 단지 반복한 것이라는 점 때문에 고려하지 않았다.

여기서 인공지능 윤리가이드라인을 선별하는 결정적 요소로서 고려한 것은, 개별 문서의 세부 사항이 얼마나 심도 있게 작성되었는지가 아니라 인공지능윤리 분야에 관한 규범적 주장들을 포괄적으로 위치지우고 범주화하려는 분명한 의도가 있었는가 여부였다. 아래 〈표1〉에서는 상응하는 쟁점들이 명백하게 하나 이상의 문단에 걸쳐서 다루어진 경우에 × 표로 칸을 표시했다. 추가 설명 없이 일회적으로만 언급된 경우에는 제외했다. 가이드라인 자체가 너무 짧아 해당 언급만으로 그 가이드라인의 전부에 해당하는 경우가 아닌 한 그렇게 처리했다.

표 1　Overview of AI ethics guidelines and the different issues they cover

	The European Commission's High-Level Expert Group on Artificial Intelligence	Report on the Future of Artificial Intelligence	Beijing AI Principles	OECD Recommendation of the Council on Artificial Intelligence	The Malicious Use of Artificial Intelligence	AI4People	The Assilomar AI Principles	AI Now 2016 Report	AI Now 2017 Report	AI Now 2018 Report	
authors	(Pekka et al. 2018)	(Holdren et al. 2016)	(Beijing Academy of Artificial Intelligence 2019)	(Organisation for Economic and Development 2019)	(Brundage et al. 2018)	(Floridi et al. 2018)	(Future of Life Institute 2017)	(Crawford et al. 2016)	(Campolo et al. 2018)	(Whittaker et al. 2018)	
key issue	AI principles of the EU	AI principles of the US	AI principles of China	AI prinicples of the OECD	analysis of abuse scenarios of AI	meta-analysis about principles fot the beneficial use of AI	large collection of different prinicples	statements on social implications of AI	statements on social implications of AI	statements on social implications of AI	
	×		×	×	×	×	×	×	×	×	
privacy protection	×	×	×	×		×	×	×	×	×	
fairness, non-discrimination, justice	×	×	×	×	×	×	×	×		×	
accountability	×	×	×	×	×		×	×	×	×	
transparency, openness	×	×	×	×	×	×	×				
safety, cybersecurity		×	×	×		×	×	×	×		
common good, sustainability, well-being	×		×	×		×	×		×	×	
human oversight, control, auditing			×	×		×		×		×	
solidarity, inclusion, social cohesion	×		×			×	×		×		
explainability, interpretability		×	×		×	×	×	×		×	
science-policy link	×	×		×	×	×		×		×	
legislative framework, legal status of AI systems		×	×	×				×			
future of employment/worker rights		×		×		×	×	×			
responsible/Intensified research funding		×	×			×		×			
public awareness, education about AI and its risks		×			×		×		×		
dual-use problem, military, AI arms race		×			×			×	×	×	
field-specific deliberatios (health, military, mobility etc.)	×		×	×		×	×				
human autonoty								×	×	×	
diversity in the field of AI						×					
certification for AI products										×	
protection of whistleblowers											
cultural differences in the ethically aligned design of AI systems										×	
hidden costs (labeling, clickwork, contend moderation, energy, resources)	yes, but very few	none	none	none	yes	none	none	none	none	none	
proportion of women among authors (f/m)	(8/10)	(2/3)	ns	ns	(5/21)	(5/8)	ns	(4/2)	(3/1)	(6/4)	
length (number of words)	16543	22787	766	3249	34017	8609	646	11530	18273	25759	
affiliation (government, industry, science)	government	government	science/gov.ind	government	science	science	science	science	science	science	
number of ethical aspects	9	12	13	12	8	14	12	13	9	12	

AI Now 2019 Report	Principles for Accountable Algorithms and a Social Impact Statement for Algorithms	Montréal Declaration for Responsible Development of Artificial Intelligence	OpenAI Charter	Ethically Aligned Design: A Vision for Prioritizing Human Well-being with Autonomous and Intelligent Systems (Version for Public Discussion)	Ethically Aligned Design: A Vision for Prioritizing Human Well-being with Autonomous and Intelligent Systems (First Edition)	ITI AI Policy Principles	Microsoft AI principles	DeepMind Ethics & Society Principles	Artificial Intelligence at Google	Everday Ethics for Artificial Intelligence	Partnership on AI	number of mentions
(Crawford et al. 2019)	(Diakopoulo et al.)	(Abrassart et al. 2018)	(OpenAI 2018)	(The IEEE Global Initiative on Ethics of Autonomous and Intelligent Systems 2016)	(The IEEE Global Initiative on Ethics of Autonomous and Intelligent Systems 2019)	(Information Technology Industry Council 2017)	(Microsoft Corporation 2019)	(DeepMind)	(Google 2018)	(Cutler et al. 2018)	(Partnership on AI 2018)	
statements on social implications of AI	principles of the FAT ML community	code of ethics released by the Université de Montréal	sveral short principles for the ethical use of AI	detailed description of ethical aspects in the context of AI	detailed description of ethical aspects in the context of AI	brief guideline about basic ethical prinicples	short list of keywords for the ethical use of AI	several short prinicples for the ethical use of AI	several short prinicples for the ethical use of AI	IBM's short list of keywords for the ethical use of AI	prinicples of an association between several industry leaders	
×		×		×	×	×	×		×	×	×	18
×	×	×		×	×		×		×	×	×	18
	×	×		×	×	×	×			×	×	17
×	×	×		×	×		×	×				16
×		×	×	×	×	×	×		×		×	16
×		×	×	×	×			×	×	×	×	16
	×	×			×				×			12
×		×			×		×	×			×	11
	×	×			×	×				×		10
		×			×			×				10
×				×	×							10
×				×	×						×	9
				×		×		×				8
				×	×	×					×	8
×		×		×					×			8
×				×								8
		×			×							7
×		×			×			×				7
				×		×				×		4
×				×								3
				×	×							2
×				×								2
none	none	none	none	none	108.none	none	none	none	none	none	none	
(12/4)	(1/12)	(8/10)	ns	varies in each chapter	varies in each chapter	ns	ns	ns	ns	(1/2)	ns	(55/77)
38970	1359	4754	441	40915	108.092	2272	75	417	882	4488	1481	
science	science	science	non-profit	industry	industry	industry	industry	industry	industry	industry	industry	
13	5	11	4	14	18	9	6	6	6	6	8	

2.2. 중복된 항목

〈표 1〉에서에서 보듯이 다양한 가이드라인에서 몇 가지 쟁점이 반복적으로 나타났는데, 이는 놀랍지 않은 일이다. 특히 **책무성**(accountability), **개인정보보호**(privacy), 혹은 **공정성**(fairness)은 가이드라인들 중 대략 80퍼센트에서 같이 나타났는데, 이는 '윤리적으로 건전한' 인공지능 체계를 구축하고 사용하기 위한 최소한의 요구사항인 것처럼 보인다. 여기서 주목할 지점은, 가장 자주 언급되는 항목들의 경우 관련 문제에 관한 기술적 해결책이 개발될 수 있거나 이미 개발된 것들이라는 점이다. 사람들은 이미 막대한 기술적 노력을 기울여 **책무성과 설명가능한 인공지능**(Mittelstadt et al. 2019), **공정성과 차별에 민감한 데이터 마이닝**(Gebru et al. 2018), 그리고 **개인정보보호**와 같은 영역에서 윤리적 목표를 만족시키려 했다(Baron and Musolesi 2017). 이러한 노력은 FAT ML(Fairness, Accountability, and Transparency in Machine Learning)이나 XAI(eXplainable AI)에서 도입되기도 했다(Veale and Binns 2017; Selbst et al. 2018). 여러 테크 기업들은 이미 기계학습에 있어서 **편향성을 완화**하고 **공정성**을 제고하기 위한 도구들을 제공하기도 한다. 이러한 맥락에서, 구글, 마이크로소프트, 페이스북은 "AI Fairness 360", "What-If Tool", "Facet", "fairlern.py" 그리고 "Fairness Flow"와 같은 툴킷을 각각 제시하기도 했다(Whittaker et al. 2018).

책무성, 설명가능성, 개인정보보호, 정의 이외에도 **견고성**이나 **안전성**과 같은 가치는 수학적으로 가장 손쉽게 조작할 수 있는 것들이며, 이로 인해 이 가치들 역시 기술적 해결책에 의해 구현되는 편이다. 심리학자 캐롤 길리건(Carol Gilligan)이 밝혀낸 바를 인용하면, 인공지능윤리가 수행되고 형성된 방식은 말하자면 남성중심적 정의 윤리학의 전형적 사례라고 할 수 있다(Gilligan 1982). 1980년대에 길리건은 경험적 탐구를 통해서, 여성들은 남성들과 다르게 "계산적·합리적·논리지향적" 정의의 윤리를 통해 도덕 문제를 해결하기보다는 "공감적·감성지향적" 배려(care)의 윤리를 통해 더 폭넓은 방식으로 그 문제들을 해석한다는 것을 보여주었다. 실로, 인공지능 연구의 다른 분야에서 그렇듯이 인공지능윤리에 대한 논의 역시 주로 남성들에 의해 진행되어 왔다. 인공지능 가이드라인에 대한 나의 분석을 보면, 문서에 표기되어 있는 저자들을 기준으로 할 때 여성의 비율이 41.7%임을 알 수 있다. 이러한 비율은 비교적 잘 균형잡힌 비율인 것처럼 보인다. 하지만 여기서 고려해야 할 것은, 주로 여성에 의해서 연구가 진행된 네 개의 「AI Now 보고서」를 제외하면 그 비율이 31.3퍼센트로 내려간다는 점이다. 여성 연구자의 비율은 FAT ML의 가이드라인에서 7.7퍼센트로 가장 낮고, 이 가이드라인은 주로 기술적 해결책에 집중하고 있다(Diakopoulos et al.). 따라서 윤리 문제에 대한 "남성적" 사고방식은 설명가능성, 개인정보보호, 공정성과 같은 면모를 언급하는 식으로 하여 거의 모든 윤리가이드라인에 포함되어 있다고 할 수 있다. 이와는 대조적으로, 거의 모든 가이드라인에는 인공지능을 다룸에 있어 배려 양육, 도움, 복지, 사회적 책임, 혹은 생태적 네트워크와 같은 맥락은 거론되지 않는다. 즉 인공지능윤리에서는 기술적 인공물들이 주로 기술적 문제에 대한 기술적 해결책을 찾는 전문가들에 의해 최적화될 수 있는, 고립된 무엇으로 여겨지고 있는 것이다. 대체로 이러한 인공지능윤리는 더 넓은 맥락이나, 혹은 기술 시스템이 배태되어 있는 포괄적 관계망을 고려하지 않는다. 이러한 사실에 부합하여, 주로 여성들이 주도한 「AI Now 보고서」(Crawford et al. 2016, 2019; Whittaker et al. 2018; Campolo et al. 2017)의 경우, 그것이 분명 인공지능 애플리케이션을 따로 떼서 고려하는 것이 아니라 더 크게 네트워크화된 사회적, 생태적 의존성 및 상호관계 속에서 다루고 있으며(Crawford and Joler 2018), 또한 그것을 배려 윤리의 사상 및 신조와 밀접하게 연관시키고 있다는 점이 밝혀졌다(Held 2013).

〈표 1〉에서 요약된바, 가이드라인을 분석함으로써 얻을 수 있는 또 다른 통찰은 무엇인가? 한편으로 산업 관련 맥락에서 나오는 가이드라인에서는 평균적으로 9.1가지의 상이한 윤리적 측면을 명시하고 있는 반면, 과학 관련 윤리 강령은 평균 10.8개라는 점이 주목할 만하다. 마이크로소프트의 인공지능윤리 원칙들은 가장 짧고 최소한도로 제시되어 있다(Microsoft Corporation 2019). The OpenAI 헌장에는 고작 4개의 원칙만 있으며, 그로 인해 이는 전체 목록의 가장 밑에 놓여 있다(OpenAI 2018). 이와는 반대로, IEEE 가이드라인은 10만 개 이상의 단어로 되어 있다(The IEEE Global Initiative on Ethics of Autonomous and Intelligent Systems 2019). 마지막으로, 하지만 중요하게 지적할 사항으로, 거의 모든 가이드라인이 인공지능윤리 문제 대부분에 대한 기술적 해결책이 있다고 서술하고 있다는 점이다. 그럼에도 실제로 기술적 설명을 제시하는 가이드라인은 단 두 개뿐이다. 비록 그마저도 매우 간략하긴 하지만 말이다. 반면 "Malicious Use of AI"라는 가이드라인의 저자들은 이에 대해 가장 광범위한 주석을 제시하고 있다(Brundage et al. 2018).

2.3. 누락된 항목

이들 가이드라인에는 여러 가지 유사하거나 반복되는 항목들이 있지만, 그럼에도 이들 가이드라인이 아예 다루지 않거나 혹은 아주 드물게만 다루는 쟁점도 있다. 여기서는 이 누락된 항목들을 (완전하지는 않더라도) 살펴보자. 첫째, 가이드라인들을 선별하기 위해서 사용한 방법으로 인해, 어떤 쟁점들은 포함되고 어떤 쟁점들은 누락되는 결과가 나타난 것이다. 이를 테면 로봇윤리 가이드라인을 의도적으로 배제하면 로봇공학에 관련된 항목들이 누락된다. 둘째, 항목이 누락되는 모든 경우들을 똑같이 취급할 수는 없다. 그중에는 좋은 이유 없이 빠졌거나 심각하게 과소대표된 경우가 있다. 예를 들어, 인공지능 시스템에 대한 정치적 오남용이나 인공지능 시스템의 숨겨진 사회적, 생태적 비용과 같은 측면들이 그렇다. 다른 한편, 일반인공지능이나 기계의식에 대한 논의들은 순전히 사변적 기술을 다루고 있기에 배제되었는데, 이러한 누락은 정당화될 수 있을 것이다.

그럼에도 불구하고 인공지능 커뮤니티의 상당수는 **일반인공지능이 출현할 수 있을 뿐 아니라 그로 인해 인류가 위험 및 실존적 위협에 처할 수도 있다**고 여긴다. (Müller and Bostrom 2016; Bostrom 2014; Tegmark 2017; Omohundro 2014). 이런 시각에서 가능한 주장은, 어쩌면 인공지능 분야에서 어떤 류의 연구는 금지하는 식으로 하여, 인류의 위험이나 실존적 위협 같은 주제를 윤리가이드라인 속에서 논의하면 되지 않겠느냐 하는 것이다 (Hagendorff 2019). 일반인공지능이 인공지능 가이드라인에서 다루어지지 않는 이유는, 인공지능 가이드라인을 만든 이들이 철학이나 기타 사변적 분과의 연구집단이 아니라 컴퓨터과학이나 그 응용분과의 배경을 가진 사람들이기 때문일 수 있다. 이러한 맥락에서 주목할 만한 점이 있다. 스티븐 호킹, 엘론 머스크, 빌 게이츠와 같이 인공지능 분야에 대한 기술적 경험이 없는 사람들이 초지능(superintelligence)의 등장에 대한 공포를 종종 표현하고 있지만, "진짜" 전문가들은 대체로 강(strong)인공지능의 출현이 터무니없다고 생각한다는 점이다(Calo 2017, 26). 이는 아마도 **기계의식**의 문제나 그와 연관된 윤리적 문제들에 대해서도 마찬가지일 것이다.(Lyons 2018). 이러한 문제에 대한 논의 또한 윤리가이드라인에서는 제외되어 있다.

또 한 가지 놀라운 점은, 오로지 인공지능에 대한 책임성 있는 개발을 위한 「몬트리올 선언(Montréal Declaration for Responsible Development of Artificial Intelligence」(2018)과 「AI Now 2019년 보고서 Report」(2019)만이 인공지능 시스템에 대한 민주적 통제, 거버넌스, 정치적 숙고라는 측면을 명시적으로 다룬다는 사실이다. 게다가 방금 언급한 두 문서만이, 마치 중국의 사회신용점수 시스템이 그렇듯이 인공지능 시스템이 "좋은 삶" 개념이나 특정 라이프스타일을 사람들에게 부과하는 것을 명시적으로 금지하는 가이드라인이다(Engelmann et al. 2019). 나아가 「몬트리올 선언」은 **사회적 응집력**을 약화시키기 위해 인공지능 시스템을 사용하는 것을 비판한다. 예를 들어, 사람들을 에코체임버(echo chamber)에 가두어놓는 것을 말이다(Flaxman et al. 2016). 이에 더해, 거의 대부분의 가이드라인은 인공지능 시스템이 자동화된 정치 선동, 봇(bots), 가짜뉴스, 딥페이크(영상합성기술), 마이크로 타게팅, 선거 조작과 같은 정치적 오남용을 행할 수 있음을 언급하지 않는다.

대부분의 가이드라인에서 다루지 않는 또 다른 주제는 인공지능 커뮤니티 내에서의 **다양성 부족** 문제다. 이러한 다양성 부족은 해당 기술산업을 형태짓는 작업장 문화에서만이 아니라 인공지능 연구개발 분야에 만연해 있다. 결과적으로, 어떻게 인공지능 시스템이 설계되어야 하는지, 어떠한 목적으로 그것이 최적화되어야 하는지, 해당 기술을 구현하기 위해서 무엇이 시도되어야 하는지 등을 결정하는 주체가 압도적으로 백인 남성으로 이루어진, 비교적 소수의 집단이라는 점이다. 한 가지 예를 들면, 위르겐 슈미트후버(Jürgen Schmidhuber)가 창업한 유명한 인공지능 스타트업인 "nnaisense" 팀은 일반 인공지능의 개발을 목표로 하는데, 남성은 21명을 고용한 데에 비해 여성은 단지 과학자 한 명과 오피스 관리자 한 명, 즉 단 두 명만을 고용했다.

대개의 가이드라인이 다루지 않는 또 다른 사안은 **로봇윤리**이다. 앞서 연구 방법을 다룬 절에서 논한 바와 같이, 로봇윤리를 위한 특정 가이드라인이 있고, 이러한 가이드라인은 "아시모프의 로봇3원칙(Asimove's three laws of robotics)"에 의해 재현되고 있다(Asimov 2004). 하지만 이 가이드라인은 의도적으로 분석에서 배제되었다. 그럼에도 불구하고 인공지능 연구가 진전되면서 기술적 장치들은 점점 더 로봇과 같이 인간형상을 띤 모습으로 발전하고 있다. 이러한 맥락에서 제기되는 윤리적 질문은 철학자 임마누엘 칸트의 "학대 논변(brutalization argument)"을 뒤따르는 것, 곧 인공지능 언어 비서를 사용할 때 그렇듯이(Brahnam 2006), 인간처럼 생긴 행위자들을 잔혹하게 대하는 행위로 인해 사람들 사이에서도 폭력적 행위를 할 가능성이 높아진다는 것이다(Darling 2016). 이와는 별개로, 여기서 고려된 가이드라인은 꽤나 유명한 **트롤리 문제**(Awad et al. 2018)나, 자율주행차량과 같은 트롤리 문제와 연결되어 있다고들 말하는 윤리적 의문점들에 대해서도 별로 신경쓰지 않는다. 더욱이, 어떠한 가이드라인도 **알고리즘에 의한 의사결정 시스템**이 인간의 의사결정보다 어떤 경우에 우월하고 어떤 경우에 열등한지에 관한 명백한 의문을 자세히 다루지 않는다. 마지막으로, 사실상 어떠한 가이드라인도 인공지능 시스템의 **"숨겨진" 사회적·생태적 비용**을 다루지 않는다. 가이드라인이 제시하는 몇몇 대목에서는 지속가능한 사회를 만들어 가는 데에 있어서 인공지능 시스템의 중요성을 강조한다(Rolnick et al. 2019). 하지만 「AI Now 2019 보고서」(2019)를 제외하면, 인공지능 기술의 실제 맥락상 생산자와 소비자 사이의 관행이 그 자체로 지속가능성이라는 목표와 상충할 수 있다는 사실 또한 누락되었다. 리튬 채굴, 전자 폐기물,

희귀 광물의 일방적 사용, 에너지 소비, 데이터셋에 대한 라벨을 만들거나 데이터 내용을 관리하는 저임금 컴퓨터 노동자(clickworkers) 등이 바로 그러한 문제들이다(Crawford and Joler 2018; Irani 2016; Veglis 2014; Fang 2019; Casilli 2017). 컴퓨터상의 '클릭노동'은 기계학습을 관리감독하기 위해 필수적이기는 하지만 저임금, 근로조건, 노동의 심리적 산물과 같은 사회 문제들과 연관되는데, 이러한 사실은 인공지능 커뮤니티에서 무시되는 경향이 있다(Silberman et al. 2018; Irani 2015; Graham et al. 2017).

마지막으로 다룰 중요한 논점은 어떠한 가이드라인도 인공지능 분야에 있어서 **공공 부분과 민간 부분 간의 파트너십**에 대한 문제와 **산업계로부터 지원받은 연구**의 문제에 대해서는 제기하지 않는다는 것이다. 연구의 자금지원이 어떻게 할당되는가에 대해 투명하게 알려진 바가 거의 없기는 하지만, 대학에서 인공지능 연구의 많은 부분이 기업으로부터 지원받는다는 사실은 전혀 비밀이 아니다. 이렇게 보면, 연구의 자유라는 이상이 얼마나 유지될 수 있는지, 혹은 연구기관에 대한 점진적 '매수'가 일어나지나 않을지에 대해서는, 여전히 의문이 남을 수밖에 없다.

3. 인공지능의 실제

3.1. 비즈니스 vs. 윤리

비즈니스와 과학 간에는 긴밀한 연결고리가 있다. 그런데 이러한 연결고리가 모든 주요 인공지능 컨퍼런스들이 산업체의 후원을 받는다는 사실에서만 드러나는 것은 아니다. 그러한 연결고리는 〈AI Index 2018〉에서도 잘 예시되어 있다(Shoham et al. 2018). 예를 들어, 통계를 보면 최근 들어서 기업과 제휴한 인공지능 논문들이 상당히 늘어났음을 알 수 있다. 또한 벤처캐피탈 회사로부터 매년 자금지원을 받는 인공지능 관련 스타트업이 폭발적으로 성장하고 있기도 하다. 수만 개의 인공지능 관련 특허도 매년 등록되고 있다. 여러 산업부문이 인공지능을 다양한 분야에 적용하고 있으며, 이는 제조업, 공급망 관리, 그리고 용역개발에서부터 마케팅과 위험 평가에 이르기까지 다양하다. 대략적으로 말해, 글로벌 인공지능 시장의 규모는 700억 달러를 넘는다(Wiggers 2019).

경제나 여타 사회 시스템에는 이러한 글로벌 인공지능 시장이나 인공지능 시스템 활용에 대한 비판적 시선이 있는데, 여기서는 주로 인공지능을 직접 악의적으로 사용하는 것만이 아니라 인공지능 활용으로 인해 의도치 않은 부작용이 생겨난다는 점에 주목한다. 이러한 문제는 다양한 영역에서 나타난다(Pistono and Yampolskiy 2016; Amodei et al. 2017). 그중에서 두드러지는 것은 인공지능의 군사적 사용인데, 이는 사이버전쟁이나 무인 무기차량 혹은 드론에서와 같은 데에서 볼 수 있다(Ernest and Carroll 2016; Anderson and Waxman 2013). 언론 보도에 따르면, 미국 정부가 쓴 금액만 하더라도 지난 5년간 20억 달러에 달한다(Fryer-Biggs 2018). 또한 각국 정부가 자동화된 선전 및 허위 정보 캠페인(Lazer et al. 2018), 사회적 통제(Engelmann et al. 2019), 감시(Helbing 2019), 안면인식 혹은 경비 분석(Introna and Wood 2004), 사회적 분류(Lyon 2003), 개량된 심문기술(McAllister 2017)을 위해 인공지능을 활용할 수도 있다. 위에 서술한 것들 외에, 기업들도 인공지능을 적용하여 다량의 일자리를 없애거나(Frey and Osborne 2013), 정보제공 및 이용자의 동의 없이 인공지능을 써서 사회에 관한 실험을 하거나(Kramer et al. 2014), 정보파기를 겪거나(Schneier 2018), 불공정하고 편향된 알고리즘을 사용하거나(Eubanks 2018), 안전하지 않은 인공지능 제품을 팔거나(Sitawarin et al. 2018), 해롭거나 결함이 있는 인공지능 기능을 숨기기 위해서 비밀로 덮어버리거나(Whittaker et al. 2018), 아직 미성숙한 인공지능을 서둘러 시장에 내놓는 것과 같은 다양한 일이 발생할 수 있다. 또한 불법적 해커나 블랙 해커들이 맞춤형으로 사이버공격을 하거나, 정보를 훔치거나, IT 인프라를 공격하거나, 선거를 조작하거나, 딥페이크 같은 것을 통해 거짓 정보를 퍼뜨리거나, 사기나 사회공학을 목적으로 음성합성기술을 이용하거나(Bendel 2017), 혹은 기계학습 앱을 활용하여 실제 비밀이거나 사적인 개인적 특성을 공개해 버릴 수도 있다(Kosinski and Wang 2018; Kosinski et al. 2013, 2015). 전체적으로 볼 때, 인공지능 시스템의 오남용에 대해서는 논문이 매우 적다. 비록 이들 논문은 그러한 시스템에 의해서 얼마나 큰 해악이 발생할 수 있는지를 잘 보여주고 있지만 말이다.(Brundage et al. 2018; King et al. 2019; O'Neil 2016).

3.2. 인공지능 개발 경쟁

현재는 미국에 가장 많은 스타트업이 있지만 2030년에는 중국이 '인공지능의 세계적 리더'가 될 것이라는 주장이 있다(Abacus 2018). 중국이 자체적으로 인공지능을 개발하기에 충분한 양의 데이터를 가지고 있을 뿐 아니라, 중국에는 기계학습용 수작업 데이터 셋을 운용하는 거대한 회사들이 있다는 사실에 근거해서다(Yuan 2018). 하지만 이와는 반대로, 바이두(Baidu), 알리바바(Alibaba), 텐센트(Tencent)와 같은 시장지배자들의 투자가 자율주행, 금융, 가전제품과 같은 응용기술에 치중되어 있는 반면, 알고리즘 개발, 반도체 생산이나 센서기술과 같은 기반기술은 비교적 등한시하고 있다는 점에서, 중국은 미국에 비해 취약하다고 말하기도 한다(Hao 2019). 중국, 미국, 유럽을 지속적으로 비교해 보면, 서로 상대방에 비해서 뒤처질지도 모른다는 공포가 인공지능 개발과 연구의 핵심적 동기임을 알 수 있다.

경쟁적 사고 방식을 정당화해주는 또 다른 전후 사정은 군사적 측면이다. 만약 국가적 차원에서 구성된 우리 "팀"이 인공지능의 발전 속도를 따라가지 못한다면, 더 뛰어난 군사 인공지능 기술을 가진 적국 "팀"에 의해 손쉽게 제압될 것이다. 실로, 인공지능 경쟁이라는 서사뿐만 아니라, 기술적 우위를 점하기 위해 인공지능 시스템을 개발하는 현실적 경쟁에서부터 여러 잠재적 위험이 나타날 수 있다(Cave and ÓhÉigeartaigh 2018). 그러한 서사가 불러일으키는 한 가지 위험은, 윤리적 고려사항이라는 형태로 제기되는 여러 "장애물"이 인공지능 연구, 개발, 활용 과정에서 완전히 배제된다는 것이다. 이 경우, 인공지능 연구는 글로벌 협력 프로젝트가 아니라 맹렬한 경쟁의 장이다. 이러한 경쟁은 개인들의 행위에 영향을 미치며, 부주의, 억압, 위계적 사고방식, 승리, 패배와 같은 분위기를 부추긴다. 최선의 인공지능에 도달하려는 경쟁은 순전히 서사에 불과할 수도 있고 가혹한 현실일 수도 있지만, 어느 쪽이든 간에 그러한 경쟁은 기술적 예방책의 확립가능성을 저해할 뿐만 아니라 자비로운 인공지능 시스템, 협력, 그리고 연구집단들 및 회사들 사이의 대화가 발전하는 것을 저해한다. 그리하여 인공지능 경주는 "사람을 위한 인공지능(AI4people)"을 만들겠다는 이념과는 크게 배치된다(Floridi et al. 2018). 이러한 사정은 2017년 ITU 정상회담에서 제안된 바 있는 "글로벌 선을 위한 인공지능(AI for Global Good)"에 대해서도 마찬가지이며, 많은 선도적 인공지능 연구자들이 서명한 "생명미래연구소(Future of Life Institute)"의 공개성명서의 내용인, 인공지능은 사회적으로 이로운 목적을 위해서 개발되어야 한다는 규범에 대해서도 마찬가지이다.

이러한 문제점들에도 불구하고, 공적 성격이 덜한 영역이나 구체적 실무에서는 인공지능 경쟁이 확고하게 들어선 지 오래되었다. 그러한 경쟁이 커지면서 집단내부적 사고방식과 집단외부적 사고방식이 강화되었다. 이 경우 경쟁자들은 맞서서 방어해야 할 적이나 적어도 위협 세력으로 여겨지기 쉽다. 여기에서 윤리이론과 윤리적 고려에 따라 집단내부와 집단외부 간 인위적 차별이 갖는 위험성이 항상 강조되어 왔다(Derrida 1997). 견고하게 만들어진 집단외부는 평가절하의 대상이 되어 개개인을 인식하지 못하며, 최악의 경우 그 집단 구성원들이 단지 "타인"이라는 지위를 가진다는 사실 때문에 폭력의 희생자가 되게 할 수 있다(Mullen & Hu 1989; Vaes et al. 2014). 그러한 집단내부적 사고방식과 집단외부적 사고 방식을 버릴 때에야 비로소 이롭고 안전한 인공지능을 위한 전지구적 협력이 형성될 수 있다.

3.3. 인공지능윤리의 실제

과연 윤리가이드라인은 더 큰 사회적 맥락에서 개인의 의사결정 과정에 변화를 가져오는가? 최근 잘 통제된 어떤 조사에서는 소프트웨어 엔지니어들이 윤리적 의사결정을 내리게 하는 데에 있어 윤리가이드라인이 그 기초로서의 역할을 하는지를 비판적으로 검토했다(McNamara et al. 2018). 간략히 말해, 이 연구는 윤리가이드라인이나 규칙의 효과가 거의 없어서 테크커뮤니티의 행위를 거의 바꾸지 못한다는 사실을 알려주었다. 해당 조사는 63명의 소프트웨어 공학도들과 105명의 소프트웨어 개발자들을 대상으로 했다. 이들에게는 11개의 소프트웨어 관련 윤리적 의사결정 시나리오가 주어졌으며, 이를 통해 미국컴퓨터학회(Association for Computing Machinery, ACM)가 발표한 윤리가이드라인이 윤리적 의사결정에 영향력이 있는지를 시험하고자 하였다. 보고할 책임, 사용자들의 데이터 수집, 지적재산권, 코드의 품질, 소비자들에 대한 정직성에서부터 시간 및 인사관리에 이르기까지 총 여섯 개의 삽화가 활용되었다(Gotterbarn et al. 2018). 이 연구의 결과는 우리의 환상을 깨뜨리는 것이었다. "어떤 삽화에 대한 응답에서도, 응답자가 윤리 코드를 알고 있든 아니든 간에, 응답자가 공학도이건 전문가이건 간에, 유의미한 통계적 차이는 나타나지 않았기 때문이다."(McNamara et al. 2018, 4).

이와 같은 미시사회학적 고려사항들과 상관없이, 윤리가 상대적으로 효과가 없다는 사실은 거시사회학적 수준에서도 설명될 수 있다. 현재 수많은 회사들이 다양한 분야의 인공지능의 활용을 통해 수익을 창출하는 데에 혈안이 되어 있다. 기계학습 시스템을 이처럼 이윤창출을 위해 사용하고자 하는 노력은 주로 가치나 원리에 기반한 윤리학의 틀이 아니라 명백히 경제 논리의 틀에 따라 행해진다. 엔지니어들과 개발자들은 윤리 문제에 대해 체계적 교육을 받은 적이 없으며, 또한 어떤 조직 구조 하에서 윤리적 우려사항을 제기할 수 있는 권한을 부여받은 적도 없다. 경영의 맥락에서 말하면, 많은 경우 속도가 전부이며, 윤리적 고려사항을 고려하지 않는 것이야말로 저항을 최소화하는 길인 것으로 여겨진다. 따라서 인공지능의 개발, 구현, 활용의 실무는 윤리학이 상정하는 가치나 원칙들과는 대체로 거의 무관하다. 독일의 사회학자 울리히 벡(Ulrich Beck)은 작금의 윤리학이 "대륙 사이를 운항하는 여객기에서의 자전거 브레이크와 같은 역할"을 한다고 말한 바 있다(Beck 1988, 194). 이러한 비유는 특히 인공지능의 맥락에서는 옳은 말이다. 현재 이 맥락에서는 대량의 자본이 기계학습에 기반한 시스템의 개발 및 상업적 활용에 투자되고 있지만(Rosenberg 2017), 윤리적 고려사항은 주로 홍보의 목적으로만 이용되고 있기 때문이다(Boddington 2017, 56).

케이트 크로포드(Kate Crawford)의 연구팀은 「AI Now 2017 보고서」에서, 윤리와 여러 형태의 연성 거버넌스가 "진정한 도전에 직면하고 있다"고 논평한 바 있다(Campolo et al. 2017, 5). 이러한 도전은 주로 윤리가 윤리학자와 산업 및 연구에 종사하는 사람들 사이에서 자발적이고 구속력 없는 협력관계를 넘어서는 어떤 강제력 있는 기제를 만들어내지 못한다는 사실에 기인한다. 그래서 인공지능의 연구개발에서 일어나는 일은 "문이 닫힌 업무 환경" 속에서 이루어지는 것이고, 여기에서 이윤이 추동하는 비즈니스 모델을 마찰 없이 뒷받침해주는 식으로 잘 기능할 것을 선호하는 입장에 의해 "사용자들의 동의, 사생활, 투명성 등의 요소는 대개 무시되어 왔다"(Campolo et al. 2017, 31 f.). 이처럼 윤리 원칙들은 그저 없어도 되는 하나의 시혜처럼 여겨지고 있을 뿐임에도, 인공지능 시스템은 건강, 치안, 교통, 교육과 같이 사회 전체에 영향을 미치는 분야들에 사용되고 있다. 그래서 「AI Now 2018 보고서」에서는 "거버넌스에 대한 새로운 접근법이 긴급하게 요구됨을 되풀이해서 지적한다"(Whittaker et al. 2018, 4). 왜냐하면 "대부분의 테크 기업에서 내적 거버넌스 구조는 인공지능 시스템의 책무성(accountability)을 확보하고 있지 못하기" 때문이다. 따라서 윤리가이드라인은 종종 "'우릴 믿어'라는 형태의 구속력 없는 자율거버넌스의 범주에 들어가게 되기에"(Whittaker et al. 2018, 30), "회사들이 자발적으로 윤리적 관행을 적용할 것이라고 기대려 할" 때에는 주의가 필요하다(Whittaker et al. 2018, 32).

윤리 원칙들과 더 폭넓은 사회적 이해관계 사이의 긴장 이외에 연구, 산업, 비즈니스 영역의 목표들도 사회이론을 통해 설명할 수 있다. 특히 그중에서도 체계이론에 따르면, 현대의 사회집단들은 코드와 통신 매체를 사용하는 방식에 있어서 서로 다르다(Luhmann 1984, 1997, 1988). 어떤 구조적 결합방식은 하나의 사회집단이 다른 사회집단에 영향을 끼치도록 만들 수 있지만, 그러한 결합방식은 국지적인 것일 뿐 사회체계들의 자율성 자체를 바꾸지는 않는다. 그러한 자율성은 체계 고유의 원칙을 향한 배타적·기능주의적 지향성으로 이해되어야 하며, 이는 인공지능 산업, 경영, 그리고 과학에서도 드러난다. 이 모든 체계들은 각자의 원칙, 각자의 목표 가치를 가지고 있으며, 그러한 사회들이 구조화되고 또한 거기에서의 결정들이 그에 따라 내려지는 경제적·상징적 자본의 고유한 유형들을 가지고 있다(Bourdieu 1984). 이러한 사회집단들에서 윤리적 개입은 매우 제한적으로만 가능할 뿐이다(Hagendorff 2016). 이러한 각 체계의 기능적 법칙을 넘어서는 모든 종류의 개입에 대해서는 어떤 식으로든 주저할 수가 있다. 그렇지만 비윤리적 행위나 의도가 순전히 경제적 동기에 의해서 야기되는 것은 아니다. 그보다는 인지적 도덕 발달, 이상주의, 혹은 직업 만족과 같은 개인적 성향이 일정한 역할을 한다. 실제로는 존재하지 않는 윤리적 코드를 강제하는 노동환경이나 이기적 노동환경과 같은 조직구조적 특질이 하는 역할은 말할 것도 없이 말이다. 그럼에도 불구하고 이들 요소 중에서 많은 것들은 주로 전반적 경제 체계의 논리로부터 영향을 받는다. 그렇다면 윤리라는 것은 "효과적으로 기능하지 못한다"라고 말할 수 있다(Luhmann 2008).

하지만 이와 같은 체계이론적 고려사항들은 거시적 차원에서의 관찰에만 적용될 뿐 일반화되어서는 안 된다. 테크 산업에서도 순전히 경제적 행위 논리로부터 벗어나는 일은 종종 일어난다. 예를 들어, 구글이 직원들의 항의로 인해 군사 프로젝트인 "메이븐(Maven)"을 포기한 것처럼(Statt 2018),

혹은 마이크로소프트의 사람들이 출입국 및 세관 집행기관(Immigration and Customs Enforcement, ICE)과의 협업을 항의한 것처럼 말이다(Lecher 2018). 그럼에도 진정한 윤리적 동기만이 아니라, 평판의 손상이 경제적으로 중요한 의미를 갖는다는 사실도 과소평가되어서는 안 된다. 따라서 비윤리적 인공지능 프로젝트에 대해 항의한다는 것은 결국 경제 논리에 따라서도 해석될 수 있다.

3.4 가이드라인에 대한 충성도

앞 절에서 설명한 바와 같이, 인공지능 시스템 활용의 실무에서는 다양한 윤리적 가이드라인으로부터 제시된 원칙이 제대로 준수되고 있지 않다. 그렇지만 사생활, 공정성, 그리고 설명가능성의 영역에서 큰 진전이 있었다. 예를 들면, 데이터셋과 학습 알고리즘을 사용하는 데에 있어 사생활 친화적이라 할 수 있는 여러 기법이 개발되었는데, 여기서는 암호화 기법이나, 차분(differential) 프라이버시, 혹은 확률(stochastic) 프라이버시를 통해서 인공지능 시스템의 "시야"가 "가려지도록" 만들었다(Ekstrand et al. 2018; Baron & Musolesi 2017; Duchi et al. 2013; Singla et al. 2014). 그렇지만 이는 인공지능 기술이 지난 수년간 엄청난 양의 (개인적인) 접근 가능한 데이터로 인해 현재와 같은 거대한 진전을 이룩했다는 관찰결과와는 맞지 않다. 이러한 데이터는 사생활을 침해하는 소셜미디어 플랫폼, 스마트폰앱, 그 외에 사물인터넷 기구와 거기에 달린 셀 수 없는 센서들에 의해서 수집되었다. 최종적으로 나는 현재의 인공지능 붐이 포스트-프라이버시 사회의 출현과 일치한다고 주장할 것이다. 하지만 여러 측면에서 이러한 포스트-프라이버시 사회는 블랙박스 사회이기도 하다(Pasquale 2015). 이러한 사회에서는, 설명가능성이나 투명성과 같은 것들을 향상시키고자 하는 기술적·조직적 노력에도 불구하고 단지 기술 시스템의 복잡성이나 집단의 전략적 결정 때문에 여러 불투명성이 남아 있을 것이다.

위 가이드라인들에서 언급된 여러 쟁점들에 대해 살펴 보자. 윤리가이드라인이 정해놓은 목표를 달성하기 위한 노력이 얼마나 성공적인지, 혹은 그에 거스르는 경향이 우세한지를 평가하기란 어렵다. 이는 안전, 사이버보안, 과학과 정책 간의 연결점, 고용의 미래, 인공지능 위험에 대한 대중의 인식, 인간의 감독과 같은 영역들에서 그렇다. 다른 영역들, 예를 들어 숨겨진 비용(hidden cost)과 지속가능성, 내부고발자 보호, 인공지능 분야에서의 다양성, 연대와 사회적 응집력의 제고, 인간의 자율성에 대한 존중, 공공선을 위한 인공지능의 사용, 군대의 인공지능 군비경쟁과 같은 영역에서는 윤리적 목표 달성이 크게 미달하고 있다. 이러한 난점은 젠더다양성이라는 측면만 생각해 봐도 쉽게 알 수 있다. 비록 윤리가이드라인이 젠더다양성을 명백하게 촉구하고 있지만, 스탠포드, 옥스퍼드, 버클리, 취리히공대와 같은 세계 명문 대학의 교수들 중에서 평균 80퍼센트는 남성이다(Shoham et al. 2018). 게다가 미국에서는 남성들이 인공지능 관련 직업 지원자의 70퍼센트 이상을 차지한다(Shoham et al. 2018). 다음으로는 인간의 자율성을 고려해 보자. 다양한 윤리가이드라인이 반복적으로 요구하듯이, 우리는 사람을 순전히 데이터 주체로서가 아니라 개개인으로서 고려해야 한다. 하지만 수많은 사례를 보면, 컴퓨터의 결정은 오류의 위험이 있음에도 그러한 위험과는 상관없이 강력한 권위가 부여되며, 그 결과 개개인이 처한 상황과 운명은 무시된다(Eubanks 2018). 또한 수많은 회사들은 인간의 자율성과는 반대되는 목표를 추구하고 있다. 마이크로타게팅, 넛징(nudging), UX디자인 등의 작용을 통해 사람들의 행위를 조작하는 점점 더

섬세한 기술을 받아들이고 있는 것이다(Fogg 2003; Matz et al. 2017). 또 다른 사례는 사회적 응집력이다. 근래 들어서 발생한 많은 주요한 스캔들은 인공지능을 사용하지 않았다면 생각할 수 없는 것들이었다. 에코 체임버 효과(Pariser 2011)에서부터 프로파갠다 로봇(propaganda bots)의 사용(Howard and Kollanyi 2016), 혹은 가짜뉴스의 전파(Vosoughi et al. 2018)에 이르기까지, 이러한 사건들에서 인공지능은 항상 사회적 응집력을 약화시키고, 그 대신 과격화를 촉진시키며, 공적 담론에서 이성적 태도를 쇠퇴시키고 사회를 분열시켰다(Tufekci 2018; Brady et al. 2017).

4. 인공지능윤리의 진보

4.1. 기술 지침

가이드라인이 내세우는 규범적 목표가 가시적 효과를 거두지 못한다면, 이제 어떻게 하면 이러한 가이드라인이 더 실효적일 수 있을지를 살펴 봐야 한다. 얼핏 생각하면, 가이드라인을 개선할 수 있는 가장 명백한 방법은 아마도 가이드라인에 대한 더욱 상세한 기술적 설명을 제공하는 것이다. 매우 추상적인 윤리적 가치와 원칙으로부터 구체적인 기술적 구현 기법을 도출해내는 것이야말로 주요한 문젯거리다. 예를 들어, 인공지능 시스템에 정의와 투명성을 적용한다는 것은 어떤 의미인가? "인간중심적" 인공지능이란 어떠한 것인가? 인간이 인공지능을 어떻게 감독할 수 있는가?

앞서 검토한 윤리가이드라인은 배타적으로 '인공지능'이라는 용어만을 거론할 뿐, 그 외에 더 세부적인 용어를 거의 쓰지 않는다. 하지만 '인공지능'이라는 용어는 광범위한 기술이나 추상적인 대규모의 현상을 표현하는 집합적 용어일 뿐이다. 유력한 윤리가이드라인 중에서 기술적으로 더 구체적 사항을 담고 있는 것이 단 하나도 없다는 사실은, 연구, 개발, 응용이 이루어지는 구체적 맥락과 윤리적 사고 사이에 얼마나 간극이 큰지를 알려준다. 따라서 윤리학자들은 자신들의 지적 체계에서 기술적 세부사항을 일정 부분 파악할 수 있어야 한다. 이는 곧 데이터를 생성하고, 기록하고, 전시하고, 처리하고, 전파하고, 공유하고, 사용하는 방식에 대한 성찰(Bruin and Floridi 2017)과, 알고리즘과 코드를 설계하는 방식에 대한 성찰(Kitchin 2017; Kitchin and Dodge 2011), 그리고 데이터셋을 훈련시키는 방식을 선택하는 것에 대한 성찰(Gebru et al. 2018)을 의미한다. 이러한 성찰을 충분히 수행하기 위해서 윤리는 부분적으로 "미시윤리"로 변모해야 할 것이다. 이는 곧 어떤 면에서는 윤리란 것이 기술 분과나 인공지능의 연구개발 실무에 대해 어떤 효과와 영향을 주고자 한다면, 윤리의 추상성 수준에서 실질적 변화가 일어나야 함을 의미한다(Morley et al. 2019). 윤리학에서 미시윤리학으로 변모해 가는 과정이란 윤리가 기술윤리로, 기계윤리로, 컴퓨터윤리로, 정보윤리로, 데이터윤리로 변모하는 과정일 것이다. 하지만 윤리학자들이 이와 같은 변화를 꺼리는 한, 윤리학자들은 일반 대중의 눈에는 보일지언정 전문가 커뮤니티의 눈에는 보이지 않게 될 것이다.

그러한 미시윤리적 작업이 실무에서 쉽고 구체적으로 적용된 좋은 사례는 게브루 등이 작성한 논문(Gebru et al.(2018))이다. 이 연구의 저자들은 상이한 훈련용 데이터셋 각각의 속성들을 목록화하는 표준화된 데이터시트를 도입할 것을 제안했다. 그러한 데이터시트를 통해, 기계학습을 실제로 수행하는 사람들이 어떤 특정 데이터셋이 자신들의 목적에 가장 적합한지, 데이터셋을 만들 때 원래의 의도가 무엇이었는지, 그 데이터셋이 어떤 데이터로 구성되었는지, 어떻게 데이터가 수집되고 사전처리되었는지를 알 수 있게 했다. 그들의 연구는 실제 작업을 하는 사람들이 특정 훈련용 데이터셋을 선택하는 데에 있어서 더 많은 정보를 갖고서 선택할 수 있게 하며, 그 결과 인공지능의 지도학습은 궁극적으로 더 공정하고 더 투명해졌고, 알고리즘에 따른 차별 사례를 피할 수 있었다(Buolamwini and Gebru 2018). 하지만 이런 작업은 하나의 예외일 뿐이다.

일반적으로 윤리가이드라인은 매우 광범위하고 전반적으로 중요한 원칙을 가정하곤 한다. 또 이 원칙들이 다양한 과학적·기술적·경제적 실무에서 구현되거나, 때로는 상이한 지역에 살면서 상이한 우선순위에 따라 업무를 진행하면서 책임을 파편적으로 짊어지는 연구자와 개발자 집단에게 구현된다. 그래서 윤리는 그것이 실제로 관장하는 실무와는 최대한의 거리를 두고서 작동한다. 물론 이러한 맹점이 기술개발자들 사이에서 전혀 인식되지 못하는 것은 아니다. 결과적으로 윤리가이드라인은 많은 경우에 너무 일반적이고 또 피상적이어서, 행위자들로 하여금 자신들의 실무를 그러한 가이드라인에 맞출 수 없게 만들 뿐 아니라 오히려 윤리적 책임을 타인에게 넘기도록 부추기기까지 한다.

4.2. 덕윤리

규범적 가이드라인에는 (합당하게 정의될 수 있는 한) 깊이 있는 기술 지침이 동반되어야 한다. 하지만 이와는 별개로, 인공지능 윤리가이드라인을 적용하고 준수하는 데 있어서 쉽지 않은 현 상황을 어떻게 개선할 수 있을지에 관한 의문이 여전히 떠오를 것이다. 이러한 의문에 답하기 위해 우리는 한 걸음 떨어져서 윤리 이론을 일반적 견지에서 살펴봐야 한다. 윤리학에는 몇 가지 이론적 갈래가 있고, 이러한 갈래는 다양한 철학적 전통에 따라 형성되었다. 여기에는 의무론적 접근법에서부터 계약론적 접근법, 공리주의적 접근법, 덕윤리적 접근법 등이 있다(Kant 1827; Rawls 1975; Bentham 1838; Hursthouse 2001). 이하 이 글에서는 이러한 접근법 중에서도 특히 두 가지 입장(의무론과 덕윤리)에서 인공지능윤리를 다루는 방식이 어떻게 다른지를 보이고자 한다.

의무론적 접근법은 엄격한 규칙, 의무, 명령에 근거한다. 반면 덕윤리적 접근법은 성품과 같은 성향, 도덕적 직관, 혹은 덕(특히 기술도덕적(techno-moral) 덕)에 근거한다(Vallor 2016). 이러한 두 접근법이라는 견지에서 보면, 전통적인 인공지능윤리는 의무론적 접근법에 해당한다고 할 수 있다(Mittelstadt 2019). 윤리가이드라인은 기술개발자들이 따라야만 하는 고정된 보편 원칙이나 금언들을 가정하곤 한다(Ananny 2016). 반면 덕윤리적 접근법에서는 "더 심층적" 구조나 구체적 상황에 맞는 숙고, 그리고 인성상의 특성이나 행동 경향성을 기술개발자들에게 강조한다(Leonelli 2016). 덕윤리는 행동강령을 정의하지 않고, 개인적 층위에만 집중한다. 덕윤리에서는 기술자들이나 소프트웨어 엔지니어들, 그리고 그들이 속한 사회적 맥락이 주된 대상이 될 뿐(Ananny 2016), 기술 자체가 대상은 아니다.

내 주장은, 현재 널리 퍼져 있는 의무론적 인공지능윤리가 가치와 인성적 성향에 초점을 맞추는 덕윤리적 접근을 통해 보충되어야 한다는 것이다. 그 경우 윤리는 의무론적 생각에 의거한 체크박스 활동이 아니라, 성격을 계발하고 태도를 고치는 기획이자 특정 비윤리적 행위들을 피하려는 용기를 얻는 기획이 된다. 덕윤리적 입장을 따를 경우, 학문 분과로서의 윤리는 이제 행위를 제한 · 통제 · 조종하고자 하는 욕구를 자제해야만 한다(Luke 1995). 대개의 경우, 윤리나 윤리가이드라인은 그 목적상 개발자의 활동을 멈추게 하거나 제한하고, 가치 있는 연구와 경제적 노력을 방해하는 어떤 것으로 인식되고 있다(Boddington 2017, 8). 이와 같은 부정적 윤리 개념은 거부되어야 한다. 윤리의 목적은 어떤 활동을 질식시키는 것이 아니라, 이와 반대로 활동의 범위를 넓히고, 맹점을 드러내며, 자율성과 자유를 증진시키고, 자기책임성을 촉진시키는 것이다.

인공지능윤리의 관점에서 보면, 덕윤리적 접근의 초점은 정직, 정의, 용기, 공감, 배려, 시민성, 관대함과 같은 여러 기술도적적 덕목으로 표현되는 도덕적 품성을 함양하는 데에 있다(Vallor 2016). 기대하건대, 이러한 덕목들은 인공지능을 개발하고 활용하는 조직들이 윤리적 결정을 내릴 가능성을 높여줄 것이다. 덕윤리의 입장에서 도덕적 품성을 증진시킨다는 것은 가정, 학교, 공동체에서, 그리고 이와 마찬가지로 회사에서 덕을 가르친다는 것을 의미한다. 사회구성원으로서 각 개인은 이러한 계발과 기술 발전에 영향을 주는 관행들을 차용하고 습관화하도록 자신에게 동기를 부여하고 긍정적으로 활용함으로써 거기에 기여할 수 있다. 특히 덕윤리가 기술전문가들의 커뮤니티에서 폭넓게 차용될 때 책임회피의 문제를 막을 수 있다. 단순히 생각하면, 이는 데이터과학, 데이터공학, 데이터경제학에 종사하는 모든 이들이 그들의 행위가 내포한 함축에 대해 어떤 책임감을 가져야 한다는 뜻이다(Leonelli 2016). 이는 플로리디(Floridi)와 같은 이들이 결과와 인과적으로 연관되어 있는 모든 행위자들이 거기에 책임을 져야 한다고 주장한 이유, 즉 '집합적 책임'을 논한 이유이기도 하다(Floridi 2016). 흥미롭게도 플로리디는 '딥러닝'이라고도 하는 이른바 역전파(backpropagation) 방식을 사용해서 책임이 귀속될 수 있는 방식을 서술하려고 했다. 다만 여기에서 역전파 방식은 분배되는 책임의 네트워크에 사용되었다. 사람들이 집단으로 일하는 경우, 처음 보기에는 도덕적으로 중립적으로 보였던 행위들이 이후에는 그 사람들이 의식적으로 깨닫든 아니든 간에 도덕적으로 잘못된 결과를 야기할 수 있다. 이는 곧 인공지능 연구 커뮤니티의 실무가들이 언제나 자신들이 개발한 주요 기술제품이 낳을 수 있는 단기적·장기적 귀결을 숙고하고, 소프트웨어를 개발하고 데이터를 사용하는 방식을 숙고해야 함을 의미한다. 비윤리적으로 여겨지는 작업을 전적으로 수행하지 않는 선택지까지도 포함해서 말이다.

테크 커뮤니티가 덕윤리를 인정하고 받아들이는 것에 더해 몇 가지 제도적 변화 또한 이루어져야 한다. 예를 들어, 법적 틀 마련을 위한 제반 조건을 받아들이는 일, 기술에 대한 독립적인 감사 메커니즘을 확립하는 일, 인공지능 시스템의 해악에 대한 보상을 포함하여 고객의 불만을 접수하고 처리하는 기관을 설립하는 일, 그리고 대학이 기술, 미디어, 정보에 관한 윤리를 아우르도록 커리큘럼을 확장하는 일 등이 그것이다(Floridi et al. 2018; Cowls and Floridi 2018; Eaton et al. 2017; Goldsmith and Burton 2017). 하지만 지금까지는 이러한 요구가 거의 충족되지 않았다.

5. 결론

현재 인공지능윤리는 많은 경우에 실패하고 있다. 윤리에는 규범을 강제할 메커니즘이 없다. 윤리 원칙을 위반해도 아무런 대가를 치르지 않는다. 또한 윤리가 기업이나 기관에서는 주로 마케팅 전략으로 사용되기도 한다. 경험 연구에 의하면, 윤리가이드라인은 소프트웨어 개발자들의 의사결정에 아무런 중요한 영향을 미치지 못한다. 실무에서 인공지능윤리는 대개 관련성이 없는 외적인 것, 어떤 잉여적인 것, 기술적 고려사항에 대한 일종의 "부가물", 혹은 테크 커뮤니티 "바깥의" 제도로부터 부과된 구속력 없는 틀 정도로 여겨지곤 한다. 여기서 기술이 미칠 장기적 결과나 더 넓은 사회적 결과에 대한 몰이해와 책임 분산이 더해지면, 그 결과로 소프트웨어 개발자들은 책무성이나 자신들의 일이 갖는 도덕적 중요성을 생각하지 않게 된다. 특히 경제적 인센티브는 윤리 원칙이나 가치들을 쉽게 압도해 버리곤 한다. 인공지능 시스템을 개발하고 적용하기 위한 여러 목적이 있지만, 이러한 목적이 자비, 해악금지, 정의, 해명가능성과 같은 사회적 가치나 기본권에 부합하지 않음을 의미한다(Taddeo and Floridi 2018; Pekka et al. 2018).

그럼에도 불구하고, 어떤 분야에서는 윤리적 동기에 따라 인공지능 시스템을 개선하기 위해 노력하기도 한다. 부분적으로 이는 책무성, 사생활 보호, 차별 금지, 안전성, 설명가능성과 같은 특정 문제들에 대한 기술적 "해결책"을 찾을 수 있는 경우에 그렇다. 하지만 인공지능 시스템의 연구·개발·활용과 중요하게 관련되어 있음에도 윤리가이드라인에서 좀처럼 언급되지 않는 광범위한 윤리적 측면들이 있다. 악의적 일반인공지능의 위험, 기계의식, 인공지능에 의한 순위 매기기와 소셜 네트워크에서의 필터링에 따른 사회적 응집력의 약화, 인공지능 시스템의 정치적 오남용, 인공지능 커뮤티니의 다양성 결핍, 로봇윤리와의 연결점, 트롤리 문제의 처리, 알고리즘적 의사결정과 인간의 의사결정 사이에서의 비중 설정, 인공지능의 "숨겨진" 사회적·생태적 비용과 같은 문제에서부터, 공공 부문과 민간 부문 간의 파트너십 문제나 업계로부터의 펀딩 문제에 이르기까지, 누락된 문제들은 다양한 영역에서 발견된다. 앞서 언급한 바와 같이, 지금 나열한 목록이 누락된 쟁점들 전부는 아니며, 이 누락사항들이 모두 똑같이 정당한 것도 아니다. 일반인공지능에 대한 고찰과 같이 몇몇 누락사항은 그것이 순전히 사변적인 쟁점이라는 이유에서 정당화될 수도 있지만, 다른 누락사항들은 그리 타당하지 않으며, 이런 누락사항들은 향후 개정될 가이드라인에 반영되어야 할 것이다.

체크박스 형태의 가이드라인이 인공지능윤리의 유일한 도구이어서도 안 된다. 즉 원칙과 규칙을 보편적으로 준수해야 한다는 요건에 근거한, 의무론적이고 행위제약적인 윤리로부터, 덕과 인성적 성향, 지식의 확장, 책임을 품은 자율성, 행위의 자유 등에 근거하는, 상황감수성을 가진 윤리로의 이행이 필요하다. 그러한 인공지능윤리는 가능한 많은 사례를 과다 일반화하여 개별 원칙에 포함시키려 하지 않을 것이며, 구체적인 기술적 특징들에 따라 각각의 상황에 알맞게 대응하고자 할 것이다. 또한 인공지능윤리는 도덕행위자들로 하여금 규범 원칙을 고수하도록 규율할 것이 아니다. 대신 도덕적으로 중요한 결정이 필요함에도 불구하고 행위자가 공감능력과 포괄적 지식에서 비롯한 자기책임성에 따라 행위하지 못하는 무기력으로부터 벗어날 수 있게 해 주어야 한다.

이러한 점들을 고려할 때 우리는 인공지능윤리에 있어서 다음 두 가지 귀결을 얻는다. 한편으로는, 인공지능과 기계학습이 요구되는 분야에서 다양한 방법과 기술을 세부적으로 다루는 데에 더 강하게 집중할 필요가 있다. 이는 궁극적으로는 윤리와 기술담론 간의 간격을 줄이는 데에 기여할 것이다. 또한 추상적 가치와 기술적 구현 사이에 단단한 교각을 건설해야 한다. 그 다리가 합당하게 건설될 수 있는 한에서 말이다. 다른 한편으로는, 인공지능윤리는 진정으로 사회적 측면이나 인(격)성과 관련된 측면에 더 강하게 집중해야 하며, 이를 위해서는 순전히 기술 현상을 서술하기만 하는 데에서 벗어나야 한다. 그렇다면 인공지능윤리는 인공지능 자체를 다루기보다는 어떻게 하면 행위자들이 일상화된 문제적 행위 양식으로

부터 거리를 두도록 만들 것인가, 또한 어떻게 하면 지식의 맹점을 드러내
거나 개인의 자기책임성을 확보할 것인가를 더 많이 다루어야 한다. 미래
의 인공지능윤리는 이 두 접근 방식을 조화시켜야 한다는 도전에 직면해
있다.

2부

인공지능 규제의 현재
– 법적 규제

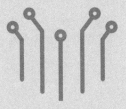

3장

—

인공지능 규제 정책에 관한 연구: 주요 국가의 규제 정책 사례를 중심으로[*]

윤혜선

한양대학교 법학전문대학원 교수, 인공지능대학원 겸임교수

I. 들어가며

인공지능 기술에 대한 전 세계적 관심을 새삼 강조할 필요는 없을 것이다. 주요 국가에서 공·사, 산·학·민·관·연을 불문하고 앞다투어 막대한 재정 투입을 수반하는 각종 인공지능 연구·개발 계획, 전략, 정책 등을 발표하고 있는 모습에서 그 열기를 쉽게 느낄 수 있다. 우리나라도 이 국제 인공지능 레이스에 합류해 안정적인 위치에 안착하기 위해 노력하고 있는 모양새다. 2019년 문재인 정부는 "규제를 허물고 인공지능 정부"가 되겠다고 천명한 바 있으며, 디지털플랫폼정부 구축 등 디지털기술 경쟁력 확보를 위한 정책을 적극 추진하고 있는 윤석열 정부도 규제개혁에 많은

---

* 이 글은 『정보통신정책연구』 제26권 제4호(2016.12.), 135~176쪽에 게재된 논문을 일부 수정한 것임을 밝힌다.

공을 들이고 있다.

국가 혁신전략이 발표될 때마다 많은 이들이 주목한 것은 '규제'다. 국내에서 허물고 완화하고 개혁해야 하는 대상으로 인식되고 있는 규제 문제는 인공지능 기술의 성패를 좌우할 수 있는 핵심 사안으로 부상한 지 이미 오래다. 시장과 산업이 민감하게 반응하는 인공지능 기술의 강화하는 성질과 경계를 허무는 성질은 인공지능의 범용기술적 속성이 심화될수록 기존 시장과 산업의 작동 질서인 법과 규제에 대해 새로운 대응을 더욱 강하게 요구할 것이다. 이에 인공지능의 개발과 상용화에 각별한 관심을 기울이고 있는 기술 선진국들이 인공지능에 관한 규제에 특별한 관심을 갖는 것은 자연스러운 귀결이라고 할 수 있다.

인공지능 정부, 디지털플랫폼 정부를 실현하기 위해 기존 "규제를 허무는" 것이 선결적이고 핵심적인 국가 과제가 된 현 시점에서 인공지능 규제 정책의 방향을 정립하기 위한 다양한 연구가 긴히 요청된다. 이에 이 글에서는 인공지능 연구·개발에 있어서 우리보다 한발 앞서 있는 국가들의 인공지능 규제 정책에 대한 접근 방식을 분석해 국내 인공지능 규제 정책 현안에 대한 함의와 시사점을 도출하고자 한다.

일반적으로 규제 문제는 각국의 역사적, 사회적, 제도적 환경과 기술의 발전 수준, 시장과 산업의 현황, 정치적 상황 등의 맥락 안에서 접근하고 이해되어야 하는 것으로, 다층적이고 다원적이며 복잡하고 복합적이다. 따라서 인공지능 규제라는 이름으로 여러 국가의 규제 정책을 맥락이 제거된 시험대 위에 나란히 올려놓고 일정한 기준으로 직접 비교하는 것은 적절하지 않을 뿐만 아니라 실무적 효용성도 높지 않아서 연구의 의의를 감소시킬 수도 있다. 그럼에도 불구하고, 그와 같은 접근이 의미를 갖는 이유는 인공지능 기술 자체와 인공지능 개발 및 활용에 적극적인 주요 국가의 태도에서 비롯된다. 부침을 겪은 인공지능 기술이 지난 20년간 상당한 진보를 이루기는 했으나 지속적으로 발전하는 과정에 있고, 이 기술의 위험에 대한 정보는 여전히 부족하기 때문에 인공지능 기술 자체에 대한 규제 논의는 사실상 태동 단계에 있다고 할 수 있다. 더욱이 일단 개발되면 그 상태(static)에서 활용되는 여타 기술들과 달리, 인공지능 기술은 개발된 상태에 머무르지 않고 지속적으로 발전을 거듭한다. 따라서 각국의 규제 정책은 인공지능 기술의 발전 속도에 보조를 맞추어 그 기술의 유익한 잠재력을 실현하려는 목적으로 개발되고 있는 실정이다. 즉 유사한 기술적 상황에서 동일한 지향점을 가지고 규제 정책이 마련되고 있는 초창기이므로 미국, 영국, 중국, 유럽연합과 일본의 규제 정책의 동향을 검토하는 것은 국내 인공지능 정책 마련에 있어서 유의미한 좌표를 제공할 수 있다.

II. 주요 국가의 인공지능 규제 정책

1. 미국

1) 오바마 행정부의 인공지능 규제 정책

미국의 인공지능 규제 정책의 기본 그림은 2016년 10월 오바마 대통령 직속 국가과학기술자문회 기술위원회가 발표한 「인공지능의 미래 준비에 관한 보고서(AI 보고서)」[1]에서 마련되었다. 「AI 보고서」는 인공지능의 발전 방향과 그와 관련된 다양한 이슈들을 검토한 것으로, 주요 목적은 인공지능의 경제적 파급효과를 파악하는 것에 있었으나 "AI와 규제", "AI의 공정성, 안전성 및 거버넌스" 등의 주제도 포괄적으로 다루었다.

「AI 보고서」 'AI와 규제의 장'에서는 인공지능이 국민을 위해로부터 보호하고 시장 경쟁의 공정성을 보장하기 위해 도입된 기존 규제에 미치는 영향을 '어떻게' '대응해야' 하는지를 검토했는데, 여기에서 제안된 규제 대응 방식은 크게 세 가지로 정리된다. 먼저, 위험 관리식 접근이다. 인공지능으로 인해 발생하는 위험을 총체적으로 평가한 결과에 따라 기존 규제에 필요한 변화를 가하는 방식을 제안했다. 즉, 공공의 안전을 위해 인공지능이 내장된 제품에 대한 규제가 필요한지 여부는 기존 제품에 인공지능 기술을 추가함으로써 감소하는 위험과 그로 인해 증가하는 리스크를 종합적으로 평가해, 그 결과 위험이 기존 규제의 범위 안에 있는 경우 기존 규제를 통해 그 위험을 적절히 다룰 수 있는지, 또는 규제 개선이 필요한지 여부를 먼저 검토하는 방식으로 접근해야 한다는 것이다.

다음으로, 규제 수단 선택을 위한 구체적 기준이라고 할 수 있는 혁신 지원적 접근이다. 인공지능 도입에 대응하기 위한 규제 방안이 규제 준수 비용을 증가시키거나 혹은 유익한 혁신의 개발 내지 채택을 지연시킬 우려가 있는 경우에는 안전이나 시장의 공정성에 부정적인 영향을 미치지 않으면서 혁신의 비용과 장벽을 낮추는 방안을 모색해야 한다는 것이다.

마지막으로 규제 거버넌스의 관점에서 규제 의사결정과정에서의 기술 전문가의 참여를 강조했다. 모든 규제기관에 고위급 기술 전문가를 배치해 규제의 전 과정에 참여해 규제 의사결정을 지원하도록 함으로써 인공지능과 같은 첨단기술에 관한 규제의 실효성을 도모해야 한다는 것이다.

「AI 보고서」에 제시된 인공지능 규제 정책의 의미는 인공지능 기술의 혁신과 성장을 위한 공간을 형성하면서 동시에 공익의 보호, 특히 안전과 시장의 공정성 확보라는 규제의 근본 목적을 달성하는 데 있다. 미국은 이

보고서를 기초로 해 2016년 10월 "국가 인공지능 연구개발 전략계획"2을 수립·발표한 바 있다.

2) 트럼프 행정부의 인공지능 규제 정책

트럼프 행정부는 집권 3년 차인 2019년에 이르러서야 "미래 산업 지능 (Industrial Intelligence of Future)"을 구성하는 이머징 기술(emerging technology) 개발에 있어서 국제적 리더십 확보의 중요성을 강조하며 인공지능 정책에 관한 구상을 발표했다. 2019년 2월 11일 "인공지능에 있어서 미국의 리더 십 유지를 위한 행정명령 제13859호(행정명령)"는 그 시발점이 되었다. 행정 명령의 정책 목표는 명확하다. 인공지능의 연구·개발 및 활용에 있어서 미국의 과학적, 기술적, 경제적 리더십을 유지·강화하는 것이다.

인공지능 규제에 대한 트럼프 행정부의 태도는 행정명령에서 규정한 다 섯 가지 원칙 중 두 번째와 네 번째 원칙을 통해 파악할 수 있다. 먼저, 인 공지능 관련 신산업이 창출되고 현존 산업에서 인공지능을 채택할 수 있 도록 적절한 기술표준을 개발하고, 안전한 테스팅과 활용을 위해 (규제) 장 벽을 낮추는 것을 원칙으로 제시했다. 또한 국민을 위해 인공지능 기술의 잠재력을 충분히 실현하기 위해서 인공지능 기술에 대한 국민의 신뢰와 확신을 배양하고, 인공지능 기술을 활용함에 있어서 시민의 자유, 프라이 버시, 미국의 가치를 보호할 것을 원칙으로 제시했다.

이 원칙들은 행정명령의 다른 규정들에 의해 구체화되었는데, 연방예산 관리처장에게 부여한 과제가 그 대표적인 예다. 연방예산관리처장은 행정 명령 시행 후 180일 이내에 주요 관계 기관 및 이해관계자들과의 협의를 거쳐 인공지능에 의해 강화되거나 활성화된 기술과 산업 부문에 대한 규제 및 비규제 조치의 개발 상황을 파악하고, 규제기관들에 대해 시민의 자유, 프라이버시, 미국의 가치 및 미국의 경제와 국가 안보를 보호하면서 인공지능 기술의 혁신적 활용을 촉진하기 위해 (규제) 장벽을 낮추는 방법을 고려할 것을 권고해야 한다.

또한, 연방정부는 행정명령에 따라 인공지능 종합 전략을 담은 「미국 인공지능 발전계획(American Artificial Intelligence Initiative)」을 수립하고, 그 이행을 위한 「국가 인공지능 연구 · 개발 전략계획: 2019년 개정계획(2019 AI 전략계획)」3을 마련했다. 「2019 AI 전략계획」에서는 여덟 가지 전략적 우선순위를 정했는데, 그 가운데 규제와 관련된 구체적 전략은 전략 3, 4, 6에서 찾을 수 있다.

먼저, 전략 3은 인공지능의 윤리적, 법적, 사회적 영향을 파악하고 적절하게 다루는 것이다. 「2019 AI 전략계획」은 기술을 통해 윤리적, 법적, 사회적 우려를 "내재적으로" 다루도록 했는데, 여기에서 제시된 세부 전략은 "설계에 의해" 공정성, 투명성, 책무성 등을 개선해 윤리적 인공지능 시스템을 구축하는 것이다. 전략 4는 인공지능 시스템의 안전성과 보안을 보장하는 것이다. 구체적으로 믿을 만하고 의존할 수 있으며, 안전하고, 신뢰할 수 있는 인공지능 시스템을 설계하는 방법을 개발하도록 했다. 인공지능 시스템에 대한 신뢰의 구축은 설명가능성 및 투명성의 개선과 인공지능 시스템의 검증(verification: 시스템이 공식적인 규격을 충족하는지 평가) 및 성능 확인(validation: 시스템이 사용자의 운영상의 요구를 충족하는지 평가) 제도를 강화해 달성하고, 보안은 인공지능 시스템을 다양한 공격으로부터 보호하여 보장하도록 했다. 또한 이 과정에서 인공지능 시스템의 장기적 안전성과 가치의 조화를 추구하도록 했다.

마지막으로 전략 6은 기준 및 표준을 개발하고 벤치마크를 활용해 인공지능 기술을 측정하고 평가하는 것이다. 이 전략을 구현하기 위해 인공지능 시스템에 대한 다양한 평가기법을 개발하도록 했는데, 평가항목에는 안전성, 보안, 프라이버시, 추적가능성 등이 포함된다. 또한 인공지능 시스템을 위한 테스트베드를 확대하는 세부 전략도 언급하고 있다.

3) 검토

인공지능 연구 · 개발에 있어서 세계에서 가장 앞서 있다고 인정받는 미국도 인공지능에 대한 정부의 규제 정책은 기존 규제 체계를 유지한 상태에서 기술의 특성과 불확실성에 기초해 정책적 방향과 지향점을 원론적으로 제시하는 수준에 머무르고 있다고 평가된다. 기본적으로 미국의 입장은 인공지능의 개발과 상용화를 촉진해 신산업의 창출과 기존 산업의 효율성 · 혁신가능성 제고를 도모함과 동시에 공공의 안전과 공정한 시장질서, 인공지능에 대한 국민적 신뢰를 확보하기 위해 필요한 최소한의 범위 내에서 대응적으로 위험 관리 방식으로 규제 환경을 형성해 나가겠다는 것이다.

트럼프 행정부의 규제 정책은 큰 틀에서 상술한 오바마 행정부의 기조를 유지하고 있지만 세부 내용적인 측면에서 진일보했다고 볼 수 있다. 「2019 AI 전략계획」을 통해 인공지능 시스템의 투명성, 공정성, 설명가능성, 추적가능성, 윤리적 설계 등에 대한 입장을 명확히 하고, 윤리적 인공지능 시스템의 구축을 강조하며, 인공지능 시스템의 활용을 위한 테스트베드의 확대 등 보다 구체화된 규제 방안을 제안했기 때문이다. 이와 같은 규제적 접근은 영국과 유럽연합에서 이미 제안 · 적용하고 있는 것이어서 인공지능 규제의 측면에서 미국이 강조하는 국제적 리더십을 어떻게 선도적으로 발휘해 나갈지 지켜봐야 할 것이다.

한편, 이와 같은 규제 전략을 제안함으로써 미국도 인공지능 규제에 대해 적어도 일반적인 차원에서는 유럽연합의 접근방식과 궤를 같이 하게 된 것으로 보이므로 향후 유사한 규범적 행보를 보일 것으로 예상된다. 다른 한편으로는 그 실행의 무게중심을 인공지능 시스템의 설계와 기술, 기술 및 위험 평가 등에 두고 있어서 규제실무적으로는 차이가 있을 것으로 예상된다.

2. 중국

1) 차세대 인공지능 개발계획

2017년 7월, 중국 국무회의는 「차세대 인공지능 개발계획(AI 개발계획)」[4]을 발표했다. 이 계획의 핵심 목표는 2020년까지 중국의 인공지능 산업 경쟁력을 세계 최고 수준으로 끌어올리는 것이다.[5] 이에 따라 「AI 개발계획」은 인공지능 기술의 개발과 경제 성장을 조준하고 있는데, 이러한 맥락 안에서 인공지능 규제 문제를 다루고 있다. 중국 정부는 구체적으로 「AI 개발계획」의 4대 지도 원리로 기술 주도, 시스템 배치, 시장 주도, 오픈 소스 및 개방을 채택하고, 세 단계 전략 목표를 수립했다. 이에 따라 인공지능 규제에 관한 세부 전략 목표도 세 단계로 제시되었는데, 제1단계는 2020년까지 인공지능이 적용되는 일부 분야에 대한 인공지능 윤리규범, 정책 및 규제를 확립하고, 제2단계는 2025년까지 인공지능 법, 규제, 윤리규범 및 정책 체계와 보안 평가제도, 통제 능력 등을 구축하고, 마지막 제3단계는 2030년까지 보다 포괄적인 인공지능 법, 규제, 윤리규범 및 정책 체계를 확립하는 것이다.

모호하게 제시된 위의 세 단계 규제 전략은 「AI 개발계획」 제5장 보장조치(Guaranteed measures)에서 보다 구체화되었다. 중국 정부는 인공지능의 발전을 위해 가장 우선적으로 요구되는 보장조치로 인공지능의 발전을 촉진하는 법, 규제 및 윤리규범의 개발을 꼽았다. 인공지능과 관련된 법, 윤리, 사회적 이슈들에 대한 연구를 강화하고 이를 토대로 법과 규제, 윤리적 체계를 확립해 인공지능의 건전한 발전을 보장한다는 계획이다. 이를 위한 세부 전략의 구체적 내용은 다음과 같다.

- 민·형사 책임의 소재를 명확히 하고, 프라이버시와 재산권을 보호하며, 인공지능 애플리케이션 관련 개인정보 보안 및 활용 등 법적 문제에 대한 연구를 수행한다.
- 추적성과 책무성 시스템을 구축하고, 인공지능의 권리, 의무 및 책임을 명확히 한다.
- 신기술의 신속한 활용을 위한 법적 기반을 마련하기 위해, 비교적 양호한 사용 기반을 가진 자율주행차, 서비스 로봇, 그 밖의 다른 적용 분야에 초점을 맞추어 해당 분야의 안전관리법제와 규제의 연구·개발에 집중한다. 인공지능 행동 과학, 윤리, 기타 관련 이슈에 대한 연구를 개시하고, 윤리적이고 도덕적인 다단계 판단 구조 및 인간과 컴퓨터 간의 협력 윤리체계를 확립한다.
- 인공지능 제품에 대한 윤리수칙 및 연구·개발 설계 기준을 개발한다.
- 인공지능의 잠재적 위험(리스크)-편익 평가 제도를 강화하고, 복잡한 인공지능 시나리오에서 응급상황에 대처할 수 있는 방법을 구축한다.

아울러 특기할 점은 중국 정부가 위의 세부 전략에 인공지능의 글로벌 거버넌스에 적극 참여하고, 로봇 소외, 안전감독 등 국제사회가 공통적으로 고민하는 주요 문제에 대한 연구를 추진하며, 인공지능 법과 규제, 국제기준 등에 대한 국제협력을 강화하고, 글로벌 도전에 공동 대처할 것을 명시했다는 점이다.

2) 인공지능 표준화에 관한 백서 및 베이징 인공지능 원칙

중국 정부는 AI 개발계획을 이행하고 인공지능 정책을 실현하기 위해 다양한 조직과 기구를 설치했다. 2018년 1월에는 국가 인공지능 표준화 그룹과 국가 인공지능 전문가 자문단을 구성했는데, 이들의 출범 행사에서 중국 산업정보기술부는 『인공지능 표준화에 관한 백서』[6]를 발표했다. 이 백서의 내용 중에서 규제 정책과 관련해 특히 주목할 부분은 중국 정부가 인공지능이 법적 책임, 윤리 및 안전성의 측면에서 문제를 제기한다고 지적하면서 현재 세계 각국의 인공지능 규제가 일정하지 않을 뿐만 아니라 사실상 규제 공백 상태이므로 중국은 국제 공조를 강화하고, 보편적 규제 원칙과 기준 제정을 촉진해 인공지능 기술의 안전을 보장해야 한다고 권고한 사실이다. 이처럼 인공지능 규범과 규제 설정에서도 미국과 경쟁적으로 국제적 주도권을 추구하는 중국은 2019년 5월 「베이징 인공지능 원칙(Beijing AI Principles)」을 발표했다. 이 원칙은 인공지능의 연구, 개발, 이용, 거버넌스 및 장기발전계획에 관한 이니셔티브로 제시된 것으로, 인공지능의 건전한 개발을 통해 운명을 공유하는 공동체의 형성을 지원하고, 인간과 자연에 유익한 인공지능의 실현을 요청하고 있다.

3) 검토

"인공지능 굴기"를 천명한 중국은 인공지능 기술 개발에 막대한 투자를 지원하고 기술적, 경제적 우위를 선점하기 위한 국제적 레이스를 공격적으로 추진하고 있다. 이 과정에서 법, 규제 및 윤리의 필요성을 인식하고 앞에서 살펴본 바와 같이 대내적으로는 연구 · 개발 계획과 전략을 수립하고 대외적으로는 인공지능 이니셔티브를 제시하기 시작했다. 중국의 이러한 행보에 대해서 해석이 필요하고, 불투명하고 모호하다는 평가도 있지만, 인공지능 규제 정책에 대한 중국 정부 입장은 명확히 '인공지능 진흥', '국제적 리더십 확보'라는 양대 축으로 구성된 것으로 보인다. 이 두 축을 연결하기 위한 수단으로 인공지능에 관한 법, 규제, 윤리 등 규범 확립을 위한 사회과학적 연구를 강조한 점이 눈에 띈다. 다만, 인공지능 발전을 촉진하는 법과 규제를 만들고, 신기술의 신속한 활용을 위한 법적 기반을 마련하며, 경쟁력이 있는 분야를 중심으로 인공지능 규제 및 안전법제에 관한 연구를 강화하고, 국제 공조를 통해 보편적 규제 원칙과 기준의 제정을 촉진하겠다는 등 오롯이 인공지능 진흥에 초점을 맞춘 인공지능 규제 정책이 어떻게 구현될지 또는 국제사회에서 어떻게 받아들여질지 주의 깊게 지켜볼 필요가 있다.

3. 영국

1) RAS 2020 국가 전략보고서

2013년 영국 정부는 "8대 국가전략 기술(Eight Great Technologies)"의 하나

로 로봇공학과 자율시스템(Robotics and Autonomous Systems: RAS)을 선정했다. 당시 영국 정부는 '인공지능' 대신 '자율시스템'이라는 용어를 채택하고, RAS를 "상호 연결되고, 상호 작용하며, 인지하는 물리적 도구로서 그들의 다양한 환경을 인식할 수 있고, 사건에 대해 추론할 수 있으며, 계획을 수립하거나 수정할 수 있고, 그들의 행위를 제어할 수 있는 시스템"이라고 정의했다. 같은 해 영국 혁신청(Innovate UK)은 RAS의 개발과 혁신을 촉진하기 위해 학계와 산업계 전문가로 구성된 RAS 특별이해관계그룹(SIG)의 설립을 지원했고, SIG는 2014년 RAS 혁신을 위한 국가 전략보고서인「RAS 2020」을 작성해 여덟 가지 권고안을 제안했다. 이 가운데 규제에 대해서는 "보다 구체적인 사고(thinking)를 개발하기 위해 영국규격협회와 같이 기술표준과 규제에 관여된 기관들과의 소통을 지속해서 발전시킬" 것을 권고했다. 이에 대해 영국 정부는 이듬해인 2015년 3월 정부 답변서를 발표하고, SIG의 권고에 따라 RAS 리더십 회의(RAS Leadership Council)를 조직했다.

2) 인공지능 거버넌스 조직의 신설

상당히 일찍부터 인공지능에 주목한 영국 정부는 이 기술이 일자리와 경제에 미치는 영향에 관심을 집중시켜 왔다. 반면 규제에 대해서는 최근까지 별다른 행보를 거의 보이지 않아서, 영국 하원의 과학기술위원회로부터 다양한 층위에서 이루어지고 있는 관련 논의들을 조화시켜 인공지능에 관한 포괄적 규제 기준을 개발하려는 노력이 부족하다는 지적을 받기도 했다. 인공지능 규제에 대한 영국 정부의 소극적 태도는 2018년을 기점으로 변화하기 시작했다. 그해 1월 다보스에서 개최된 세계경제포럼 연설

에서 테레사 메이 당시 영국 총리는 영국 경제에 있어서 인공지능의 중요
성을 강조하고, 데이터윤리혁신센터(Center for Data Ethics and Innovation)를
통해 인공지능의 국제적 규제 기준 마련에 참여할 의사가 있음을 밝혔다.

2018년 영국 정부는 국가 재정 10억 파운드를 투자해 인공지능과 빅데
이터 사업을 지원하는 인공지능 섹터 딜(AI Sector Deal) 사업을 개시했다.
더불어 인공지능 거버넌스 환경을 강화할 필요성을 인식하고 위의 사업
의 일환으로 데이터윤리혁신센터, 인공지능위원회(AI Council), 인공지능사
무국(Office for AI)을 신설했다. 데이터윤리혁신센터는 데이터와 인공지능
을 기반으로 하는 기술에 의한 혁신이 안전하고 윤리적으로 이루어질 수
있도록 필요한 조치에 관한 전문적 자문을 정부에 제공하는 독립 자문기
관이다. 인공지능위원회는 인공지능 섹터 딜 사업의 이행을 감독하고, 산
업 간의 협력을 증진시키기 위해 설립되었다. 산업계와 학계의 주요 인사
들로 구성된 인공지능위원회는 인공지능에 대한 산업계의 이해를 높이고,
성장과 혁신을 저해하는 장애물을 식별하는 등 인공지능을 위한 전략적
리더십을 제시해 인공지능을 진흥하는 임무를 수행한다. 인공지능위원회
의 사무국인 인공지능사무국은 디지털·문화·미디어·체육부와 비즈니
스·에너지·산업정책부의 합동 조직으로 공무원으로 구성된다. 인공지능
사무국은 인공지능 관련 정책과 인공지능 섹터 딜 사업을 수행하고, 인공
지능에 관한 행정 부처 간 업무를 조정하며, 인공지능 관련 사업(AI Grand
Challenge)을 개발하는 역할을 담당한다.

3) 2018년 영국 상원 인공지능 특별위원회 보고서와 정부 답변서

영국의 인공지능 규제 정책은 2018년 영국 의회 상원 인공지능 특별위

원회(AI 특별위원회) 보고서와 그에 대한 정부 답변서에 그 모습을 드러냈다. AI 특별위원회는 2018년 4월 영국이 "인공지능에 대해 준비되어 있는지, 적극적인지, 구현할 수 있는지" 심층 조사해 같은 이름의 보고서(AI in the UK: ready, willing and able?)[7](AI 보고서)를 발표했다. AI 특별위원회는 이 보고서에서 인공지능 규제와 관련해 데이터윤리혁신센터의 역할과 전문 규제 기관의 관계, 인공지능 규제 (또는 비규제)의 바람직성, 인공지능 포괄 규제의 필요성, 인공지능 전문 규제 기관의 필요성 등을 검토한 후, 인공지능에 대한 포괄적 규제 접근은 시기상조라는 결론을 제시했다.

AI 특별위원회가 이와 같은 결론에 이르게 된 이유, 곧 영국 인공지능 규제 정책의 주요 골자는 크게 세 가지다. 첫째, 인공지능 규제의 필요성이나 그 규제가 각 산업 부문에 미치는 영향을 가장 잘 파악할 수 있는 기관은 각 산업 부문의 전문 규제 기관이다. 이에 인공지능에 대해 기존 규제가 충분하지 않을 때 인공지능사무국이 데이터윤리혁신센터와 함께 문제를 파악해 필요한 조치를 제안해야 하며, 이 과정에서 전문 규제 기관의 정보와 전문 지식을 활용해야 한다. 둘째, 인공지능 발전에 있어서 핵심은 개인정보의 수집·관리·활용인데 이를 둘러싼 우려들은 「AI 보고서」 작성 당시 논의 중이었던 「개인정보보호법안(Data Protection Bill)」과 2018년 5월 25일 발효될 유럽연합의 「개인정보보호법(General Data Protection Regulation: GDPR)」에 의해 다루어지고 있다. 셋째, 규제샌드박스 제도, 규제기관의 개척자 기금(Regulators' Pioneer Fund: RPF) 등과 같이 기술의 발전과 규제 대응 간의 긴장과 격차를 극복하고, 규제기관이 혁신의 조성자로 거듭날 수 있는 환경을 촉진하는 제도의 활용을 장려한다.

2018년 6월 28일 영국 산업정책부는 「AI 보고서」에 대한 답변서를 발표했다. 인공지능 규제에 관한 상원 AI 특별위원회의 권고를 모두 수용한 정부 답변서의 주요 내용은 다음과 같다. 첫째, '미래규제에 관한 장관급 실무그룹'을 구성해 미래 규제 이슈를 탐색하고, 인공지능 기술을 지원하기 위한 규제 수요를 선제적으로 파악한다. 이 실무그룹은 인공지능사무국과 데이터윤리혁신센터의 지원을 받는다. 둘째, 전문 규제 기관들이 (규제샌드박스 제도와 같이) '공공의 신뢰를 얻으면서 기술혁신을 가능하게 하는' 규제 수단을 채택하도록 장려한다. 이를 위해 천만 파운드 규모의 규제기관의 개척자 기금(RPF)을 조성하며, 아울러 데이터윤리혁신센터에도 재정을 지원한다. 이외에도 정부 답변서에는 인공지능의 의사결정 방식, 인공지능 활용 시기에 관한 정보 제공, 인공지능 시스템의 투명성, 인공지능 시스템에 관한 법적 책임, 인공지능의 윤리적 사용, (모든 부문에 적용되는) 일반 인공지능 행동강령(코드)의 제정 등 상원의 권고사항에 대한 정부의 대응방안을 상세히 설명하고 있다.

4) 검토

영국은 일찍부터 인공지능 기술 개발에 대한 관심을 기울여 왔지만, 구체적 전략이나 규제 정책적 대응의 윤곽은 최근에서야 드러났다. 그럼에도 불구하고, 영국은 다른 국가들과 달리 명확한 규제 정책의 시그널을 시장과 국제사회에 보내고 있다. 즉, 인공지능에 관한 포괄적 규제보다는 기존 규제체계 내에서 전문 규제 기관의 체질을 민첩하고 유연하게 변화시켜 시민과 환경을 보호하면서 인공지능과 같은 이머징 기술의 혁신을 이끌어 내고, 이를 통해 영국을 혁신과 투자에 있어서 최적의 장소로 만든다는 것이다. 포괄적 규제 대신 인공지능 거버넌스 환경을 구축해 인공지능에 대한 리더십과 전문성을 발휘하고, 전문 규제 기관 및 산업과의 긴밀한 협력을 이끌어 낸다는 전략이다. 산업구조 변화에 대응한 거버넌스 조직의 신설을 통해 규제 의사결정의 전문성 및 효율성의 제고를 넘어 미래 규제 이슈와 규제 수요를 미리 예측하는 시도를 하고, 전 세계로 순식간에 퍼져나간 규제샌드박스에서 한 걸음 더 나아가 규제기관의 개척자 기금(RPF) 사업을 추진해 규제 실무에 있어서 규제기관의 자발적인 변화를 유도하는 영국 정부의 영민한 도전은 위와 같은 정책 목표 달성에 대한 투철한 의지를 입증한다. 현재 유럽연합 탈퇴 등 국내외 복잡한 정치적 상황으로 인해 여러 층위의 불확실성이 존재하기는 하지만, 인공지능을 위한 영국의 규제 혁신의 시도는 주의 깊게 살펴볼 필요가 있다.

4. 유럽연합

1) 인공지능 규제에 관한 주요 결정

유럽연합(EU)은 영국과 마찬가지로 디지털 경제에서 인공지능과 로봇공학 기술의 전략적 중요성을 일찍이 인식했다. 이에 인공지능에 의한 경제성장과 생산성 증대뿐만 아니라 그로 인해 야기되는 사회문제나 윤리 논쟁에 대한 대응 및 관련 법제도 확립 등에 있어서 국제사회에서 주도적 지위를 선점하려는 목표하에 다양한 활동을 추진해 왔다. 그 가운데 인공지능 규제와 관련해 특히 의미 있는 유럽연합의 결정들은 (시간적 순서에 따라 정리하면) 다음과 같다.

- 2017년 2월 채택된 유럽의회의 「로봇공학에 관한 민사법적 규율에 관한 유럽집행위원회 권고 결의안」

- 2018년 4월 발표된 유럽집행위원회의 「유럽을 위한 인공지능에 관한 커뮤니케이션」
- 2018년 5월 시행된 EU GDPR
- 2019년 2월 채택된 유럽의회의 「인공지능 및 로봇공학에 관한 유럽 산업 종합 정책」
- 2020년 2월 발표된 유럽집행위원회의 「인공지능 백서: 우수성과 신뢰 확보를 위한 유럽의 접근법」
- 2021년 4월 발의된 「인공지능 법안」

① 유럽의회의 「로봇공학에 관한 민사법적 규율에 관한 유럽집행위원회 권고 결의안」

유럽연합 차원의 인공지능 논의를 주도하고 있는 유럽의회는 2017년 1월 유럽집행위원회에 인공지능 영향평가를 요청하고, 같은 해 2월 16일 「로봇공학에 관한 민사법적 규율에 관한 유럽집행위원회 권고 결의안 (Resolution on Civil Law Rules on Robotics)」을 채택해 — 이 결의안 자체는 법적 효력이 없다 — 법안발의권을 가진 유럽집행위원회에 인공지능 및 로봇의 민사책임에 관한 법률의 제정을 권고했다.[8] 또한 이 결의안에는 자율성이 높아지는 인공지능의 불법행위에 대응한 엄격책임(strict liability)원칙의 도입과 위험 관리식 규제 방식의 채택, 의무 책임보험제도와 보상 기금제도 및 이들 제도 운영의 전제가 되는 스마트로봇 등록제도의 도입 등도 제안되었다. 아울러 장기적으로 지능형 로봇에 전자인(electronic person)의 법적 지위를 부여해 독립적 책임 주체로 인정하는 방안을 검토할 것을 권고했다.

② 유럽집행위원회의 「유럽을 위한 인공지능에 관한 커뮤니케이션」

2018년 4월 25일 공개된 「유럽을 위한 인공지능에 관한 커뮤니케이션 (Communication on Artificial Intelligence for Europe)」은 인공지능의 잠재력과 도전에 대한 유럽의 생각을 담고 있다. 유럽집행위원회도 기본적으로 인공지능이 제공하는 기회를 최대한 활용하고, 그에 따르는 새로운 도전을 해결하기 위해 공공 및 민간 투자를 확대하고, 인공지능으로 인한 사회·경제적 변화에 대비하며, 적절한 윤리적, 법적 제도를 확보한다는 방침이다. 다만, 인공지능 규제와 관련해 이 커뮤니케이션에 주목하는 이유는 다음과 같이 촘촘한 일정으로 구체적인 조직적, 제도적 — 법적, 비법적 — 대응을 계획하고 있기 때문이다.

- 2018년 7월까지 인공지능의 진흥을 위한 정보 수집, 의견 교환, 공동 대책 마련 등을 위해 기업, 소비자단체, 노동조합, 기타 시민사회단체 대표 등으로 구성된 유럽인공지능연합(AI Alliance)을 조직한다.
- 2018년 말까지 인공지능 윤리지침안을 마련한다.
- 2018년 말까지 인공지능에 대한 투자의 영향을 극대화하고 법적, 윤리적 고려사항을 다루기 위해 회원국들과의 조율 계획안을 제안한다.
- 2019년 중반까지 제조물책임 지침(Directive)에 관한 해석지침을 마련한다.
- 인공지능이 책임(liability), 안전, 사물인터넷, 로봇공학, 알고리즘에 의한 인지, 소비자 보호, 개인정보 보호에 야기하는 도전들에 관한 연구를 수행해 정책 대응방안을 제시한다.

③ GDPR

2018년 5월 25일 발효된 GDPR은 인공지능 규율을 목적으로 제정된 법률은 아니다. 그럼에도 불구하고 GDPR은 인공지능 기술을 활용한 의사결정에 대한 사회적 신뢰를 구축하고, 인공지능 기반 시스템에 대한 법적 명확성을 보장하기 위해 유럽집행위원회가 내딛은 중요한 첫 번째 발걸음으로 평가된다. 실제로 GDPR의 규정 중 (수집) 목적 제한의 원칙, 개인정보 처리의 최소화 원칙 등 개인정보 처리 원칙에 관한 규정, 프로파일링을 포함한 자동화된 의사 결정에 관한 규정, 이른바 '자동화된 결정에 대해 설명받을 권리'의 근거규정으로 이해되는 규정 등은 인공지능 기반 산업에 강력한 규제적 영향을 미치고 있다.

④ 유럽의회의 「인공지능 및 로봇공학에 관한 유럽 산업 종합 정책」

2019년 2월 12일 유럽의회가 채택한 「인공지능과 로봇공학에 관한 유럽 산업 종합 정책」에 관한 자체 보고서[9]는 사회, 기술, 산업정책, 법체계, 윤리, 거버넌스 등 총 여섯 가지 부문에 관한 위의 두 기술의 산업 전략을 담고 있다. 법체계 부문에서는 역내 시장, 개인정보 보호와 프라이버시, 책임 (liability), 소비자 보호와 역량 강화, 지적재산권 등을 다루고 있으며, 윤리 부문에서는 알고리즘의 투명성, 편향성, 설명가능성 등을 다루고 있다. 인공지능 규제의 관점에서 유의미한 세부 전략은 다음과 같다.

- 인공지능 개발에 유리하고 '보다 나은 규제원칙(the principle of better regulation)'에 부합하는 규제환경을 조성한다.
- 현행법이 인공지능 규율에 적절하고 유럽연합의 근본 가치를 존중하는지 정기적으로 평가하고, 평가결과 그렇지 못한 것으로 판명된 경우 법을 개정하거나 또는 새로운 대체 법안을 마련한다.
- 인공지능은 자동화에서부터 알고리즘, 좁은 인공지능, 범용 인공지능에 이르기까지 광범위한 제품과 응용 분야를 망라하는 개념이므로, 인

공지능을 포괄적으로 규율하는 법이나 규제에 대해서는 신중하게 접근해야 한다. 산업별 전문규제는 충분히 일반적인 규제가 될 수도 있고, 동시에 해당 산업 부문에서 의미 있게 정제된 정책을 제공할 수도 있다.

• 많은 양의 데이터가 필요한 심층학습 시스템뿐만 아니라 모든 종류의 인공지능 기술개발을 장려하는 정책을 설계한다.

• 인공지능의 행위와 활용은 윤리원칙과 관련국의 국내법, 유럽연합법 및 국제법을 준수해야 한다.

• 기업, 전문가 등이 준수해야 할 인공지능 및 로봇공학에 관한 모범수칙과 윤리헌장을 마련한다.

• 인공지능 기반 애플리케이션이 다양한 출처에서 수집된 데이터를 정보주체의 선(先)동의 없이 사용하지 않도록 해야 한다. 정보주체의 동의가 있는 경우에도 그 의도된 목적을 위해서만 데이터를 생성하도록 하는 체계를 만들어야 한다.

• 오프라인 생활에 대한 시민의 권리를 존중하고, 데이터가 기록되지 않은 시민에 대한 차별이 없도록 해야 한다.

• 시민의 의견이 성공적으로 전달되고, 직접 민주주의 수단 등을 통해 정부와 직접 소통할 수 있도록 인공지능 기반 시민 참여 플랫폼 도입을 장려한다.

2) 신뢰할 수 있는 인공지능을 위한 윤리지침

2019년 4월 18일 유럽집행위원회의 독립 자문기관인 인공지능 고위 전문가 자문단(High-Level Expert Group on AI: AI HLEG)은 「신뢰할 수 있는 인공지능을 위한 윤리지침(Ethics Guidelines for Trustworthy Artificial Intelligence: EU AI 윤

리지침)」을 발표했다. 「EU AI 윤리지침」은 세부 내용 못지않게 유럽집행위원회가 그간 사용해 온 인공지능의 정의를 정제했다는 점에서 눈길을 끈다. 인공지능 규제 설계에 있어서 첫 단추가 되는 개념정의의 문제는 이론과 실무 영역 모두에서 어려운 장벽으로 작용하고 있기 때문이다. AI HLEG는 인공지능의 개념정의를 주요 성능(main capabilities)에 초점을 맞춘 인공지능 시스템과 과학의 한 분과(scientific disciplines)로서의 인공지능으로 나누어 제안했는데, 윤리적 규율의 대상은 전자의 정의에 해당하는 것이다.

「EU AI 윤리지침」은 "신뢰할 수 있는 인공지능(Trustworthy AI)"의 개발을 촉진한다는 목표하에 마련되었다. 신뢰할 수 있는 인공지능이란 "합법적(lawful)이고, 윤리적(ethical)이며, 강건한(robust)" 인공지능을 의미한다. 즉, 모든 관련 법령과 규제를 준수하고(합법적), 윤리적 원칙과 가치를 존중하며(윤리적), 기술적, 사회적 관점에서 모두 건전하고 견고한(강건한) 인공지능이 신뢰할 수 있는 인공지능이라는 것이다. 신뢰할 수 있는 인공지능은 전체 수명 주기 동안 이 세 가지 구성요소가 모두 조화롭게 그리고 중첩적으로 작용하는 시스템이다.

「EU AI 윤리지침」은 신뢰할 수 있는 인공지능의 기본 체계를 위의 세 가지 구성요소를 중심으로 제시하고 있지만, 합법성보다는 윤리적이고 강건한 인공지능 개발에 초점을 맞추고 있다. 다시 말해서 「EU AI 윤리지침」은 합법적 인공지능의 실질이나 인공지능 규제 정립을 위한 구체적 지침보다는 사회공학적 체계 내에서 윤리원칙들이 작동할 수 있는 지침을 제공하는 데 주의를 기울이고 있다. 그럼에도 불구하고, 「EU AI 윤리지침」은 인공지능에 관한 규제가 거의 부재한 현실에서 그 기반이 될 수 있는 사회적 규범을 형성하는 길잡이가 된다는 점에서 중요한 의미를 가진다. 비록 법적 효력은 없지만 「EU AI 윤리지침」의 주요 성과는 첫째, 기본권을 토대로 인공지능 시스템을 개발·배치·이용하는 데 있어서 반드시 존중되어야 하는 윤리원칙과 가치를 제시하고, 둘째, 이들 원칙과 가치의 실현을 위해 인공지능 시스템이 충족해야 하는 핵심 요건들과 이들 요건의 이행을 위한 지침을 제안하며, 셋째, 이들 요건의 준수 여부를 검증할 수 있는 구체적인 평가 기준을 제시한 데 있다.

3) 인공지능 백서와 인공지능 법안

유럽집행위원회는 인공지능 로드맵에 따라 2020년 2월『인공지능 백서: 우수성과 신뢰 확보를 위한 유럽의 접근법』을 발간했다.[10] 인공지능 백서에는 유럽연합 시민의 가치와 권리를 존중하고, 윤리적이고 신뢰할 수 있는 인공지능을 개발·활용하며, 인공지능 분야에 있어서 유럽의 혁신역량을 증진하기 위한 정책방향이 제시되어 있다. 유럽연합의 주요 목표는 인공지능을 위해 우수한 생태계를 조성하고 신뢰 생태계를 구축하는 것이다. 우수한 생태계는 인공지능에 대한 유럽의 공통된 접근방식을 채택해 유럽연합과 개별 회원국 차원에서 달리 이루어지는 정책을 조정하고, 시장에서 인공지능 솔루션 채택이 가속화될 수 있도록 지원정책을 개발해 조성한다는 계획이다. 신뢰 생태계는 고위험군에 속하는 인공지능 시스템이 EU법을 준수하도록 인공지능 규제법을 제정해 구축한다는 계획이다. 이 후자의 전략이 2021년 4월 발의된 유럽연합 인공지능 법안의 이론적, 체계적 기초가 된다.

인공지능 백서는 인공지능에 대한 법제적 접근은 중소기업 등에 과도한 부담을 주지 않도록 하면서도 규제 목표를 달성하는 데 효과적이어야 하므로 위험 수준에 따른 규제 차등화 방식을 채택했다. 이에 따라 인공지능 시스템을 고위험군(high risk)에 속하는 인공지능 시스템과 그렇지 않은 시스템을 구분하고 각각에 대해 규제 요건을 차별화하는 전략을 제안했다. 특히 규제가 필요한 고위험군 인공지능 시스템에 대해서는 학습데이터 등의 관리와 보존, 시스템의 안전성과 공정성, 개인정보 보호 등에 관한 새로운 규제 요건을 적용하고, 시장에 출시되기 전에 사전 적합성 평가를 받도록 했다. 이와 달리 고위험군에 속하지 않는 인공지능 시스템에 대해서는 자발적 표시제도, 품질 인증제도 등을 제안했다.

2021년 4월에 발의된 인공지능 법안[11]은 인공지능 백서에서 제안한 신뢰 생태계 구축을 위한 구체적 실행계획이라고 할 수 있다. 현재 법안에 대한 논의와 수정작업이 진행 중이므로 주요 체계만 간단히 살펴보면, 먼저 이 법안에서는 법적 규제가 필요한 위험을 세 가지 유형으로 분류했다. 첫 번째 유형은 허용할 수 없는 위험(unacceptable risk)을 초래하는 인공지능 시스템이다. 여기에 속하는 인공지능 시스템은 사용이 금지된다. 대표적인 예로는 중국 정부가 이용하는 사회신용평가시스템이나 실시간 생체인식시스템 등이다. 두 번째 유형은 고위험군(high risk)에 속하는 인공지능 시스템이다. 이 유형에 속하는 시스템은 시장 출시 전에 법에서 정한 다양한 규제 요건을 모두 충족해야 한다. 고위험군 인공지능 시스템의 예로는 국가기반시설, 완구, 의료기기, 출입국관리, 채용 과정 등에 사용되는 인공지능 시스템을 들 수 있는데, 이 유형의 범위가 상당히 넓고 모호하다는 비판이 제기되고 있다. 세 번째 유형은 제한된 위험(limited risk)을 야기하는 인공지능 시스템이다. 챗봇이 여기에 속하는 대표적인 인공지능 시스템인데, 투명성 의무를 이행해야 한다. 이 세 유형에 속하지 않는 위험(minimal risk)을 가진 인공지능 시스템은 법적 규제가 적용되지 않지만, EU AI 법안은 고위험군 인공지능 시스템에 적용되는 규제 요건을 자발적으로 준수할 것을 권장하고 있다.

4) 검토

유럽연합도 국제사회에서 인공지능에 대한 선도적 지위를 확보하기 위해, 특히 인공지능에 관한 법적, 규제적, 윤리적 질서를 정립하기 위해 부지런히 움직여 왔다. 유럽연합의 인공지능 규제 정책은 기술적 측면과 규범적, 제도적 측면을 모두 강조한다는 점이 눈에 띈다. 인공지능 백서가 발표되기 전까지 유럽연합 인공지능 정책의 실질은 원론적 입장에서 앞으로 추구해 나갈 방향을 제시한 데 머무르고 있다는 평가가 일반적이었다. 개인정보 보호를 위한 기본 틀인 GDPR과 신뢰할 수 있는 인공지능을 위한 윤리지침을 마련한 것이 돋보이지만 전자는 인공지능의 진흥의 관점에서 유용성이, 후자는 기본권 보호 및 유럽연합의 가치 존중에 대한 의지에 비해 법적 강제력이 부족하다는 명백한 한계가 존재하기 때문에 여러 가지 비판이 제기되었던 것도 사실이다.

그러나 시간이 흐름에 따라 유럽연합 내부적으로는 각종 정책적 노력의 결과가 축적되어 가고, 외부적으로는 GDPR을 통한 브뤼셀 효과가 전 세계적으로 확인되면서 유럽연합의 제도적 경쟁 우위에 대한 자신감이 커진 상태다. 사실 규제 내용의 관점에서 유럽연합의 인공지능에 대한 위험 관리식 규제 접근, 기존 체계에 대한 정기적 평가 등을 통한 대응적 접근은 미국의 접근 방식과 크게 다르지 않다. 그러나 정책과 제도 확립에 대한 유럽연합의 체계적 노력은 인공지능 기술과 애플리케이션의 발전 수준이 미국에 미치지 못하는 상황에서도 그 세부 규제 의제를 정해 구체화하고 법제화하는 데까지 이르게 했다는 점은 경각심을 가지고 살펴야 할 대목이다.

5. 일본

1) 초스마트사회 Society 5.0

일본은 일찍부터 자동화와 로봇 기술 개발에 집중해 왔으며, 이에 부응해 다양한 전략과 정책을 꾸준히 마련해 왔다. 2019년 세계경제포럼에서 4차 산업혁명이 주창되자 일본 정부는 초스마트사회(super-smart society) Society 5.0을 새로운 사회 패러다임으로 제시했다. Society 5.0은 4차 산업혁명의 개념과 유사하지만 '생활방식의 완전한 변혁'을 구상하고 있기 때문에 그보다 더 포괄적인 개념이라고 할 수 있다. 일본 정부가 구상하는 초스마트사회는 각 사람의 필요에 맞춘 제품이나 서비스가 최적의 방식으로 전달되는 사회로, 빅데이터 분석, 인공지능, 사물인터넷, 로봇공학 등 디지털 기술에 기반을 둔 지속 가능하고 포괄적인 사회−경제 시스템으로의 전환을 의미한다.

인공지능 기술은 Society 5.0 실현의 핵심 수단으로 인식되고 있다. 이에 일본 정부는 2016년 유수 대학의 총장, 국책 연구소장, (토요타 전 회장을 포함한) 거물급 기업인 등으로 구성된 「인공지능 기술전략협의회」를 설치하고, 이 협의회를 통해 2017년 3월 인공지능 국가전략이라고 할 수 있는 「인공지능 기술전략」을 발표했다.[12] 인공지능 기술전략에서는 인공지능의 개발 및 활용을 위한 3단계 산업화 로드맵을 제시하고, 생산성, 의료, 이동성 및 정보 보안 분야를 긴급히 해결되어야 할 사회문제, 경제적 파급효과, 인공지능 기술에 대한 기대 등을 근거로 인공지능 산업화를 우선적으로 추진할 분야로 선정했다. 2018년 6월에는 「국가 통합 혁신전략」이 발표되었다. 인공지능을 혁신 동력으로 공식 인정한 국가 통합 혁신전략의 주요 내용은 크게 두 가지로 요약된다. 젊은 인공지능 연구자들을 "극적으로 증가"시키기 위해 우선순위에 있는 분야들을 중심으로 국가 재정을 투입하며, 빅데이터 기술 활용 능력을 제고하기 위해 산업 전반에서 데이터의 형식과 표준의 통합을 추진한다는 것이다.

2) 국제적 논의를 위한 인공지능 연구·개발 지침안

인공지능 규제 정책과 관련해 일본 정부는 인공지능 연구·개발 지침의 형태로 국내외에 메시지를 전하고 있다. 일본은 2016년 4월 가가와현에서 개최된 주요 7개국(G7) 정보통신장관회의에서 「AI 연구·개발 가이드라인」을 제안한 바 있다. 이 가이드라인에서 일본 정부는 인공지능 네트워크 시스템의 설명가능성 및 검증 능력 확보를 내용으로 하는 '투명성', 인간의 통제가능성 보장을 내용으로 하는 '통제성', 이해관계자(연구원, 개발자, 사용자 등)의 '책임' 등을 강조했다. 이 밖에도 위의 가이드라인은 이용자 지원, 보안, 안전, 프라이버시, (인간의 존엄성과 개인의 자율성에 관한) 윤리 등에 관한 원칙을 담고 있다.

2017년 7월 28일, 일본 총무성은 위의 2016년 가이드라인을 발전시킨 「국제적 논의를 위한 인공지능 연구·개발 지침안(Draft AI R&D Guidelines for International Discussions: AI R&D 지침안)」을 발표했다.[13] 「AI R&D 지침안」은 '인공지능 네트워크 사회를 향한 컨퍼런스(The conference toward AI Network Society)'를 위해 마련된 것으로, 인공지능 이용자의 이익을 보호하고 위험의 확산을 억제해 인간중심의 '지식네트워크 사회(知道社會)' 건설을 목표로 한다. 좁은 인공지능을 대상으로 한 「AI R&D 지침안」은 인공지능 연구·개발 원칙 9가지와 지침으로 구성되어 있다. 인공지능 규제 정책에 대해

이 지침안이 제시하는 기본 철학은 편익과 위험의 균형을 보장하고, 기술의 발전을 방해하는 규제를 피하며, 개발자에게 과도한 부담을 지우지 않아야 한다는 것이다.

「AI R&D 지침안」은, 지속적인 내용 검토와 수정을 전제로, 협력, 투명성, 통제가능성, 안전성, 보안, 프라이버시, 윤리, 이용자 지원, 책무성 등을 기본 원칙으로 제안했다. 이 가운데 통제가능성 원칙은 사전적으로 인공지능의 행위를 검증하고 유효성을 확인하기 위해 노력할 것, 연구실이나 샌드박스와 같은 닫힌 공간에서 인공지능 시스템을 실험해 볼 것, 사람이나 다른 신뢰 가능한 인공지능 시스템이 인공지능을 감시·감독할 것, 인공지능 시스템에 대한 셧다운, 네트워크 차단, 보수 등과 같은 반대조치 적용의 효율성을 검토할 것 등과 같은 세부 지침으로 구체화되었다.

3) 검토

일본은 자국 내 사회문제 해결을 위한 핵심 수단으로 인공지능을 주목하고 개발전략을 추진하고 있다. 따라서 규제에 대해서는 여타의 주요 국가와 유사하게 기술의 발전을 촉진하는 동시에 그에 수반되는 위험을 편익과의 조화 속에서 균형적으로 다루어야 한다는 원론적인 관점을 가이드라인의 형태로 제시하고 있다. 일본 역시 구체적인 규제 의제를 제안하거나 다루고 있지 못한 실정이지만, 정책적으로 인공지능 챗봇에 거주증을 부여하고, 국내외에서 통용될 수 있는 인공지능 연구·개발 지침 개발 이니셔티브를 추진하는 등 인공지능의 발전과 규제에 있어서 국내외적으로 의미 있는 행보를 보인다는 점에 주의를 기울일 필요가 있다.

Ⅲ. 주요 국가의 인공지능 규제 정책 분석

1. 주요 국가의 인공지능 규제 정책 특징 분석

이상과 같이 미국, 중국, 영국, 유럽연합, 일본의 인공지능 규제 정책의 주요 내용을 살펴보았다. 검토 결과 이들의 규제 정책이 전반적으로는 유사해 보이지만, 세부적으로는 차이를 보이는데 그 차이를 결정하는 요소는 인공지능 기술의 발전 및 활용 수준, 신산업 창출 현황, 국가적 의지 등으로 파악된다.

인공지능 기술의 발전 수준이 가장 높은 미국과 중국의 경우에는 규제 정책이 인공지능의 발전과 혁신의 촉진에 기울어져 있다. 따라서 인공지능의 발전을 위한 법제와 규제, 거버넌스 조직을 적극적으로 마련하거나(중국), 또는 기술혁신을 위한 공간을 마련함과 동시에 공공의 이익을 보호하기 위해 기존 체제를 유지하되 최소한의 변화를 가하고(예: 고위 기술전문가 배치), 규제 수요가 발생했을 때 위험 관리의 방식으로 대응적으로 접근하는 방식을 지향한다(미국). 윤리의 문제도 국가 주도의 제도적 규범적 접근보다는 기술적 설계적 접근을 선호하는 것으로 보인다.

이 두 나라에 비해 인공지능 기술의 발전 및 활용 수준이 상대적으로 낮지만 기술혁신에 대한 의지가 투철한 영국의 경우에는 유럽연합의 영향에 의해 상대적으로 규범력이 높은 규제 정책의 환경 안에서, 기존 규제 체제를 유지하되 기술의 발전을 촉진하기 위해 강한 리더십을 발휘할 수 있는 규제 거버넌스 체계를 조직하고 혁신에 유연하고 민첩하게 대응할 수 있도록 전문 규제 기관의 체질과 문화를 개선하는 전략을 구사하고 있다.

인공지능 기술의 발전 및 활용에 있어서 다양한 수준을 가진 국가들의 연합인 유럽연합의 경우에는 인공지능 규제 정책의 제도화와 적정한 수준의 규범력 확보에 다른 세 나라에 비해 상대적으로 더 많은 노력을 기울이고 있는 것으로 파악된다.

인공지능 기술의 발전 수준에 있어서 우리나라와 유사한 위치에 있는 일본의 경우에는 인공지능 규제에 대해 연구·개발 가이드라인 개발을 중심으로 한 연성적 접근을 하고 있는 것으로 파악된다. 보다 세부적인 검토와 확인이 필요하겠으나 일본의 경우에는 일반적인 법체계, 기존 산업 규제 체제의 경직성 및 기술 발전에 대한 요구가 가이드라인 형태의 연성적 접근을 지지하는 것으로 보인다.

2. 인공지능 규제 정책의 국제적 동향 분석

여기에서는 앞에서 검토한 주요 국가의 인공지능 규제 정책의 공통의 동향을 살펴보고자 한다.

먼저, 인공지능의 연구·개발, 배치, 이용에 있어서 규제의 중요성을 모든 국가가 인식하고 있다는 사실을 지적할 필요는 없을 것이다. 다만, 인공지능 규제의 중요성이 인식되는 범위가 여타의 기술과 달리 자국의 경계를 넘어 세계를 향하고 있다는 점이 특징적이다. 이른바 보편적 규제기준 마련에 각국이 주도권을 선취하겠다는 의욕을 노골적으로 드러내면서 경쟁의 불을 지피고 있다는 사실에 보다 주의를 기울일 필요가 있다. 특히 기술에 관한 국제 규범이 국내 산업과 경제에 미치는 영향이 점증하고 있기 때문이다. 이와 관련해 프랑스 마크롱 대통령은 한 인터뷰에서 "인공지능은 내일의 세계를 여는 열쇠 중 하나이고 '기술뿐 아니라 경제, 사회, 윤리, 정치 혁명'이기 때문에 인공지능에 대한 지배력 확보는 주권 달성에 있어서 중요하며, 이미 미국과 중국이 이 파괴적 기술의 상용화를 위한 국제 경쟁에 전념하고 있기 때문에 지체할 시간이 없다"고 말한 바 있다.[14] 이와 같이 인공지능 기술과 규제에 대한 지배력의 문제가 주권, 나아가 국제적 패권 확보의 문제로 인식되고 있는 환경에 대한 이해가 요청된다.

인공지능 규제에 대한 주요 국가의 공통된 기본 입장은 인공지능 기술의 개발과 혁신을 장려하면서 그에 수반되는 위험을 대응적으로 다루겠다는 것이다. 이에 따라 인공지능을 일반적으로 규율하는 포괄적 일률적 규제의 도입을 지양하는 태도 역시 공유한다. 대신 인공지능 기술의 구현가능성에 대응해 기존 전문 규제 기관 등을 통해 인지되는 필요에 따라 기존 규제 체계 내에서 그 기술의 편익과 위험을 평가해 리스크 관리의 방식으로 규제를 형성해 나가겠다는 데 입장이 모아지고 있다. 각국의 이러한 규제 접근방식의 실제성은 현재 자율주행차, 드론 분야 외에 다른 영역에서 인공지능 규제에 관한 구체적인 논의가 거의 없다는 사실에 의해 뒷받침된다. 다만, 2022년 현재 유럽연합에서 인공지능 시스템 일반에 포괄적으로 적용될 수 있는 규제법안을 발의해 제정을 앞두고 있기 때문에 위와 같은 정책적 공감대가 언제까지 지속될지 알 수 없는 상황이다.

여하튼 인공지능 기술의 발전과 진흥을 위한 규제적 대응이 필요하다는 공감대가 형성된 가운데 관련 논의의 장에서 다음과 같은 현상들이 두드러지게 나타나고 있다.

첫째, 인공지능 규제의 논의가 윤리기준이나 연구·개발 가이드라인과 같이 법적 구속력이 없는 행위기준이나 코드 및 자율규제 정립의 논의로 발전되고 있다. 이러한 양상에 대해서는 한편으로는 규제를 회피하기 위한 시도라는 비판이 가해지기도 하지만, 다른 한편으로는 불확실성과 정보의 부재로 쉽게 접근할 수 없는 인공지능 규제의 문제를 섣불리 다루기 전에 그 기초가 되는 윤리규범, 행위규범 등 사회규범을 형성한다는 차원에서 바람직한 접근이라는 긍정적인 평가도 존재한다.

둘째, 규제의 형식 (가이드라인 또는 코드에 의한 자율규제) 외에도 인공지능의 연구·개발, 배치, 이용 등 생애주기 과정에서 준수되어야 할 원칙과 가치에 대해서도 일정한 범위 내에서 의견의 일치가 이루어지고 있다. 각국이 인공지능의 신뢰성, 윤리, 투명성, 설명가능성, 통제가능성, 책무성, 공정성, 안전성, 보안 등을 원칙으로 정립해 나가고 있는 현황이 이를 잘 보여준다. 물론 현재 각 원칙의 세부 내용과 구현 방식에 있어서는 국가마다 상당한 차이가 있다. 하지만 이에 관한 논의와 연구가 지속되고 확대될수록 그 격차는 점차 줄어들 것으로 예상된다.

셋째, 대부분의 국가에서 인공지능 기술과 그 기술이 적용된 제품이나 서비스를 안전하게 테스트할 수 있는 제도적 환경을 조성하고 확대하는 전략을 채택하고 있다. 영국 금융행위규제기구(Financial Conduct Authority)에서 최초 도입한 규제샌드박스 제도가 전 세계적으로 빠르게 확산되어 갈 때 별다른 반응을 보이지 않았던 미국이 2019년 AI 전략계획에 인공지능을 위한 테스트베드의 확대를 명시적으로 포함시킨 사실, 일본 총무성의 AI R&D 지침 안에서 제안한 통제가능성의 원칙에 연구실이나 샌드박스와 같은 안전한 공간에서 인공지능 시스템을 실험하도록 하는 내용이 포함되어 있다는 사실 등이 이를 뒷받침한다.

넷째, 개인정보와 프라이버시 보호의 중요성에 대한 인식과 더불어 인공지능 발전의 열쇠는 데이터에 있다는 데 각국이 깊이 공감하고 있다. 이에 데이터 거버넌스를 중심으로 한 인공지능 발전 기반 내지 생태계 조성이 필요하다는 인식과 함께 데이터 거버넌스가 현시점에서 인공지능에 대한 적절한 규제수단으로 기능할 수 있다는 인식이 확산되고 있다. 특히 유럽연합과 영국은 GDPR과 그 이행법률을 통해 데이터 보호 및 처리·이용 질서를 확립하고, 인공지능 기술을 활용한 의사결정에 대한 신뢰를 구축해 인공지능 시스템에 대한 법적 명확성을 보장할 수 있게 되었다고 자평하고 있는데, 미국을 비롯한 다른 국가들도 개인정보 보호 법제의 입안 및 개선을 고려하는 움직임을 보이면서 유럽연합과 영국의 이러한 주장에 힘이 실리고 있다.

마지막으로 인공지능 규제를 위한 정보·지식 구성 체계에 대한 제도적 접근이 모색되고 있다. 여기에는 인공지능 기술에 대한 다양한 측정과 평가 및 모니터링 체계, 인공지능의 생애주기와 일련의 행위에 대한 추적 및 기록 체계, 인공지능에 적용되는 현행 법제와 규제의 적절성 검토 체계, 미래 규제 이슈 탐색 체계 구축 등이 포함된다.

IV. 시사점

이 글의 검토 대상 국가들과 비교해 볼 때 우리나라 인공지능 기술의 개발 및 활용 수준에는 크고 작은 격차가 존재하는데, 이러한 차이를 발생시키는 주요 원인으로 규제가 특히, 개인정보 보호 법제가 지목되고 있다. 이에 현재 국내에서 이루어지고 있는 인공지능 규제 논의는 개인정보 보호 법제 개선에 초점이 맞추어져 있거나 거기로 수렴된다. 데이터 거버넌스는 인공지능 기술의 발전과 규제를 관통하는 핵심 사안이므로 이에 대한 집중적인 논의가 이루어지는 것은 환영할 만하지만 개인정보 보호 법제가 가지는 명확한 한계에 대한 이해의 기초 위에 인공지능 기술의 가치와 안전성, 편익과 위험에 대한 조화를 추구할 필요가 있다.

우리나라의 인공지능 규제 정책도 궁극적으로 앞의 주요 국가들의 정책과 보조를 맞추게 될 것이다. 이러한 관점에서 주요 국가의 인공지능 규제 정책들 간의 공통분모에 대한 보다 깊이 있는 검토가 요청된다. 유럽연합의 AI 법안이 변수로 작용할 가능성이 크지만, 현실적으로 국내에서도 인공지능 기술에 대한 포괄적 규제 접근은 시기상조라고 할 수 있다. 대신 개인정보 보호 법제의 개선을 통해 인공지능 기술 개발을 위한 기반을 마련하면서 동시에 이 기술이 제공하는 편익의 향유에 대한 신뢰를 보장할 수 있는 차원의 일반적인 규제를 고려할 필요가 있다.

주요 국가의 인공지능 규제 정책 동향을 검토한 결과 현재 우리에게 요청되는 규제 전략은 경쟁력이 있는 분야, 사회문제 해결이 시급한 분야 등을 전략적 우선순위로 선정해 기술 개발을 위한 투자를 지원하고, 개인정보 및 프라이버시 보호가 합리적으로 보장된 조건하에서 해당 분야의 전문 규제 기관을 통해 인공지능 기술에 대한 지식과 전문성을 축적해 가며 필요한 범위 내에서 적절한 규제·대응해 나가는 것이다. 다시 말해서, 우리 공동체가 인공지능 기술이 제공할 수 있는 편익을 향유할 수 있도록 이 기술을 진흥하되, 데이터 수집, 처리 및 이용과 프라이버시 보호를 위한 개인정보 보호 법제가 일반 규제로서 개별 분야에서도 합리적으로 작동되는 환경하에서, 각 분야에서 인공지능을 활용하는 과정에서 또는 그 활용 결과 야기될 수 있는 위험을 최소화하기 위해 유연하고 민첩하게 규제·대응을 통일적이고 효율적으로 해 나가는 규제 전략이 요청된다. 물론 인공지능 기술의 범용성이 심화된 경우에는 이러한 접근에 대한 수정이 검토되어야 할 것이다.

또한 실천력 있는 인공지능 윤리규범과 자율규제의 정립을 위한 논의를 장려해야 할 것이다. 신뢰할 수 있는, 윤리적인 인공지능의 개발·배치·

이용의 기초가 될 수 있는 사회규범 마련에 많은 관심과 투자가 필요하다. 특히, 혁신적인 기술에 의해 변화된 생활세계에서 사회적으로 승인되는 가치, 원칙 및 행동규범 마련을 위해 (숙의)민주주의 제도에 대한 연구를 확대할 필요가 있다. 이렇게 정립된 가치, 원칙 및 규범은 향후 개별 분야에서 인공지능 규제를 대응적으로 발전시켜 나가는 데 기반이 될 것이다. 이와 관련해 어떠한 가치와 원칙을 추구하고 논의의 기초로 삼을 것인지에 대한 사회과학적 연구도 필요하다. 최소 출발점은 우리 헌법에서 보장하는 기본권일 테지만 그것으로 충분한지, 아니면 범위를 더 확대해야 하는지 다양한 관점에서 검토가 이루어져야 할 것이다.

인공지능 기술은 앞으로 우리의 지속가능한 미래를 위한 성장 동력으로서의 지위를 견고히 굳혀 나가게 될 것이다. 따라서 이 기술이 창출해 내는 혁신이 신속하고 효과적으로 시장에 진입하고 새로운 산업으로 성장해 나갈 수 있도록 지원하는 규제 환경을 제공할 필요가 있다. 이미 국내에는 임시허가, 규제샌드박스 제도, 비조치 의견서 등 여러 가지 지원적 규제 수단이 도입되어 시행 중에 있다. 그러나 이들 제도가 인공지능 기술의 특성을 충분히 반영하고 있는지 운영 실태를 정기적으로 조사·검토해 적절한 개선이 이루어질 수 있도록 주의를 기울여야 할 것이다. 또한 영국에서 시도하는 규제기관의 개척자 기금(RPF)과 같이 규제기관이 경직적인 규제 문화를 개선하고 스스로 혁신 지원 역량을 강화할 수 있도록 장려하는 창의적인 제도 마련에 힘써야 할 것이다.

이와 더불어 유효적절한 인공지능 규제를 개발할 수 있도록 이 기술에 대해 학습할 수 있는 지식 체계의 구축이 시급히 요청된다. 인공지능 기술에 대한 공신력 있는 검증, 측정 및 평가 제도의 구축을 위한 넉넉한 투자와 지원이 필요하다. 최근 미국, 영국, 캐나다 등 인공지능 선진국의 법적 행보로 인해 주목받고 있는 인공지능 영향평가제도에 대한 연구도 긴히 요청된다. 인공지능 기술을 둘러싼 법체계, 사회공학적 체계의 유효타당성을 정기적으로 평가해 신속히 대응하는 체계의 마련도 필요하다. 이러한 체계 마련은 실정법 체계하에 이미 존재하는 다양한 평가제도들에 대한 검토에서부터 시작되어야 할 것이다. 나아가 인공지능 규제 수요 및 규제 이슈를 미리 탐색하는 사전능동적 체계와 인공지능 기술의 설명가능성, 검증가능성, 감사가능성 등을 보장하는 기준과 표준 및 기술적, 제도적 체계도 새롭게 준비되어야 할 것이다.

마지막으로 인공지능이 단순한 연구·개발 분야의 하나가 아닌 '내일의 세계를 여는 열쇠 중 하나이며, 기술뿐 아니라 경제, 사회, 윤리, 정치 혁명'으로 이해된다면, 그리하여 우리나라도 이 기술의 개발과 활용을 위해 전력 질주하는 것이라면, 이러한 노력이 왜 필요하고, 무엇을 위한 것인지에 대한 근본적인 성찰이 필요하다. 인공지능 기술과 그 활용을 규제하는 것이, 이를테면, 미국과 같이 제품과 서비스의 안전을 보장하고 공정한 시장질서 확립을 위한 것인지, 유럽연합과 같이 기본권과 사회적 가치 존중에 강조점이 있는 것인지, 인공지능 규제의 목적과 정책 목표, 그에 따른 또는 그를 위한 규제 철학을 넓고 깊게 논의해 확고히 할 필요가 있다. 인공지능 기술의 위상이 인류사의 혁명으로 이해되고 예견되는 것이라면 그에 상응하는 인간상과 생활관계상에 대한 근본적인 공동체적 고민 위에 인공지능이라는 도구를 담을 수 있는 안전한 그릇인 규제의 문제를 검토하는 지혜가 요청된다.

4장

인공지능 법제의 최신 동향과 과제[*]

김송옥
중앙대학교 법학연구원 선임연구원, 법학박사

Ⅰ. 들어가며

인공지능(Artificial Intelligence, AI)에 대한 세계적 관심은 그야말로 뜨겁다. AI 기술로 인해 인간이 누리게 될 편익과 그것이 가지고 올 경제적 효과로 인해 세계 각국은 국가적 차원에서 전략을 세워 과감한 투자와 규제 개선을 추진함은 물론, 기술 및 인재 교류, 공통된 표준 마련 등을 위해 국제적 협력을 이어 나가고 있다.

우리나라 역시 예외는 아니다. 2019년 12월 정부가 「인공지능 국가전략」을 제시한 이후, 윤리기준, 법제 정비 로드맵, 각종 가이드라인이 차례로

---

* 이 글은 김송옥, 「AI 법제의 최신 동향과 과제 – 유럽연합(EU) 법제와의 비교를 중심으로 –」, 『공법학연구』 제22권 제4호, 한국비교공법학회, 2021(11)의 논문을 이 책의 취지에 맞게 수정·보완한 것이다.

발표되었다. 국회 차원에서도 AI 기술개발 및 산업의 진흥을 위한 법안이나 기존 법률의 개정안 등이 발의되는 등 AI 정책은 전방위에서 추진되고 있다.

그러나 「인공지능 국가전략」이 추진되기 이전에는 AI 윤리나 법제 개선, AI가 초래할 위험성 등에 대한 논의가 상대적으로 저조했다. 우리나라에서 AI에 대한 관심은 2016년 3월에 있었던 이세돌과 알파고의 대국을 시점으로 폭증한다. 당시 바둑 최강자인 이세돌 국수가 AI에 패한 것에 대한 문화적 충격은 AI 연구 지원으로 이어졌지만,[1] 그 지원은 사실상 기술개발과 관련하여 집중되었고 동시에 이루어졌어야 하는 사회과학이나 인문학적 성찰을 위한 지원은 상대적으로 열악했다.

이러한 면에서 우리나라는 국가적 차원에서 AI와 관련한 전략적 대응에 뒤늦게 뛰어든 후발주자이다.[2] 우리는 2020년 12월에 「인공지능 윤리기준」을 제정했으나, 전 세계적으로 2018년 45개, 2019년 28개, 2020년 23개의 AI 윤리규범이 마련되었음을 고려하면,[3] 후발주자라는 사실을 부정하기란 더욱 힘들다.

이러한 상황에서 유럽연합(EU)이 이른바 'AI 법안'을 제안한 것은 이미 충분히 예고된 것임에도 불구하고 매우 획기적인 것으로 받아들여진다. 기술의 혁신을 저해해서는 안 된다는 인식과 법으로 통제할 만큼 구체적 피해가 현실화되지 않았다는 점에서 법적 규율은 시기상조이며, 따라서 윤리적 규율에 초점을 맞추는 단계에 머물러 있었기 때문이다. 또한 'AI 법안'을 제안하기까지 유럽연합 집행위원회가 기울인 연구와 소통의 노력이 주는 울림도 컸다.

마치 「일반개인정보보호규칙(General Data Protection Regulation; 이하 GDPR)」의 제정이 우리나라를 비롯한 각국의 개인정보보호법에 영향을 미친 것과 같이, 유럽연합의 이와 같은 선도적 대응이 불러올 파급효과는 충분히 예상된다. 이에 따라 전 세계적으로 AI 법안의 영향과 그에 대한 대응방안이 논의되고 있고, 우리도 이와 관련된 다양한 연구와 사회적 논의가 필요한 시점이다.[4]

2018년 한국법제연구원에서 약 150명의 전문가를 대상으로 실시한 의견조사에 따르면, AI 시대의 규범적 이슈에 대하여 윤리적 접근뿐만 아니라 법제도적 접근 방식이 동시에 필요하다는 의견이 81.1%로 매우 높게 나타났다.[5] 여기서 법제도적 접근 방식이 무엇인지 다소 추상적이기는 하지만 적어도 윤리적 차원의 접근으로는 해결할 수 없는 문제들이 분명 존재한다는 것을 방증한다.

법적 규율로 전환해야 하는 기로에 서 있으나, 기술의 발전 속도와 그 수준을 가늠하기 어려운 상황에서 모든 위험성을 예상하고 완벽한 규율로 채우는 것은 불가능에 가깝다. AI는 특수한 영역 혹은 제한된 영역에서만 활용되는 것이 아니라 거의 모든 영역에서 활용되고 있다고 해도 과언이 아니며, 또한 끊임없이 진보하고 있기 때문이다. 나아가 그와 연관된 법적 문제들[6]도 다양하며 모두 쉽게 결론을 내릴 수 없는 난제들이다. 따라서 이 글에서는 법적 규율로의 전환 시기에 고려해야 할 거시적인 방향성을 제시하는 것에 의의를 두고자 한다.

이러한 배경하에 이하에서는 유럽연합이 'AI 법안'을 제기하기까지의 과정과 법안의 내용을 살펴보면서 시사점을 얻고(II), 지금까지 우리나라 AI 정책의 현황 및 법제의 제·개정 현황을 점검한 후(III), 이들을 바탕으로 미래를 위한 AI 법제의 방향과 과제를 제시하고자 한다(IV).

II. 유럽연합(EU)의 인공지능 관련 법제 동향

1. 윤리규범에서 법으로

2021년 4월 21일, 유럽연합 집행위원회(European Commission)는 일명 'AI 법'(AI Regulation 또는 AI Act)안을 제안하였다. 정식 명칭은 「Proposal for a Regulation of the European Parliament and of the Council: Laying down harmonised rules on artificial intelligence and amending certain Union legislative acts」로서, 유럽의회 및 유럽연합 각료이사회로 하여금 AI 관련 통일된 규범을 정하고 특정 유럽연합 법규 개정을 위한 규칙(Regulation)을 제정하도록 그 안을 제안한 것이다. 이하에서는 'AI 법안'으로 칭하며 논의를 전개하고자 한다.

주지하다시피, AI 법안은 혜성처럼 갑자기 등장한 것은 아니다. 본 제안은 공식적으로는 현재 유럽연합 집행위원회 위원장인 폰 데어 라이엔(von der Leyen)이 후보자였던 당시 "더 많은 것을 위해 노력하는 유럽연합(A Union that strives for more)"이라는 제목하에 공개한 「2019−2024 유럽연합 집행위원회를 위한 정책 공약집(political guideline)」에서 향후 AI의 인간적·윤리적 함의에 대해 유럽의 조직적인 접근방법을 모색하기 위한 법안을 제출할 것을 언급[7]함에 따라, 이러한 공약을 실제로 이행한 것이기도 하지만,[8] 유럽연합의 노력은 그 이전으로 거슬러 올라간다. 다시 말해 AI 법안은 그 이전부터 진행됐던 AI 윤리규범과 규제정책에 대한 탄탄한 연구와 협력, 모니터링의 결과로 보는 편이 보다 정확할 것이다.

많은 이들이 AI 윤리규범의 시초로 떠올리는 아이작 아시모프(Issac Asimov)의 로봇공학 3원칙(three laws of robotics)[9]은 그 내용적 한계에도 불구하고 윤리규범 논의한 일정한 역할을 담당하였다. 특히 이 원칙이 지닌 윤리의 주체가 인간이 아니라 로봇이라는 한계는 이후 윤리규범의 설정과 수정에 많은 영감을 주게 된다. 예컨대, 2006년 유럽 로봇공학 연구 네트워크(European Robotics Research Network)가 발표한 '로봇윤리 로드맵'에서는 이 점을 반영하여 인간의 윤리를 주된 목표로 삼는다는 내용을 명시하게 된다.[10]

그렇지만 상당 기간 동안 'AI'가 아닌 '로봇' 또는 '로봇공학'과 관련한 윤리규범, 원칙, 선언, 헌장, 지침 등(이하 윤리규범 등)이 발표되었고, AI라는 용어가 본격적으로 공식적인 문건에 등장한 것은 2015년 이후라 할 수 있다. 이는 AI 기술의 발전과 상용화와도 결코 무관하지 않다. 적어도 유럽연합 차원에서 제목에 AI가 포함된 윤리규범 등이 발표된 것은 유럽연합 집행위원회가 2018년 4월 25일 공개한 「정책추진안: 유럽을 위한 AI(Communication: Artificial Intelligence for Europe)」(이하 유럽 AI 전략)[11]이 최초이다.[12]

「유럽 AI 전략」은 유럽이사회(European Council)가 2017년 10월 19일 회의의 결론으로 디지털 유럽(Digital Europe)을 표방하며 유럽연합 집행위원회로 하여금 2018년 초까지 AI에 관한 유럽의 접근방법을 제안할 것을 권고한 것에 따른 것이다.[13]

유럽연합 집행위원회는 「유럽 AI 전략」에서 세운 계획들을 충실히 이행했다. 우선 2018년 6월 "신뢰할 수 있는 AI를 위한 윤리가이드라인"(Ethics Guidelines for Trustworthy AI, 이하 AI 윤리가이드라인) 작성을 위한 "인공지능에 관한 최고 전문가 그룹"(High-Level Expert Group on AI, 이하 AI HLEG)을 발족하였으며, 동시에 유럽AI연합회(European AI Alliance)를 조직하고 이를 통해 다양한 의견을 수렴할 수 있는 장을 마련하였다. 유럽AI연합회는 학계, 기업 및 산업계, 시민사회, EU 시민, 정책 입안자를 대표하는 4천여 명의 회원이 참여하는 온라인 포럼으로서, AI HLEG는 이들과 긴밀히 협력하여 AI 윤리가이드라인 및 보고서에 대한 피드백을 제공받을 수 있었다.[14] 이러한 과정 속에 2018년 말로 약속됐던 AI 윤리가이드라인 초안이 예정대로 2018년 12월에 공개되었고, 이해관계자들이 제출한 500건 이상의 의견을 고려하여 수정된 최종안이 2019년 4월 발표되었다.[15]

2019년 6월, 유럽AI연합회 창설 1주년 기념행사로 진행된 '제1차 유럽 AI 총회'에서 AI 윤리가이드라인을 비롯하여 AI HLEG가 그간 작업한 결과물을 발표했고, 유럽연합 집행위원회는 AI HLEG의 권한을 1년 더 연장하여 AI 윤리가이드라인이 실제로 적용가능하며 실효성이 있는지 시험 (pilot)할 수 있도록 했다. 이에 따라 AI HLEG는 AI 개발시 설계에서 출시, 이용에 이르는 전 과정에서 윤리 이슈를 자체 점검할 수 있는 "신뢰할 수 있는 AI를 위한 평가항목"(Assessment List for Trustworthy Artificial Intelligence; ALTAI, 이하 평가항목)을 발굴하여 2019년 2월 초안을 공개했다. 이 초안 또한 약 350명의 참여자에 의한 약 5개월간의 시험 과정(pilot testing)을 거쳤으며, 그 결과를 반영한 최종 평가항목과 함께 웹 기반 툴이 2020년 7월 공개되었다.[16 17]

이러한 유럽연합 집행위원회의 노력에 유럽의회와 유럽연합 각료이사회도 적극적으로 반응했다. 우선 유럽연합 집행위원회가 「유럽 AI 전략」에 따라 AI 윤리가이드라인 초안과 함께 제안한 「AI 협력방안(Communication: Coordinated Plan on Artificial Intelligence)」에 대하여 유럽연합 각료이사회는 '채택'의 결론을 내리면서 AI가 가져올 새로운 기회와 과제에 대응하여 기존 관련 법률들을 개정할 수 있도록 검토를 요청하기도 했다.[18] 또한 유럽의회는 2020년 10월 「AI, 로봇공학 및 관련 기술의 윤리적 프레임워크에 관

한 권고 결의안」을 채택하고, 유럽연합 집행위원회로 하여금 인공지능이
가져올 기회와 혜택을 활용하고 윤리적 원칙들의 준수를 보장하기 위한
법적 조치를 단행할 것을 특별히 권고하기도 했다.[19]

이러한 과정을 거쳐 등장한 AI 법안은 세계 최초의 AI 규제 법안으로서,
세계 각국이 AI 법을 도입할 명분이자 시발점으로 기능할 것으로 예측된
다.[20] 또한 AI 법이 통과되면 GDPR과 마찬가지로 전 세계 AI 시스템 공급

표 1 AI 윤리 가이드라인에서 AI 법안으로 발전과정

윤리규범명	기관	발표일자
유럽이사회 회의의 결론 (Conclusions of European Council meeting – 19 October 2017)	유럽이사회	2017. 10.
유럽을 위한 AI 전략 (Communication: Artificial Intelligence for Europe)	유럽연합 집행위원회	2018. 4.
신뢰할 수 있는 AI를 위한 윤리가이드라인(초안)	AI HLEG	2018. 12.
AI 협력방안 (Communication: Coordinated Plan on Artificial Intelligence)	유럽연합 집행위원회	
신뢰할 수 있는 AI를 위한 윤리가이드라인 (The Ethics Guidelines for Trustworthy Artificial Intelligence)	AI HLEG	2019. 4.
제1차 유럽 AI 총회 (The first European AI Alliance Assembly)	유럽연합 집행위원회	2019. 6
AI 백서 (White Paper on Artificial Intelligence)	유럽연합 집행위원회	2020. 2.
신뢰할 수 있는 AI를 위한 평가항목(ALTAI) (Assessment List for Trustworthy Artificial Intelligence for self-assessment)	AI HLEG	2020. 7.
1. AI Act 초안 2. AI에 대한 유럽식 접근법의 발전전략 (Communication: Fostering a European approach to Artificial Intelligence)	유럽연합 집행위원회	2021. 4.

업체 및 이용자에게 상당한 영향력을 끼칠 것으로 전망하고 있다.[21] 이하에서는 AI 법안의 내용을 간략히 살펴보도록 한다.

2. 인공지능 법안의 주요 골자

우선 AI 법안은 다음의 4가지 목표를 구체화하는 조항들로 구성되어 있다.[22]

① EU 역내시장에서 출시되고 사용되는 AI 시스템이 안전하게 관리되고, 기본권 및 유럽연합의 가치에 관한 기존 법규를 준수하도록 보장하기 위한 목적
② AI에 대한 투자와 혁신의 촉진을 법적으로 공고히 하기 위한 목적
③ 기본권 및 AI 시스템에 적용할 수 있는 안전요건에 관한 기존 법규의 거버넌스 및 효과적인 집행을 강화하기 위한 목적
④ 합법적이고 안전하며 신뢰할 수 있는 AI 애플리케이션을 위한 단일 시장의 개발을 촉진하고 시장파편화를 방지하기 위한 목적

이러한 목표를 달성하기 위해, 유럽연합 집행위원회가 선택한 방식은 '위험 기반 규제 방식(risk-based regulatory approach)'이다. 이러한 접근방식은 AI 윤리가이드라인의 제정을 위한 의견 수렴 과정에서 전문가들에 의해 명확히 지지된 바이기도 하다.[23] 집행위원회는 이러한 접근방식에 따라, 기술개발을 지나치게 억제 또는 방해하거나 AI 솔루션을 출시하는 비용을 불균형하게 증가시키지 않으면서, AI와 관련된 위험과 문제를 해결하기 위한 최소한의 필수요건에 한정하는, 견고하면서도 유연한 법적 프레임워크

를 설정했고, 이에 따라 균형 잡힌 규제 시스템을 구축했다고 보고 있다.[24] AI 시스템이 준수해야 할 원칙 중심의 요구사항을 포함한 기본적 규제를 선택했다는 측면에서 종합적이고 미래에도 유효한 것(future-proof)임에 아울러, 거래나 교역(trade)을 불필요하게 제한하지 않으면서 위험을 우려할 만한 정당한 이유가 있거나 그러한 우려가 가까운 미래에 일어나리라 합리적으로 예상될 수 있는 구체적 상황에 맞추어 법적 개입이 이루어지고, 나아가 기술이 진화하고 새로운 문제 상황이 발생함에 따라 역동적으로 대응할 수 있는 유연한 법적 메커니즘을 포함하기 때문이라는 것이다.

위험 기반 규제 방식에 의할 때, 위험은 ① 용인할 수 없는 위험(unacceptable risk), ② 고위험(high risk), 그리고 ③ 낮은 위험 혹은 최소위험(low or minimal risk)으로 구분되며,[25] 각 위험도에 따른 규제를 요약하면, 이하의 〈표 2〉와 같다.

또한 회원국과 유럽연합 집행위원회의 대표들로 구성된 "유럽 인공지능 위원회"(European Artificial Intelligence Board)를 설립하도록 하고 있다(제56조 ~58조). 인공지능위원회는 회원국 내 감독기구 및 유럽연합 집행위원회와 효율적으로 협력하고, 유럽연합 집행위원회에 조언과 전문지식을 제공하며, 회원국 사이의 모범 사례(best practice)를 수집하고 공유함으로써 본 법이 원활하고 효과적이며 일관적으로 시행될 수 있도록 조력할 의무를 진다.

이와 더불어, 특히 소상공인과 스타트업을 지원하고 규제 부담을 완화하기 위한 AI 규제샌드박스 및 기타 수단을 통해 기술 혁신을 촉진하는 추가 조치를 제안하고 있다(제53조~제55조).[26]

89개 항의 전문과 제85조에 이르는 본문의 방대한 내용을 세세히 다룰 수는 없으므로 여기서는 주요 골자만 소개하고, 세부적 내용이나 심화하여 소개할 필요가 있는 내용은 이하 Ⅳ에서 추가적으로 다루도록 한다.

표 2 AI 법안의 위험 기반 규제 방식 개요

위험도	내 용	조항
용인할 수 없는 위험	**[원칙]** 기본권을 침해하는 등 유럽연합의 가치에 위배되어 용인할 수 없는 것으로 간주되는 모든 AI 시스템의 사용이 금지됨	제5조
	□ **금지되는 경우는 다음의 4가지 경우로 한정됨** (a) 신체적·심리적 피해를 유발하거나 유발가능성이 있는 방식으로 사람의 행동을 중대하게 왜곡하기 위한 잠재의식에 영향을 미치는 기술이 탑재된 AI 시스템의 시장출시, 서비스제공, 사용 (b) 신체적·심리적 피해를 유발하거나 유발가능성이 있는 방식으로 특정 집단에 속하는 사람의 행동을 중대하게 왜곡하기 위해 해당 집단의 연령, 신체 또는 정신장애로 인한 취약성을 이용하는 AI 시스템의 시장출시, 서비스제공, 사용 (c) 공공기관이 자연인의 행동, 성격, 특성을 토대로 일정 기간에 걸쳐 그의 신뢰성을 평가 또는 분류하고 정당하지 못한 이유와 방식으로 그 당사자 및 그와 비슷한 집단에게 해롭거나 불리하게 대우하는 데 사용되는 AI 시스템의 시장출시, 서비스제공, 사용 (d) 법집행을 위한 목적으로 공개적으로 접근가능한 공간에서 '실시간' 그리고 원격의 생체인식정보를 활용한 신원확인시스템의 사용 (단, 실종아동 또는 범죄피해자 표적 수색, 테러 방지나 중범죄자 색출의 경우 예외적으로 허용)	
고위험	**[원칙]** 자연인의 건강/안전/기본권에 고위험을 초래하는 AI 시스템은 법안에서 언급한 필수요건을 충족하고, 사전에 적합성평가를 수행한 경우에 허용됨	제6조 및 제7조
	• 고위험 AI 시스템은 (a) Annex II에 언급된 유럽연합 규범을 적용받는 제품 또는 안전부품으로 사용되는 AI 시스템, (b) Annex III에 열거된 AI 시스템: 생체인식, 교육, 고용, 필수적인 서비스, 법집행, 출입국관리, 사법행정 및 민주적 절차 등 기본권에 영향을 미칠 수 있는 환경에서 독자적으로 활용되는 AI 시스템 • 유럽연합 집행위원회는 건강/안전에 피해를 주거나 기본권에 악영향을 미칠 수 있는 고위험 AI 시스템을 추가하여 Annex III에 열거된 AI 시스템을 업데이트할 권한을 가짐	
	필수요건은 ① 위험관리 시스템 구축, ② 데이터 거버넌스 적용, ③ 기술 문서 작성, ④ 자동 로그기록, ⑤ 투명성 및 정보제공, ⑥ 사람에 의한 감독, ⑦ 정확성/견고성/사이버보안	제8조 ~ 제15조
낮은 위험 혹은 최소 위험	**[원칙]** 낮은 위험(non-high risk) AI 시스템에 대해서는 고위험 AI 시스템에 부여된 필수요건들의 충족이 강제되지는 않으나 자발적 준수를 위한 행동강령(code of conducts)의 수립이 권장됨	제69조
	유럽연합 집행위원회와 유럽 인공지능위원회는 행동강령의 작성을 장려할 때 소상공인 및 스타트업의 특정한 이익과 요구를 고려해야 함	

참고로 AI 법안이 제기된 이후인 2021년 10월, 유럽의회는 공공장소에서 생체인식정보를 활용한 원격 신원확인시스템의 사용을 금지하는 결의안을 채택했다.[27] 비록 구속력 없는 결의안이지만 '377명 찬성, 248명 반대'라는 투표 결과는 향후 AI 법안 표결 과정에서 의회가 어떠한 입장을 취할 것인지 예측할 수 있는 기회를 제공하고 있다.

　유럽연합 집행위원회의 초안 발표 이후 유럽의회 및 유럽연합 각료이사회는 각각의 수정작업에 들어갔다. 각료이사회가 유럽의회에 앞서 2022년 12월 6일 수정안을 채택했다.[28] 유럽의회는 2023년 4월 27일 수정안 채택에 대한 정치적 합의에 도달하였고, 2023년 5월 11일 관련 위원회가 수정안을 채택함으로써 2023년 6월 14일 본회의를 앞두게 되었다.[29] 그러나 유럽의회의 본회의를 통과하는 것으로 모든 절차가 끝나는 것은 아니다. 집행위원회, 각료위원회, 유럽의회가 모여 이른바 3자협상(trilogue)을 통해 각자가 내놓은 서로 다른 세 법안을 놓고 협상하고 조정하는 절차가 뒤따른다. 3자협상은 집행위원회의 중재하에 공동입법자인 각료위원회와 유럽의회 양자가 수용할 수 있는 하나의 입법안에 대한 잠정합의에 도달하는 비공식적 협상을 말한다. 그렇지만 협상의 결과로 작성된 잠정합의서는 각 기관의 공식 절차에 의해 채택되어야 한다.[30] 결국 최종안이 도출될 때까지 세부적 조항들이 변경될 가능성은 앞으로도 열려 있는 것이다.

Ⅲ. 우리나라의 인공지능 관련 법제 동향

1. 인공지능 정책 추진현황

2019년 12월 17일, 과학기술정보통신부를 비롯한 모든 부처가 참여해 마련한 「인공지능 국가전략」(이하 AI 전략)이 국무회의에서 처음 공개되었다. "IT 강국을 넘어 AI 강국으로"라는 비전으로 3대 분야, 9대 전략, 100대 실행과제를 포함하고 있다.

표 3 「AI 국가전략」 개요

비전	IT 강국을 넘어 AI 강국으로		
3대 분야	세계를 선도하는 AI 생태계 구축	AI를 가장 잘 활용하는 나라	사람 중심의 AI 구현
9대 전략	① AI 인프라 확충 ③ 과감한 규제혁신 및 법제도 정비 ⑤ 세계 최고의 AI 인재 양성 및 전 국민 AI 교육 ⑦ 최고의 디지털 정부 구현 ⑨ 역기능 방지 및 AI 윤리체계 마련	② AI 기술경쟁력 확보 ④ 글로벌을 지향하는 AI 스타트업 육성 ⑥ 산업 전반의 AI 활용 전면화 ⑧ 포용적 일자리 안전망 구축	

그로부터 1년 후인 2020년 12월, 「인공지능 윤리기준」(이하 AI 윤리기준)과 「인공지능 법·제도·규제 정비 로드맵」(이하 AI 로드맵)이 차례로 발표된다. 이는 「AI 국가전략」에서 계획했던 전략과 과제들을 이행한 것으로, 「AI 윤리기준」은 과학기술정보통신부가 구성한 '인공지능 연구윤리반'을 통해, 30개의 정비과제를 제시한 「AI 로드맵」은 2020년 1월 발족한 '제1기 법제정비단'을 통해 작성되었다. 법제정비단은 국내 인공지능 관련 산업계·법조계·학계 전문가 협의체를 구성·운영하여 인공지능 법제도를 선제적·종합적으로 정비할 목적으로 「AI 전략」에 의해 창설된 기구로서, 약 9개월

간 전문가 40명이 전체회의 및 9개의 작업반으로 나뉘어 각 분야에 따른 과제를 도출하였다.[31]

표 4 「AI 윤리기준」 및 「AI 로드맵」 개요

구분	「AI 윤리기준」		「AI 로드맵」	
내용	**3대 기본원칙** 인간의 존엄성 원칙, 사회의 공공선 원칙, 기술의 합목적성 원칙 **10대 핵심요건** ① 인권 보장 ③ 다양성 존중 ⑤ 공공성 ⑦ 데이터 관리 ⑨ 안전성	② 프라이버시 보호 ④ 침해금지 ⑥ 연대성 ⑧ 책무성 ⑩ 투명성	**30개의 정비과제를 제시** ① 데이터 ③ 책임 ⑤ 금융 ⑦ 노동 ⑨ 포용· 복지 분야로 나뉘어 각 분야에 　따른 과제 도출	② 지식재산권 ④ 알고리즘 ⑥ 플랫폼사업 ⑧ 의료
주체	'인공지능 연구윤리반'		'제1기 법제정비단' (국내 인공지능 관련 산업계·법조계·학계 전문가 40명의 협의체로서 위에 언급한 9개 분야의 작업반을 구성)	

　그 이듬해인 2021년 5월, 과학기술정보통신부는 「AI 윤리기준」의 실천방안을 구체화한 「신뢰할 수 있는 인공지능 실현전략」을 발표했다. 민간이 자율적으로 신뢰성을 확보할 수 있도록 지원체계 구축 및 재정·기술력이 부족한 스타트업 등에 대한 지원책을 마련하고, AI 윤리기준에 대한 구체적인 행위지침으로 연구·개발자, 이용자 등이 업무·일상생활 속에서 윤리 준수 여부를 자율점검을 할 수 있는 체크리스트 개발·보급 계획을 포함하고 있으며, 학계·기업·시민단체·공공 등 다양한 사회구성원이 참여해 AI 윤리에 대한 의견 수렴 및 발전방향을 논의하는 공론의 장을 운영할 방침을 제시하고 있다. 이러한 점들은 유럽연합의 전략과 상당 부분 유사

한 것으로 평가할 수 있다.

나아가 국가기관 및 공공기관마다 자신의 업무영역과 관련한 AI 정책을 제시하기도 하였다. 우선 개인정보보호위원회가 2021년 5월 공개한 「인공지능 개인정보보호 자율점검표」는 AI 설계 · 개발 · 운영 과정에서 개인정보를 안전하게 처리하기 위하여 지켜야 할 「개인정보보호법」상 주요 의무 · 권장사항을 단계별로 자율점검할 수 있도록 알기 쉽게 담아낸 안내서로서 의미가 있다. 또한 방송통신위원회가 지난 6월에 발표한 「인공지능 기반 미디어(매체) 추천 서비스 이용자 보호 기본원칙」은 추천 서비스 제공자로 하여금 AI 기반 추천 시스템을 사용해 해당 서비스를 제공한다는 점을 이용자에게 실시간 문자 전송, 홈 화면 알림 등의 방법으로 통지 또는 표시하도록 하는 것 등이 주요 내용이다. 다만 이러한 원칙의 준수는 권고사항일 뿐, 그 이행에 강제성 없는 윤리규범에 해당한다.

아울러 금융위원회가 2021년 7월에 발표한 「금융분야 인공지능 가이드라인」,[32] 한국지능정보사회진흥원이 2021년 9월에 발표한 「NIA 국가 인공

표 5 「NIA 국가 인공지능 사업추진 윤리원칙」 개요

단계	핵심가치	윤리원칙
1단계 (사업기획)	사람과 책임, AI for Human & Responsibility	공정하고 합리적인 법제도 마련, 장기적 비전과 실행과제 제시, 다양한 이해관계자 의견 적극 수렴 등
2단계 (사업실행)	안전과 평등, AI for Safety & Equality	국민의 편익과 행복을 최우선으로 추구, 다양성 보장 및 편향 방지, 사회보편적인 제도와 윤리규범 안에서 개발 · 활용 등
3단계 (사업확산)	공익과 민주사회, AI for Public Interest & Democratic Society	인공지능 교육 및 국제사회 협력 추진, 인공지능의 사회적 영향력을 고려한 사업개선, 사업성과와 혜택의 고른 분배 등

지능 사업추진 윤리원칙」역시 주요 AI 정책으로 평가된다. 「NIA 국가 인공지능 사업추진 윤리원칙」은 국가 AI 사업을 기획하고 실행하는 단계에서 지켜야 할 원칙을 사업추진 단계별(3단계)로 나누어 3가지의 핵심가치와 9가지의 윤리원칙으로 제시하고 있다.

그리고 2022년 5월, 국가인권위원회는 「인공지능 개발과 활용에 관한 인권 가이드라인」을 제정·공표하고, 국무총리 및 관련 부처 장관에게 본 가이드라인에 기초하여 AI 관련 정책을 수립·이행하고 관계 법령이 제·개정할 것, 그리고 공공기관 및 민간기업이 본 가이드라인을 준수하도록 적극적으로 관리·감독할 것을 권고했다.

국가인권위원회의 가이드라인은 ① 인간의 존엄성 및 개인의 자율성과 다양성 보장, ② 투명성과 설명 의무, ③ 자기결정권의 보장, ④ 차별금지, ⑤ 인공지능 인권영향평가 시행, ⑥ 위험도 등급 및 관련 법·제도 마련 등을 주요 내용으로 하고 있으며, 보도자료에서 기술하고 있는 바와 같이, 유럽연합의 AI 법안이 본 가이드라인 마련의 동기이자 주요 참고자료가 된 것으로 파악된다.

교육부 역시 이러한 흐름에 발맞추어 2022년 8월, '사람의 성장을 지원하는 인공지능'이라는 대원칙 아래 10대 세부원칙을 담은 「교육분야 인공지능 윤리원칙」을 마련하였다. 모든 교육기관과 교육활동을 지원하는 행정기관의 교육자 및 이용자, 개발자, 관리자들이 자발적으로 준수해야 할 도덕적 규범을 설정한 것으로, 이 역시 법적 구속력은 없다.

가장 최근에는 금융위원회가 「금융분야 인공지능 보안 가이드라인」을 제정, 발표하였다. 이는 금융위원회가 2022년 8월, 금융권의 AI 활용을 지원하기 위하여 마련한 「금융분야 인공지능 활용 활성화 및 신뢰 확보 방안」에 따른 것으로, '신뢰받는 AI 활용 환경 구축'을 위한 세부과제를 이행한 결과이다.

위와 같은 정책들을 시간 순으로 열거하면 〈표 6〉과 같다.

표 6 국내 인공지능 정책

기관	전략·윤리규범·가이드라인	발표일자
관계부처 합동	「인공지능 국가전략」	2019. 12. 17.
과학기술정보통신부 정보통신정책연구원	사람이 중심이 되는 「인공지능 윤리기준」	2020. 12. 23.
관계부처 합동	「인공지능 법·제도·규제 정비 로드맵」	2020. 12. 24.
과학기술정보통신부	「신뢰할 수 있는 인공지능 실현전략」	2021. 5. 13.
개인정보보호위원회	「인공지능 개인정보보호 자율점검표」	2021. 5. 31.
방송통신위원회	「인공지능 기반 미디어(매체) 추천 서비스 이용자 보호 기본원칙」	2021. 6. 30.
금융위원회	「금융분야 인공지능 가이드라인」	2021. 7. 8.
한국지능정보사회진흥원	「NIA 국가 인공지능 사업추진 윤리원칙」	2021. 9. 6.
국가인권위원회	「인공지능 개발과 활용에 관한 인권 가이드라인」	2022. 5. 11.
금융위원회	「금융분야 인공지능 활용 활성화 및 신뢰 확보 방안」	2022. 8. 4.
교육부	「교육분야 인공지능 윤리원칙」	2022. 8. 11.
금융위원회	「금융분야 인공지능 보안 가이드라인」	2023. 4. 17.

2. 인공지능 관련 법률 제·개정 현황

정부는 우선 AI 정책의 시금석이 될 AI 기술 개발 및 산업 진흥을 효율적으로 도모하기 위하여 「국가정보화 기본법」을 「지능정보화 기본법」으로 전면개정하고, 이른바 '데이터3법'(개인정보보호법, 정보통신망법, 신용정보법)의 개정을 추진하여 데이터의 활용 가능성을 확대하기 위한 기초를 다졌다.[33] 아울러 AI 기술 개발이나 확산에 장애가 되는 법적 장애요소들을 고려하여「AI 로드맵」에서는 비교적 상세한 법률 제·개정 검토 및 추진 계획을 세우고 있다.

첫째로, AI 기술의 발전에 있어서 가장 필요한 데이터 유통과 관련하여 「AI 로드맵」에서는「데이터 기본법」,「산업 디지털 전환 촉진법」의 제정이나 「개인정보보호법」,「저작권법」,「부정경쟁방지 및 영업비밀보호에 관한 법률」의 개정 추진 전략을 제시하고 있다. 이에 따라 2021년 10월 19일「데이터 산업진흥 및 이용촉진에 관한 기본법」이 제정되었고, 2022년 1월 4일에는「산업 디지털 전환 촉진법」이 제정되었으나, 개정과 관련한 과제는 2023년 5월 현재 달성하지 못한 것으로 확인된다.

두 번째로, 알고리즘의 투명성·공정성 확보 수단으로,「개인정보보호법」을 개정하여 자동화된 개인정보 처리에 의존한 의사결정에 대한 대응권을 도입하고, 나아가 필요한 경우 알고리즘의 자율적 검증과 알고리즘의 공개·설명을 위한 가이드라인을 제정하여 알고리즘의 투명성 확보에 기여하겠다는 전략은 일부 현실화되었다. 1년 넘게 국회를 표류하던「개인정보보호법」이 2023년 2월 23일 본회의를 통과하여 2023년 3월 14일에 공포된 것이다.「개인정보보호법」이 담고 있는 정보주체의 대응권은 "완전히 자동화된 시스템으로 개인정보를 처리하여 이루어지는 결정이 자신의 권리 또는 의무에 중대한 영향을 미치는 경우 해당 결정을 거부할 수 있는 권리"와 "자동화된 결정에 대하여 설명 등을 요구할 수 있는 권리"이다(제37조의2). 다만, 이러한 권리의 구체적 내용, 권리행사 방법과 절차 등을 대통령령으로 정하도록 위임하고 있어, 시행령이 제정되어야만 이러한 전략의 이행 여부를 정확히 평가할 수 있을 것이다.

마지막으로, 인공지능에게 법인격을 부여할 것인지, 그리고 인공지능과 관련한 책임체계 정립 여부, 행정 영역에 인공지능 도입과 관련하여,「민법」, 「형법」, 「저작권법」, 「제조물책임법」, 「전자문서 및 전자거래 기본법」, 「행정심판법」 등을 개정하고 「행정기본법」과 「디지털 포용법」을 제정하겠다는 계획을 세웠으나, 이 중 2021년 3월 23일 제정된 「행정기본법」이 유일한 성과로 나타났다.

여기서 강조하고 싶은 것은 로드맵의 성과가 아니라 어떠한 법률들에 대한 제·개정 논의가 있는지를 확인하고 그 자체가 얼마나 어려운 문제들인가 인식하는 것이다. 로드맵이 발표된 지 3년이 채 되지 않은 시점에 정량적 성과를 논한다는 것은 적절하지도 않고 의미도 없다. AI 기술은 나날이 발전하고 있고, 위에서 언급한 사항들은 하나하나가 장기적 연구대상일 정도로 해법 찾기가 까다로운 문제들이다. 예컨대, AI에게 법인격을 부

표 7 제21대 국회에서 제안된 인공지능 관련 법안

의 안 명	제안일자	심사진행상태
인공지능책임법안 (황희 의원 등 14인)	2023-02-28	소관위접수
인공지능산업 육성 및 신뢰 확보에 관한 법률안 (윤두현 의원 등 12인)	2022-12-07	소관위접수
인공지능교육진흥법안 (조해진 의원 등 12인)	2022-08-24	소관위접수
한국인공지능·반도체공과대학교법안 (안민석 의원 등 13인)	2022-04-18	소관위심사
알고리즘 및 인공지능에 관한 법률안 (윤영찬 의원 등 12인)	2021-11-24	소관위심사
인공지능에 관한 법률안 (이용빈 의원 등 31인)	2021-07-19	소관위접수
인공지능 육성 및 신뢰 기반 조성 등에 관한 법률안 (정필모 의원 등 23인)	2021-07-01	소관위접수
인공지능교육진흥법안 (안민석 의원 등 10인)	2021-05-17	소관위심사
인공지능 기술 기본법안 (민형배 의원 등 10인)	2020-10-29	소관위심사
인공지능 집적단지의 육성에 관한 특별법안 (송갑석 의원 등 11인)	2020-10-19	소관위심사
인공지능산업 육성에 관한 법률안 (양향자 의원 등 23인)	2020-09-03	소관위심사
인공지능 연구개발 및 산업 진흥, 윤리적 책임 등에 관한 법률안 (이상민 의원 등 11인)	2020-07-13	소관위심사

* 2023년 5월 기준

여할 것인가의 문제는 로드맵에서도 그 해결 시점을 2023년 이후로 설정할 만큼 공론화를 통해 충분히 숙의한 후에 관련법의 개정을 추진해야 할 문제이다.

아울러 하나 더 강조하고 싶은 것은 지금 정부가 추진하고 있는 법률의 제·개정은 AI 기술의 개발 및 산업 진흥에 있어서 장애가 되는 요소들을 제거하는 형태로 주로 기존 법률들을 개정하는 방식에, 필요한 영역에서 특별법이나 기본법들을 추가로 제정하는 방식을 취하고 있다는 것이다. 다시 말해, 'AI 법'이라는 단일 법률을 통해 모든 AI 시스템을 수평적으로 놓고 위험 정도에 따른 규제체계를 설정하고, 동시에 지원체계와 거버넌스들을 규정하면서, AI 관련 규제와 지원을 함께 종합적으로 규율하는 유럽식의 접근방법과는 차이를 보인다고 하겠다.

그러나 국회 차원에서는 유럽식의 AI 법안을 추구하려는 노력이 눈에 띈다. 2023년 5월 현재, '인공지능'의 키워드로 검색하면, 〈표 7〉과 같이, 12건의 입법안이 소관위접수 또는 심사 중임을 확인할 수 있다.

하지만 실제 법안의 내용을 검토해보면, 규제보다는 진흥 법제에 가깝다. 주로 AI 관련 전담기구의 지정 또는 창설 조항, 국가에 의한 계획·시책 수립 및 실태조사, 윤리규범의 제정이나 표준화 사업 추진, 기술개발이나 실증·보급을 위한 지원체계와 관련하여 법적 근거를 두는 조항이 중심을 이루고 있다. '규제'의 차원에서 보면, 윤두현 의원이 대표발의한 '인공지능산업 육성 및 신뢰 확보에 관한 법률안'에서 규정하고 있는 고위험 영역에서 인공지능을 활용한 제품 또는 서비스 제공자의 사전고지의무(법안 제27조), 정필모 의원이 대표발의한 '인공지능 육성 및 신뢰 기반 조성 등에 관한 법률안'에서 규정하고 있는 '특수활용 인공지능'을 사용하여 업무를 수행하는 자의 사전고지의무 및 설명요구에 응할 의무(법안 제20조),[34] 그리고 윤영찬 의원이 대표발의한 '알고리즘 및 인공지능에 관한 법률안'에서 규정하고 있는 고위험인공지능 이용자의 기술 및 서비스에 대한 설명요구권, 이의제기권, 자료요청권, 알고리즘 거부권(법안 제19조)[35]으로 압축할 수 있다. 기타 법안에 대한 자세한 내용 소개는 생략한다.

IV. 편익의 최대화 및 위험성의 최소화를 위한 향후 과제

AI 기술은 2030년까지 세계 전체 생산량을 16%(약 13조 달러) 증가시킬 것으로 예상됨에 따라, 전 세계는 어떻게 이 기술을 활용하여 보다 많은 이점을 취할 수 있을지 고민하고 경쟁하고 있다. 캐나다가 국가적 차원에서 AI 전략을 취한 첫 번째 국가가 된 2017년 이래로, 적어도 60개국 이상이 AI 전략이나 정책을 채택하고 있고, AI에 대한 세계 기업의 투자도 급증하여 다가올 2025년에는 2020년의 600억 달러라는 기록에서 두 배 이상 증가할 것으로 예상되고 있다.[36]

AI 전략과 정책에는 반드시 법제 개선이 그 내용 중 하나로 포함되어 있다. 법제 개선을 통해 AI 기술의 개발과 구현, 상용화에 장애가 되는 요소를 제거함으로써 그 편익을 극대화하고, 한편으로는 AI 기술이 가져올 위험성을 통제함으로써 안전하게 그 편익을 누릴 수 있는 환경을 조성하자는 전략은 너무나 당연하고 한편으로 단순한 듯 보이지만 실상은 실로 어려운 과제이다. 더욱이 어느 국가나 법률시장의 선점을 통해 자국의 법이 세계 표준으로 자리잡길 바란다는 점에서 이 분야의 경쟁도 향후 더욱 거세질 전망이다.[37]

문제는 어떠한 방식으로, 어떠한 내용으로 법제 개선을 이루어야지만 편익의 최대화와 위험성의 최소화를 동시에 추구할 수 있느냐는 것이다. 본 절에서는 이 문제를 다루고자 한다.

1. 법제의 형식적 측면

AI 법제의 패러다임이 자발적인 준수를 독려하는 윤리규범에서 어느 정도 강제력을 지닌 법규범으로 이동하고 있는 것은 누구도 부인할 수 없는 세계적 추세이다. 그러나 그 패러다임 역시 크게 두 가지로 나뉜다. "일반적인 규제 법제를 제정"하는 유럽연합의 접근 방식과 "해당 윤리규범에 행정적으로나마 강제성을 부여하면서 점진적으로 인공지능에 대한 법률을 준비하거나 또는 인공지능이 활용되는 개별 분야에서 규제를 통해 위험을 통제"하려는 미국이나 캐나다 등의 개별적·점진적 접근 방식이 그것이다.[38] 우리나라도 이러한 분류에 따르면, 후자에 가깝다. 어느 방식이 더 타당한가 내지는 적절한가의 논의도 있을 수 있다. 법이 가진 경직성으로 인해 오히려 새로운 기술의 등장을 저해하거나 이미 기술의 발전속도를 따라가지 못해 위험성 차단이라는 본래의 목적에 전혀 도움이 되지 않을 수도 있고, AI가 여러 분야에서 각기 다른 목적으로 사용됨에 따라 영역마다 규제의 정도가 달라질 수 있기 때문에, 미국과 같이 "규제의 방향성을 우선적으로 설정해 주고 관련 기술과 현장에 대한 정확한 이해의 시간을 가진 이후, 점진적으로 강제력을 가진 규제를 적용하는 접근 방식"이 유의미할 수도 있다는 주장[39]도 설득력을 가지는 것은 사실이다.

그러나 유럽연합의 방식은 모든 AI 시스템에 대한 세세한 규율을 정하고 있는 것은 아니다. 초고도 위험의 AI 시스템의 경우, 원칙적으로 금지되지만 예외적으로 허용되고, 고위험 AI 시스템의 경우에는 일정한 요건을 충족하는 경우에 그 사용이 허용된다는 점만을 규율하고 있다. 나머지 사항에 대하여는 사실상 열려 있다. 또한 미국의 방식도 결국 윤리규범을 법규범으로 점진적으로 변경시켜 나간다는 점에서 엄밀히 말해 윤리규범만의 문제에 머물러 있다고 할 수 없다.

결국 두 가지 결론으로 수렴되는데, 하나는 어느 사회든 윤리규범만으로는 해결할 수 없는, 따라서 법적으로 강제할 수밖에 없는 영역이 존재한다는 것이고, 다른 하나는 그 영역만을 법규범화할 수밖에 없다는 점이다. 다시 말해, AI에 대한 정확한 정의를 내리고, AI 기술이 초래할 모든 가능성에 대한 규범적 평가를 거쳐, 그것을 단일의 법전에서 일반적인 규정으로 명확하게 규율해내는 것은 불가능하기 때문에, 마지막까지 포기할 수 없는 최소한의 기본적인 사항만이 법으로서 드러나는 것이다.[40]

그렇지만 어느 사항이 윤리의 영역에 잔존하고, 어느 사항이 법규범의 영역으로 옮겨갈지는 그 사회가 추구하는 가치와 사회적 합의에 이르는 속도에 따라 달라질 수밖에 없다. 아울러 국제사회와의 협력과 공존이 필요한 상황에서 국제사회의 흐름에 대한 고려 없이 독자적으로 구속력과 강제력을 지나치게 강조하는 방향으로 전환하는 것은 적절치 않다. 윤리규범이 예측가능성이 낮은 '추가적 규제'로 무분별하게 남용될 경우 수범자가 겪을 혼란과, 다른 한편 윤리규범이 선언적 원칙에만 그치고 현실적이고 실질적인 구속력을 갖지 못한다면 많은 불필요한 낭비가 초래될 수 있다는 점 역시 고려되어야 할 것이다.[41]

그럼에도 불구하고 공통적으로 법규범 영역으로 옮겨갈 기본적 사항에 대하여는 다음과 같이 요약할 수 있을 것이다.

첫 번째는 위에서 언급한 바와 같이 기술이 주는 편익이 아무리 크더라도 결코 양보할 수 없는 기본적인 자유와 권리를 보장하기 위한 원칙을 담는 것이다. 결국 유럽연합의 위험기반 규제 방식 역시 편익과 해악 간의 비례관계를 따지는 것이다.

두 번째는 이해조정기능을 담는 것이다. AI 기술의 개발 및 사용과 관련하여, 국가와 기업, 기업과 기업, 기업과 개인, 국가와 개인 간의 이해관계의 충돌은 물론, AI 전략을 수행함에 있어서도 부처와 부처 간 이해관계의 대립이 있을 수 있다. 이러한 이해관계의 대립을 합리적이고 신속하게 조율할 수 있는 기관이나 절차, 방법 등이 마련되어야 할 것이다. 보다 자세한 내용은 이하 '내용적 측면' 부분에서 상세히 다루도록 한다.

2. 법제의 내용적 측면

1) 법제의 기본 방향

AI 기술은 인간의 존엄성과 권리의 실현을 위하여 활용되어야 한다는 점[42]을 대원칙으로 삼고,[43] 문제를 일으키는 가장 중요한 특징이자 원인으로 꼽는 알고리즘의 편향성과 불투명성을 제어하면서, 향후 새로운 문제가 제기되거나 사회구성원들 간의 이해관계가 충돌할 시에 이를 조정·해결해 나갈 수 있는 매커니즘을 설정함으로써 편익의 최대화와 위험의 최소화를 추구해야 할 것이다.

2) 편익의 최대화를 위한 과제

(1) 변화된 데이터 생태계에 기반한 개인정보보호 체계의 재정비

ICT의 발전은 데이터기반 경제(data-driven economy)[44]로의 전환을 촉진한

다. 각종 데이터(data), 특히 개인정보는 사회경제적 가치를 부여받고 모든 혁신을 가능하게 하는 에너지원으로 기능하며,[45] 이에 따라 데이터 생태계(data ecosystem)는 빠르게 변화하고 있다.

그러나 무분별한 개인정보의 처리로 인해 위협받는 개인의 자유와 권리를 보호해야 한다는 헌법적 요청에 따라 정보주체의 통제권을 보장하고자 마련된 「개인정보보호법」은 AI의 발전을 저해하는 제1요소가 될 수 있다.

> 개인정보보호법과 인공지능(AI)은 숙명적인 긴장관계에 있다. 즉, 인공지능/기계학습(machine learning)을 이용한 빅데이터 분석(big data analytics)은 전통적인 개인정보보호법의 핵심 원칙들과 충돌하게 되고, 이들 원칙을 모두 엄격히 준수하게 되면 인공지능을 통한 혁신은 거의 불가능해진다.[46]

이는 「개인정보보호법」이 상정하고 있는 개인정보의 처리방식과 AI의 데이터 처리방식이 다르게 때문이다. 보다 정확히는 「개인정보보호법」은 지금과 전혀 다른 데이터 생태계에서 제정된 까닭이다. 사람과 기계, 그리고 사람과 주변 세계가 상호작용하는 방식이 바뀌고, 개인정보가 수집되고 활용되는 규모와 방식이 급격하게 변화될 것이라는 점을 개인정보보호법제가 수립될 당시에는 전혀 예상하지 못했으며, 그 예상조차 불가능한 상황이었음은 분명하다.[47]

예컨대, 전통적인 고지—동의 모델은 AI에게 유효하지 않을 수 있다. 「개인정보보호법」에서 정보처리자로 하여금 정보주체에게 처리의 목적과 처리하고자 하는 데이터의 항목을 특정하여 고지하도록 하는 것은 정보처리의 투명성을 확보하는 기본적 수단으로 여겨지지만, AI의 경우에 데이터를 수집하는 시점에 그 데이터의 처리목적과 방식을 특정하는 것이 기술적으로 어려울 때가 많다. 또한 '정보주체의 동의'는 정보주체에게 처음부터 예 또는 아니오(yes or no)만을 선택하도록 할 뿐이므로, 틀리면 수정하기를 반복하는 실험의 성격을 가지며 또 데이터의 용도를 계속 새롭게 찾아내는 성향을 갖는 빅데이터 분석에는 이러한 동의 방식이 적절하지 않을 수 있다.[48]

데이터의 '보호'를 중심으로 한 「개인정보보호법」과 '활용'을 중심으로 한 AI 간의 숙명적 긴장관계는 데이터의 경제적 이용을 일정한 한도에서 허용하지만 그 한도를 벗어나는 경우에는 엄격히 통제한다는 태도를 취하고 있는 유럽연합의 개인정보보호법제[49]에서도 유효한 설명이다. 미국 비영리 연구기관인 데이터혁신센터(Center for Data Innovation)는 유럽연합의 경우 GDPR로 인해 다가오는 AI 경제(AI economy)에서 2등 국가의 지위로 전락할 것이라고 비난한 바 있다.[50]

그러나 새로운 정보처리방식은 또한 정보주체에게 기존과 전혀 다른 새로운 위험을 불러올 수 있으며, 이에 따른 정보주체의 권리를 보강할 필요성 또한 존재한다. 왜 그와 같은 법적 효과를 부여하는지 설명을 할 수 없는 기계의 결정에 인간의 모든 행위가 구속된다는 것은 인간으로서의 존엄성과 양립할 수 없는 것이다. '활용'의 입장에서만 변화를 원하는 것이 아니라 '보호'의 측면에서도 대전환기를 맞이한 셈이다.[51]

즉 변화하는 환경에서 정보주체인 개인이 자신의 개인정보에 대한 통제권을 상실하지 않으면서 개인정보의 가치를 혁신으로 재창출할 수 있도록 개인정보의 보호와 활용에 관한 새로운 균형을 찾을 시점인 것이다.[52]

(2) 규제의 대상만이 아닌 육성의 대상으로

'AI 윤리'가 'AI 법'으로 전환된다고 하면, 가장 우려하는 것이 규제의 발생 또는 증가이다. 기존에 개인이나 기업의 자율로 맡겨 놓았던 영역들이 반드시 이행해야 하는 의무의 영역으로 전환된다고 인식하기 때문이다.

하지만 AI 법안을 제안하며 유럽연합 집행위원회가 제시하고 있는 법안의 구체적 목적을 상기하면 법은 또한 육성 내지 지원의 한 축이 될 수 있다는 점도 분명해진다. 앞서 밝힌 바와 같이 집행위원회는 4가지 목적을 제시하였는데, 그중 두 번째가 AI에 대한 투자와 혁신의 촉진을 법적으로 공고히 하기 위한 것이다.[53] 법에서 정한 의무사항의 수범자는 국민뿐만 아니라 정부도 될 수 있다는 점에서, 법은 윤리규범과 달리, AI 기술개발과 보급, 사용을 위해 투자와 혁신을 견인하는 중요한 역할을 수행할 수 있다. 특히 대기업에 비해 인적·물적 자원이 부족한 중소기업이나 스타트업에게 투자는 기회라 할 수 있으며 이러한 기회가 많으면 많을수록 혁신을 가속화하는 선순환 고리가 형성[54]된다는 점에서, 지원체계의 마련은 AI 법의 핵심이 되어야 할 것이다.

3) 위험성의 최소화를 위한 과제

AI 기술의 위험성은 주로 AI의 데이터 학습 과정에서의 편향성, 결과 도출 과정의 불투명성과 관련하여 논해지고 있으며, 문제 발생시 책임소재의 불명확성으로 인한 잠재적 위험성 역시 지속적으로 제기되어 왔다.[55] 이는 인간으로서의 존엄과 가치, 평등권, 개인정보자기결정권, 정보공개청구권 등 여러 기본권과 연결되어 있기 때문에, 기술 발전의 심화는 예상하지 못한 중대한 기본권 침해의 위험을 초래할 수도 있다는 점에서 규제의 근거가 되기도 한다. 또한 생체인식정보의 활용에 대하여는 이를 심각한 의미로 받아들이는 외국에 비해 상대적으로 주목을 덜하고 있으나 향후 우리

사회에서도 중요한 이슈가 될 것이라는 점에서 첫 번째 과제로 다뤄보고자 한다.[56]

⑴ 생체인식정보의 활용에 관한 안전장치 확립

헌법재판소는 2005년 5월 이른바 지문날인 사건에서 헌법해석을 통해 '개인정보자기결정권'이라는 새로운 헌법상의 권리를 인정했다.[57] 개인정보자기결정권이라는 헌법에 명시되지 않은 기본권을 새롭게 인정함에 있어서 공교롭게도 '지문정보'라는 생체인식정보가 문제의 개인정보가 되었다. 이 점은 AI 시대에 보다 특별한 의미로 받아들여진다.

이 사건에서 '지문정보'의 의미를 어떻게 파악하느냐에 따라 다수의견과 반대의견의 결론이 달라졌다. 6인의 합헌의견은 ① 지문정보는 개인의 동일성을 확인할 수 있는 하나의 징표일 뿐 종교, 학력, 병력, 소속 정당, 직업 등과 같이 정보주체의 신상에 대한 인격적·신체적·사회적·경제적 평가가 가능한 내용이 담겨 있지 아니하므로, 그 자체로는 타인의 평가로부터 단절된 중립적인 정보이고, ② 지문정보는 누구나 손쉽게 정보주체를 확인할 수 있는 성명, 사진, 주민등록번호 등과는 달리 일반인의 경우 지문정보의 내용을 가지고 정보주체를 파악하는 것이 거의 불가능하고, 이에 대한 전문적인 감식능력이 있는 경우에만 그 정보주체의 확인이 가능하며, ③ 지문정보는 지문을 직접 날인하는 방법에 의하여 생성되기 때문에 정보주체로부터 정보수집자에게로 전달되는 과정에서 정보의 내용이 실제 내용과 다르게 왜곡될 염려가 없는 객관적인 정보라고 보면서, 경찰청장이 지문정보를 보관하는 행위와 관련하여 요청되는 법률에 의한 규율의 밀도 내지 수권법률의 명확성의 정도는 그다지 강하다고 할 수 없다고 보았다.[58]

그러나 3인의 반대의견은 ① 지문이 개인정보의 연결자로 사용되는 경우, 지문정보를 수집한 국가나 기업, 개인이 이를 집적하고, 그것을 통하여 그 개인의 성향이나 취미, 소비행태, 병력 등 사생활을 엿볼 수 있으며, 그 개인에 대한 평가, 분석을 함부로 할 수 있어 개인의 사생활의 자유가 침해될 소지가 크고, ② 지문은 개인의 신체의 일부분이므로, 그 속성상 언제 어디서나 개인은 지문을 남겨두고 다니고 있어, 개인의 지문정보를 모두 가지고 있는 국가나 기업, 타인은 그 개인의 행위나 사생활을 추적할 수 있는 여지가 있고, 그 가능성이 알려지거나 스스로 인식하게 되는 경우 개인의 일반적 행동의 자유에 제약을 가져오는 등 개인의 인격과 자유는 심히 위축될 여지가 있으므로, 헌법상 개인의 자유와 권리를 최대한으로 보장하기 위하여는 지문정보의 수집, 보관, 활용에 대하여 그 목적 · 대상 · 범위 · 기한 등의 요건을 엄격하게 법률로 규율할 필요가 있다고 보았다.[59]

엄밀히 말해 다수의견과 반대의견은 동일한 차원에서 지문정보를 바라본 것이 아니라, 다수의견은 지문정보의 '속성'에 중점을 두었고, 반대의견은 지문정보의 '활용'에 초점을 두었다. 생체인식정보는 정보주체의 고유한 정보이자 유일한 식별자이므로, 생체인식정보를 통한 식별(identification)이나 인증(verification)은 가장 확실한 신원확인 수단이다. 이 식별자를 통해 정보주체에 관한 정보를 집적하고, 이를 기반으로 정보주체를 평가하고, 그 평가에 근거해 정보주체에게 중대한 영향을 끼칠 어떠한 결정이 내려진다면, 그 식별자 자체가 중립적이고 객관적인 정보이고 인간의 눈으로 아무런 의미를 찾을 수 없다고 해서 약하게 보호할 수는 없는 것이다. 이러한 점에서 세계 각국은 생체인식정보를 민감정보로 분류하고 일반 개인정보에 비하여 더 강한 보호를 하고 있다.[60]

특히 안면인식기술(Facial Recognition Technology)의 발전은 생체인식정보의 처리로 인한 위험성을 더욱 심화한다. 안면 이미지의 경우, 수집에 있어서 정보주체의 협조를 얻어야 하는 지문 등의 다른 생체인식정보와는 달리 정보주체가 그 수집에 대하여 인식하지 못하는 상태에서 실시간 그리고 원격으로 손쉽게 수집될 수 있으며, 공사 구분 없이 무수히 설치된 CCTV는 그 가능성을 배가한다.[61] 더욱이 이 모든 작업을 인간의 수작업이 아닌 AI에 의한다고 하면, 처리되는 정보의 양과 속도는 인간이 가진 한계를 뛰어넘는 것으로 거의 실시간으로 이루어지는 효과가 있을 가능성이 높다.

유럽연합은 이러한 위험성을 깊게 인식하여 관련 연구를 진행하고[62] 규제정책을 모색했으며,[63] 그 결과로서 AI 법안에서는 법집행을 위한 목적으로 공공장소에서 "'실시간' 원격으로 생체인식정보를 활용한 신원확인시스템('real-time' remote biometric identification systems)"을 사용하는 것을 원칙적으로 금지하는 규정을 두게 된다. 다만, 실종아동을 포함한 범죄피해자에 대한 표적 수색, 테러 방지 등의 경우에는 예외적으로 그 사용이 허용되나, 이 경우에도 그 사용에 대한 사전 허가를 받아야 하고, 긴급한 상황에서는 사용 도중 또는 이후에라도 승인을 받아야 하며, 그 사용에 대한 시간적, 지리적, 인적 제한을 설정하고 그러한 조건을 충족하는 선에서 허용된다(법안 제5조).

드론을 비롯하여 거의 사각지대 없이 설치된 CCTV, 차량용 블랙박스 등에 탑재된 영상촬영기기의 성능이 고도화되고 AI 기술과 접목되면서 관련된 우려가 증대되는 것은 사실이다. 이러한 상황에서 생체인식정보의 처리로 인한 위험성을 차단하기 위한 유럽연합의 연구와 고심은 고무적이다. 이는 위험성을 최소화하기 위한 AI 법이라는 목표에 다다르기 위한 가장 중요하고 현실적인 안전장치가 될 것이다.

(2) 투명성 제고

최근 들어 AI에 의한 자율적 의사결정이 점차 늘어나면서 AI의 불투명성으로 인해 정보주체가 자신에 관한 정보에 접근할 수 없거나 절차적 참여권이 제대로 보장되지 못하는 문제가 발생한다.[64] 이 때문에 '알고리즘 설명요구권'의 도입을 통해 정보주체의 권리를 보강하는 법안이 속속 제기되고 있으나, 전문가들의 의견은 대체로 회의적이다.[65]

AI의 불투명성은 ① 인공신경망의 복잡성과 같은 알고리즘의 '본질적 측면', ② 지식재산권이나 영업비밀과 같은 계약상 특약조항을 비롯한 '제도적 측면', ③ 인적, 물적 비용의 과다 문제를 포함한 검증의 한계라는 '현실적 측면'과 같은 다양한 이유가 중첩되어 발생한다.[66] 그중 제도적 측면의 문제는 제도를 필요한 선에서 개선함으로써, 그리고 현실적 측면의 문제는 이러한 문제를 극복할 지원체계를 마련함으로써 타개해 나갈 수 있다 하더라도, 첫 번째 본질적 측면의 문제는 쉽사리 해결할 수 없는 문제라는 점에서, 많은 전문가들이 알고리즘 설명요구권에는 물음표를 붙인다.

일부 인공지능은 딥러닝(deep learning) 기술을 사용하는데, 딥러닝은 기계학습(machine learning)의 한 형태로, 연속된 각 층(layer)에서 나온 결과(outputs)를 기반으로 해서 데이터를 분류하는 소위 비선형 신경망(non-linear neural networks)에 대량의 데이터를 분석자료로 공급한다. 관련 데이터의 양이 방대하고 또 그 처리 과정이 매우 복잡해서 이른바 '블랙박스 효과'(black-box effect)가 생겨나는데, 이것은 왜 그러한 결정이 내려졌는지 그 이유를 이해하기 어렵다는 것을 의미한다.[67] 모형에 따라 일반인은 물론 제작자나 고도의 전문가조차 이해하기 어려운 상황에서 정보주체의 설명요구에 응하도록 하는 것은 애초부터 불가능한 것을 강제하는 것일 수도 있다.[68] 또한 알고리즘에 의한 결정에 있어서 정확성과 투명성은 본질적으로 서로의 효과를 상쇄시키는 관계에 있기 때문에 설명요구권은 AI의 정확도를 떨어뜨릴 가능성도 있다.[69]

나아가 '알고리즘 설명요구권'이 유럽에서 과연 인정되는 것인지 논란이 되기도 한다.[70] GDPR에서 프로파일링을 비롯한 자동처리에 대한 대응권을 규정한 제22조 제3항은 "그 자동결정에 사람의 개입이 이루어지도록 요구할 권리, 자신의 의견을 제시할 권리, 그리고 그 결정을 다툴 권리"만을 언급하고 있으며, 정보처리자가 정보주체로부터 데이터 수집시 고지해야 할 추가정보를 규정한 제13조 제2항(f)에 따르면 "그 자동결정의 논리(logic)에 관한 의미 있는 정보"를 고지해야 하는데, 이때 '논리'가 알고리즘을 의미하는가 하는 점도 명확하지 않기 때문이다.

이에 따라 설명 가능한 AI(XAI, Explainable Artificial Intelligence)가 대안으로 제시되기도 한다. 이는 해석 가능한 AI라고도 하며, AI의 의사결정을 사람이 이해할 수 있는 방식으로 설명할 수 있는 기계학습 및 딥러닝 방법을 의미한다. 하지만 궁극적인 희망은 XAI가 블랙박스 모델과 대등하게 정확해지는 것인 만큼 아직 더 연구가 진행되어야 하는 분야이다.[71]

따라서 AI 시스템 개발자의 지식재산권 침해 문제와 맞물림에도 불구하고 무리하게 반드시 알고리즘 전체를 공개하도록 하는 것보다는 일반인이 이해할 수 있는 범위 내에서 의사결정이 이루어지는 배경 논리나 의사결정이 이루어지는 기준을 알려주는 방법을 모색하는 것이 보다 현실적인 방안이 될 것이다.[72] 이러한 차원에서 정보주체의 권리는 알고리즘의 공개나 설명 그 자체를 요구하는 것이 아닌, 자신과 관련한 자동화된 의사결정에 대하여 설명을 요구할 권리나 그러한 결정에 대한 거부권 등으로 구체화되고 있는 것이다.

아울러 알고리즘 설명 문제를 개선하는 데 있어서 공공 데이터를 공개하는 것도 도움이 될 수 있다. 이러한 데이터 공개의 범위와 수가 늘어날수록 향후 알고리즘의 판단 결과, 특히 공공기관의 결정을 두고 논쟁이 불거졌을 때 알고리즘의 판단 결과를 설명하는 데 도움을 줄 수 있는 참고자료가 많아질 수 있다.[73] 최근 4차산업혁명위원회가 '판결문 데이터 개방' 프로젝트에 착수한 것도 같은 맥락이다.[74] 판결문의 공개는 헌법 제109조 재판공개의 원칙 및 국민의 알 권리를 보장하기 위해 진즉에 이루어졌어야 한다는 점에서 매우 의미 있는 진전이다.

그러나 정부가 데이터를 공개한다고 말하면서 정작 경제주체들이 필요로 하는 데이터는 공개하지 않거나 문제가 없을 데이터만을 선별적으로 제공하는 현상이 많은 국가들에서 나타나고 있으며, 이는 국가전략의 이행지체 현상과 연결된다.[75] 따라서 AI 법제에는 투명성 제고 방안으로 공공 데이터 개방에 관한 사항들이 추가되어 추진될 필요가 있다.

(3) 데이터의 편향성으로 인한 차별에의 대응

AI 이슈 중에 가장 많이 다루어지는 문제가 바로 데이터의 편향성으로 인한 차별 문제이다. 이는 '공정성'의 문제로 논해지기도 한다. 우리 사회에는 챗봇 '이루다' 사건으로 데이터 편향성의 문제가 큰 화두가 된 바 있다.[76] 차별적인 사회가 낳은 데이터를 가지고 AI 알고리즘은 차별적인 결과를 만들어 내고, 이는 우리 사회에 만연한 차별을 반영하는 데 그치지 않고 이를 영속시키고 증폭시킬 수 있다는 점에서 이에 따른 위험성을 제대로 인식할 필요가 있다.[77]

알고리즘이 공정한 결과를 도출하는지 검증하는 방법 중에 공개된 알고리즘을 평가의 대상으로 삼는 화이트박스 평가(white-box testing)는 알고리즘의 공개나 설명이 불가능하다면 행해질 수 없기 때문에, 이에 대한 대안으로 블랙박스 평가(black-box testing)가 제시된다. 이는 중립적인 데이터를 확보해서 알고리즘을 통해 처리하게 한 뒤에 그 결과가 중립적으로 나왔는지를 보는 것인데, 중립적인 데이터로 AI를 훈련시켰다고 하더라도 다양한 변수로 인해 이것만 가지고 AI가 공정한 새로운 데이터를 도출하는지를 보장할 수는 없다. 그리고 무엇보다 중립적인 데이터를 구하는 것이 현실적으로 쉽지 않은 경우가 많다.[78] 결국 알고리즘에 대한 평가만으로는 공정성 확보에 한계가 있다.

또한 "언어 모델은 항상 편향의 문제를 가지고 있다."[79] 나아가 명백한 혐오 표현이 아닌 은근한 표현을 솎아내기란 쉽지 않다. 그러나 학습 데이터는 결국 사람들이 만들기 때문에 사회적 편견이 담길 수도 있지만 그 편견을 제거하려는 노력 또한 동시에 기울일 수 있다. 이를 위해 데이터의 다양성을 확보하고, 결과의 '정확성'은 물론 '공정성'도 함께 추구해야 한다.

한편, 이와 같은 노력이 계속된다고 해도 절대적으로 공정한 알고리즘을 만들 수 없는 경우가 있음을 염두에 두어야 한다.[80] '무엇이 공정한가'의 의미가 사용되는 맥락과 사회마다 다를 수 있으며, 새로운 편견과 혐오의 대상은 언제든 등장할 수 있기 때문이다.

이와 관련하여 AI 법제의 역할은 공정성을 추구하기 위해 수치화할 수 있는 요인들이 무엇인지 제시하고, 데이터가 어느 정도의 다양성을 추구해야 하는지 기준을 설정하며, 한편으로 공정성이 의심되는 AI 시스템의 정지와 개선요구, 나아가 이로 인해 피해를 입은 사람들을 구제하는 것이다.

(4) 거버넌스의 구축

새로운 기술의 등장으로 예견되는 문제를 사전에 예방하고 불가피하게 발생하는 문제나 부작용을 적시에 통제하며, 여러 이해관계자를 조율할 수 있는 거버넌스 체계의 구축이 필요하다. 특히 AI는 개인정보나 인권적 차원에서의 문제뿐만 아니라 연구 및 사업의 진흥·기술지원·인재양성, 규제 개혁이나 재정립 등 기존 법체계와의 충돌 문제를 조정하고 새롭게 정립하는 문제까지 다양한 이슈들을 포괄하고 있기 때문에, 과학기술정보 통신부와 같은 한 부처[81]나 개인정보보호위원회나 국가인권위원회와 같은 특정 업무를 담당하는 감독기구가 대응하기에는 역부족인 측면이 있다. AI 기술과 관련된 정책은 주로 과학기술정보통신부에 의해 추진되나 세부 분야별로 정책추진 주무부처는 다를 수 있다. 예컨대, 지능정보화 사회를 구현하기 위한 기본원칙 등은 과학기술정보통신부가 추진하고 있지만, 자 율주행자동차와 관련한 내용은 산업통상자원부나 국토교통부가 주도적인 역할을 수행하고 있다.[82] 때문에 이들 간 정책이나 입장이 상이할 경우 이 를 효과적으로 조정할 수 있는 기구가 필요하다. 이러한 점들을 종합해보 면, 유럽연합 인공지능위원회와 같은 별도 기구가 관련 업무를 종합적이 고 유기적으로 추진해 나가는 것이 바람직하다는 결론에 이른다.

한편, AI 법안이 제안되기까지 유럽연합 집행위원회가 온라인 공개 협의 등을 통해 AI 전략, AI 윤리가이드라인, AI 백서 등에 대한 의견을 수렴 한 과정을 들여다보면 집단지성의 의미를 새롭게 깨닫게 된다. AI 윤리가 이드라인이 만들어지는 과정에서 약 4,000명의 이해관계자들로 구성된 AI 의 기술적·사회적 함의에 대해 토론하는 온라인 플랫폼인 유럽AI연합회 (European AI Alliance)의 활약, 그리고 AI 백서에 대해 1,250명 이상의 이해 관계자들로부터 의견을 수렴했다는 사실은[83] 우리에게 시사하는 바가 크 다. 그러한 다양한 의견들을 수렴할 수 있는 플랫폼 구축 역시 거버넌스 환경을 강화하는 동시에 민주적 가치들을 공고히 하는 중요한 기제이다.

V. 나오며

유럽연합의 정책과 우리의 정책을 수평적으로 비교하는 것은 이 글의 목적이 아니다. 본 연구의 궁극적 목적은 이미 AI 윤리규범에서 AI 법으로 국제적 법정책 노선이 흘러가고 있는 이 시점에 우리는 어느 방향으로 기수를 잡아야 AI 시대에 뒤처지지 않는 경쟁력을 갖출 수 있는지 그 방향성을 제시하고자 함이다. 인류 최초의 AI 법안이 제기되기까지의 과정과 그 내용, 법안에 대한 비판이 그 방향성 제시에 많은 영감을 주고 있다는 점에서 특히 유럽연합의 정책을 살펴보았을 뿐이다.

유럽연합 집행위원회는 연내 AI 법안의 통과를 목표로 하고 있다.[84] 꼭 연내 통과가 아니더라도 유럽연합 각료위원회와 유럽의회에서의 처리 속도를 감안하면 유럽의회 선거가 있는 2024년 5월 이전에 AI 법안이 통과될 것으로 예상하기도 한다.[85] 그러나 최종안이 확정되더라도 기업들의 준비 기간을 고려하여 시행일은 2년 후가 될 것이며, 특히 이렇게 쟁점이 많은 포괄적인 법안의 세부 사항들을 채우고 다듬는 시간을 고려하면 이보다 훨씬 더 오래 걸릴 수도 있다는 전망도 공존한다.[86] 이러한 전망이 설득력을 얻는 까닭은 GDPR이 협상하는 데 4년 이상이 걸렸고, 발효되기까지는 6년이 걸렸기 때문이다. 또한 공공장소에서 안면인식기술을 사용하는 것에 대하여 국가안보를 이유로 프랑스는 지지하지만, 반대로 독일은 그러한 기술의 전면적 사용 금지를 지지함으로써, 그 협상 과정에 상당한 진통이 있을 것으로 예상되기 때문이다.[87]

나아가 AI 법안에 대한 냉혹한 평가도 존재한다. 법안이 기업들에게 부가하는 많은 의무에 대한 대가로 경쟁을 돕는 데 충분하지 않다거나[88] 법안이 적용되는 AI 시스템이나 소프트웨어의 범위가 넓어서 상당한 비용을 발생시키고 결국 유럽연합 집행위원회의 "디지털 10년(Digital Decade)" 전략에 심각한 손상을 입힐 것이라는 평가가 그것이다.[89]

그러나 유럽연합의 움직임에서 우리가 놓치지 말아야 할 것이 있다. 첫째는 지금은 우리의 현황을 정확히 파악하고 필요한 대비를 마련할 시점이라는 것이고, 둘째는 그 시안에 대한 충분한 피드백을 받는 것이 중요하다는 점이다.

지금 우리나라 AI의 현주소를 다른 나라와의 비교를 통해 날카롭게 지적한 한 보고서의 내용을 그대로 소개하면 다음과 같다. "첫째, 한국의 AI 경제 경쟁력은 최상위그룹에 속해 있지 않다. 둘째, 역량과 인프라에 비해 시장을 형성, 확대, 발전시키지 못하고 있다. 셋째, AI 인재기반이 취약하다. 넷째, 데이터의 양은 풍부하나 데이터의 질과 활용가능성은 낮다. 다섯째, 디지털 헬스케어 등 AI 주력 산업에 대한 포커스는 잘 맞춰져 있으나 산업적 발전을 위해서는 법제도적 정비가 필요하다. 여섯째, AI 윤리 등 AI 시대에 대비한 사회적 자본으로서의 법제도적 정비에 적극 나서야 한다. 일곱째, 민간의 디지털 트랜스포메이션만 독려할 게 아니라 정부 스스로 디지털 트랜스포메이션을 통해 인공지능 정부로 거듭나야 한다."[90]

실제 2021년 ICT 기술수준 조사에 따르면, AI 기술과 관련하여 우리나라와 미국과의 기술 격차는 1.3년으로, 전년(1.2년) 대비 그 격차는 더 벌어졌으며, 일본(1.5년)보다 나은 상황이기는 하지만 유럽(1.0), 중국(0.8)보다는 기술 격차가 벌어져 있다.[91][92] 우리가 이 분야에 전방위적 전략을 통해 대응하지 않으면 격차가 더욱 벌어질 것이라는 점은 쉽게 예측된다. 특히 위 한국규제학회 보고서가 지적한 바와 같이 우리나라의 경우 법제도 개선은 가장 핵심적으로 추진되어야 할 전략 가운데 하나다.

물론 그 법제 개선의 과제는 결코 녹록하지 않다. 기술의 발전 속도를 감당하기에 법은 늘 역부족이었고, 특히 AI의 자율성으로 인해 '허가, 연구·개발에 대한 감독, 불법행위 책임 등 전통적인 방식의 규제'가 AI의 위험관리 방식으로 적합한지 의문이며, 개발 결과에 대한 예측가능성과 통제가능성이 낮기 때문에 사후 규제도 쉽지 않다.[93]

그러나 인류의 역사를 되짚어 보면 신기술의 출현은 주기적으로 일어난 극히 일상적 현상이었고, 이에 따라 신기술에 대한 공포나 두려움, 현실적 위험으로 인한 혼란을 극복하는 것 또한 일상이었다.[94] 자동차가 등장한 초기에는 교통법규가 없었지만, 그 수가 늘어날수록 합의된, 더욱 세밀한 원칙을 필요로 했다. 이처럼 AI 시대를 맞이한 인류는 그 편익을 최대화하고 위험성을 통제하기 위해 스스로를 구속함은 물론 함께 공히 지켜야 할 원칙들에 합의해 나갈 것이고 그것은 AI 법제로 발현될 것이다.

3부

인공지능 규제의 미래
– 알고리즘 규제와 거버넌스

5장

알고리즘 규제의 원리와 구조*

이상용

건국대학교 법학전문대학원 부교수

I. 서론

얼마 전만 해도 먼 미래의 일일 것만 같았던 인공지능 기술은 어느새 우리의 일상에 침투하며 삶을 변화시키고 있다. 인공지능 기술은 판단과 의

---

* 이 글은 이상용, 「알고리즘 규제를 위한 지도(地圖) — 원리, 구조, 내용」, 『경제규제와 법』 제13권 제2호, 2020을 요약, 보완한 것이다. 본고는 이른바 약인공지능(weak AI)을 상정하여 작성된 것으로서, 강인공지능(strong AI)이나 초지능(superintelligence)까지 염두에 둔 것은 아니다. 강인공지능이란 인간과 구별하기 어려운 수준의 인공지능을 말하고, 초지능이란 인간의 수준을 현저히 뛰어넘어 인류에 대한 존재론적 위험을 야기할 수 있는 인공지능을 말한다고 할 수 있다. 얼마 전까지만 해도 강인공지능이나 초지능에 대한 우려는 비현실적인 것으로 여겨져 왔다. 그런데 최근 들어 대규모 언어 모델(LLM)의 발전에 따라 이른바 일반인공지능(AGI)의 출현 가능성을 염두에 둔 규제 방안이 논의되기 시작하였다. 일반인공지능은 대체로 기술적 산업적 의미로 사용되고 있지만, 강인공지능이나 초지능으로의 연결고리가 될 수 있다는 점에서 위와 같은 논의는 의미가 크다고 할 수 있다. 필자 역시 대규모 언어모델의 발전 속도에 놀라고 있다.

사결정을 자동화함으로써 상품과 서비스의 생산성을 높일 뿐만 아니라 기술 혁신 자체의 생산성도 높인다. 그 결과 경제는 높은 수준의 성장을 지속하고 개인의 잠재력과 삶의 지평은 그 어느 때보다 확장될 것으로 기대되고 있다. 그러나 인공지능 기술의 활용은 예기치 않은 위험을 초래할 수도 있다. 비교적 새로운 기술인 탓에 위험의 구체적 내용은 아직 충분히 드러나지 않았지만, 인공지능 기술로 인한 변화의 속도와 규모는 이를 그대로 방관할 수 없게 한다. 이 글은 알고리즘의 규제에 관한 다양한 논의를 규제의 원리, 구조, 그리고 내용에 관한 측면으로 나누어 검토해보고자 한다.

II. 알고리즘 규제의 원리

1. 규제는 어떻게 정당화되는가

1) 자유의 제한으로서의 규제

규제의 본질은 자유의 제한이다. 여기에서 자유의 '제한'이라고 표현한

그러나 그럼에도 불구하고 규명되지 않은 위험에 일률적으로 강한 규제를 적용하는 것은 부적절하며, 지금은 규제 여부 및 수준을 판별하기 위한 정보 수집에 보다 많은 노력을 들여야 할 때라고 생각한다. 첨언하자면 강인공지능에 대한 규제는 서두를 필요가 없지만 초지능에 대한 통제 전략은 미리 구상해놓을 필요가 있다고 본다. 만약 인공지능이 자기개선능력을 갖게 된다면 지수함수적으로 능력이 발전하여 사후적으로 통제 방안을 마련하기에는 시간이 촉박할 수 있기 때문이다. 다만 치명적 자율무기(LAW, Lethal Autonomous Weapon)의 경우 약인공지능 단계에서 이미 인간의 생명과 신체와 같은 기본적 자유(basic liberty)에 대한 현실적이고 급박한 위험이 되고 있으므로 국제적으로 조율된 강력한 규제가 조속히 시행될 필요가 있다.

것은 자연 상태에서 개인이 자유롭다는 점을 암묵적으로 전제하는 것이다. 이에 대하여 자유가 공동체 안에서 비로소 주어지는 것을 전제로 자유의 '범위'라는 표현이 사용되어야 한다는 견해가 있을 수도 있다. 그러나 이러한 관점은 적어도 시민혁명의 소산으로 근대헌법이 탄생한 후로는 타당하다고 할 수 없다. 우리 헌법도 제10조의 행복추구권을 통하여 일반적 행동자유권을 선언하고 있다.[1]

자유의 제한은 법적으로 어떻게 정당화될 수 있을까. 단순히 '법률'에 근거 조항이 있다고 말하는 것은 우리가 원하는 답이 아니다. 최상위 법규범인 헌법을 근거로 삼을 수도 있겠지만 법 이전의 무언가를 찾아가는 것이 보다 설득력이 있을 것이다. 이 글에서는 윤리를 매개로 법적 정당화의 원리에 접근하고자 한다. 물론 내면적 동기와 자율성을 특징으로 하는 도덕은 외부적 결과와 강제가능성을 특징으로 하는 법과 엄연히 구별된다. 그럼에도 불구하고 윤리는 법의 바탕이자 외연을 구성하는 한 요소이며, 나아가 내부적 규율과 자율규제라는 기제를 통해 법적 규제를 보완할 수도 있으므로 그에 관해 살펴보는 것은 의미 있는 일이다.[2]

2) 윤리적 정당성에 관한 세 가지 관점

윤리적 정당성에 관하여는 오랜 기간 수많은 학자들이 다양한 견해를 밝혀 왔다. 비록 세부적인 차이는 있겠지만 이들은 자유주의, 공리주의, 그리고 공동체주의라는 세 가지 입장으로 나누어볼 수 있다.

먼저 자유주의 윤리는 행위주체의 자유를 가장 우선시한다. 자유주의 윤리는 의무론적 자유주의와 목적론적 자유주의로 구별되는데, 자유주의의 본질에 보다 부합하는 것은 전자이다. 의무론적 자유주의의 관점에서는 인간에게 자유가 없다면 윤리적 삶을 영위할 수 없으므로 자유는 수단이 아닌 의무가 된다. 인간을 수단이 아닌 목적으로 대하라는 칸트의 정언명령은 인간의 존엄성을 표현하는 동시에 의무론적 자유주의의 핵심을 보여준다.[3]

한편 목적론적 자유주의는 자유를 일정한 목적을 위한 수단으로 보는데, 그 목적이란 다름 아닌 공리주의의 관점을 뜻한다. 밀(J. S. Mill)의 질적 공리주의에서 자유는 개성의 자유로운 발전을 위한 전제로서 다른 수단과 동일시될 수 없는 우선적 지위를 갖는 것인 동시에 각자가 자신의 이익을 최대한 달성할 수 있도록 함으로써 사회의 효용을 증대하는 수단이 된다.[4] 자유주의는 개인의 자유를 공동체의 미덕보다 우선한다. 대표적인 자유지상주의자인 노직(R. Nozik)의 표현에 따르면 "존재하는 것은 오직 개인들"이며, 한 개인을 타인들의 이익을 위해 이용할 때 일어나는 것은 "그에게 무엇이 저질러진다는 것일 뿐"이며, "전체적인 사회적 선이란 이 사실을 은폐할 뿐"이다.[5]

공리주의는 공리를 극대화하는 것이 정의라고 본다. 공리주의는 '이익형량을 통한 공리의 극대화'를 통해 '최대 다수의 최대 행복'에 도달하려 한다. 다만 이러한 입장이 일관되는 것은 벤담(J. Bentham)의 양적 공리주의이며, 밀의 질적 공리주의는 다른 공리에 대한 자유의 우선성을 인정한다는 점에서 앞서 본 것처럼 목적론적 자유주의의 범주에도 함께 속한다. 양적 공리주의는 인간을 이익형량의 대상으로 삼는 것을 허용하는데, 이는 인간을 수단이 아닌 목적으로 대하라는 칸트의 정언명령, 즉 인간의 존엄성에 반하는 결과가 되므로 의무론적 자유주의와는 긴장 관계에 있다.

한편 공동체주의의 윤리는 공동체 구성원이 준수해야 하는 미덕(virtue) 내지 인륜(Sittlichkeit)를 중시한다. 이러한 미덕의 배후에는 좋음(the good)

이 자리한다. 공동체주의의 윤리가 언제나 공동체의 미덕이 개인의 자유와 권리에 우선한다고 보는 것은 아니지만, 이 관점에서는 옳음(the right) 역시 좋음의 하나에 불과하므로 결국 좋음을 대변하는 미덕이 우선적 지위를 갖는다.[6]

3) 자유 제한의 정당성 근거

윤리적 정당성에 관한 세 가지 관점은 각기 다른 방식으로 자유 제한의 정당성 근거를 제시한다.

먼저 자유주의적 관점에서 자유 제한의 정당화 사유는 바로 타인의 자유와 권리이다. 이러한 '타인의 불가침성'은 인간을 수단이 아닌 목적으로 대하라는 칸트의 정언명령으로부터 자연스럽게 도출된다. 밀은 이른바 '해악의 원리(principle of harm)'로 알려진 다음과 같은 명제를 통해 이를 명확히 하였다. "문명사회의 어느 구성원에 대하여 그의 의사에 반하여 권력이 정당하게 행사될 수 있는 유일한 목적은 타인에게 끼치는 해악을 방지하기 위함이다."[7] 타인의 자유와 권리는 대체로 헌법상 기본권에 속하지만 모든 기본권이 자유 제한의 정당화 사유가 되는 것은 아니다.

이에 비하여 공리주의적 관점에서는 사회적 편익과 비용의 비교형량에 의하여 자유 제한의 정당성 여부를 판단한다. 오늘날 압도적인 영향력을 누리고 있는 이익형량의 논리가 바로 이에 해당한다. 이익형량의 논리는 개인의 자유도 형량의 대상에 불과한 여러 이익 가운데 하나일 뿐이라고 본다는 점에서 자유주의와는 거리가 있다. 그럼에도 불구하고 공리주의적 관점은 '보이지 않는 손(invisible hand)'이라는 시장의 원리를 통해 목적론적 자유주의와 연결된다. 한편 공리주의적 관점은 '최대 다수의 최대 행복'이라는 명제를 통해 공동체주의와 간접적으로 연결되기도 한다. 이익형량의 논리는 종종 여기에서 더 나아가 공동체적 가치를 이익형량의 대상이 되는 여러 이익 가운데 하나로 자리매김하기도 한다.

한편 공동체주의적 관점에서는 해악의 원리나 이익형량의 논리에 의존하지 않고도 공동체적 가치를 근거로 자유를 제한하는 것이 허용된다. 오늘날 가장 광범위하게 문제되는 것은 아마도 법적 도덕주의와 후견주의일 것이다. 예컨대 성인 간의 합의에 따른 성행위가 매춘이나 동성혼에 해당한다는 등의 이유로 금지되는 것은 법적 도덕주의에 근거한 것이고, 사행행위나 대마초의 흡연을 금지하는 것은 후견주의에 근거한 것으로 볼 수 있다.

이들 세 가지 관점은 모두 나름의 장점과 한계를 지니고 있다. 자유주의적 관점은 인간의 존엄성에 바탕을 둔 명확한 도덕적 근거를 제공한다는 장점이 있다. 그러나 누군가의 자유가 다른 사람의 자유와 충돌하는 경우에 발생하는 갈등 상황을 다루기에는 어려움이 있다. 배분적 정의를 구현하기 어려운 냉담한 능력주의라는 비판도 있다. 반대로 공동체주의적 관점은 연고적(緣故的) 자아를 전제로 하여 윤리에 실질적 내용을 부여한다는 장점이 있지만, 인간을 목적으로 대하지 않고 기본적 자유의 침해를 허용한다는 점에서 비도덕적이라는 비판이 가능하다. 특히 무엇이 선(the good)인가를 누가 정할 것인가의 질문 앞에서는 다수자의 전제에 불과할 수도 있다. 공리주의적 관점, 특히 양적 공리주의에 대하여는 대체로 공동체주의적 관점에서와 같은 평가가 가능하지만, 선의 개념이 너무 좁고 욕구의 질을 구분하지 못한다는 비판도 있다.

이처럼 각각의 장단점이 있는 관점들로부터 자유 제한을 위한 타당한 근거를 발견하는 것은 쉬운 일이 아니다. 각 관점은 논증하기에 따라 논리적으로 양립 불가능한 것일 수도 있고, 사안에 따라 적절한 관점을 취한다는 식의 접근법은 문제해결을 위한 아무런 지침도 제공하지 못한다. 하지만 자유와 미덕이 나란히 공존하기 어렵다면 이들 사이에 우선순위를 정하는 것은 가능하지 않을까? 밀의 질적 공리주의에서 단초를 발견할 수 있는 이러한 아이디어는 롤스(J. Rawls)에 의하여 '정의의 원칙'으로 공식화되었다.[8]

롤스의 정의 원칙은 기본적 자유(basic liberty)에 관한 제1원칙, 그리고 최소 수혜자의 배려(차등의 원칙, difference principle)와 공정한 기회 균등에 관한 제2원칙으로 이루어진다. 정의의 원칙들은 축차적 서열을 갖는다. 먼저 제1원칙은 제2원칙에 우선한다(제1우선성 원칙). 그리고 제2원칙은 효율성과 복지에 우선하며, 특히 공정한 기회는 차등의 원칙에 우선한다(제2우선성 원칙). 자유의 우선성과 정의의 우선성, 그리고 좋음에 대한 옳음의 우선성은 실질적인 문제 해결을 위한 유용한 지침을 제공한다. 무엇보다 롤스의 정의론은 인간의 존엄성과 보편성을 기초로 강력한 정당성 근거를 제공하는 자유주의적 관점에 기반하면서도, 최소 수혜자를 배려하는 차등의 원칙을 통해 배분적 정의를 포용하고, 결여된 자율성을 보충하는 '약한 후견주의(weak paternalism)'를 수용한다는 점에서 고전적 자유주의의 약점을 극복하고 있다. 이 글은 기본적으로 롤스의 관점에서 알고리즘 규제의 문제에 접근하고자 한다.

2. 알고리즘 규제에는 원리적 차이가 존재하는가

1) 알고리즘의 특성

컴퓨터 알고리즘은 범용 수학 기계(Turing Machine)의 가능성과 한계를 알려준 튜링(A. Turing)의 계산이론과 단순한 스위치(switch)가 이진법 연산의 논리(Boolean logic)와 동일하다는 점을 깨달은 섀넌(C. Shannon)의 혜안에 바탕을 두고 탄생했다. 이러한 알고리즘, 특히 인공지능 알고리즘은 판단과 의사결정을 위한 도구로서 막강한 능력을 자랑하고 있다. 위와 같은 기술적 바탕과 지향성으로 인해 인공지능 알고리즘은 몇 가지 특성을 갖게 된다. 즉 인간의 개입 없이도 작동한다는 의미에서 자율성을, 특정한 영역의 작업을 인간 못지않게 혹은 더 잘 수행한다는 의미에서 합리성을, 그리고 때로는 인간과 구별되기 어렵거나 공감을 불러일으킨다는 의미에서 인간과의 유사성을 지니는 것이다.[9]

인공지능 활용의 폭발적 확산을 가져온 기계학습 기술은 알고리즘에 또 다른 특성을 부여한다. 인공지능 기술의 구현 방법은 크게 기호와 논리에 의존하는 기호주의적 접근법(symbolism)과 인간의 뇌를 모방하는 것에서 아이디어를 얻은 연결주의적 접근법(connectionism)으로 나뉜다.[10] 1956년 다트머스 회의에서 인공지능이라는 용어가 처음 탄생한 이래 기호주의가 압도적 영향을 미쳐 왔지만 2010년대 이후 인공지능의 화려한 부활을 주도한 것은 신경망을 기초로 한 딥러닝(deep learning) 기술, 즉 연결주의적 접근법이었다. 그런데 딥러닝 기술은 의사결정 나무(decision tree)와 같은 기호주의적 접근법과 달리 결과값의 근거를 찾기 어렵다. 이처럼 인공지능 알고리즘이 내놓은 판단이나 결정의 근거나 과정에 대한 적절한 설명이 없는 상태를 흔히 '블랙박스(black box)'라고 표현한다.

이러한 알고리즘의 특성은 규제의 국면과 관련하여 몇 가지 문제를 일으킨다. 우선 규제자의 판단과 의사결정에 알고리즘이 이용될 경우 인간에 의하여 규제가 이루어지는 경우와는 달리 규제의 이유를 파악하기 어렵다는 문제가 있다. 또한 규제 여부에 관한 결정이 알고리즘에 의하여 이루어지고, 규제 대상인 행위가 알고리즘에 의하여 이루어지는 경우에는 국가와 국민을 각각 규제자와 피규제자로 하는 구조가 깨어지는 것은 아닌가 하는 의문이 생길 수도 있다.

아래에서는 '알고리즘에 의한 규제(regulation by algorithm)'와 '알고리즘에 대한 규제(regulation of algorithm)'로 나누어[11] 위와 같은 의문에 답해보고자 한다.

2) 알고리즘에 의한 규제

알고리즘에 의한 규제의 문제는 알고리즘이 사실상 규제자로서 작용하는지 여부의 문제와 규제자의 알고리즘 사용에 관한 문제로 나누어볼 수 있다.

(1) 규제자로서의 알고리즘

일부 견해는 알고리즘 자체가 법적 규제와 유사하게 실질적으로 인간의 행위를 규제하는 상황이 나타나고 있다고 주장한다. 알고리즘이 종래 정보법학에서 논의되어 온 아키텍쳐 규제(Architectural Regulation)의 속성, 즉 일종의 사실상 행위규제의 속성을 지니며, 나아가 학습을 통해 획득한 고도의 자율성으로 인해 당초 의도되지 않았던 새로운 규제가 이루어지는 양상이 보편화될 수 있다는 것이다.[12] 위 견해는 자유 제한의 현실을 직시하고 알고리즘의 투명성이라는 해결방안을 제시하였다. 다만 이 문제는 규제 주체의 문제라기보다는 규제 대상의 문제로 접근하는 것이 보다 합리적일 것이다. 즉 코드나 알고리즘 기반의 규칙들이 기존의 법제도와 상충한다면 그러한 규칙들을 통한 행위가 규제의 대상이 될 수 있음을 의미하는 것이지 그 규칙들이 새로운 규제 현상이 되는 것은 아니다.

(2) 규제자의 알고리즘 사용

현실적으로 규제자인 국가의 알고리즘 사용 문제가 보다 시급하다. 최근 들어 여러 국가들이 사법, 행정, 치안 및 안보, 국방 등 수많은 영역에서 인공지능 기술을 이용하여 판단과 의사결정의 자동화를 추구하고 있다. 오늘날 국가의 작용은 민주주의와 법치주의 등 헌법적 원리에 의하여 통제받는 것이 원칙이다. 그런데 국가 작용이 알고리즘에 의하여 자동화될 경우 이러한 법원리들이 실질적으로 무력화될 수 있다.

예를 들어 법관의 판단을 돕기 위하여 알고리즘을 이용하는 경우 알고리즘에 대한 지나친 의존으로 인해 법관의 독립이 사실상 침해되거나 증명책임의 실질적 전환이 일어날 수 있고, 당사자들이 동일하거나 유사한 알고리즘을 사용할 경우 대심(對審) 구조가 형해화될 수도 있다.[13] 효율성 향상을 노린 행정의 자동화는 그 효력 여부에 관한 법리적 의문과 함께 과연 알고리즘이 재량권 행사의 전제가 되는 가치판단과 이익형량을 수행할 능력이 있는지 여부에 관한 기술적 의문을 불러일으킨다. 독일의 2017년 개정 연방행정절차법이 재량이나 판단여지가 존재하지 않는 경우에 한해 자동화된 행정의 유효성을 인정한 것이나 우리나라의 2021년 행정기본법이 기속행위에 한하여 자동화된 행정처분의 법적 근거를 마련한 것은 그 때문이다.

또한 인공지능 기술은 국가의 치안 및 안보 능력을 크게 향상시켰지만 이와 동시에 국민에 대한 감시의 도구로도 악용되고 있다. 예컨대 중국 정부의 전 국민을 대상으로 한 사회신용평점 제도는 감시사회를 향한 전체주의적 시도라고 의심받고 있다.[14] 한편 화약과 핵무기에 이어 세 번째 전쟁 혁명으로 불리는 치명적 자율무기(Legal Autonomous Weapon, LAW)의 등장과 확산은 그에 대한 인간의 실질적 통제라는 과제를 촉발시키는데, 기존의 국제인도법만으로는 이를 해결하기 어려운 실정이다.[15]

국가의 알고리즘 사용의 문제는 결국 민주주의와 법치주의와 같은 공법적 원리들이 판단과 의사결정이 자동화되는 상황에서도 원리적 힘을 잃지 않고 본래의 역할을 다할 수 있도록 해석론과 입법을 발전시켜 나감으로써 해결되어야 하며 그 핵심적 수단은 투명성과 설명가능성일 것이다.

3) 알고리즘에 대한 규제

알고리즘에 대한 규제는 개인이 알고리즘을 개발하고 이용하는 과정에서 발생하는 권리나 이익 또는 가치에 대한 침해나 위험을 이유로 그의 자유를 제한하는 것으로서 일반적인 규제와 원리적으로 다를 것은 없다. 단지 규제 목적의 달성을 위하여 투명성과 설명가능성이 요구될 뿐이다. 다만 인공지능 알고리즘의 경우 그것이 지닌 고도의 자율성과 합리성에 착안하여 그 자체를 피규제자로 볼 수 있는지가 문제될 수 있는데, 만약 이를 긍정한다면 원리적 차원의 문제로 비화될 수 있을 것이다.

결론부터 말하자면 통제 대상으로서의 알고리즘은 단순한 도구일 뿐 주체성을 요하지 않으며, 알고리즘에 대한 통제의 목적은 그 배후에 있는 인간에 대한 규제로 충분히 달성할 수 있다. 비록 최근에 인공지능 기술이 급속도로 발전하고 있지만, 적어도 현재 기술의 연장선에서는 인간과 구별하기 어려운 인공지능, 즉 강인공지능(strong AI)은 구현되기 어렵다는 시각이 지배적이다. 특정한 존재가 윤리적 인격체로 승인되기 위해서는 윤리적 자율성이 요구되므로 현 상태에서 인공지능의 윤리적 주체성을 인정할 수는 없다.[16] 법적 주체성의 경우 이를 긍정하는 견해[17]도 있지만 역시 부정하는 것이 타당하다. 현 단계의 인공지능이 자유의지나 이성이라는 속성을 지닌다고 볼 수 없고, 인공지능을 법적 주체로 보는 사회적 현실이 존재하지 않으며, 법인격을 인정할 법기술적 유용성도 인정되지 않기 때문이다.[18]

4) 요약

알고리즘, 특히 인공지능 알고리즘이 지닌 고도의 자율성에도 불구하고 그에 관한 규제가 일반적인 규제와 원리적으로 차이가 있는 것은 아니다. 다만 알고리즘에 의한 규제의 경우 민주주의나 법치주의의 요구로부터, 알고리즘에 대한 규제의 경우 규제 목적의 달성을 위하여 투명성과 설명가능성이 요구된다는 특징이 있을 뿐이다. 특히 전자의 경우 근대적 국가의 조직 원리인 까닭에 이러한 요구가 특히 강하게 나타난다.

III. 알고리즘 규제의 구조

1. 신산업의 규제는 어떠한 구조를 갖는가

1) 규제 구조의 유형

(1) 여러 가지 규제 유형

행위의 규제는 여러 관점에서 유형화될 수 있다. 규제의 주체에 따라 공적규제와 자율규제로 나눌 수 있고, 시간적 관점에 따라 사전규제와 사후

규제로 나눌 수 있으며, 규제의 방식에 따라 포지티브 규제와 네거티브 규제로 나누거나 원칙 중심 규제와 규정 중심 규제로 나눌 수도 있다. 최근에는 잠정적 · 적응적 규제와 절차적 규제의 중요성이 강조되고 있기도 하다.

규제는 전통적으로 공적규제를 중심으로 발전해 왔지만 최근에는 규제완화의 흐름에 발맞추어 자율규제의 유용성이 주목받고 있다. 자율규제는 특유의 유연성으로 인해 많은 경우 경직적인 공적규제보다 나은 문제해결 방식이 된다. 자율규제기관의 전문성을 활용함으로써 규제비용을 절약할 수 있을 뿐 아니라 규제비용을 내부화할 수 있다는 점에서 공적규제보다 효율적이기도 하다.[19]

자율규제는 구속력이 없다는 비판도 있지만, 자율규제도 규제인 이상 실효성 확보를 위해 여러 방안이 마련될 수 있다. EU GDPR(General Data Protection Regulation)이 규정한 인증(certification) 또는 행동규약(code of conduct)과 같은 자율규제가 좋은 예이다. 즉 개인정보 처리자가 승인받은 행동규약을 준수하거나 인증을 받은 경우 GDPR을 준수하였다는 합법성 추정이 이루어질 수 있으므로, 자기구속의 법리상 인증이나 승인을 한 규제기관은 위법하다는 판단을 내리기 어려울 것이다.

사전규제가 위험이 현실화되기 전에 이루어지는 규제라면 사후규제는 위험이 현실화된 뒤에 이루어지는 규제이다. 위험기반 규제와 증거기반 규제 역시 유사한 관점에서 이루어지는 구분이다. 사전규제와 사후규제는 구제수단과 관련이 깊은데, 사전적 위험에 대한 대응수단으로서 행정법의 민사법 및 형사법에 대한 우위를 지적하는 견해가 있다. 기본적으로 사후구제 수단인 민사법은 침해가 회복 불가능한 경우나 개인의 손해가 없는 공동체 가치 침해의 경우에는 대응할 수 없다는 한계가 있고, 형사법은 위험형법(Risikostrafrecht)을 통한 사전예방의 기능이 있지만 형법의 과잉투입

이나 실효성의 문제에 직면하게 된다는 것이다.[20]

　포지티브 규제와 네거티브 규제의 구분 역시 중요하다. 포지티브 규제는 허용되는 행위를 명시적으로 열거하는 방식을 가리키고, 네거티브 규제는 반대로 허용되지 않는 행위만을 열거하는 방식을 가리킨다. 포지티브 규제는 원칙적 금지·예외적 허용이라는 방식 때문에 헌법 원리에 반할 요인이 많을 뿐 아니라,[21] 지나치게 강하고 경직적이어서 규제지체의 주요 요인으로 지적되어 왔다. 그럼에도 불구하고 네거티브 규제로의 전환은 재량행사와 부정부패를 연관짓는 국민 정서로 인해 재량권 행사에 소극적인 공직사회의 관행과 맞물려 지지부진한 형편이었다.[22] 오늘날 우리 사회는 재량권 일탈 및 남용의 문제보다 재량권 불행사의 비효율 문제가 더욱 심각한 상황이다. 다행히 2019년의 행정규제기본법 개정으로 신기술 서비스·제품과 관련된 규제의 경우 네거티브 규제의 원칙이 입법화되었으므로 앞으로 귀추를 주목할 필요가 있다.

　한편 규제의 방식과 관련하여 원칙 중심 규제도 살펴볼 필요가 있다. 2008년 금융위기를 계기로 금융규제와 관련하여 기존의 규정 중심 규제에 대비되는 원칙 중심 규제의 도입에 관한 논의가 많이 있었다. 여기서 원칙(principle)이란 허용되는 행위유형과 사실관계에 관한 판단을 모두 규제기관에 위임하는 것이고, 규정(rule)이란 허용되는 행위유형은 사전에 결정해 두고 사실관계에 관한 판단만을 규제기관에 위임하는 것이다. 원칙 중심 규제는 유연성과 재량의 부여라는 장점이 있는 반면, 헌법의 법체계 구성 원리상 엄격한 제재조치와는 조화되기 어렵다는 평가가 있다.[23]

　규제의 문제는 행위의 결과만이 아니라 과정에 대한 고려도 필요로 한다. 허용되는 위험 수준과 위험의 배분은 사전적으로 정해져 있지 않고 사회적 합의를 통해 정해질 수밖에 없기 때문이다.[24] 따라서 합의 결과를 수용할 수 있는 투명하고 공정하고 충분한 기회보장이라는 절차가 중요하다. 루만(N. Luhmann)이 말한 것처럼 이해관계가 복잡하게 얽혀 있는 현대에는 법의 실체적 정당화보다 절차적 정당화가 민주적 법치국가를 유지하는 데 더욱 중요한 기능을 수행한다.[25] 이러한 절차주의(Prozesduralismus)는 사회국가적 규제에 대한 대안 모델로 제시된 것으로서 자율규제와 밀접한 관련이 있다. 피규제자들에게 스스로 규범을 만들도록 하면서도 이를 준수하지 않으면 제재를 받도록 함으로써 자율성의 측면과 강제성의 측면을 통합적으로 수용하기 때문이다.

신산업이 초래하는 규제지체의 상황에서 규제와 비규제의 이분법적 접근은 바람직하지 않다. 이에 대한 대안으로 제시되고 있는 것이 잠정적 규제(temporary regulation)와 적응적 규제(adaptive regulation)이다. 신산업으로 인한 급속하고 광범위한 변화에 대한 대응의 핵심은 '잠정적인 규율 내용이라도 재빨리 담아내는 것'이다.[26] 잠정적 규율의 규범력은 행정지도나 재량행사 등을 통하여 확보할 수 있을 것이다. 최근에는 특히 실험조항이 주목받고 있다. 실험조항이란 일정 기간 동안 제한적 범위와 조건에서 기존 규제로부터의 특례를 인정하여 합법적으로 허용하면서, 그 기간 동안 충분히 정보를 수집하며 평가를 통해 최선의 완결적 규율을 하기 위한 입법기술을 말한다. 대표적인 사례로는 신산업에 대한 규제샌드박스를 들 수 있다. 규제샌드박스는 2019년 개정 행정규제기본법에 선허용·후규제의 포괄적 규정이 마련된 것을 계기로 많은 기대를 받고 있다.

(2) 규제의 강도와 경도

지금까지 규제의 여러 가지 유형을 살펴보았다. 각 유형은 나름의 관점을 지니고 구분된 것이지만 여기서는 규제의 강도(強度)와 경도(硬度)를 기준으로 이들을 다시 묶어보고자 한다.

먼저 자유 제한의 정도, 즉 규제 강도에 따라서 강한 규제와 약한 규제로 분류해볼 수 있다. 공적규제, 사전규제, 포지티브 규제를 강한 규제라고 한다면, 이에 비해 자유 제한의 정도가 미약한 자율규제, 사후규제, 네거티브 규제는 약한 규제라고 부를 수 있을 것이다. 자유 제한의 경직성, 즉 규제 경도에 따라서 경직적 규제와 유연한 규제로 분류할 수도 있다. 예컨대 규정 중심 규제, 내용적 규제, 이분법적 규제, 공적규제가 경직적 규제라면, 이에 비하여 자유 제한의 경직성 정도가 덜한 원칙 중심 규제, 절차적 규제, 잠정적·적응적 규제, 자율규제는 유연한 규제라고 부를 수 있다.

2) 신산업 규제의 구조

(1) 혁신과 규제의 갈등관계로 보는 시각

과거 역사를 통해 무수히 증명되어 온 것처럼 새로운 기술은 신산업을 태동시키며 기존의 사회와 경제에 파괴적 혁신을 초래한다. 이러한 변화의 결과 많은 사람들이 이익을 얻게 되는 반면 일부 사람들은 불이익을 입거나 삶의 변화를 받아들일 수밖에 없게 된다. 이러한 상황은 신산업에 있어서 혁신과 규제가 갈등관계에 있다는 인식을 낳았고, 이는 다시 혁신과 규제 가운데 무엇을 우선시킬 것인지에 관한 논쟁을 낳았다.

혁신을 강조하는 입장에서는 개인의 자유와 창의야말로 혁신의 원천이며 규제는 혁신의 속도를 따라가지 못한 채 기득권자를 보호해줄 뿐이라고 본다.[27] 규제를 강조하는 입장에서는 미지의 위험과 이해 상충 앞에서 국가가 방관만 하는 것은 기본권 보호의무의 방기라고 주장한다.[28] 대체로 전자가 대륙법의 전통에 가깝다면 후자는 영미법의 태도에 가깝다고 할 수 있다.[29] 당연한 일이지만 전자의 입장은 보다 약한 규제를 선호한다. 금지되지 않은 것은 허용된다는 원칙을 바탕으로 하면서, 불가피하게 규제를 하더라도 자율규제나 사후규제의 방식을 우선해야 한다는 것이다. 후자의 입장은 혁신의 편익을 극대화하면서 이로 인한 피해를 최소화하기 위해 규제가 필요하다고 본다.

위와 같이 규제와 혁신의 갈등이라는 틀로 문제를 바라보는 관점은 혁신이 가져다줄 수 있는 편익을 그로 인해 초래될 위험 및 갈등과 비교형량하여 규제의 정당성 또는 필요성 여부를 판단하려고 한다. 과학기술의 발전은 필연적으로 인류의 진보를 가져온다고 보는 기술결정론과 민주적 과정을 통해 과학기술의 위험을 통제해야 한다고 보는 사회결정론 사이의 대립[30]도 편익과 비용의 비교형량이라는 유사한 인식 틀을 전제한 것으로 볼 수 있다. 그러나 이러한 관점은 규제의 본질, 즉 자유 제한의 정당성 근거와 관련하여 공리주의에 지나치게 경도된 것일 수 있다. 자유주의의 관점에서 보자면 혁신을 추구하는 개인은 그로 인한 편익을 증명할 필요가 없다. 신산업이라고 하여 비용보다 큰 편익이 보장되어 있는 것은 아니고 일반적인 규제와 다른 특별한 정당화 근거가 인정되는 것은 더욱 아니므로 이익형량적 관점에서 신산업 규제에 특수한 구조적 특성을 찾는 것은 부적절하다. 신산업이라는 이유만으로 '약한 규제'가 요구되는 것은 아니다.

(2) 유연한 규제의 필요성

신산업 규제의 구조적 특성은 신산업의 일반적 특성, 다시 말해 변화의 속도와 예측 곤란성이라는 점에서 찾아야 한다.

변화의 속도가 빠르고 광범위하기 때문에 신산업에는 규제지체가 발생하기 쉽다. 즉 신산업에 적용될 명시적인 규제가 존재하지 않거나(규제공백), 기존 규제가 신산업에 적용하기에 부적합하거나(규제적용의 부적합), 기존 규제가 신산업에 적용되는지 여부가 불명확하거나(규제적용의 불명확), 또는 기존 규제를 적용하는 것이 불합리한 경우(규제의 불합리)가 생길 수 있는 것이다.[31] 규제공백을 이유로 아무런 제한 없이 모든 행위가 허용되는 상황이 반드시 정당한 것은 아니며, 적절한 규제가 마련될 필요가 있을 수 있다.

문제는 신산업이 자유와 권리, 이익, 또는 공동체적 가치에 어떤 영향을 미칠 것인지 예측하기 곤란하기 때문에 규제의 구체적 내용을 마련하기 어렵다는 점이다. 불충분한 정보만으로 섣불리 규제에 나설 경우 정당한 근거 없이 자유를 제약하고 혁신의 불씨를 꺼트리는 결과만을 낳을 수도 있다. 이런 상황을 해결할 수 있는 방법이 바로 잠정적 규제, 절차적 규제, 자율규제, 원칙 중심 규제와 같은 유연한 규제이다.

특히 규제샌드박스와 같은 실험 조항은 기존의 규제와 새로운 규제의 완충작용을 할 수 있고 반대자를 설득하는 기능도 있어 유용성이 크다. 다만 실험조항의 운용은 법치주의와의 관계에서 유의할 부분이 있다. 법적 안정성을 위태롭게 하고 법률 적합성에 반할 수 있기 때문이다.[32] 규제지체가 있다는 점만을 근거로 하여 '법률'에 의하여 금지된 행위를 허용하는 것은 이론적으로 상당히 어려운 일이다.

2. 알고리즘 규제의 구조는 어떠해야 하는가

알고리즘, 특히 인공지능 알고리즘 기술은 2010년대 이후 폭발적인 발전을 통하여 사회에 광범위한 영향을 미치고 있는 전형적인 신기술이다. 따라서 앞서 보았던 신산업 규제의 구조적 특성을 그대로 갖는다. 즉 알고리즘 기술을 활용한 산업에는 유연한 규제가 바람직하지만, 신기술이라는 이유만으로 약한 규제가 요구되거나 반대로 강한 규제가 요구되는 것은 아니다.

IV. 알고리즘 규제의 내용

1. 알고리즘과 관련된 가치들

알고리즘, 특히 인공지능 알고리즘이 지닌 자율성, 합리성, 그리고 인간과의 유사성은 오늘날 모든 영역의 생산성을 끌어올리면서 사람들의 삶을 향상시키는 반면에 그 역기능에 대한 우려도 많이 제기되고 있다. 아직은 새로운 기술인 탓에 어떠한 위험이 도사리고 있는지 잘 알 수는 없지만, 2017년 「아실로마 원칙(Asilomar Principle)」이 발표된 이래 그 개발과 이용 과정에서 지켜져야 하는 가치와 윤리적 원칙들을 확인하려는 노력은 각국 정부와 국제기구 또는 연구단체들에 의하여 꾸준히 이루어져 왔다. 우리 정부 역시 세계적 흐름에 발맞추어 2017년 「지능정보사회 윤리가이드라인」[33]을 제정하여 공공성, 책무성, 통제성, 투명성이라는 원칙을 제시한 바 있다. 이들 윤리 원칙들에 관하여는 이미 많은 연구성과가 축적되어 있으므로[34] 상세히 설명하지는 않겠지만, 점차 그 내용이 수렴해가고 있다는 점은 주목할 필요가 있다.

이러한 가치들은 인공지능 알고리즘에 대한 규제의 내용, 즉 규제 여부 및 규제 수단의 결정에 영향을 미친다. 그러나 이들 가치들이 동등한 의미를 갖는 것은 아니다. 어떠한 가치들은 다른 가치에 봉사하는 수단이기도

하고, 목적이 되는 가치들 역시 서로 간에 우선순위가 존재할 수 있다. 또한 승인된 가치가 어떠한 규제를 정당화한다는 것이 반드시 그러한 규제가 필요하다는 의미를 갖는 것도 아니다. 따라서 알고리즘에 관한 일반적 규제는 비현실적이며 바람직하지도 않다. 최근 주목받고 있는 2021년 「EU 인공지능 법안(Proposal for Artificial Intelligence Act)」은 비록 위험의 정도에 비례하는 방식으로 설계되어 있기는 하지만 일반적 규제를 시도하고 있다는 점에서 신중하게 접근할 필요가 있다.

아래에서는 먼저 규제 내용 결정에 관한 일반론이 알고리즘의 경우에 어떻게 반영되는지 살펴보고, 이어서 의사결정의 자동화라는 알고리즘 고유의 특성이 규제 내용에 어떤 영향을 미치는지 살펴본다.

2. 알고리즘 규제의 내용은 어떻게 결정되는가

1) 위험의 유형과 규제 여부 및 규제 수단의 결정

신산업으로 인한 위험과 갈등을 예측하기 어렵다는 점은 그에 대한 규제 여부 및 규제 수단의 결정을 어렵게 만든다. 그러나 위험과 갈등을 적절하게 유형화한다면 이를 결정하는 기준과 방법을 정식화할 수 있다. 아래에서는 특히 설득력 있는 두 가지 방안을 소개한 뒤 자유 제한의 정당성 근거에 기초한 새로운 방안을 제시하고자 한다.

(1) 위험의 중대성과 개연성

첫 번째 방안은 새로운 과학기술이 야기할 수 있는 위험을 중대성과 개연성을 기준으로 다음과 같은 4가지 유형으로 나누어 평가한다.[35] 위험이 중대하고 발생가능성이 높은 경우(제1유형), 위험이 중대하지만 발생가능성은 낮은 경우(제2유형), 위험이 미약하고 발생가능성이 큰 경우(제3유형), 위험도 미약하고 발생가능성도 낮은 경우(제4유형) 등이 그것이다. 특히 위험의 중대성은 '적정 국민보호수준'을 잣대로 하여 결정된다. 이렇게 위험의 평가가 이루어지면, 규제에 의하여 얻게 될 이익의 규모 및 수혜자와 규제로 인하여 초래될 새로운 위험의 규모 및 부담자 사이의 이익형량을 통하여 규제 수단이 선택된다.

(2) 갈등의 구조와 성격

두 번째 방안은 갈등의 원인이 되는 이해관계의 구조와 성격에 따라 갈등관계를 유형화한다.[36] 위 견해에 따르면 혁신과 규제 사이의 갈등은 크게 기존의 전통적 사업자와 신기술을 활용하는 신규 사업자 사이의 경쟁관계에서 발생하는 경우와 그렇지 않은 경우로 나누어 볼 수 있다. 전자는 다시 기존의 택시와 우버택시의 경우처럼 제공되는 상품이나 용역이 동일한 경우(동일상품 경쟁형, 제1유형), 그리고 케이블방송과 IPTV의 경우처럼 대체재 관계에 있는 경우(대체재 경쟁형, 제2유형)로 나뉜다. 그리고 후자는 개인정보침해의 경우처럼 신기술의 활용이 이해관계자의 기본권이나 법적 권리와 충돌하는 경우(기본권 충돌형, 제3유형), 그리고 유전자변형식품이나 원자력발전 등의 경우처럼 특정인의 이해를 떠나 사회적 가치 차원의 갈등을 야기하는 경우(가치 갈등형, 제4유형)로 나뉠 수 있다.

이러한 방식의 유형화는 규제의 구조뿐만 아니라 내용적 특성도 암시해 줄 수 있다. 즉 제1유형과 제2유형의 경우 경쟁사업자 상호 간의 이익조정이라는 관점에서 접근해서는 안 되며 경쟁의 촉진과 이를 통한 소비자 효용 극대화가 핵심적 정책 목표가 되어야 한다. 제3유형의 경우에는 기본권 충돌과 이익형량이 관건이다. 그리고 제4유형의 경우에는 공동체적 가치가 문제가 되므로 새로운 사회적 합의에 이르는 절차와 과정을 어떻게 형성할 것인지가 핵심적 과제가 된다.

(3) 규제의 정당성 근거

규제 문제가 제기되는 사안을 위험의 중대성과 개연성에 따라 유형화하는 관점은 유용한 사고의 틀을 제공해주기는 하지만 실제 사례에 적용하기에는 여전히 너무 추상적이다. 그 이유는 위험의 중대성을 판단하는 기준이 불완전하기 때문이다. 위 견해는 '적정 국민보호수준'의 개념을 통해 위험의 중대성을 판단하려 한다. 적정 국민보호수준은 ① 제로 위험 기준 ② 합리적으로 성취 가능한 최소 위험 기준 ③ 공공정책으로 정한 최소 위험(역치) 기준 ④ 비용편익 분석에 의한 기준 ⑤ 위험 비교(comparative risk)에 의한 기준 등으로 나뉜다.[37] 일단 보호수준이 선택되면 이익형량에 따라 그에 비례하는 규제수단이 선택될 수 있지만, 어떠한 보호수준을 선택할 것인지를 정하는 기준은 제시되지 않는다. 다만 위와 같이 차등화된 보호수준은 한 가지 중요한 시사점을 갖는데, 그것은 규제 내용의 결정이 이익형량만으로는 설명될 수 없다는 점이다. 즉 ④, ⑤와 달리 ①, ②, ③의 경우는 이익형량 과정을 거치지 않으며, ①, ②의 경우는 사회적 합의 과정조차 거치지 않는다.

위와 같이 차등화된 보호수준은 각각 어떠한 경우에 적용되는 것일까. 자유 제한의 정당성 근거로 제시되었던 롤스의 정의원칙이 이에 대한 해답을 준다. 롤스의 제1원칙과 제1우선성 원칙은 자유의 우선성을 내포하는데, 이는 ①, ②의 보호수준이 의미하는 것, 즉 불가침성과 잘 부합한다. 다음으로 롤스의 제2원칙은 배분적 정의를 사회적 합의를 통하여 달성할 것을 요구하는데, 이는 ③의 보호수준에 나타난 공공정책에 의한 보호수준의 결정과 부합한다. 효율성과 복지에 대한 정의의 우선성을 강조한 롤스의 제2우선성 원칙은 자유와 공정한 기회라는 정의의 원칙에는 이익형량을 내포하는 ④, ⑤의 보호수준이 적용되지 않는다는 것을 암시한다.

결국 규제 여부와 규제 수단을 결정하기 위해서는 문제되는 위험이 규제의 정당성 근거 중 무엇과 관련되어 있는지를 파악해야 한다. 즉 규제의 정당성 근거와 관련지어 위험의 속성을 분류하고, 그 속성이 이익형량을 허용하는 경우 위험과의 비례성을 고려하여 규제 여부 및 규제 수단을 선택해야 한다. 2021년 EU 인공지능 법안은 '허용할 수 없는 위험 (unacceptable risk)'을 초래하는 행위를 이익형량 과정 없이 일률적으로 금지하고 있는데, 이는 위험의 속성을 중시한 것으로 이해할 수 있다.[38] 이러한 논의를 구체화하기 위해 롤스의 정의론을 차용할 수 있는데, 다음 항에서 좀 더 상세히 살펴보기로 한다.

(4) 위험의 유형과 규제의 내용

첫 번째 유형은 문제되는 행위로 인해 타인의 기본적 자유(basic liberty)가 침해되는 경우이다. 이러한 경우에는 해당 행위는 금지되며 이익형량의 과정은 필요 없다. 다만 해당 행위 역시 기본적 자유에 속하는 경우에는 사회적 합의에 의하여 갈등이 조정된다. 이때의 사회적 합의는 사회계약의 의미를 갖는 것으로서 소수자의 참여가 최대한 보장된 절차를 통해 확인될 필요가 있다. 여기서 기본적 자유는 자유의 전체 체계와 관련된 것으로서 기본권 일반을 의미하는 것이 아니다. 롤스는 기본적 자유를 다른 자유나 권리와 구별하여 오직 자유만을 이유로 제한될 수 있다고 보았다. 그에 따르면 정치적 자유, 양심과 사상의 자유, 인신의 자유, 사유재산권 등은 기본적 자유에 해당하지만, 예컨대 자유방임적 계약의 자유는 이에 해당하지 않는다.[39] 밀도 인간 자유의 고유한 영역을 상세화하면서 사상의 자유, 계획을 세우고 생활해가는 자유, 단결의 자유 등을 언급한 바 있다.[40] 우리 헌법은 기본권이나 객관적 가치질서 사이의 우열을 정하고 있지는 않지만, 제37조 제2항 단서에서 자유와 권리의 본질적인 내용을 침해할 수 없다고 규정함으로써 이익형량의 대상이 되지 않는 자유의 영역이 있음을 간접적으로 시인한다. 한편 국가에 의한 인공지능 활용이 민주주의나 법치주의를 침해하는 것 역시 기본적 자유의 침해와 연결된다는 점에서 이익형량의 필요 없이 금지된다고 할 수 있다.

두 번째 유형은 문제되는 행위로 인해 기회 균등이 침해되는 경우이다. 이 경우에도 해당 행위는 규제될 수 있으며, 역시 이익형량의 논리는 동원되지 않는다. 공정한 기회 균등은 온정주의를 배제하지 않지만, 어려운 처지에 있는 사람을 돕는다는 이유로 기회 균등의 원칙을 침해하는 행위는 정의에 반하며, 역시 규제의 대상이 될 수 있다. 다만 보다 적은 기회를 갖는 사람들의 기회를 증대시키는 기회 불균등은 허용되므로 그러한 행위는 규제 대상이 되지 않는다. 우리 헌법상 평등의 원칙 역시 합리적인 근거가 없는 자의적 차별을 배제하는 상대적 평등을 의미하는 것으로 이해되고 있다.[41] 평등의 원칙은 평등권이라는 기본권으로 표현되기도 하므로 위 유형은 평등권이 침해된 경우라고 볼 수도 있다. 다만 평등권 침해를 이유로 민사 책임을 물을 경우 기본권의 대사인효(對私人效)가 문제되고, 많은 경우 민법의 일반조항을 통해 구제가 이루어지게 될 것이다.

세 번째 유형은 문제되는 행위로 인해 경쟁이 침해되는 경우이다. 이러한 경우에도 역시 규제가 정당화된다. 독점이나 부정경쟁행위가 이에 해당하며, 그 밖에 외부효과나 정보의 불완전성 등으로 인해 시장실패가 초래되는 경우에도 규제 대상이 될 수 있다. 경쟁 침해의 문제는 효율성의 문제이므로 본래 이익형량의 대상이 되지만, 완전한 경쟁이야말로 효율성에 있어서 완전한 절차가 되므로[42] 규제 당국은 경쟁 침해 외에 다른 근거를 제시할 필요가 없다. 다만 피규제자는 경쟁 침해에도 불구하고 사회적 편익이 증대됨을 입증하여 규제에서 벗어날 수 있을 것이다. 경쟁이 침해되는 경우 경쟁 사업자의 이익은 이익형량에서 고려되어서는 안 된다. 이를 고려하는 것 자체가 경쟁 침해이기 때문이다. 따라서 신산업에 있어서 기존 사업자들과의 갈등은 규제의 문제, 즉 자유 제한의 정당성에 관한 문제가 아니라 정치적 문제일 뿐이다. 한편 소비자법 원리에 따른 규제의 상당 부분은 정보의 불완전성 내지 정보비대칭에 근거한 것으로서 규제의 정당성이 인정될 수 있다.

네 번째 유형은 위 세 가지 경우 외에 다른 사람의 권리나 이익을 침해하는 경우이다. 공익이라 불리는 것들 가운데 뒤에서 보는 공동체적 가치를 제외한 대부분의 것들이 이 범주에 속한다. 이러한 권리나 이익에는 기본적 자유나 기회의 균등과는 달리 우선성이 인정되지 않으므로 이익형량을 통해 규제의 정당성이 판단될 것이다. 많은 경우 이러한 권리나 이익은 헌법상 기본권으로 반영되어 있지만 기본적 자유와는 달리 불가침성이 인정되지는 않는다. 예컨대 자신의 개인정보에 관한 정보주체의 권리는 다른 사람의 정당한 이익을 위하여 제한될 수 있다.[43]

다섯 번째 유형은 재분배를 이유로 하는 자유의 제한이다. 롤스에게 있어 재분배의 문제는 분배적 정의의 문제와 다른 것이다. 분배적 정의는 기회의 균등이라는 원칙과 그보다는 열위에 있는 차등의 원칙으로 구성되며, 복지와 같은 재분배에 우선하는 것이다. 따라서 재분배를 이유로 하는 자유의 제한이 기본적 자유를 침해하거나 기회의 균등을 해치는 것이라면 허용될 수 없다. 그렇지 않은 경우 재분배는 그 비용을 부담하는 자에게도 종국적으로 이득이 된다는 조건하에서 허용된다. 복지와 같은 재분배는 자유나 기회의 균등과는 달리 우선성이 인정되는 것이 아니기 때문에 공리주의의 관점에 따라 효율성이 중시된다. 즉 재분배를 이유로 한 규제는 시장에 미치는 영향을 최소화해야 한다. 예컨대 재분배를 목적으로 가격 규제를 하는 것은 정당화되지 않는다. 사실 일부 자유지상주의자들을 제외하면 자유주의, 공리주의, 공동체주의는 모두 일정한 범위에서 재분배를 옹호한다. 예컨대 프리드먼(M. Friedman)은 시장 외부에서 구성되는 효율적인 재분배 시스템으로서 음의 소득세제, 즉 기본소득을 옹호한다.[44] 자유주의적 야경국가조차 자신을 보호할 비용을 부담할 수 없는 시민에게도 보호를 제공하며, 이 점에서 무정부상태나 극소국가(極小國家)와 구별된다.[45]

마지막 유형은 문제되는 행위로 인해 공동체의 가치가 침해되는 경우이다. 롤스의 원칙은 자유주의에 입각한 공정으로서의 정의에 관한 원칙이며, 공동체의 가치가 침해되었음을 이유로 개인의 자유를 제한하는 것을 정당화하지 못한다. 공리주의적 관점에 의한 이익형량 역시 도움이 되지 않으며, 이를 정당화하려면 공동체주의적 관점에 의할 수밖에 없다. 간통이나 낙태의 금지 여부를 둘러싸고 펼쳐지는 논쟁은 이 문제가 얼마나 해결하기 곤란한 것인지를 보여준다. 결국 이를 정당화하려면 공동체주의적 관점, 구체적으로는 민주적 정당성에 의존할 수밖에 없으며, 자유주의의 관점에 선 필자의 입장에서는 이러한 유형의 규제에 찬성하기 어렵다. 그럼에도 불구하고 규제가 이루어져야 한다면, 소수자의 적극적인 참여 및 이들에 대한 설득과 보호가 전제되어야 최소한의 정당성을 갖출 수 있을 것이다. 그렇지 않다면 민주주의는 다수의 소수에 대한 전제(專制)로 전락할 뿐이다.

이들 여섯 가지 유형은 자유 제한의 정당성 근거의 성격에 따라 다시 세 가지 범주로 묶어볼 수 있다. 첫 번째와 두 번째 유형은 이익형량이 아닌 자유와 정의의 우선성에 의하여 정당화되는 것으로서 자유주의적 관점에 의하여 설명될 수 있다. 세 번째부터 다섯 번째까지의 유형은 이익형량에 의하여 정당화되는 것으로서 공리주의적 관점에 의하여 설명될 수 있다. 다만 세 번째 유형은 경쟁 보호를 위한 규제의 정당성이 추정된다. 마지막 으로 여섯 번째 유형은 민주주의에 의하여 정당화되는 것으로서 공동체주 의적 관점에 의하여 설명될 수 있다.

(5) 규제의 정당성과 필요성 사이의 관계

자유주의적 관점에서 규제의 정당성 근거는 규제의 최대 한계로서의 의 미를 갖는다. 다만 기본적 자유 침해를 이유로 한 규제의 경우에는 최소 한 계로서 작용한다. 사회계약에 따라 국가는 개인의 사적 복수를 금지하고 그것을 스스로 떠안았기 때문이다.[46] 국가는 위와 같은 한계 내에서 규제 여부 및 규제 수단을 결정할 입법형성권을 갖는다. 자유주의적 관점은 이 러한 입법형성권이 적극적으로 행사되는 것에 회의적이다. 과잉규제의 해 악은 과소규제의 해악보다 클 뿐만 아니라 더 부당한 것이다.

2) 알고리즘의 규제 여부 및 규제 수준

(1) 일반론

규제의 정당성 근거와 관련된 위험의 속성에 따라 규제 여부와 규제 수 단의 결정이 이루어질 수 있다는 틀은 알고리즘 규제의 경우에도 그대로 적용될 수 있다.

알고리즘의 활용이 인간의 존엄성이나 기본적 자유를 침해하는 경우 알고리즘 규제는 정당화될 뿐 아니라 국가가 개인의 사적 보복을 금지하고 이를 떠맡은 이상 반드시 요구되는 것이기도 하다. 생명·신체에 대한 안전이나 감시와 검열의 방지를 이유로 한 규제가 그 사례이다.[47] 특히 치명적 자율무기의 경우 규제의 필요성이 가장 큼에도 불구하고 가장 방치되는 문제라고 할 수 있다.

알고리즘 활용으로 인해 차별이나 편견의 위험이 증가한다면 기회의 균등이라는 정의의 원칙, 즉 공정성을 해치는 것이므로 규제의 정당성이 인정될 것이다. 다만 차별과 편견의 위험에 알고리즘이 미치는 영향에 관해서는 보다 면밀한 검토가 필요하므로 이에 관하여는 뒤에서 항을 나누어 좀 더 자세히 설명하기로 한다.

알고리즘 활용이 경쟁 침해를 가져온다면 그 자체로서 규제의 정당성이 인정된다. 이와 관련하여 최근에 데이터 독점이나 알고리즘에 의한 담합에 관한 논의가 많이 이루어지고 있다. 특히 데이터 독점의 경우 각국의 경쟁 당국이 필수자산 이론 등을 확장하여 선제적 규제에 나서려는 모습을 보이고 있으며,[48] 우리 정부 역시 2019년 기업결합심사기준에 반영한 바 있다. 그러나 경쟁침해는 규제의 정당성을 추정하는 기능을 하므로 침해 사실은 증거에 의하여 증명되어야 한다. 단지 침해의 우려가 있다는 점만으로 규제를 하는 것은 정당화되지 않을 뿐 아니라 오히려 효율성을 해할 수 있으므로 바람직하지 않다. 그런 점에서 데이터 독점에 관한 정부의 규제는 너무 이른 것 아닌가 우려가 된다. 알고리즘의 활용에 따라 의사의 합치 없는 실질적 담합(meeting of algorithms) 가능성이 생길 수 있다는 우려도 있으나,[49] 역시 아직은 증거로 확인되지 않았으므로 섣부른 규제 강화는 피해야 할 것이다. 한편 장기적으로는 알고리즘 이용자와 비이용자 사이에 종래의 정보 격차와는 다른 차원의 합리성 격차의 문제가 발생할 가능성이 있는데, 그 경우 소비자 보호를 위한 제도적 방안이 검토될 수 있을 것이다.[50]

알고리즘과 관련하여 사람들이 가장 우려하는 것은 일자리 감소와 빈부 격차의 확대이다. 이러한 우려는 인공지능 로봇을 활용하여 이익을 누리는 자가 사회적 위험을 부담해야 한다는 로봇세(robot tax)의 아이디어로 이어진다. 그러나 위와 같은 우려는 현실로 증명되지 않았으며, 오히려 인공지능 기술의 선도자인 미국은 금융위기의 당사자이면서도 가장 먼저 위기를 극복하고 호황을 누렸다. 보다 근본적으로 보자면 재분배를 이유로 한 규제는 시장에 미치는 영향을 최소화해야 하므로 조세는 소득과 같이 넓은 범위의 대상에 부과되어야 한다. 로봇세와 같은 좁은 범위의 세금은 물품세와 마찬가지로 시장의 효율성에 해를 끼칠 뿐이며,[51] 혁신에 대한 징벌일 뿐이다.

마지막으로 인공지능 알고리즘이 공동체의 가치를 침해한다는 이유로 규제하는 것은 바람직하지 않다. 굳이 규제를 하더라도 소수자의 참여와 보호를 전제로 절차적 정당성을 최대한 확보하면서 민주주의 원칙에 따라 규제 여부를 결정하여야 할 것이다. 이와 관련하여 사회적 로봇의 취급에 관한 윤리적 문제가 발생할 수 있는데,[52] 앞으로 섹스로봇 같은 것이 출시될 경우 그 규제 여부를 놓고 치열한 논쟁이 펼쳐질 것으로 예상된다.

한편 최근에는 개인정보보호에 관한 권리가 규제의 근거로 과잉 대표되고 있다는 점을 지적할 필요가 있다. 이러한 예는 적어도 세 가지 측면에서 찾아볼 수 있다. 우선 개인정보자기결정권이라는 기본권이 기본적 자유의 하나로 오해되어 과도한 규제의 압력으로 작용하고 있다. 헌법상 기본권 중에는 불가침성을 지닌 기본적 자유에 해당하지 않는 것이 많이 있다. 개인정보자기결정권 역시 그중 하나이며, 개인정보가 감시와 검열의 수단으로 사용되는 경우 등을 제외하고는 이익형량 원리의 적용을 받는다. 두 번째로 개인정보보호에 관한 권리가 경쟁법상의 규제를 위한 수단으로 남용되고 있는 것을 지적할 수 있다. 예컨대 독일 연방카르텔청은 지난 2019년 페이스북(Facebook)이 다른 출처에서 나온 사용자 데이터를 결합한 행위를 시장지배적 지위의 남용으로 보면서 「개인정보보호법」상의 권리 침해를 근거로 제시한 바 있다.[53] 마지막으로 최근 알고리즘 투명성에 대한 법적 규제의 근거로서 「개인정보보호법」을 활용하려는 시도가 이루어지고 있는데, 이 역시 합리적인 접근방법이 되기 어렵다. 이에 관하여는 뒤에서 투명성 문제를 다루면서 좀 더 상술하기로 한다.

(2) 편견과 차별

알고리즘을 판단과 의사결정을 위한 수단으로 활용하는 것은 편견과 차별의 위험이 크다는 지적이 많다. 알고리즘이 내리는 의사결정에는 우선순위 결정 등 인간의 개입에 따른 오류와 편향성 및 검열의 가능성이 존재할 뿐만 아니라,[54] 데이터 학습 과정에서 인종차별이나 성차별 같은 역사적 편향성을 반영할 가능성도 매우 높다는 것이다.[55] 미국의 법원들이 수형자의 가석방 결정에 활용한 'COMPAS'라는 프로그램이 흑인들의 재범위험도를 높게 평가하여 논란이 된 것은 유명한 일화이다. 최근에는 구글(Google)의 온라인 광고가 여성보다 남성에게 보다 높은 임금의 직업광고를 추천하는 경향이 있다는 점이 밝혀지기도 했다.[56]

그러나 이러한 위험은 과장되거나 오도되기 쉬워 보인다. 인간의 개입으로 인한 위험은 알고리즘으로 인한 것이라고 보기 어렵고, 알고리즘의 학습 과정에서 발생하는 위험은 기존의 편견을 그대로 반영하는 것으로서 새롭게 창출되거나 추가되는 위험이 아닐 수도 있기 때문이다. 많은 논란에도 불구하고 COMPAS가 재범율을 높은 정확도로 예측하여 교정행정의 효율성을 향상시킨 것은 사실이다. 최근 인사관리에 인공지능 알고리즘을 도입한 일부 기업의 정책이 근로자들로부터 환영받고 있는데,[57] 이는 알고리즘이 편견과 차별의 위험을 오히려 감소시킬 수도 있다는 점을 보여준다. 어쩌면 편견과 차별의 문제는 알고리즘이나 데이터의 문제라거나 또는 알고리즘의 사용 자체에서 비롯된 문제라기보다는 예측과 분류 자체에서 발생할 수밖에 없는 문제일 수 있다.[58]

공정성을 어떠한 기준에 의하여 판단할 것인지도 중요한 문제이다. 롤스의 관점에서는 공직과 관련된 기회의 균등이 공정성의 핵심을 이루며, 이를 반영하는 최적의 통계적 지표는 집단 간의 동등한 재현율이라고 할 수 있다.[59] 반면에 사기업의 채용 과정에 이용되는 인공지능 시스템의 경우 공직과 관련된 기회의 균등 문제가 발생하지 않으므로 합목적적 정확성(calibration)이 추구될 수 있을 것이다.

기계학습 알고리즘은 결정의 근거를 밝히기 어려운 이른바 '블랙박스'의 특성을 갖기 때문에 상대방을 설득하는 데 한계가 있다. 이러한 불투명성이야말로 편견 및 차별과 관련된 알고리즘 의사결정 문제의 핵심이다. 알고리즘 투명성이 기술적, 제도적 수단을 통해 확보될 수 있다면 인간의 개입이나 학습 데이터의 편향 등으로 인한 차별이나 편견의 위험을 줄일 수 있다. 나아가 알고리즘은 사회에 존재하던 편견 및 차별과 그 원인을 식별하여 대응할 수 있게 해 주는 강력한 도구가 될 수도 있다.

3. 의사결정의 자동화에 수반하는 규제의 특성은 무엇인가

1) 자율성에 대한 대응

　오늘날의 발달된 인공지능 알고리즘은 판단과 의사결정을 높은 수준까지 자동화하였으며 사실상 자율적으로 동작한다. 로보어드바이저(robo-advisor)는 지난 몇 년간 누구로부터 어떤 상품을 어떤 조건에 매수할 것인지 제안해 왔으며,[60] 이제는 스마트 냉장고도 이에 가세하고 있다.[61] 머지 않은 장래에 이들은 단순히 조언하는 것을 넘어 이용자를 대신하여 의사결정을 하게 될지도 모른다. 자율주행자동차는 이미 운전자의 조작 없이 도로를 주행할 능력을 상당 부분 갖추고 있으며, 정부는 2027년까지 완전 자율주행차를 상용화하는 것을 목표로 하고 있다.

　이와 같은 높은 수준의 자율성은 인공지능의 배후에 있는 이용자에게 인공지능의 작동에 따른 결과를 윤리적으로나 법리적으로 귀속시키기 어렵게 만든다. 의무론적 자유주의는 자유로운 인간만이 도덕적 책임을 부담한다고 본다. 형사법의 책임원칙이나 민사법의 사적자치의 원칙과 같은 근대법의 근본 원리들은 바로 이러한 도덕적 기초 위에 서 있다. 현실적으로 보더라도 스스로 사태를 통제할 수 없었던 인공지능 이용자들은 자신에게 책임이 부과되는 것을 부당하다고 여길 공산이 크다. 이러한 상황을 그대로 방치한다면 인공지능의 활용에 따른 위험을 제대로 다룰 수 없다.

　이를 해결하기 위한 문제의 출발점은 인공지능 활용에 따른 위험의 귀속점을 확정하는 것이다. 즉 누군가는 응답하고 책임을 져야만 한다. 그리고 책임의 근거를 밝힐 수 있도록 의사결정의 과정이 투명해야 하고 이유가 설명될 수 있어야 한다. 이것이 바로 의사결정을 자동화하는 인공지능 기술에 특유한 규제의 내용이 된다. 이러한 규제는 그 자체로 정당성이 인정되는 것이라기보다는 앞서 보았던 정당성 근거들에 봉사하는 수단적 규제이다. 따라서 규제의 강도는 배후의 정당성 근거들에 의존하게 된다.

2) 책무성

책무성(responsibility) 또는 책무성(accountability)은 알고리즘으로 인해 야기되는 위험을 야기한 자는 윤리적으로 또는 법적으로 책임을 부담한다는 의미를 갖는다. 여기서 위험이란 사후적 침해는 물론 사전적 위험(Risiko)까지 포괄하는 의미를 담고 있으므로 경우에 따라서는 사전규제와 연결될 수도 있지만, 책무성은 주로 민형사상의 책임(liability)과 같은 사후적 구제 수단과 관련되어 있다.

고도의 자율성을 지닌 인공 에이전트에 의하여 계약이 체결된 경우 이용자는 현실적으로 계약의 효과의사 형성에 관여하지 못한다. 그러한 이용자에게 계약의 효과를 귀속시키는 것은 어떻게 가능하며 어떻게 정당화될 수 있을까. 인공 에이전트는 이용자의 이용 내지 설정에 기초한 추정적 의사에 부합하는 특정한 의사를 형성하여 표시하는 것에 불과하므로 이용자의 도구 내지 기관으로서 이용자의 의사표시를 보조하는 것에 불과하다고 볼 수 있다.[62] 당사자들의 의사가 문제된 특정한 합의의 청약과 승낙에 구체적으로 결부되어야 한다는 요구는 사적자치의 원칙이라는 계약법의 근본 원리를 존중하는 범위 내에서 완화될 수 있는 것이다. 결국 계약 체결을 위하여 이용되는 인공 에이전트는 이용자의 도구에 불과하며, 계약 책임은 당연히 배후의 이용자에게 귀속된다.

위와 같은 설명은 민사책임, 특히 계약책임에 관한 것이지만 도구론의 기본적 구조는 불법행위책임이나 형사책임, 나아가 행정책임 등에도 그대로 적용될 수 있다.

3) 투명성

(1) 의의

투명성(transparency)이란 알고리즘에 의한 판단과 의사결정이 절차적으로 정당화될 수 있어야 한다는 것을 뜻하고, 설명가능성(explainability)은 알고리즘에 의한 판단과 의사결정의 근거와 과정이 설명가능해야 한다는 의미를 지닌다.[63] 설명가능성은 투명성을 확보하여 다른 사람을 설득하는 수단이 되므로 투명성의 범주 아래에 놓일 수 있으며, 그 밖에 책임성 구현의 수단인 동시에 자율규제의 기초가 되기도 한다.[64] 이처럼 투명성과 설명가능성은 알고리즘의 복잡성에도 불구하고 위험의 관리를 가능하게 한다는 점에서 매우 중요한 역할을 한다.

(2) 규제에 의한 해법

① 자율규제

투명성과 설명가능성이 지닌 중요성에도 불구하고 이들은 어디까지나 다른 정당성 근거에 봉사하는 수단적 성격을 지니므로 그 자체가 강한 규제의 대상이 될 수는 없다. 알고리즘이 지닌 복잡성을 고려하면 자율규제 기관의 전문성을 활용할 수 있는 자율규제가 공적규제보다 더욱 효율적이기도 하다. 다만 생명·신체에 대한 위해를 방지하기 위한 경우와 같이 배후의 정당성 근거에 따라서는 강한 규제가 이루어질 수도 있을 것이다. 그

동안 각국에서 내놓은 인공지능 정책들이 투명성과 설명가능성을 법적 원칙이 아닌 윤리적 원칙으로 구성한 것은 이와 관련되어 있다.

② 공적규제

그러나 최근 들어 투명성과 설명가능성을 공적규제에 의하여 확보하려는 움직임이 나타나고 있다. 특히 개인정보 주체에 대한 권리 부여를 규제 수단으로 삼는 접근법이 두드러진다.

대표적인 것은 EU GDPR 규정의 해석을 통하여 정보주체의 설명요구권을 인정하려는 견해이다. 프로파일링 등 정보주체에 대한 자동화된 의사결정이 있는 경우, 그것의 존재 여부 및 활용된 논리와 처리의 심각성 및 예상되는 결과에 관한 정보를 개인정보 처리자가 정보주체에게 제공해야 하고, 정보주체는 이를 열람할 권리가 있다는 GDPR의 규정들로부터 '자동화된 결정에 관하여 설명받을 권리'가 도출된다는 것이다.[65] 여기에서 영향을 받아 우리나라에서도 헌법상 개인정보자기결정권의 내용으로서 설명을 요구할 권리가 인정된다고 주장하는 견해가 있다.[66] 또한 2020년 개정 신용정보법은 자동화평가 결과에 대한 설명 및 이의제기에 관한 규정을 두기도 하였다.

자동화된 의사결정과 관련된 GDPR의 위 조항의 입법 목적은 일견 알고리즘의 투명성과 설명가능성 확보에 있는 것으로 보이지만 실질적으로는 편견과 차별로 인한 기회의 불균등을 막기 위한 것으로 볼 수 있다. 그러나 이러한 입법 목적을 위하여 개인정보자기결정권을 확장하는 것은 수단의 적합성이 인정되기 어렵다. 본래 정보주체에게 자신의 개인정보를 통제할 권리를 부여한 것은 사생활의 비밀과 자유를 지키거나, 자신을 드러내지 않은 채 정치적 견해 등을 표현하고 집회와 시위를 통해 이를 표출할 자유를 실질적으로 확보할 수 있도록 함으로써 자유주의와 민주주의에 봉사하기 위한 것이기 때문이다.[67] 설령 수단의 적합성이 인정된다고 하더라도 법익의 균형성이나 침해의 최소성에 반하는 것은 아닌지 면밀히 검토할 필요가 있다. 규제의 목적을 권리, 특히 자유권적 기본권의 형식으로 달성하려는 것에는 매우 신중할 필요가 있다. 불가침성의 원리가 적용되는 것으로 오해되기 쉽기 때문이다. 부연하자면 개인정보자기결정권은 불가침성의 원리가 적용되는 기본적 자유의 범주에 속하지 않으며, 이익형량의 대상이 된다.[68]

(3) 기술적 해법

기계학습을 활용한 알고리즘의 경우 설명가능성을 제도적으로 확보하는 것에는 뚜렷한 한계가 있다. 현재의 기계학습 기술은 대체로 인공신경망이나 분류기(classifier)에 기반한 것으로서 논리적 방식으로 결과를 도출하지 않기 때문이다. 기계학습 알고리즘의 설계자는 알고리즘이 내놓은 결과와 테스트 데이터와의 비교를 통해 알고리즘의 성능이 얼마나 좋은지는 말할 수 있지만, 왜 그러한 결과가 나왔는지는 설명할 수 없다.

이러한 문제를 근본적으로 해결하는 길은 설명능력을 지닌 기계학습 기술을 개발하는 것이다. 미국 고등연구계획국(DARPA)의 '설명가능한 인공지능(XAI) 프로그램'은 바로 이러한 목적을 위한 것이다.[69] 위 프로그램은 챌린지 방식을 채택하고 있는데, 신경망 구성 요소의 가중치(weight)나 현저성(saliency)에 주목하는 비교적 단순한 것부터 의사결정 기능과 설명 기능을 전담하는 알고리즘을 따로 두는 획기적인 것[70]까지 여러 아이디어가 제시되고 있다. 기술적 해법은 차별이나 편향을 방지하기 위해서도 활용될 수 있다. 예컨대 구글(Google)은 기계학습에서 데이터 편향을 방지하기 위해 설계 단계부터 조정할 수 있도록 훈련 데이터를 시각화해주는 파셋 (Facets)이라는 오픈소스 툴을 제공한다.[71]

기술적 수단은 보다 근원적인 해법일 뿐 아니라 자율적 해법이기도 하다. 그러나 이것 역시 한계가 있음을 지적할 필요가 있다. 우선 알고리즘에 의한 의사결정이 문제된 맥락에서 요구되는 적법성과 타당성을 갖추었는지 여부를 판단할 수 있을 정도의 설명이 과연 기술적으로 가능한지 의문이 있다. 또한 알고리즘의 성능과 설명가능성 사이에는 뚜렷한 상충관계 (trade-off)가 있다는 점도 고려되어야 한다. 다만 설명가능성을 알고리즘 성능의 한 지표로 본다면 위와 같은 상충관계는 다르게 해석될 여지가 있다.

V. 결론

인공지능 기술의 활용이 늘어남에 따라 그것이 초래할 수 있는 위험에 대응하기 위한 규제 체계에 대한 관심도 함께 증가하고 있다. 특히 인공지능 알고리즘에 대한 규제가 원리적, 구조적, 내용적 측면에서 어떠한 특성을 지니는지가 문제되고 있다. 이를 해결하기 위한 단초는 규제의 정당성 근거에서 찾을 수 있다. 자유 제한의 도덕적 근거에 관한 자유주의적, 공리주의적, 그리고 공동체주의적 관점에 대한 이해는 이러한 작업의 기초가 된다.

인공지능 알고리즘은 판단과 의사결정을 자동화하기 때문에 그 자체가 규제자나 피규제자의 지위에 서는 것은 아닌가 하는 의문을 불러일으키기도 한다. 그러나 인공지능이 보이는 외견상의 자율성과 합리성은 단지 성능의 의미를 지닐 뿐 윤리적, 법적 주체로서의 인간에 비할 것이 아니다. 따라서 알고리즘 규제가 원리적 차원에서 다른 특성을 보이는 것은 아니다.

인공지능 기술의 활용은 최근에 들어와서야 급속도로 확대되고 있다. 따라서 알고리즘 규제는 전형적인 신산업 규제의 구조적 특성을 지닌다. 즉 인공지능 기술의 활용이 초래하게 될 변화의 속도와 예측 곤란성은 경직된 규제보다는 유연한 규제가 바람직함을 보여준다.

알고리즘 규제의 내용적 특성은 규제의 정당성 근거에 바탕을 두고 위험의 속성, 그리고 위험의 중대성 및 개연성을 잣대로 분석해 볼 수 있다. 자유나 기회균등과 같은 자유주의적 근거에 기초한 규제는 이익형량을 수반하지 않지만, 공리주의적 근거에 기초한 규제는 이익형량이 필요하다. 공동체주의적 근거에 기초한 규제는 되도록 지양되어야 하며, 규제가 이루어지더라도 소수자의 참여와 보호가 보장되어야 한다. 한편 기계학습 알고리즘이 지닌 블랙박스로서의 특성은 책무성, 그리고 투명성과 설명가능성이 확보될 필요성이 있음을 암시한다. 그러나 이들은 그 자체가 목적이라기보다는 배후에 있는 규제의 정당성 근거에 봉사하는 수단에 불과하다. 따라서 투명성과 설명가능성을 확보한다는 명목으로 무분별하게 강한 규제를 하는 것은 바람직하지 않다.

6장

알고리즘 규제와 입법 전략*

심우민

경인교육대학교 사회과교육과 부교수, 입법학센터장

Ⅰ. 서론

최근 주목받고 있는 인공지능의 기술적 발전은 현재 우리의 생활환경을 지배하고 있는 법규범적 지형의 변화를 추동하고 있다. 이에 국내외적으로 인공지능 및 그 알고리즘을 규제하기 위한 다양한 논의들이 이어지고 있다. 그러나 아직 구체적이고 명확한 입법적 대안이 제시된 경우는 많이 찾아볼 수 없다. 그 이유는 인공지능의 기술적 속성과 전통적인 법적 규율의 목적과 대상이 서로 차이점을 보이기 때문일 것이다. 물론 이것이 패러다임 전환으로까지 이어질 수 있는 것인지에 대해서는 좀 더 이론적이고 심

---

* 이 글은 전반적으로 심우민, 「인공지능의 발전과 알고리즘의 규제적 속성」, 『법과 사회』 제53호, 2016과 「IT법체계 전환의 내용과 방법론: 신기술에 대한 상시적 입법영향평가」, 『법학평론』 제9권, 2019를 현재 상황에 맞게 수정 및 보완하였으며, Ⅲ장 후반부의 논의는 새롭게 추가한 것임을 밝힌다.

층적인 분석이 필요하겠지만,[1] 적어도 종래 법적 관념으로는 해소할 수 없는 무언가가 존재한다.

따라서 보다 본격적인 인공지능 알고리즘 규제에 관한 논의를 진척시키기 위해서는 인공지능과 그 알고리즘을 대상으로 하는 법적 규제에 관한 입법이 어떻게 이루어지는 것이 타당한 것인지에 대한 분석이 필요하다. 따라서 이 글에서는 다소 새로운 관념적 배경을 가지는 '알고리즘 규제(algorithmic regulation)'라는 개념적 도구를 활용한다. 이는 단순하게 말하면 알고리즘이 그저 규제대상으로서의 기술적 객체로서만 존재하는 것이 아니라, 그 자체가 인간의 행위를 규율할 수 있는 매개체로서 등장하고 있다는 사실에 주목하는 용어이다. 이를 통해 향후 알고리즘 규제에 관한 입법이 어떻게 이루어지는 것이 바람직한가, 그리고 이를 위한 입법 전략은 무엇인지를 논구할 것이다.

특히 이제까지 한국 사회의 IT입법은 당대의 정책적 목적을 달성하기 위해 다양한 입법들을 중복적으로 산출해 왔으며, 그 결과 매우 복잡하고 중첩적인 규제 지형을 갖게 되었다. 따라서 이후 인공지능 알고리즘 활용이 전면화된 상황에서 이를 규율하기 위한 새로운 입법이 추가되면, 더욱더 규제 체계 복잡성이 증대될 수밖에 없을 것으로 판단된다. 바로 이 지점에서도 보다 선명한 입법적 지향점과 전략 설정이 요구된다.

II. 인공지능과 알고리즘 규제

1. 알고리즘의 규범적 쟁점

1) 알고리즘의 법규범적 불확정성

인공 신경망의 판단 구조는 궁극적으로 인공지능의 판단 및 행위가 규범적 차원에서 예견가능성이 현저하게 떨어질 가능성이 높을 수 있다는 문제를 일으킨다. 바로 이러한 문제가 불확정성(Indeterminacy) 테제이다. 법규범적 대응을 위해서는 법적 사안을 어느 정도 확정할 수 있어야 함에도 관련 사실 및 인과관계를 정확하게 확정할 수 없어 이에 대한 법규범적 대응 또한 난관을 겪게 된다. 즉, 다소 고정적인 기술 환경이 전제된 상황에서 그러한 기술이 발생시킬 위험 및 법익침해의 문제에 대해서는 기술에 관한 확정적인 기술적·관리적 보호조치 및 각종 인허가 요건 등을 법령 등에 명시함으로써 대부분의 사안에 대해 법규범적으로 대응할 수 있다. 그러나 현재의 인공지능 기술은 앞서 언급한 바와 같은 인과관계 파악의 어려움 등과 같은 문제점이 전제되어 있기 때문에 이에 대해 예방적 견지에서 법규범을 통해 접근하기에는 한계가 있다.

사실 불확정성의 문제는 근대 법체계가 본원적으로 가지고 있는 속성이라고 할 수 있다. 법의 불확정성 문제는 이미 법철학적 측면에서도 중요한 쟁점이었다. 특히 미국의 법현실주의(Legal Realism)와 비판법학(Critical Legal Studies)은 법의 불확정성 문제[2]를 예외적인 현상이 아니라 당연한 것으로 받아들일 수 있는 이론적 가교를 놓았다고 볼 수 있다. 그렇다면 인공지능 기술의 일상화·보편화로 인하여 법의 불확정성이 증대되는 상황은 법규범적인 측면에서 전적으로 새로운 것은 아니다. 다만 변화하는 기술적 환경이 법의 불확정성을 과거보다 더욱 부각시킬 수밖에 없다는 점, 현실적 규제 논의에서도 불확정성 문제를 그 중심에 놓을 수밖에 없는 현실이 전개되고 있다는 점을 확인하는 것은 상당한 의미가 있다.

2) 알고리즘 투명성 요청과 현재적 쟁점

인공지능 기술이 법규범적 측면에서 불확정성을 극대화한다는 점은, 향후 이에 대한 법적 대응을 어떻게 수행할 수 있을지 여부가 중요해짐을 시사한다. 가장 유효한 대응 방식은 시시각각 유동적으로 변화하는 알고리즘 자체가 투명성을 확보하도록 함으로써 가능한 위험을 최소화하는 방안들을 지속해서 마련해 나가는 것이라고 할 수 있다.

알고리즘 투명성의 요청은 현실 법규범적 논의를 알고리즘의 구성 과정과 그것을 통한 기계적 판단 결과가 가지는 영향을 사전에 예측할 수 있도록 하는 방안에 관한 논의로 이끈다. 물론 자율적인 기계 학습을 통해 구성되는 알고리즘을 사전에 모두 정확하게 예측하는 데에는 한계가 있을 수밖에 없기 때문에 이러한 투명성 확보가 쉽지 않다. 따라서 알고리즘 투명성의 요청은 그것의 실현가능성 여부를 넘어서 다분히 규범적 이상향 또는 지향을 의미한다고 보는 것이 타당하다. 이는 현재의 기술 수준에서 알고리즘으로 인한 '차별'과 '위험'을 가급적이면 방지하기 위한 최선의 노력을 수행해야 한다는 일종의 현재적·당위론적 요청이다.

(1) 차별과 편향[3]
과거 미국 오바마 정부는 빅데이터 활용 및 이에 따른 프라이버시를 비롯한 인권 보호 움직임을 활발하게 이어 왔으며, 2016년 두 편의 주목받는 보고서를 발간하였다. 2016년 1월 미국 연방거래위원회(Federal Trade Commission; FTC)가 발간한 「빅데이터: 포용의 도구인가 배척의 도구인가?」[4]와 동년 5월 백악관이 내놓은 「빅데이터: 알고리즘 시스템, 기회, 그리고 시민권」[5]이 그것이다.

두 보고서가 관심을 끄는 이유는 빅데이터 기술이 개인정보 보호에 대한 우려를 넘어 현재의 경제적 차별을 영속화하거나 새로운 차별을 만들어 낼 수 있다는 문제를 새로이 제기하고 있기 때문이다. 관련 보고서들은 빅데이터 활용 기술의 유용성을 당연히 인정하면서도 그 이면에 존재하는 역기능에 주목하고 있는 것이라고 평가할 수 있다. 종래에는 빅데이터 기술은 오랜 시간 축적된 방대한 사회적 데이터를 기반으로, 오로지 알고리즘에 따라 분석이 수행되기 때문에 분석자의 주관이나 편견으로부터 자유로우며 객관적인 분석자료를 제공해 준다는 믿음이 있었다. 그러나 결국 이러한 '데이터 근본주의(Data Fundamentalism)'에는 의도치 않은 오류가 발생할 수 있다는 점을 두 보고서가 보여주고 있다.

첫째, 특정 계층으로부터만 추출된 불완전한 데이터가 빅데이터 알고리즘에 입력되면 데이터에 반영되지 못한 이들은 빅데이터 기술의 혜택으로부터 소외될 가능성이 높다. 더구나 이런 데이터 피드백이 반복되어 누적되면 사회적 차별이 고착화될 가능성이 있다. 대표적으로 특정 인종이나 지역 거주민들에 대한 통계적 결과가 사회적 낙인으로 기능하는 사례들이 이에 해당한다고 볼 수 있다.

이와 관련하여 언급할 수 있는 최근의 이슈로는 국내 대형 포털 사이트들의 알고리즘에 기반한 검색 순위 및 기사 배열의 문제를 생각해 볼 수 있다. 알고리즘 방식을 채용한다는 것은 인간의 개입을 가급적 제약하여,

객관적인 데이터에 따라 검색 순위 및 기사 배열의 순서를 정하겠다는 것을 의미한다. 그러나 인터넷상에 존재하는 데이터와 이용자들의 검색 빈도는 그 자체가 가치 편향을 지니는 정보일 가능성이 높다. 검색 순위와 기사 배열은 그 자체로 하나의 정보이기도 하지만, 특정 쟁점에 관한 여론 및 사회적 가치판단을 좌우할 수 있는 중요한 역할을 한다고 볼 수 있다. 따라서 데이터에만 의존하는 인공지능 학습을 통해 알고리즘을 구축하는 경우, 결국에는 특정 편향이 사회적으로 고착화되는 것을 가속화시킬 수 있는 상황이 매우 빈번하게 발생할 수밖에 없다.

둘째, 알고리즘 설계 과정이 투명하지 않거나 자동화된 알고리즘이 '블랙박스'로 남게 되면 그 안에 내재된 차별적 요소를 발견해 내거나 그에 저항하는 일이 어려워진다. 예컨대 금융권의 대출 가능 여부는 개인의 경제활동 이력에 대한 빅데이터를 기반으로 한 신용평가(Credit Score)에 의해 결정되는데, 미국인의 약 11%가 경제적 어려움으로 신용 이력이 충분치 않은 신용 사각(Credit Invisible)지대에 있으며, 이들은 인종이나 거주지역 등을 근거로 금융거래를 거부당하는 '디지털 레드라이닝(Digital Redlining)'이라는 신종 디지털 차별의 피해자들이라고 할 수 있다. 결과적으로 이들에 대한 편견은 현재의 빅데이터 기술을 통해 더욱 고착화될 가능성이 농후하다.

이와 관련하여 언급할 수 있는 사례 중 하나는 최근 법원의 판결 등에 일부 도입되기 시작한 인공지능을 활용한 법적 판단과 관련이 있다. 실제 가중처벌이 이루어지는 누범 등을 판단하는 데 있어 특정 통계적 알고리즘을 활용하는 사례가 있는데, 이 경우 소송 당사자들은 그러한 판단 알고리즘이 내린 결정의 근거를 알고 싶어 할 가능성이 높다. 그러나 법원의 입장에서는 많은 경우 그러한 알고리즘의 판단이 개연성이 높다는 이유를 명확하게 이해하거나 설명하기 힘들다.[6]

두 보고서는 전반적으로 개인 신용평가와 고용, 대학진학, 사법, 의료서비스 등의 구체적인 사례를 통해, 인종, 성별, 지역 등에 따른 사회적 소수자 층의 집단특성이 빅데이터에 반영되지 못하거나 잘못된 알고리즘 설계로 인해 빅데이터 기술의 혜택 범위에서 소외되는 경우를 묘사하고 있다.[7] 결국 인공지능·알고리즘은 그것의 학습기반인 데이터, 그리고 학습의 결과인 알고리즘 자체에 다양한 편견과 그로 인한 차별을 발생시킬 가능성이 농후하다.

(2) 프라이버시 침해 가능성

인공지능 알고리즘은 궁극적으로 특정 개인에 최적화된 개별화 서비스를 제공하는 것을 지향한다. 즉, 특정인의 행태에 관한 정보 등을 분석하여 그가 가장 선호하는 서비스와 물품이 무엇인지를 확인하여 사업자 입장에서는 수익을 최대화함은 물론이고, 소비자 입장에서는 만족도를 높일 수 있게 된다. 인공지능 알고리즘의 유용성은 얼마나 많은 소비자 또는 이용자 데이터를 확보하고 있는지와 직결되는 것이라고 평가할 수 있다.

이를 위해서는 특정인을 대상으로 한 다양한 제반 데이터들을 수집하고 학습함은 물론이고, 이에 기반한 서비스 알고리즘을 신속하게 구축해야 한다. 바로 이 지점에서 문제되는 것이 개인정보 또는 프라이버시이다.

개인정보 및 프라이버시 정보를 이용하는 가장 원칙적인 모습은 서비스를 받고자 하는 개인으로부터 그 당사자의 정보 수집 및 활용 여부에 관해 알리고 동의를 받는 것이다. 따라서 원론적인 차원에서 개인정보의 활용은 정보주체의 동의를 받을 수 있다면 크게 문제 되지 않을 가능성이 높다.

그러나 위 원칙적인 경우와 달리 정보주체의 동의를 제대로 얻지 않은 상황에서 막대한 양의 데이터가 소통되고 또한 축적되어 가는 상황이기 때문에, 인공지능의 학습을 위해서는 이러한 데이터들이 활용될 수밖에 없다. 그리고 그러한 인공지능의 학습 및 분석과정을 통하여 자연스럽게 당초에는 식별 가능성이나 프라이버시 침해 위험이 없던 정보가 침해가능성을 가지는 정보로 언제든지 변화할 수 있다. 바로 이 부분이 최근 국내에서 개인정보 비식별화 조치에 관한 논의가 쟁점화하고 있는 이유라고도 볼 수 있다.

이러한 개인정보 및 프라이버시 정보의 활용에 있어 인공지능 기술이 더욱 문제시되는 것은 과거와 달리 개인정보의 처리에 인간의 개입이 최소화된다는 점이다. 이렇게 되면 인공지능 알고리즘이 특정 개인에 관하여 내린 판단이 어떠한 기준과 근거로 이루어진 것인지를 알지 못하는 경우가 빈번하게 발생할 가능성이 높다. 그럼에도 불구하고 판단의 편의성과 기계적 계산 능력에 관한 신뢰로 인하여 그러한 판단을 일단 수용하게 되는 현상이 발생하게 될 것이라는 점이 향후 법적인 측면에서 문제가 될 가능성이 높다.

이러한 측면에서 유럽연합(이하 'EU') 및 일본 등은 최근 개인정보보호법제의 개선에 관한 논의들을 상당히 진척시켜 나가고 있다. 우선 EU의 경우에는 최근 「개인정보 보호규칙(General Data Protection Regulation; GDPR)」을 제정하여 시행을 앞두고 있다. 이 규칙은 기본적으로 데이터 활용 급증이 불러올 수 있는 프라이버시 침해 위험을 직시하고 있으며, 그 가운데에서도 데이터의 안전한 활용을 유도하기 위한 규정들을 담고 있다. 위 규칙은 EU 역내 국가들의 프라이버시 규범을 강화시키고자 하였는데, 원칙적 사전 동의 원칙, 가명처리(Pseudonymisation) 규정, 프라이버시 중심 설계(Privacy by Design) 규정, 프로파일링 규제 규정 등을 명확히 한 것은 그 대표적 예이다.

일본의 경우에는 민간영역에 적용되는 「개인정보보호법」을 새롭게 개정하여 '익명가공정보' 개념을 도입했다는 특징이 있다. 이는 개인정보의 활용과 보호를 조화시키려는 방안인 것으로 평가할 수 있겠다. 실제로 일본의 익명가공정보 규정은 상당 부분 개인정보 규제를 완화하고 있는 것으로도 보이는 것이 사실이지만, 익명가공정보의 활용과 관련한 다양한 규제들을 설정하고 있다. 이와 더불어, 일본은 개인정보 보호의 문제에 더욱 엄격하게 접근하기 위하여 개인정보보호위원회의 역할과 위상을 재정립하기도 하였다.

위 두 국가의 상황만 보더라도, 향후 빅데이터 및 인공지능 사회에 있어 개인정보 및 프라이버시 규제의 논제가 중요한 쟁점으로 주목받고 있으며, 각 국가는 이러한 한계를 극복하기 위한 논의들을 활발하게 전개하고 있음을 알 수 있다.[8]

3) 투명성 쟁점 요소와 인간 개입 불가피성

이상의 내용을 종합해 보면, 인공지능 알고리즘의 투명성을 확보하기 위하여 주안점을 두어야 하는 쟁점은 두 가지로 축약된다. 첫째, 학습 데이터의 건전성 또는 질의 문제로서 얼마나 정확한(또는 공정한) 데이터들을 활용할 수 있을까? 둘째, 자율적 학습을 통해 구축한 알고리즘이 얼마나 비차별적이고 위험성이 없는 판단 결과를 산출해 낼 것인가?

위 두 가지 쟁점 요소들을 분석해 보면, 결국 인간의 개입이 불가피하다는 점이 명확해진다. 즉 인공지능 서비스를 통해 영업을 영위하고자 하는 사업자들은 인공지능이 비교적 정확하고 공정한 데이터를 학습할 수 있도록 개입할 필요가 있다. 그리고 학습 데이터 선별 또는 초기 알고리즘 구축 등 무엇을 원인으로 하든 차별적이거나 위험성 있는 판단 결과가 도출되는 경우에도 그것을 통해 서비스를 제공하고자 하는 이들은 그 결과를 통제하기 위해 개입할 필요가 있다.

인공지능 서비스에 관해 인공지능 기술의 미래상에 도취되어 온전히 인간의 개입이 없는 상황을 상정하고 법규범적 대응 방안에 관해 논하는 경우가 빈번하게 발생하고 있다. 이러한 담론은 인공지능 기술의 규제 불가능성을 강하게 주장하면서, 법규범적 논의 지형을 모호하게 한다. 그러나 결국 관련 인공지능 서비스를 상용화하고자 하는 이들이 존재할 수밖에 없는 상황을 고려한다면, 이들 사업자는 수익 목적을 달성하기 위해 또는 제기 가능한 법적 책임을 회피하기 위해 데이터와 판단 결과에 대한 통제가 가능한 서비스들을 출시할 수밖에 없을 것이다. 따라서 인공지능 알고리즘 투명성을 확보하기 위한 시도는 인공지능 서비스 개발자, 관리자 및 사업자 등을 기본적인 규율대상으로 하는 것이라고 할 수 있다.

이와 유사한 관점은 최근 EU 의회가 EU 집행위원회에 대한 권고로서 의결한 「로보틱스에 관한 시민법 규칙 권고안(이하 'Civil Law Rules on Robotics')」[9]에서도 발견할 수 있다. 동 권고는 일반원칙 부분에서 다음과 같이 서술하고 있다.

> T. 아시모프의 법칙은 자율성과 자체학습 기능이 내장된 로봇을 포함한 로봇의 설계자와 생산자, 운영자에게 적용되는 것으로 간주되어야 한다. 이러한 법칙은 기계 코드로 변환될 수 없기 때문이다.

결국 알고리즘 투명성을 확보하기 위한 책임 또는 책무는 개발자, 관리자 및 사업자 등에게 귀결될 수밖에 없다.[10]

2. 알고리즘 규제의 의미

1) 기술과 규범의 상호작용

이상과 같은 새로운 규범적 쟁점을 산출하는 인공지능 알고리즘에 관한 입법을 고민함에 있어서는, 다소 원론적으로 돌아가서 기술과 (법)규범은 상호 어떠한 관계가 있는지에 대한 분석에서 시작하는 것이 타당할 것이다.

기술과 법의 관계에 대해서는 기술과 사회의 관계에 관한 종래의 정보사회학 담론으로부터 시사점을 발견할 수 있다. 기술과 사회에 관한 논의 지형은 '기술결정론(Technology Determinism)', '사회 구성주의(Social Constructivism)', 그리고 '기술-사회 공진화론(Co-evolution of Technology and Society)' 등으로 구분해 볼 수 있다.[11] 기술결정론은 사회적인 요인들이 기술적 발전에 따라 변화한다는 입장이고, 사회 구성주의는 기술적 발전은 사회적 필요성에 따라 이루어진다는 주장이다. 그러나 현실적 측면을 고려해 볼 때, 이러한 양극단의 견해는 상호 절충될 필요가 있다. 현실적인 견지에서 기술과 사회의 상호 영향을 인정함을 전제로, 이 둘의 관계의 분석에 초점을 맞출 필요가 있다.

이러한 측면에서 제기되는 입장이 바로 기술-사회 공진화론이다. 기술-사회 공진화론은 기술과 그 발전이 사회적 변화와 필요를 추동하기도 하고, 사회적 변화와 필요가 기술적 발전을 추동하기도 한다는 관점이다. 이러한 기술-사회 공진화론의 함의는 기술과 법의 관계에 그대로 원용될 수 있다. 기술은 법의 종속변수가 될 수도 있고, 법이 기술의 종속변수가 될 수도 있다. 이러한 관점은 현재의 신기술 도입에 관한 규제 논의에 상당한 시사점을 제공해 준다.

일반적으로 새로운 기술이 출현하면 그러한 기술이 선사하는 가능성과 유용성에 주목하다 보니, 이를 사회적으로 수용하기 위한 법령 개선의 필요성이 주목받는 현상이 발생한다. 그 결과 무분별한 규제 철폐 혹은 완화의 요구가 발생하는 경우가 많다. 그러나 역으로 그러한 기술 도입으로 인하여 이전에는 예측할 수 없었던 새로운 사회 문제가 대두될 수 있다는 점은 상대적으로 소홀하게 다루어지는 경향이 있다. 즉 단순한 규제 철폐 또는 완화의 요청은 상당 부분 기술결정론적 시각을 전제하는 것인데, 이는 사회 구성주의적 시각과 균형을 맞추어야 할 필요가 있으며, 이러한 지점에서 기술-사회 공진화론이 설득력이 있다.

입법 정책적 측면에서 이러한 기술-사회 공진화론을 실천적으로 구현하기 위해서는, 기술과 관련한 (법)규범 형성에 있어 사회 구성원들 간의 소통, 즉 '소통적 규범형성'이 중요하다.[12] 새로운 기술의 출현에 대해 어떠한 규범적 기준을 설정할 것인지에 대해서는 사회적 필요와 요구를 반영할 수 있어야 한다. 이러한 과정을 통해, 전통적인 법규범적 가치 중에서 유지해야 할 가치와 그렇지 않은 가치에 대한 사회적 합의가 필요하다. 또한 기술적 발전으로 인해 변화된 사회상에 부합하는 새로운 규범적 가치를 사회적으로 논의해야 하는 경우도 있을 것이다.

예를 들어, 최근 논란이 되었던 우버 택시(Uber Taxi)의 국내 진출 문제와 관련하여 일각에서는 새로운 기술 변화를 수용하지 못하는 국내 규제의 현실에 대한 비판이 있었다. 일견 타당한 지적이라고도 볼 수 있겠지만, 다른 측면에서 보자면 기존 운수 사업자 및 노동자의 전통적 이해관계와 이에 관한 법규범적 가치(기대)는 결코 무시할 수 없는 사회적 요인이라고 볼 수 있을 것이다. 따라서 정상적인 국내 진출을 위해서는 국내의 전통적인 이해관계 및 규범적 가치에 대한 진지한 고려는 물론이고, 이에 따른 사업방식의 일부 변경도 먼저 생각해 보았어야 했다는 비판이 가능하다.

2) 아키텍처 규제와 알고리즘 규제

결국 기술-사회 공진화론의 견지에서, 인공지능 알고리즘은 새로운 규범 창출의 원인이기도 하고 또한 규범적 규제의 대상이기도 하다. 사실 인공지능 및 그 알고리즘의 발전은 일반적인 논의 범주를 넘어서는 다소 새롭다고 할 수 있는 법규범적 사유와 판단을 요청하고 있는데, 그것은 바로 기술과 사회가 상호 작용 속에서 규범적 쟁점들을 산출하고 있는 것이라고 볼 수 있다. 이는 인공지능 알고리즘에 대한 단순한 법적 효과의 귀속 문제를 넘어서서, 알고리즘 그 자체가 인간의 행위를 규제하는 요인으로 등장할 수 있는 가능성까지도 관심 범주를 확장토록 한다. 따라서 이하에서는 인공지능 알고리즘이 법적 규제와 유사한 역할을 수행하게 되는 상황에 대해 고찰해 보고자 한다. 그 이유는 이러한 알고리즘의 역할이 추후 법규범적 연구의 중요한 쟁점들을 시사하기 때문이다.

인공지능 기술은 뇌과학 또는 인지과학 등의 연구 성과가 접목되면서 비약적인 발전을 거듭하고 있다고 볼 수 있다. 최근 논의되고 있는 딥러닝은 이러한 과학적 성과의 반영이라고 할 것이다. 그런데 이러한 연구 성과들이 더욱 빛을 발할 수 있는 것은 데이터 활용에 관한 IT(Information Technology)기술이 그간 지속적으로 성장해 왔기 때문이다. IT기술은 인터넷 등을 기반으로 지속적인 발전을 거듭해 오고 있으며, 최근에는 모바일 통신 기술의 보급과 데이터 활용 기술의 발전으로 사실상 거의 모든 생활 영역에서 일상화되고 있다. 다소 단순하게 보자면, 뇌과학 또는 인지과학은 인공지능 개발을 위한 기초연구라고 할 수 있고, IT기술은 이러한 연구의 성과를 현실에 구현하는 실현 수단에 해당한다고도 볼 수 있을 것이다. 따라서 인공지능에 관한 법적 문제를 고민함에 있어서는 이제까지 발전해온 IT법학적 함의를 고려하지 않을 수 없다.

IT법학의 고유성을 확보해 주는 주요한 논리는 바로 아키텍처 규제 (Architectural Regulation)에 관한 관념이었다. '아키텍처'라는 용어는 인간이 인위적으로 만들어낸 구조를 의미한다. 아키텍처는 자연적인 사실로서의 존재가 아니라 인간이 의도적으로 구축한 구조이며, 이는 역설적으로 인간 스스로의 행위를 규제(제약)하기도 한다.[13] 예를 들면, 주거지역 등에 자동차의 과속을 방지하기 위해 설치한 과속방지턱은 운전자의 행위를 규제하는 요인으로 작용한다. IT법학자들은 바로 이러한 '아키텍처 규제'적 속성에 주목하고 있으며, 이를 IT법학 또는 사이버법학의 고유성을 부각시키기 위한 방안으로 활용하고 있다.[14] 물론 개념적으로 보자면 이러한 아키텍처 규제의 사례가 비단 인터넷 등 네트워크가 현출하는 공간에서만 발생하는 것은 아니다. 그러나 소통을 매개하는 네트워크 자체는, 일반적인 현실 오프라인 공간과 달리, 전적으로 인간의 설계에 입각하여 형성된 일종의 구조물이라고 할 수 있다. 따라서 네트워크 소통에 있어서는 아키텍처의 규제적 속성이 전면적으로 문제시 될 수밖에 없다.

그렇다면 이제까지 IT법학에서 논해지던 아키텍처 규제론은 인공지능과 관련하여 어떠한 시사점을 가질 수 있을 것인지의 문제를 생각해 보아야 한다. 필자는 인공지능 기술 자체도 일종의 아키텍처 규제의 맥락에서 이해할 수 있다고 판단한다. 다만 다음과 같은 차이점이 있을 것으로 판단된다.

과거 인터넷 등 네트워크 아키텍처의 다양한 요인들 중 핵심은 통신규약의 일종이라고 할 수 있는 '프로토콜(protocol)'이라고 할 수 있다. 이는 기본적으로 시스템 간 데이터 교환을 위해 사용하는 통신 규칙이다. 그러나 이러한 프로토콜은 말 그대로 상호 소통을 위해 준수해야 하는 규칙이기 때문에 다소 정적이고 소극적인 특성을 가진다. 이와 달리, 인공지능과 관련하여 아키텍처 규제의 속성을 노정하는 기능을 수행하는 것은 바로 '알고리즘'이라고 할 수 있다.

알고리즘은 일반적으로 어떠한 주어진 문제를 풀기 위한 절차나 방법을 기술한 것을 의미한다. 인공지능은 일종의 소프트웨어 또는 프로그램으로서 스스로 학습하고 결과물을 산출하는 알고리즘에 의해 구성된다. 그리고 이러한 알고리즘은 학습 결과에 따라 그 자체를 수정하고 재생산해 내기도 한다. 따라서 인공지능 알고리즘에 근거한 아키텍처 규제적 속성은 일정부분 동적이고 적극적인 특성을 가진다고 볼 수 있다. 이하에서는 논의의 맥락에 따라 인공지능이 가지는 아키텍처 규제적 속성을 종래 네트워크의 아키텍처 규제 속성과 구분하기 위하여 '알고리즘 규제(Algorithmic Regulation)'라는 용어[15]를 사용하기로 한다.[16]

3) 알고리즘 규제의 법이론적 논의 맥락

인공지능에 관한 법학적 논의에 있어, 과거 IT법학 또는 사이버법학(cyberlaw)의 논의를 더욱 발전시키고자 하는 입장이 있다. 이들은 과거 전통적인 IT법학에서 논의되어 오던 아키텍처에 관한 내용을 인공지능 알고리즘 등과 연계하여 논의를 전개한다. 즉 아키텍처가 과거보다 더욱더 물리적이고 실제적인 규제 또는 위험으로 등장할 수 있다는 취지이다.[17] 그러나 이에 대해서는 강한 반론이 존재한다. 아키텍처라는 것이 규제적 요인으로 작동할 수 있었던 것은 인터넷 등 네트워크가 기반한 규제환경에서 논의되던 것으로, 종전보다 더욱 다층적인 레이어(layer)와 행위자들이 전제된 인공지능 환경에서는 아키텍처 자체가 법적인 규제와 같은 역할을 하기는 상당히 어렵다는 입장을 보인다. 이러한 주장을 제기하는 학자로는 볼킨이 있다.[18] 사실 볼킨의 주장은 케일로(Ryan Calo)에 대한 반박에서 시작된 것이었다.

케일로는 로봇 기술(robotics)이 신체화(embodiment), 우발성(emergence), 사회적 유의성(social valence)을 가진다고 설명하면서, 이를 기반으로 다양한 전통적 법리의 변화를 주장한다. 이에 대해 볼킨은 케일로가 아직 어떠한 방향으로 발전할지 모르는 로봇 기술에 대해 그 본질을 미리 확정지어 논의를 전개하고 있다고 비판한다. 즉 기술은 그 자체의 본질보다는 사회적으로 그것이 어떻게 활용되는지에 따라 다르게 평가할 수 있다는 입장을 취하고 있다.[19] 볼킨의 설명에 따르면 그의 이러한 입장은 미국의 법현실주의(legal realism)적 전통에 입각하고 있는 것이라고 할 수 있다. 그는 일종의 본질적인 무언가를 상정하고 이에 입각하여 기존의 실정법을 형식적으로 사안에 적용하고자 하는 법형식주의에 대한 반발로 형성되었던 법현실주의적 시각을 요청하는 것이다. 이러한 그의 시각은 인공지능과 관련한 법규범 문제를 다룸에 있어 상당히 중요한 시사점을 가지고 있다고 볼 수 있다.

그러나 필자는 이러한 볼킨의 입장이 타당성과 유용성을 가진다는 점을 인정하기는 하지만, 그가 주장하고 있는 아키텍처 규제의 한계 지적("Code is Lawless")[20]은 논리적 모순이라고 생각한다. 볼킨은 다층적 행위자들의 존재와 그로 인한 책임 귀속의 어려움 등을 들어 아키텍처(또는 코드)가 법적 규제로서 기능하는 데에는 한계가 있다고 주장하고 있다. 이는 사실 그 스스로가 본질주의와 법형식주의를 비판하는 입장과 상반된다고 볼 수 있다. 즉 전통적인 법규범에 있어서도 일종의 '우발성'이 있었으며, 법현실주의적 시각은 바로 이러한 관점에서 규칙 회의주의와 사실 회의주의를 주장했던 것이라고 할 수 있기 때문이다. 오히려 볼킨의 입장에 선다면, 이미 인터넷 네트워크의 도입 이전 과거에서부터 존재해 왔던 법의 비결정성(Indeterminacy in Law) 문제[21]가 더욱 복잡한 지형을 가지게 되었다고 판단하는 것이 보다 솔직한 태도일 것이다.

인공지능을 기반으로 하는 알고리즘 규제는 종래의 아키텍처 규제와 대비해 볼 때, 법규범적 측면에서 더욱 복잡한 양상을 노정할 수밖에 없다. 볼킨이 주장하는 바와 같이 소프트웨어 사업자, 서비스 제공자, 디바이스 제조업자 및 이와 관련한 다양한 콘텐츠 제공자 등과 같은 다층적 행위자의 존재를 넘어서서, 인공지능 알고리즘의 자율적 (법적)판단이 개입해 들어온다는 사실은 더욱더 종국적 법적 판단의 어려움을 가중시킬 것으로 판단된다.

그렇다면 인공지능의 활용이 일상화될 경우, 알고리즘 규제의 구체적인 양상은 어떻게 나타날 것인가의 문제를 생각해 봐야 한다. 기본적으로 인공지능 알고리즘의 최초 설계자의 의도는 일종의 (행위)규제 요인으로 작용할 수 있다. 이는 종래 인터넷 등 네트워크 아키텍처 규제에서와 마찬가지이다. 그러나 이러한 알고리즘이 자율적 학습과 판단을 거듭하게 되는 경우 최초 설계 의도와는 다른 독자적인 알고리즘이 생성될 수 있다. 이렇게 될 경우 인간이 의도하지 않은 새로운 규제 양상이 보편화될 가능성이 있다.

결과적으로 이는 인간이 아닌 기계에 의해 생성된 사실상의 규제라고 할지라도, 공동체적 생활을 영위하기 위하여 불가피하게 이에 순응할 수밖에 없는 가능성을 의미한다. 더 나아가서 알고리즘 규제는 인간이 정립한 법규범보다도 더욱 실효적이고 강력한 규제로서 등장할 가능성도 있다. 예를 들어, 일정 속도 이상으로 주행하고 있는데 신호등이 녹색 불에서 주황색 불로 바뀌는 경우를 상정해 보자. 자율주행자동차의 알고리즘은 그냥 지나치게 되면 사고가 발생할 수 있는 가능성과 정지하게 되면 사고가 발생할 수 있는 가능성을 계산하여 모종의 신호 준수 방식(규칙)에 관한 알고리즘을 자율적으로 학습하여 형성할 수 있다. 자율주행자동차의 보편화를 상정해 보면, 인간은 사고 발생을 방지하기 위하여 인공지능 알고리즘의 규칙을 법적 규제와 마찬가지로 인식하여 준수하여야 하는 상황이 발생하게 될 것이다. 그 이유는 인간이 이를 준수하지 않으면 사고가 발생할 가능성이 높아지기 때문이다. 그러나 그러한 알고리즘의 판단 과정이 투명하게 외부로 공개되지 않는 이상 인간은 왜 그러한 알고리즘 규제를 준수해야 하는지조차 인식하지 못하게 될 것이다.

3. 알고리즘 규제의 실천적·이론적 함의

인공지능 기술이 향후 인간 생활사에 상당한 영향력을 미칠 것은 분명하지만, 법적 담론과정에서 이에 대한 과도한 기대에 기반한 전망은 오히려 허황된 담론과 규제를 양산해 낼 가능성이 있다. 물론 그렇다고 하여 장기적 전망에 입각해 다가올 미래에 대비하는 학술적 담론 자체를 부인하는 것은 아니다. 아직은 인공지능의 자율적 판단에 인간의 개입이 충분히 가능한 상황이며, 그러한 개입이 불가능할 정도의 수준까지 인공지능 기술이 발전할 수 있는지 여부는 누구도 예측할 수 없다. 현시점에서 중요한 것은 인공지능이 스스로 학습하고 자율적으로 의사결정을 수행할 수 있게 되어, 생활 영역의 상당 부분이 자동화될 것이라는 점이다. 그리고 그 과정에서 우리가 인식할 수 없는 기술적 차원의 알고리즘 규제가 충분히 자리 잡을 수 있다는 점에 유의할 필요가 있다. 이러한 전제에 입각하여 현재 인공지능 및 알고리즘 규제 논의가 법학에 미치는 영향에 대해 정리해 보자면 다음과 같다. 우선 직접적으로 현실의 법제도와 연관한 사항들을 정리해 보면 다음과 같다.

첫째, 인공지능 알고리즘 규제의 투명성을 확보할 수 있는 구체적인 법적 대안을 모색해야 한다. 일반적인 법적 규제와는 달리 알고리즘 규제는 공식적인 의회의 논의과정이나 사회적 담론을 통해 형성되는 것이 아니기 때문에, 이를 인지하기에는 어려움이 있다. 따라서 인공지능 알고리즘에 대한 투명성과 관리 가능성을 확보하지 않는다면, 예측할 수 없는 사회적 위험에 직면할 수 있다. 이러한 아키텍처 또는 알고리즘의 투명성 확보 필요성은 이미 현재의 인터넷 규제에 있어서도 제기된 바 있지만,[22] 인공지능에 대한 인간의 의존 가능성과 그 범위를 고려해본다면 반드시 실현해야 할 과제라고 할 수 있다.

둘째, 인공지능과 같은 비인간행위자가 비록 인간과 동등한 수준은 아니라고 할지라도, 그것은 인간에게 충분히 사회적 소통·교류 및 각종 (상)거래의 상대방으로서 인식될 수 있기 때문에, 이와 연관된 다양한 법적 문제 발생 가능성을 예의 주시할 필요성이 있다. 비인간행위자와 관련된 다양한 민형사상의 책임 문제라든가, 모종의 권한 및 권리의 부여가 필요한 경우 그 방식에 대한 논의 등이 필요하다. 특히 이와 관련해서는 비인간행위자의 권리와 책임 문제를 해소하기 위해 법인격을 부여할 수 있는지 등에 대한 사안도 고민해 볼 여지가 있다.

셋째, 공법적인 관점에서 국정 거버넌스와 그 운영절차의 측면에 대한 고려가 필요하다. 인공지능을 통한 자동화로 인하여 전 국가적 차원의 구조조정의 필요성이 제기될 가능성이 높은 반면, 현행법상의 구조와 절차로는 이러한 구조조정을 원활하게 수행하지 못할 수 있기 때문이다. 특히 이러한 구조조정이 제대로 이루어지지 못하게 되면, 인공지능의 투입이 예상되는 영역의 사업자 및 노동자들이 시장에서 배제되는 과정은 소위 과거의 러다이트 운동과 같은 기술 저항을 야기할 가능성이 있는 점, 그리고 특정 개인이나 집단에 의한 알고리즘 독점이 발생할 경우 국가 권력이 형해화될 수 있을 뿐만 아니라, 경제적 양극화 현상이 극단으로 치달을 수 있다는 점에 유의해야 할 것이다.

다음으로 법이론적 연구에 있어 중점을 둘 필요가 있는 사항들을 정리하면 다음과 같다.

첫째, 법과 이성, 또는 법과 합리성의 관계에 대한 보다 근원적인 재검토가 필요하다. 즉 이제까지 지배적인 관념은 법이 이성 및 합리성에 기반을 두고 있다고 상정해 왔지만, 인공지능 기술의 발전 과정에서 이성 및 합리성만으로는 규범적 가치 판단이 이루어질 수 없다는 점이 서서히 부각되고 있으며, 이 과정에서 감성, 직관, 의식 등과 같은 마음의 문제가 드러나고 있다. 실제 법적 판단에 있어 감정과 같은 감성적 또는 비이성적 요인을 배제할 수 없고, 오히려 이를 적극적으로 수용하는 이론 구성이 필요하다는 취지의 주장에 재차 주목해볼 필요가 있겠다.[23]

둘째, 법 및 법적 판단의 중립성 문제에 대해서도 재차 검토가 필요하다. 결국 법적 판단에 있어서 보편적 기준에 대한 믿음과 그에 근거한 법의 중립성에 관한 일반적 수준의 담론은 현재 그다지 신뢰를 얻지 못하는 것은 주지의 사실이다. 이는 인공지능의 빅데이터 학습 과정에서 발생하는 편향성의 사례만을 보더라도, 어떠한 것이 보편적인 기준인지 여부는 학습 및 인지 과정에서 구성된 가치(관)에 따라 달라지는 것이라는 판단이 가능하다. 그렇다면 법과 법적 판단은 일정부분 '정치적인 것(the political)'으로서의 속성[24]을 가지고 있다고도 볼 여지가 있다.

법학적 측면에서 인공지능이 가지는 함의를 언급하면서 인공지능 기술 기반의 지능정보사회의 어두운 미래를 다소 부각시킨 것이 아닌가 하는 느낌이 있는 것이 사실이다. 분명한 것은 인공지능 기술의 활용은 일상적인 생활에서의 편의성뿐만 아니라, 이제까지는 상상할 수 없었던 새로운 사회 구조적인 혁신을 동반할 가능성이 크다고 할 수 있다. 다만 이 논문에서 언급하고자 하는 바는 임시방편적 대응뿐만 아니라, 심도 있고 체계적인 법학의 고민이 필요하다는 점이다.

III. 알고리즘 규제와 입법 실천 전략

1. 알고리즘 규제의 실무적 양면성

인공지능에 관한 관심이 최근 수년간 지속되면서, 이제는 그러한 인공지능의 기술적 기반이라고 할 수 있는 '데이터'와 '알고리즘'에 대한 규제 및 정책 이슈에 세계가 주목하고 있는 양상을 보인다. 이는 단순히 포괄적인 인공지능의 위험성에 주목하기보다는 구체적이고 현실적인 입법정책을 모색하고 있는 단계에 이르렀음을 보여준다.

특히 알고리즘에 관한 규제 및 정책은 인공지능 관련 입법정책의 구체화에 있어 중요한 의미가 있다. 그 이유는 인공지능이 데이터에 대한 학습을 통해 자율적 판단을 위한 알고리즘을 구성 및 수정해 나가는 것이기는 하지만, 기술적·관리적 측면에서 보면 소위 파라미터 조정 과정을 거친 알고리즘이 최종 결과물을 산출하고, 그것이 결국 최종적인 서비스로 연계되기 때문이다. 즉, 인공지능의 학습대상인 '데이터'에 관한 입법정책이 '데이터 제공자'와 '인공지능 서비스 제공자' 간 영역이라고 한다면, 최종 판단 결과물을 산출하는 '알고리즘'에 관한 입법정책은 '인공지능 서비스 제공자'와 '이용자' 간 영역이라고 할 수 있다.

이러한 측면에서 '알고리즘'에 관한 규제 및 정책은 실제 서비스 제공과 이용에 있어 중요한 의미가 있으며, 일상생활 속에 노정되는 서비스 양태를 결정짓는 중요한 축으로서 기능한다. 물론 그렇다고 해서 데이터 관련 입법정책이 중요하지 않다는 의미는 아니다. 다만 실제 이용자 보호 등의 현실적 측면에서 '알고리즘 입법정책'이 상대적으로 중요하다는 점을 언급하고자 하는 것이다.

정책 및 규제 현장에서 알고리즘 규제라는 용어가 빈번하게 사용되고 있다. 이러한 알고리즘 규제는 구체적으로 '알고리즘에 의한 규제(regulation by algorithms)'와 '알고리즘에 대한 규제(regulation of algorithms)'라는 두 가지 의미로 구분하여 접근이 가능하다.[25] 이렇게 본다면 앞서 Ⅱ장에서 설명한 알고리즘 규제는 전자의 의미를 갖는다.[26] 그럼에도 불구하고, 이하에서 이 용어를 이렇게 구분하여 접근하는 것은 실제 입법 현장에서의 용어 관행을 좀 더 세분화하여 접근하기 위한 것이다.

첫째, '알고리즘에 의한 규제'이다. 이는 인공지능 알고리즘이 서비스 제공자와 이용자를 단순히 매개하는 수단에 그치는 것이 아니라, 이용자의 일상생활을 포괄적으로 제약 또는 조종할 수 있음을 의미한다. 인공지능 기술의 일상적인 활용은, 물론 그 정도의 차이는 있겠지만, 기술 그 자체가 궁극적으로는 인간의 개입 없는 기계적인 자율적 판단 수행을 목표로 한다. 따라서 이용자는 본인에게 제공되는 서비스에 대해 비판적 평가

보다는 무비판적 의존 양상을 보일 수 있다. 즉, 이는 인공지능 알고리즘과 그 산출물에 대한 신뢰와 의존 현상을 나타내는 것으로, 이용자의 생각과 행위가 인공지능의 기계적 판단에 종속되는 현상을 불러일으킬 수 있다는 점을 지칭하는 것이다. 이것이 현재 인공지능 규제와 관련해 국내외적으로 논의되고 있는 '위험(risk)'의 의미이다. 이러한 위험은 단순하게는 소비자 선택 및 시장에 왜곡 현상을 불러일으킬 수 있으며, 더 나아가 거시적 차원에서는 민주적 의사결정의 왜곡까지도 유발할 수 있다는 점을 내포한다.

둘째, '알고리즘에 대한 규제'이다. 이는 사실상 위에서 언급한 '알고리즘에 의한 규제' 관념에서 비롯되는 것이라고 할 수 있다. 즉 알고리즘에 의해 제기되는 '위험'을 사전에 예방하거나 사후에 대응하기 위해 규제가 필요하다는 것이다. 그런 의미에서 '알고리즘에 의한 규제' 관념과 '알고리즘에 대한 규제' 관념이 동일하게 '알고리즘 규제'라는 용어로 통칭되는 것이다. 다만 통상 '알고리즘에 대한 규제'는 입법정책적으로 국가 공동체가 어떤 규제 방식을 선택할 것인가의 문제와 결부되는 것으로, 알고리즘에 어떤 입법유형(types of legislation)과 입법기술(techniques of legislation)을 적용할 것인지의 판단에 관한 것이다. 조금 더 상술하면, 규제 및 입법의 정당성과 필요성은 '알고리즘에 의한 규제' 관념에 의해 뒷받침되고, 규제 방식과 수준은 '알고리즘에 대한 규제' 관념에 의해 뒷받침된다. 현재 우리나라의 입법정책 실무에서는 전자의 관점보다는 후자의 관점이 더욱 강화되는 양상을 보여주고 있다. 인공지능 알고리즘 규제의 정당성과 필요성을 단순하게 상정해 버리기 때문이다.

알고리즘 규제라는 용어의 양면적 의미를 명확히 하는 것은 향후 인공지능 알고리즘과 연계된 입법정책적 대응방안을 모색하는 데 있어 중요한 의미가 있다. 인공지능에 관한 규제 및 정책 담론이 국내외적으로 활성화되고 있는 이유는, 기술 그 자체가 산출해내는 위험성에도 불구하고, 종국적으로 달성할 수 있는 사회적·경제적 편익이 더욱 클 것이라고 보기 때문이다. 따라서 향후 규제의 필요성과 관련 정책을 합리적으로 마련하기 위해서는 인공지능 알고리즘이 산출해내는 위험, 즉 알고리즘에 의한 규제 관점에서의 역기능이 무엇인지를 명확하게 규명해 나가야 할 필요가 있다.

이러한 작업이 선행될 때 알고리즘에 대한 규제의 수준과 방식이 구체화될 수 있을 것이다. 이러한 단계적 사고를 거치지 않고 단순하게 예견가능한 위험만을 제기하는 수준에서, 경성법(hard law)적인 전통적 규제방식을 동원하게 되면, 오히려 인공지능 기술 활용을 통한 사회적·경제적편익이라는 순기능을 인위적으로 제약하는 결과를 가져오게 될 것이다.

이상과 같은 이론적 배경을 전제로, 이하에서는 현재 상황에서 인공지능 규제 또는 입법정책의 동향을 개관해 보고, 이를 통해 향후 보다 나은 지능정보사회 구현을 위한 대응방향을 제언해 보고자 한다.

2. 입법 유형과 규율 수준의 구분

인공지능 알고리즘과 관련한 책임 또는 책무를 어떻게 하면 법규범적으로 유도하거나 명확히 할 수 있을 것인가의 문제를 고민해볼 필요가 있다. 이러한 논의는 현재의 기술 수준이 과연 법적인 규제를 상정할 수 있는 상황인지에 대한 판단에서부터 시작해야 한다. 그 이유는 현재의 인공지능 기술이 온전히 완성단계에 이른 것은 아니라고 볼 수 있으며, 심지어 향후 또 다른 기술정체기(AI Winter)가 도래할 가능성도 있기 때문이다. 일반적으로 강한 인공지능(Strong AI) 또는 초지능(Super Intelligence) 등의 논의가 있는 것은 사실이지만 이는 어디까지나 가설일 뿐이고, 현재 기술은 정체 또는 발전이라는 모호한 단계에 있다고 평가하는 것이 타당할 것이다. 즉, 현재의 인공지능 기술 수준에서 향후 발생 가능한 위험성을 상정하여 대응하게 될 경우 기술 개발 및 발전을 저해함을 물론이고 경우에 따라서 기술 중립성을 저해할 가능성(기술 편향의 발생)이 높다. 따라서 법규범적 접근에 있어서는 단계적 대응 방식을 구사할 필요가 있다.

개발자, 관리자 및 사업자 등에게 인공지능 알고리즘에 관한 책임 또는 책무를 부담 지우는 법규범적인 대응은 궁극적으로 이들의 영업 수행의 자유 등 기본권을 제한하는 형태일 수밖에 없다. 따라서 법률적인 대응을 모색할 경우 우리 「헌법」 제37조 제2항에 규정되어 있는 기본권 제한의 법리를 따라야 한다. 즉 "국민의 모든 자유와 권리는 국가안전보장·질서유지 또는 공공복리를 위하여 필요한 경우에 한하여 법률로써 제한할 수 있으며, 제한하는 경우에도 자유와 권리의 본질적인 내용을 침해할 수 없다."

이러한 기본권 제한의 법리에 관한 규정에 대한 판단은 단계적인 구조를 가진다. 목적의 정당성, 방법의 적절성, 피해의 최소성, 그리고 법익의 균형성이 그것이다. 기본적으로 인공지능 알고리즘으로 인한 역기능을 최소화하고자 한다는 목적의 정당성을 부인하기 힘들 것이다. 그러나 과연 모종의 규제 방식이 적절성을 가지는 것인지, 가장 피해가 적은 수단인지, 그리고 달성하고자 하는 공익과 제한받는 사익 간의 균형성이 있다고 평가할 수 있는 것인지 등의 문제를 진지하게 검토해 보아야 한다.

우선, 알고리즘 투명성을 확보하기 위한 법규범적 대응 방식들에 대하여 수준별로 접근 방식을 구분하면 다음과 같다.

첫째, 다소 강제적인 법률적 규제보다는 인공지능 개발 및 서비스 사업자들의 윤리적인 자율적 통제를 기대하는 방식이다. 이 방식은 기본적으로는 법적 대응이라고 보기 힘든 측면이 있기 때문에, 상정하고 있는 규율 강도가 가장 낮은 단계라고 할 수 있다. 다만 법률적 차원에서 이러한 윤리적 접근을 유도하는 등의 규정을 둘 수 있다는 측면에서 온전히 비법률적 접근이라고 보기는 힘든 측면이 있다.

둘째, 상용화된 인공지능 서비스들에 관해 활용할 수 있는 공적인 인증체계를 법규범적으로 구축하는 방안이 있다. 종래 국내에서 이러한 인증체계를 활용하는 방식은 개인정보 또는 정보보호 분야에서 빈번히 활용되어 왔는데, 이들은 대부분 국가(공공기관) 주도의 인증체계였다고 할 수 있다. 이는 국가 중심적 규제 관행으로 비롯된 것일 수도 있고, 민간 인증사업의 희소성으로 인한 것일 수도 있다. 어쨌든 이 방법은 직접적인 행정적 의무나 책임을 부과하는 것이 아니라는 측면에서 다소 완화된 법률적 접근방법이다.

셋째, 법규범상 직접적으로 특정 권리를 설정하거나 의무를 규정하는 방식이 있다. 이는 전통적인 법적 접근방식이라고 할 수 있으며, 다소 강화된 기본권 제한의 방식이다. 특히 권리 부여의 경우에도 그에 대응하는 자에게는 의무가 부과된다는 점에서 상대방의 기본권 제한이 발생한다.

넷째, 이상의 법규범적 대응에서 더 나아가서 인공지능 알고리즘 활용상의 법적 요건들을 직접 설정하는 방식이다. 예를 들면, 현행 정보보호 법제들이 그에 관한 기술적·관리적 보호조치 요건들을 법령상 규정하고 운용하는 상황과 유사한 행정규제라고 볼 수 있다. 이러한 행정규제를 정립하여 활용하려면 인공지능 알고리즘 기술이 명확화되어 법적 판단이 일정 부분 확정적으로 이루어질 수 있어야 한다.

3. 알고리즘에 대한 규제의 함의: 현실 규제의 유형

1) 윤리 규범 정립 유형

다소 강제적인 법률적 규제보다는 인공지능 개발 및 서비스 사업자들의 윤리적인 자율적 통제를 기대하는 규제 유형이다. 이 유형은 원칙적으로 법적 또는 규제적 대응이라고 보기 힘든 측면이 있기 때문에, 상정하고 있는 규율 강도가 가장 낮은 단계라고 할 수 있다. 다만 법률적 차원에서 이러한 윤리적 접근을 유도하는 등의 규정을 둘 수 있다는 측면에서 온전히 비법률적 접근이라고 보기는 어렵다. 이러한 윤리적 접근의 대표적인 사례로는 EU 집행위원회(European Commission)의 「신뢰할 만한 인공지능 윤리가이드라인(Ethics Guidelines for Trustworthy AI)」[27]과 우리나라의 「인공지능(AI) 윤리기준」[28]이 있다. 전자의 경우에는 EU 집행위원회가 주도하기는 했지만 인공지능고급전문가그룹(High-Level Expert Group on Artificial Intelligence)이 작성 주체이고, 집행위원회는 이의 활용을 권고하는 성격을 가진다. 반면 후자인 우리나라의 경우는 정부가 주도했고, 실제 법률적으로는 「지능정보화 기본법」 제62조 제4항[29]에 근거를 두고 있다.

2) 인증체계 활용 유형

상용화된 인공지능 서비스들에 활용할 수 있는 공적인 인증체계를 법규범적으로 구축하는 유형이다. 종래 국내에서 이러한 인증체계를 활용하는 방식은 개인정보 또는 정보보호 분야에서 빈번히 활용되어 왔으며, 이들은 대부분 국가(공공기관) 주도의 인증체계였다. 이는 국가 중심적 규제 관행에서 비롯된 것일 수도 있고, 민간 인증사업의 희소성으로 인한 것일 수도 있다. 어쨌든 이 방법은 직접적인 행정적 의무나 책임을 인공지능 개발 및 서비스 사업자에게 우선적으로 부과하는 것이 아니라는 측면에서 다소 완화된 법률적 접근방법일 수 있다. 대표적인 사례는 EU 집행위원회가 발의한 「인공지능법(안)」[30]에 '적합성평가(conformity assessment)'라는 이름으로 규정되어 있다.[31] 사실 이러한 인증체계 방식은 인공지능 담론 활성화 초기에 일본이 제안했던 「AI 개발가이드라인(안)」에도 포함되어 있었다.[32]

3) 권리 및 의무 설정 유형

법규범상 직접적으로 인공지능 개발 및 서비스 사업자에게 특정 권리를 설정하거나 의무를 부과하는 유형이다. 권리나 의무 설정을 통한 접근 방식은 전통적인 법적 접근방식이라고 할 수 있으며, 다소 강화된 기본권 제한의 방식이다. 특히 권리 부여의 경우에도 그에 대응하는 상대방에게는 의무가 부과된다는 점에서 상대방의 기본권 제한이 발생한다. 이런 측면에서 실질적으로는 규제적 성격을 가진다. 이에 관한 대표적인 예시로는, 사실상 알고리즘에 대한 규제의 초기 사례라고 할 수 있는 EU의 「개인정보보호규칙(General Data Protection Regulation, GDPR)」이 있다. 동규칙 제13조~제15조에서는 "프로파일링을 포함한 자동화된 의사결정의 존재, 그리고 적어도 그러한 경우 이에 사용되는 로직에 관한 의미 있는 정보와 해당 처리가 정보 주체에 대해 갖는 중요성과 예상 결과"를 정보주체에게 정보 관리자가 설명토록 하는 의무를 부과했다. 이는 결과적으로 설명요청권(right to explanation)을 정보주체에게 부여한 것이다.[33] 이와 유사한 맥락으로, EU 「온라인 플랫폼 규칙」 제5조도 온라인 플랫폼 사업자(검색엔진 포함)는 자사 웹사이트 화면에 배열되는 업체·상품 등의 우선순위를 결정짓는 주요 변수(main parameters) 및 고려되는 각 변수 간의 상대적 중요도를 약관에 명시해야 한다고 규정하고 있다.[34]

4) 기술적·관리적 조치 규정 유형

이상의 법규범적 대응에서 더 나아가 직접적으로 인공지능 알고리즘 활용상의 법적 요건들을 설정하는 유형이다. 현행 정보보호 법제들이 특정 기술 활용에 관한 기술적·관리적 보호조치 요건들을 법령상 의무화하는 방식과 유사한 행정규제라고 볼 수 있다. 이러한 행정규제를 정립해 활용하려면 인공지능 알고리즘 기술이 명확화되어 어떠한 법적 의무 조치를 강제할 것인지에 관한 정책적 판단이 부분적으로라도 확정될 수 있어야 한다. 대표적인 사례는 EU의 「인공지능법(안)」에서 발견할 수 있다. 동 법안 제16조[35]에서는 고위험 인공지능 시스템 제공자에게 품질관리시스템 마련 의무, 기술문서 작성 의무 및 시스템 생성 로그 보관 의무 등을 부과하고 있으며, 제52조[36]에서는 "제공자는 자연인과 상호작용하는 인공지능 시스템을 설계하고 개발하는 경우, 자연인에게 인공지능 시스템과 교류하고 있음을 알리는 기능을 삽입해야 한다"는 등의 직접적인 기술적·관리적 보호조치를 의무화하고 있다.

4. 알고리즘에 의한 규제의 함의: 정책 및 규제 옵션의 선택 방식

1) 불확정성의 입법기술적 고려

앞서 살펴본 알고리즘에 대한 규제 유형들, 즉 현실적으로 구체화 되는 규제 수준과 방식들 중 최종적인 선택은 어떤 기준에 따라 이루어져야 하는지 검토할 필요가 있다.

규제 유형의 선택은 반드시 법적 또는 규범적 차원의 규제부터 선택해야 하는 것은 아니다. 인공지능의 사회적·경제적 편익을 증대시킬 수 있는 비법적 수단이 있다면 당연히 이것부터 채택하는 것이, 헌법적으로 요청되는 비례성 원칙의 견지에서 타당할 것이다. 즉 제기되고 있는 위험이나 역기능에 비법적 접근으로는 적절히 대응할 수 없다고 판단되는 경우, 비로소 법적 규제 방식을 고려할 수 있는 것이다.

그런데 현시점에서는 인공지능 알고리즘 규제에 대한 기준을 명확하게 설정하는 데 한계가 있다는 점이 정책 또는 규제를 위한 의사결정 과정에서 중요한 난제로 등장하고 있다. 그 이유는 인공지능 기술이 활용될 수 있는 영역 자체가 광범위할 뿐만 아니라, 그것의 구현 방식과 수준도 사전에 일의적으로 확정할 수 없기 때문이다. 바로 이 지점이 규제 대상으로서의 인공지능 알고리즘이 가지는 불확정성(indeterminacy)을 나타내는 것이다. 규제 대상이 불확정적이라는 것은 명확성의 원칙에 입각한 일반성(generality)을 가지는 근대의 전통적인 규제 방식을 구현하기 어렵다는 점을 의미한다.

이러한 문제점들은 선도 국가들의 입법 과정에서도 고려되고 있다. 예를 들어, 영국 디지털문화스포츠미디어부에서 발간한 「AI규제에 대한 혁신 친화적 접근방식 확립(Establishing a pro-innovation approach to regulating AI)」
보고서는 EU의 「인공지능법(안)」에서 제시했던 바와 같은 고정적인 개념정
의 방식[37]을 지양해야 한다는 취지를 명확하게 밝히고 있다.[38] 이 보고서
는 인공지능 규제에 있어 인공지능 기술 그 자체보다는 그것의 활용을 대
상으로 하는 것이어야 하며, 이를 위해 인공지능 규제 범위의 유연성을 확
보할 필요가 있다는 입장을 보여주고 있다. 또한 인공지능의 핵심 특징을
적응력(adaptiveness)과 자율성(autonomy)이라고 제시하고, 이에 기반해 영역
별로 더 세부적인 개념정의를 구성해 나가야 한다는 입장을 취하고 있다.

물론 EU의 「인공지능법(안)」에도 인공지능 알고리즘의 불확정성에 대
한 고려가 담겨 있다. 예를 들어, 고위험 인공지능에 관한 기준을 제6조에
서 제시하면서,[39] 제7조에서는 EU 집행위원회가 부속서(annex) III 업데이
트를 통해 고위험 인공지능의 범주를 넓힐 수 있도록 권한을 부여하고 있
다.[40] 이는 사실상 「인공지능법(안)」의 주된 규제 목적이 고위험 인공지능
의 관리에 초점을 맞추고 있다는 점을 고려한다면, 고위험 인공지능의 개
념적 범주가 유동적일 수밖에 없다는 불확정성을 나타내는 것으로 평가할
수 있다.

2) 위험 기반 접근방식의 필요성과 영향평가

인공지능 기술 및 서비스의 불확정적인 성격은 이에 대한 규제 목적 달
성의 불확정성을 야기한다. 이러한 측면에서 전통적인 법적 규제와 같이
포괄적인 규제 기준을 정립해 활용하기보다는, 위험 기반 접근방식(risk-
based approach)을 취하고 있다. EU 「인공지능법(안)」도 '제안이유 (14)'[41]에
서 이를 명확하게 밝히고 있으며, 이러한 취지에서 동 법안은 인공지능의

위험을 금지된 위험(unacceptable risk), 고위험(high risk), 제한적 위험(limited risk), 최소 위험(minimal risk)으로 분류하고, 각 범주에 부합한다고 판단되는 규제방식을 설정하고 있다.

이러한 위험 기반 접근방식은 실제 기술적 불확정성이 전제된 상황에서 보편적으로 논의되는 규제방식이다. 결국 제기되는 위험이 무엇이고, 그러한 위험의 정도에 따라, 규제 방식과 수준을 달리 선택하게 된다는 것을 의미한다. 따라서 위에 언급한 '알고리즘에 대한 규제의 유형' 중 어떤 것을 선택할 것인지의 문제는 위험 정도에 관한 판단 결과에 따라 달라진다. 그렇다면 정책적 대응이 필요한지, 아니면 법규범적 규제방식 중 어떤 유형을 선택할 것인지의 문제는 제기되는 위험이 무엇인지에 대한 규명을 요청한다. 바로 이 지점에서 등장하는 것이 '영향평가(impact assessment)'이다.

EU 국가들은 이미 영향평가를 보편적으로 활용하고 있음에도, 최근 EU 의회가 의결한 「디지털 시대의 인공지능에 대한 결의안(Resolution on artificial intelligence in a digital age)」[42]은 영향평가의 중요성을 재차 강조하고 있다. 동 결의안은 '입법조치 및 관련 로드맵'에 관한 내용을 기술하면서, 제123항에서는 "인공지능과 같은 분야에서 새로운 디지털 법안을 발표하기 전에, EU 집행위원회가 적절한 예측 및 위험 분석을 통해 심층적인 사전 영향평가를 수행할 것을 촉구한다"고 제시하고 있다. 이는 위험기반 접근 방식의 전제로서 영향평가의 중요성을 시사한다고 볼 수 있다.

영향평가의 중요성은 인공지능 규제에 대해 그간 미온적인 태도를 취해온 미국에서도 나타나고 있다. 대표적인 것이 최근에 수정 발의된 「알고리즘 책무성 법안(Algorithmic Accountability Act)」[43]이다. 이 법안은 인간의 개입이 없는 '자동화된 의사결정 시스템(Automated Decision System)'뿐만 아니라, 인간이 의사결정을 하더라도 인공지능 알고리즘 등의 도움을 받는 '증강된 중요 의사결정 프로세스(Augmented Critical Decision Process)'에도 자체적인 영향평가를 실시하고 그 결과(연례) 보고서를 연방 FTC에 제출토록 하고 있다. 이러한 영향평가 체계의 구성은 기본적으로 인공지능 알고리즘을 활용하는 기업들의 책무성을 강화하기 위한 수단으로 기능하며, 연방 FTC 차원에서는 인공지능 알고리즘 활용 상황과 그에 따른 위험에 대해 지속적으로 추적 및 평가할 수 있는 기반을 제공한다고 볼 수 있다.

IV. 결론을 대신하여: 알고리즘 관련 입법정책을 위한 제언

인공지능 알고리즘에 대한 규제 및 정책 구현 방식에 관한 쟁점은 향후 지속적으로 제기될 것으로 보인다. 그러나 이제까지와 다른 점은, 과거 논의가 포괄적인 방향성을 제시하는 수준에 그쳤다면, 이제는 인공지능 알고리즘의 활용 영역 또는 방식에 따라 세분화된 규제 및 정책을 추진하는 단계로 접어들고 있다는 점이다. 이는, 앞서 살펴본 바와 같이, 다양한 국가들이 인공지능 알고리즘에 대한 규제의 실제 유형들을 구체적으로 제시하기 시작했다는 점에서 확인할 수 있다.

그러나 중요한 것은 주요 선도국에서 어떠한 인공지능 알고리즘 규제 방식을 채택했는지 여부가 아니라, 우리 현실에 맞는 인공지능 입법정책이 무엇인가이다. 주요 국가들이 다양한 방식의 알고리즘에 대한 규제 유형을 제시하고는 있지만, 실제로 이러한 규제 유형들이 본격적으로 적용되어 그것이 의도한 효과를 발휘하기 위해서는 인공지능 알고리즘이 제기하는 위험 및 역기능에 대한 현실적 분석 및 평가가 선행되어야 하기 때문이다. 이렇게 될 때, 인공지능 알고리즘 활용의 순기능을 선취하여 그 발전을 저해하지 않으면서도, 그와 관련해 발생할 수 있는 위험을 사전에 예방하거나 사후에 효과적으로 대응할 수 있을 것이다. 이런 의미에서 주요 국가들의 규제 및 정책 담론은 면밀한 영향분석을 거치고 있는 상황이라고 할 수 있다.

우리나라도 서구 국가들과 마찬가지로, 최근 알고리즘을 직접적인 대상으로 하는 법률안 및 관련 정책이 지속적으로 제시되고 있다. 그러나 이러한 움직임은 인공지능 알고리즘의 영향에 대한 분석에 기반하기보다는, 임기응변적인 실체적 입법 결과에만 관심을 기울이는 경향이 있다. 그러다 보니, 주로 서구 선도국가들이 제시하고 있는 법안의 내용들을 그대로 활용하는 경우가 적지 않다. 이러한 입법 실무상의 한계를 명확하게 극복해야 우리 현실에 적합한 알고리즘 규제 방식을 고안하고 활용할 수 있을 것이다.

이를 위해서는 우리나라 알고리즘 유관 법제에 관한 명확한 검토 및 분석은 물론, 인공지능 알고리즘 활용 상황에 대한 면밀한 영향평가를 실시할 필요가 있다. 영향평가는 일반적인 정보통신, 방송, 기타 미디어 등 개별 분야에서 이루어질 수도 있겠지만, 우리나라의 경우에는 제도화된 절차로 「지능정보화 기본법」 제56조에서 '지능정보서비스 등의 사회적 영향평가'를 규정하고 있어, 이를 활용해 볼 수 있을 것이다. 물론 이 규정을 기반으로 의미 있는 영향평가를 실시하기에는 부족한 점이 있지만, 개별 정부 부처들은 이 규정을 근거로 관련 분야 입법 및 정책 구상을 위한 영향평가를 실시해 볼 수 있을 것으로 판단된다. 이러한 영향평가를 토대로 향후 우리나라에서 제시되는 알고리즘에 대한 규제가 효과적인 위험 기반 접근방식을 보여주기를 기대해 본다.

국내외 인공지능
윤리가이드라인의 현황

국가 인공지능윤리 기준
베이징 인공지능 원칙
아실로마 인공지능 원칙
구글 인공지능 원칙

정리 **서세동**
미국 퍼듀 대학 철학과 박사과정

국가 인공지능윤리 기준
(대한민국 과학기술정보통신부, 2020)

Ⅰ. 서문

오늘날 인공지능 기술은 컴퓨팅 파워의 성장, 데이터의 축적, 5G 등 네트워크 고도화와 같은 ICT 기술의 발전을 토대로 급성장하고 있다. 인공지능은 제조, 의료, 교통, 환경, 교육 등 산업 전반에서 본격적으로 활용·확산되고 있으며, 우리 생활에서도 쉽게 인공지능 기술을 접할 수 있게 되었다. 이러한 인공지능 기술의 발전·확산은 생산성·편의성을 높여 국가 경쟁력을 높이고 국민의 삶의 질을 높일 것으로 기대되지만, 한편으로는 기술 오용, 데이터 편향성과 같은 인공지능윤리 이슈도 제기되고 있다. 본 윤리 기준은 이러한 시대적 흐름을 고려하여 '인공지능 개발과 활용 전 단계에서 정부·공공기관, 인공지능 기술 개발자, 인공지능 기술을 활용한 제품·서비스 공급자·활용자 등 모든 사회 구성원이 사람 중심의 인공지능' 구현을 위해 고려해야 할 기본적이고 포괄적인 기준을 제시하는 것을 목표로 한다.

본 윤리 기준은 '사람 중심의 인공지능' 구현을 위해 지향되어야 할 최고 가치로 '인간성(Humanity)'을 설정하고 있다. 이는 아래와 같은 사실을 의미한다. 모든 인공지능은 '인간성을 위한 인공지능(AI for Humanity)'을 지향하고, 인간에게 유용할 뿐만 아니라 나아가 인간 고유의 성품을 훼손하지 않고 보존하고 함양하도록 개발되고 활용되어야 한다. 인공지능은 인간의 정신과 신체에 해롭지 않도록 개발되고 활용되어야 하며, 개인의 윤택한 삶과 행복에 이바지하며 사회를 긍정적으로 변화하도록 이끄는 방향으로 발전되어야 한다. 또한 인공지능은 사회적 불평등 해소에 기여하고 주어진 목적에 맞게 활용되어야 하며, 목적의 달성 과정 또한 윤리적이어야 하고, 궁극적으로 인간의 삶의 질 및 사회적 안녕과 공익 증진에 기여하도록 개발되고 활용되어야 한다.

본 윤리 기준은 산업·경제 분야의 자율규제 환경을 조성함으로써 인공지능 연구개발과 산업 성장을 제약하지 않고, 정당한 이윤을 추구하는 기업에 부당한 부담을 지우지 않는 것을 목표로 한다. 또한 본 윤리 기준은 범용성이 있는 일반 원칙으로서 사안별 또는 분야별 인공지능윤리 기준 제정의 근거를 제공하여 영역별 세부 규범이 유연하게 발전해 나갈 수 있는 기반을 조성하고, 나아가 사회경제 및 기술 변화와 함께 새롭게 제기되는 인공지능윤리 쟁점을 반영하여 지속적으로 수정되고 보완되는 일종의 '인공지능윤리 플랫폼'으로 기능할 수 있다.

본 윤리 기준에서 제시하는 원칙과 요건들은 상황에 따라 상충관계가 발생할 수 있으며, 상충하는 문제의 해결 방식은 개별 맥락과 상황에 따라 달라질 수 있다. 따라서 본 윤리 기준에서는 각각 원칙들 사이에 고정된 형태의 우선순위를 제시하지는 않으며, 직간접적으로 영향을 받는 이해관계자가 지속적인 토론과 숙의 과정에 참여하여 절충점과 해결 방안을 모색하도록 권유한다.

II. 국가 인공지능윤리 기준

1. 3대 기본 원칙

'**인간성을 위한 인공지능(AI for Humanity)**'을 위해 **인공지능 개발에서 활용에 이르는 전 과정**에서 고려되어야 할 기준으로 **3대 기본 원칙**을 제시한다.

1) 인간 존엄성 원칙
- 인간은 신체와 이성이 있는 생명체로 인공지능을 포함하여 인간을 위해 개발된 기계제품과는 교환 불가능한 가치가 있다.
- 인공지능은 인간의 생명은 물론 정신적 및 신체적 건강에 해가 되지 않는 범위에서 개발 및 활용되어야 한다.
- 인공지능 개발 및 활용은 안전성과 견고성을 갖추어 인간에게 해가 되지 않도록 해야 한다.

2) 사회의 공공선 원칙
- 공동체로서 사회는 가능한 한 많은 사람의 안녕과 행복이라는 가치를 추구한다.
- 인공지능은 지능정보사회에서 소외되기 쉬운 사회적 약자와 취약 계층의 접근성을 보장하도록 개발 및 활용되어야 한다.
- 공익 증진을 위한 인공지능 개발 및 활용은 사회적, 국가적, 나아가 글로벌 관점에서 인류의 보편적 복지를 향상시킬 수 있어야 한다.

3) 기술의 합목적성 원칙
- 인류의 삶에 필요한 도구인 인공지능 기술은 사용자의 목적과 의도에 따른 고유한 목적과 수단적 가치를 지닌다.

- 인공지능은 궁극적으로 인간에게 도움이 되어야 한다는 목적에 맞도록 개발 및 활용되어야 한다.
- 인류의 삶과 번영을 위한 인공지능 개발 및 활용을 장려하여 진흥해야 한다.

2. 10대 핵심 요건

3대 기본 원칙을 실천하고 이행할 수 있도록 인공지능 전체 생명 주기에 걸쳐 충족되어야 하는 10가지 핵심 요건을 제시한다.

1) 인권 보장
- 인공지능의 개발과 활용은 모든 인간에게 동등하게 부여된 권리를 존중하고, 다양한 민주적 가치와 국제 인권법 등에 명시된 권리를 보장하여야 한다.
- 인공지능의 개발과 활용은 인간의 권리와 자유를 침해해서는 안 된다.

2) 프라이버시 보호
- 인공지능을 개발하고 활용하는 전 과정에서 개인의 프라이버시를 보호해야 한다.
- 인공지능 전 생애주기에 걸쳐 개인 정보의 오용을 최소화하도록 노력해야 한다.

3) 다양성 존중
- 인공지능 개발 및 활용 전 단계에서 사용자의 다양성과 대표성을 반영해야 하며, 성별·연령·장애·지역·인종·종교·국가 등 개인 특성에 따른 편향과 차별을 최소화하고, 상용화된 인공지능은 모든 사람에게 공정하게 적용되어야 한다.
- 사회적 약자 및 취약 계층의 인공지능 기술 및 서비스에 대한 접근성을 보장하고, 인공지능이 주는 혜택은 특정 집단이 아닌 모든 사람에게 골고루 분배되도록 노력해야 한다.

4) 침해 금지
- 인공지능을 인간에게 직간접적인 해를 입히는 목적으로 활용해서는 안 된다.
- 인공지능이 야기할 수 있는 위험과 부정적 결과에 대응 방안을 마련하도록 노력해야 한다.

5) 공공성

- 인공지능은 개인적 행복 추구뿐만 아니라 사회적 공공성 증진과 인류의 공동 이익을 위해 활용해야 한다.
- 인공지능은 긍정적 사회변화를 이끄는 방향으로 활용되어야 한다.
- 인공지능의 순기능을 극대화하고 역기능을 최소화하기 위한 교육을 다방면으로 시행하여야 한다.

6) 연대성

- 다양한 집단 간의 관계 연대성을 유지하고, 미래세대를 충분히 배려하여 인공지능을 활용해야 한다.
- 인공지능 전 주기에 걸쳐 다양한 주체들의 공정한 참여 기회를 보장하여야 한다.
- 윤리적 인공지능의 개발 및 활용에 국제사회가 협력하도록 노력해야 한다.

7) 데이터 관리

- 개인정보 등 각각의 데이터를 그 목적에 부합하도록 활용하고, 목적 외 용도로 활용하지 않아야 한다.
- 데이터 수집과 활용의 전 과정에서 데이터 편향성이 최소화되도록 데이터 품질과 위험을 관리해야 한다.

8) 책무성

- 인공지능 개발 및 활용 과정에서 책임주체를 설정함으로써 발생할 수 있는 피해를 최소화하도록 노력해야 한다.
- 인공지능 설계 및 개발자, 서비스 제공자, 사용자 간의 책임소재를 명확히 해야 한다.

9) 안전성

- 인공지능 개발 및 활용 전 과정에 걸쳐 잠재적 위험을 방지하고 안전을 보장할 수 있도록 노력해야 한다.
- 인공지능 활용 과정에서 명백한 오류 또는 침해가 발생할 때 사용자가 그 작동을 제어할 수 있는 기능을 갖추도록 노력해야 한다.

10) 투명성

- 사회적 신뢰 형성을 위해 타 원칙과의 상충관계를 고려하여 인공지능 활용 상황에 적합한 수준의 투명성과 설명 가능성을 높이려는 노력을 기울여야 한다.
- 인공지능기반 제품이나 서비스를 제공할 때 인공지능의 활용 내용과 활용 과정에서 발생할 수 있는 위험 등의 유의사항을 사전에 고지해야 한다.

III. 부록

1. 본 윤리 기준에서 인공지능의 지위

- 본 윤리 기준에서 지향점으로 제시한 '인간성을 위한 인공지능(AI for Humanity)'은 인공지능이 인간을 위한 수단임을 명시적으로 표현하지만, 인간종 중심주의(human species-centrism) 또는 인간 이기주의를 표방하지는 않는다.
- 본 윤리 기준에서 인공지능은 지각력이 있고 스스로를 인식하며 실제로 사고하고 행동할 수 있는 수준의 인공지능(이른바 강인공지능)을 전제하지 않으며 하나의 독립된 인격으로서의 인공지능을 의미하지도 않는다.

2. 적용 범위와 대상

- 본 윤리 기준은 인공지능 기술의 개발부터 활용에 이르는 전 단계에 참여하는 모든 사회구성원을 대상으로 하며, 이는 정부·공공기관, 기업, 이용자 등을 포함한다.

3. 국가 인공지능윤리 기준의 실현 방안

- '인공지능윤리 기준'을 기본 플랫폼으로 하여 다양한 이해관계자 참여하에 인공지능 윤리 쟁점을 논의하고, 지속적 토론과 숙의 과정을 거쳐 주체별 체크리스트 개발 등 인공지능윤리의 실천 방안을 마련한다.

베이징 인공지능 원칙

(베이징인공지능아카데미, 2019)

[이 원칙은 2019년 5월 25일에 발표되었으며, 베이징인공지능아카데미(BAAI)의 주도하에 여러 명문대학(칭화대학, 베이징대학), 국립연구소(중국과학아카데미 자동화연구소, 중국과학아카데미 컴퓨터기술연구소), 그리고 인공지능산업기술혁신전략동맹(AITISA) 등이 이 원칙의 개발에 참여했다.]

1. 연구 개발

인공지능(AI)의 연구 개발 시 다음의 원칙들을 준수해야만 한다.

1) 이로워야 한다

인공지능은 사회와 인류 문명의 발전 그리고 자연과 사회의 지속가능한 발전을 촉진하며 모든 인류 및 환경을 이롭게 하며, 사회와 생태계의 안녕을 증진하기 위한 목적으로 설계 및 개발되어야 한다.

2) 인간을 중시해야 한다

인공지능의 연구개발은 인류에 봉사하고 인류의 전반적인 이익뿐만 아니라 인간적 가치에도 부합해야 한다. 사람들의 개인정보, 존엄성, 자유, 자율성, 권리가 충분히 존중되어야 한다. 인공지능은 사람에게 불리하게 또는 사람을 이용하거나 해치는 데 사용되어서는 안 된다.

3) 책임을 져야 한다

인공지능 연구 및 개발자는 제품이 가져올 잠재적 윤리적, 법적, 사회적 영향과 위험을 충분히 고려하고 이를 줄이고 피하기 위한 구체적인 조치를 취해야 한다.

4) 위험을 통제해야 한다

인공지능 시스템의 성숙도, 견고성, 신뢰성 및 제어가능성을 향상시켜 데이터 보안 및 AI 시스템 자체의 안전성과 보안, AI 시스템이 배치되는 외부 환경의 안전성을 확보하도록 지속적으로 노력해야 한다.

5) 윤리적이어야 한다

인공지능의 연구개발은 시스템의 신뢰성을 확보하기 위해 윤리적 설계라는 접근법을 취해야 한다. 여기에는 시스템이 가능한 한 공정하도록 만들며, 차별과 편향의 가능성을 가능한 한 줄이며, 투명성, 설명 가능성, 그리고 예측 가능성을 높이고, 시스템을 추적, 검사, 설명할 수 있도록 만드는 일이 포함될 수 있으나, 반드시 이에 국한될 필요는 없다.

6) 다양하고 포용적이어야 한다

인공지능의 개발은 다양성과 포용성을 반영해야 하며, 가능한 한 많은 사람들에게, 특히 이 다양성과 포용성을 반영하지 않을 때 인공지능 애플리케이션에서 쉽게 무시되거나 과소대표될 수 있는 사람들에게 혜택을 주도록 설계되어야 한다.

7) 개방적으로 공유되어야 한다

데이터 및 플랫폼의 독점을 피하기 위해 인공지능 오픈 플랫폼을 구축하고, 그 개발의 혜택을 최대한 공유하며, 지역·산업별로 균등한 발전 기회를 도모해야 한다.

2. 사용

인공지능의 이용 및 활용은 다음의 원칙들을 준수해야만 한다.

1) 현명하고 적절하게 사용하라

인공지능 시스템의 이용자는 시스템이 설계된 대로 작동하도록 하는 데에 필요한 지식과 능력을 갖추어, 오용과 악용의 가능성을 막고 시스템의 이점을 극대화하고 위험을 최소화할 수 있도록 시스템의 잠재적인 영향력을 충분히 이해해야 한다.

2) 사전 동의

인공지능 시스템의 이해당사자들이 그 시스템이 자신들의 권익에 미치는 영향에 관한 충분한 수준의 사전 동의를 얻을 수 있도록 조치가 취해져야 한다. 예상치 못한 상황이 발생했을 때 합당한 데이터와 서비스 해지 메커니즘을 구축하여 이용자 고유의 권익이 침해되지 않도록 해야 한다.

3) 교육 및 훈련

인공지능 시스템의 이해관계자들이 인공지능 발전이 미치는 결과에 심리적, 정서적, 기술적 측면에서 적응할 수 있도록 교육 및 훈련을 받을 수 있어야 한다.

3. 거버넌스

인공지능 거버넌스는 다음과 같은 원칙들을 준수해야만 한다.

1) 고용의 최적화

인공지능이 인간의 고용수준에 미칠 수 있는 잠재적 영향에 관해 포용적인 태도를 취해야 한다. 사람들의 고용수준에 큰 영향을 미칠 수 있는 인공지능 애플리케이션의 촉진에 관해서 신중한 태도를 취해야 한다. 인간의 이점과 특성을 최대로 활용할 수 있는 인간-AI 협력 및 새로운 형태의 일자리에 대한 탐구가 필요하다.

2) 조화 및 협력

학제, 영역, 부문, 조직, 지역을 넘나드는, 전 지구적이고 포괄적인 인공지능 거버넌스 생태계를 구축하여 인공지능과 관련된 악질적인 경쟁을 피하고, 인공지능 거버넌스 경험을 공유하며, '공생 최적화' 철학을 가지고 인공지능이 미칠 영향에 공동 대처하는 협력이 활발히 전개돼야 한다.

3) 적응 및 조정

인공지능 원칙, 정책, 규제를 AI 발전 상황에 맞게 조정하여 수정하는 일을 적극적으로 검토해야 한다. 인공지능의 거버넌스의 대책은 인공지능 개발 수준에 부합해야 하며, 인공지능의 적절한 활용을 저해하지 않을 뿐만 아니라 사회와 자연에 이로워야 한다.

4) 하위분류 및 구현

더욱 구체적이고 상세한 가이드라인을 수립하기 위해 인공지능 애플리케이션의 다양한 분야와 시나리오가 적극 고려되어야 한다. 이러한 원칙을 구현하는 일이 인공지능의 연구개발 및 활용이 이루어지는 전체 작동수명 내내 적극적으로 추진되어야 한다.

5) 장기 계획

증강 지능, 일반 인공지능 및 초지능의 잠재적 위험에 관한 지속적인 연구가 권장되어야 한다. 앞으로 인공지능이 항상 사회와 자연에 유익하게 만드는 전략적 설계를 고려해야 한다.

아실로마 인공지능 원칙

(생명미래연구소, 2017)

[아실로마 AI 원칙은 인공지능(AI) 연구를 지원하는 비영리연구단체인 생명미래연구소(Future of Life Institute)가 미국 캘리포니아 아실로마에서 개최한 2017년 이로운 인공지능 학술대회 (Beneficial AI Conference)에서 제정되었다. 아래의 원칙들은 학술대회에 참여한 저명한 연구자 및 관계자들로부터 90%이상의 지지를 받아 만들어졌다.]

1. 연구 쟁점

1) 연구 목표
인공지능 연구의 목표는 감독받지 않는 지능이 아닌, 인간에게 유용하고 이로운 혜택을 주는 지능을 개발하는 것이 되어야 한다.

2) 연구비 지원
인공지능에 대한 투자에는 인공지능의 유익한 사용을 보장하는 연구비 지원이 수반되어야 한다. 이 투자는 컴퓨터 과학, 경제, 법, 윤리 및 사회 연구 등에서 제기되는 어려운 물음을 포함해야 하는데, 이는 다음과 같다:

- 어떻게 미래의 인공지능 시스템을 매우 견실하게 만들어서 오작동이나 해킹 피해 없이 우리가 원하는 대로 작업을 수행하도록 할 수 있는가?
- 어떻게 사람들의 자원과 목적을 유지하면서도 자동화가 우리를 번영케 할 것인가?
- 인공지능과 보조를 맞추고 인공지능과 관련된 위험을 통제하기 위해, 보다 공정하고 효율적으로 법률 시스템을 개선할 수 있는 방법은 무엇인가?
- 인공지능은 어떤 가치를 따라야 하며, 어떤 법적 또는 윤리적인 지위를 가져야 하는가?

3) 과학과 정책 간의 연계
인공지능 연구자와 정책 입안자 간에 건설적이고 건전한 교류가 있어야 한다.

4) 연구 문화
인공지능 연구자와 개발자 간에 협력, 신뢰, 투명성의 문화가 조성되어야 한다.

5) 경쟁 피하기

인공지능 시스템 개발팀들은 AI시스템을 개발할 때 안전기준을 부실하게 만드는 식의 제 살 깎아 먹기식 경쟁을 피하고 서로 적극적으로 협력해야 한다.

2. 윤리 및 가치

6) 안전

인공지능 시스템은 작동수명 전반에 걸쳐 안전하고 또 안정적이어야 하며, 활용 및 실현 가능할 경우 그 안전성을 검증할 수 있어야 한다.

7) 실패 투명성

인공지능 시스템이 해를 끼칠 경우 그 이유를 확인할 수 있어야 한다.

8) 사법적 투명성

사법적 의사결정과정에 있어 자율시스템이 사용되는 경우, 권위 있는 인권기구가 감사를 위해 요구하는 만족스러운 설명을 제공할 수 있어야 한다.

9) 책임성

첨단 인공지능 시스템의 설계자와 제조자는 인공지능의 사용, 오용 및 행동으로부 터 비롯하는 도덕적 여파의 이해당사자이며, 그 영향력이 발생한 계기를 제공했으므 로 그에 책임을 갖는다.

10) 가치 부합성

고도로 자율적인 인공지능 시스템은 작동하는 동안 그의 목표와 행동이 인간의 가 치와 일치하도록 설계되어야 한다.

11) 인간 가치

인공지능 시스템은 인간의 존엄성, 권리, 자유 및 문화적 다양성의 이상에 적합하 도록 설계되고 운용되어야 한다.

12) 개인의 프라이버시 보호

AI 시스템이 개인정보에 관한 데이터를 분석하고 활용한다는 전제하에, 사람들은 자신들이 생산한 데이터에 접근할 수 있는 그리고 그것을 관리하고 통제할 수 있는 권리를 가져야 한다.

13) 자유와 프라이버시

인공지능이 개인정보를 활용할 때, 사람들의 실제 또는 그들이 느끼는 자유를 부당하게 축소해서는 안 된다.

14) 이익 공유

인공지능 기술은 최대한 많은 사람에게 혜택을 주고 힘을 실어주어야 한다.

15) 공동번영

AI에 의해 이루어진 경제적 번영은 인류의 모든 혜택을 위해 널리 공유되어야 한다.

16) 사람에 의한 통제

의사결정을 인공지능 시스템에 위임할 것인지 여부나 그 방법을 사람이 선택해야 하며, 그럼으로써 이루고자 하는 목표도 사람이 선택한 것이어야 한다.

17) 비파괴

고도화된 인공지능 시스템의 통제에 의해 주어진 능력은 사회의 건전성을 위해 필요한 사회적 및 시민적 과정을 뒤엎는 것이 아니라 그 과정을 존중하고 개선해야 한다.

18) 인공지능 무기 경쟁

치명적인 인공지능 무기의 군비 경쟁은 피해야 한다.

3. 장기적 쟁점

19) 인공지능 능력에 관한 주의

공통된 합의가 없으므로 향후 인공지능 능력의 상한치에 관해 강한 전제를 갖는 일은 피해야 한다.

20) 중요성

첨단 AI는 지구 생명의 역사에 심각한 변화를 가져올 수 있으므로, 그에 상응한 관심과 자원을 가지고 계획되고 관리되어야 한다.

21) 위험

인공지능 시스템이 초래하는 위험, 특히 치명적인 또는 실존적 위험에는 예상된 영향에 걸맞은 계획과 완화 노력이 뒷받침되어야 한다.

22) 재귀적 자기 개선

AI 시스템은 재귀적인 자기 복제 혹은 자기 개선을 통하여 질적 및 양적으로 향상되는 속도가 빠르기 때문에, 엄격한 안전 및 통제 조치를 받아야 한다.

23) 공동선

초지능은 오직 널리 공유되는 윤리적 이상을 위해 그리고 몇몇 국가나 조직이 아닌 모든 인류의 이익을 위해서만 개발되어야 한다.

구글 인공지능 원칙
(구글, 2018)

1. 구글의 인공지능 원칙

구글(Google)은 중요한 문제들을 해결하고 사람들의 일상생활에 도움을 주는 기술을 만들기를 열망한다. 우리는 인공지능 그리고 다른 첨단 기술의, 사람들에게 힘을 실어주고 현재와 미래 세대에 널리 이익을 주며 공공선을 위해 봉사하는, 막대한 잠재력을 낙관한다.

우리는 이러한 기술들이 우리의 임무를, 곧 혁신을 가속화하고 전 세계의 정보를 만들어내며 이 정보를 보편적으로 접근가능하고도 유용하게 만드는 일을 도울 것이라고 믿는다.

우리는 바로 이러한 기술들이 또한 명확하고도 사려 깊게 그리고 적극적으로 해결해야 할 중요한 문제들을 야기한다는 사실을 알고 있다. 이러한 원칙들은 책임감 있게 기술을 개발하겠다는 그리고 우리가 이 기술들을 어떤 특정한 응용 분야에서는 개발해나가지 않을 것이라는 약속을 명시한다.

2. 인공지능 애플리케이션의 목표

우리는 다음 목표를 고려하여 AI 애플리케이션을 평가할 것이다. 우리는 AI가 다음과 같이 해야 한다고 믿는다.

1) 사회적으로 유용해야 한다.

새로운 기술의 적용 범위가 확대되면서, 이는 사회 전반에 점점 더 큰 영향을 미치고 있다. 인공지능의 발전은 의료, 보안, 에너지, 교통, 제조업 및 엔터테인먼트를 포함한 광범위한 분야에서 혁신적인 영향을 미칠 것이다. 우리는 AI 기술의 잠재적 개발과 사용을 고려할 때 광범위한 사회경제적 요인을 고려할 것이며, 가능한 전반적인 이익이 예측 가능한 위험 및 단점을 훨씬 상회한다는 믿음에서 출발할 것이다.

AI는 콘텐츠의 의미를 이해하는 우리의 역량을 상당한 수준으로 강화한다. 우리는 AI를 이용하여 정확한 고품질의 정보를 쉽게 얻을 수 있도록 노력하는 한편, 우리가 운영하는 국가의 문화, 사회, 법 규범을 지속적으로 존중할 것이다. 그리고 우리는 우리의 기술을 언제 비상업적인 용도로 이용할 수 있을지를 계속해서 신중하게 고려할 것이다.

2) 불공정한 편향성을 만들거나 강화하지 않도록 해야 한다.

AI 알고리즘과 데이터 셋은 불공정한 편견을 반영하고 강화하거나 줄일 수도 있다. 우리는, 공정성과 불공평한 편향성을 구별하는 일이 항상 간단하지는 않으며 문화와 사회에 따라 다르다는 것을 알고 있다. 특히 인종, 민족, 성별, 국적, 소득, 성적지향, 능력, 정치적 또는 종교적 신념과 같은 민감한 특성과 관련하여 사람들에게 부당한 영향을 미치지 않도록 노력할 것이다.

3) 안정성을 추구 및 검증해야 한다.

우리는 해악의 위험성을 야기하는 의도치 않은 결과를 피하기 위해 강력한 안전 및 보안 시행규칙을 지속적으로 개발하고 적용할 것이다. 우리는 AI 시스템이 적절한 조심성을 갖도록 설계하고, AI 안전 연구의 모범 사례에 따라 개발하고자 노력할 것이다. 적절한 경우에 우리는 제한된 환경에서 AI 기술을 테스트하고 배치 후 작동을 감독할 것이다.

4) 사람들에게 설명 가능해야 한다.

우리는 적절한 피드백, 관련 설명 및 호소 기회를 제공하는 AI 시스템을 설계할 것이다. 우리의 AI 기술은 사람의 적절한 감독과 통제를 받게 될 것이다.

5) 사생활 보호 원칙을 포함해야 한다.

우리는 인공지능 기술의 개발과 사용에 있어서 사생활 원칙을 포함시킬 것이다. 관련 정보를 통지하고 사용자의 동의를 받도록 하며, 사생활 보호 장치가 있는 설계방식을 장려하고, 데이터 사용에 있어서 적절한 투명성을 제공하고 이를 통제할 것이다.

6) 과학적 우수성에 관한 높은 기준을 견지해야 한다.

기술 혁신은 과학적 방법과 열린 탐구의 자세, 지적 엄격성, 진실성 및 협업에 대한 헌신에 근거한다. AI 도구는 생물학, 화학, 의학 및 환경 과학과 같은 주요 영역에서 새로운 과학 연구와 지식의 영역을 개척할 수 있는 잠재력을 갖는다. 우리는 AI 개발을 진행하기 위해 노력하면서 높은 수준의 과학적 우수성을 열망한다.

우리는 과학적으로 엄격하고 다학제적인 접근방식을 채택함으로써 이 분야에서 사려깊은 리더십을 증진시키기 위해 다양한 이해관계자들과 협력할 것이다. 그리고 더 많은 사람들이 유용한 AI 애플리케이션을 개발할 수 있도록 교육 자료, 모범 사례, 연구를 발표함으로써 AI 지식을 책임감 있게 공유할 것이다.

7) 이러한 원칙들에 부합하는 용도로 사용되어야 한다.

많은 기술들이 다양한 용도를 갖는다. 우리는 AI 애플리케이션이 잠재적으로 해롭거나 나쁘게 사용되지 않도록 제한하고자 한다. AI 기술을 개발 및 이용할 때, 우리는 다음의 요소들을 고려하여 가능한 용도를 평가할 것이다.

① **주요 목적과 용도**: 그 방안이 유해한 용도와 얼마나 밀접하게 연관되어 있는지 혹은 해로운 용도에 어떻게 적용 가능한지를 포함한, 어떤 기술 및 애플리케이션의 주요 목적과 가능한 용도.
② **기술의 성격과 독특성**: 우리가 독특한 기술을 개발하고 있는지 아니면 보다 일반적인 기술을 개발하는지 여부.
③ **규모**: 이 기술의 용도가 중대한 영향을 미칠지 여부.
④ **구글이 관여하는 방식의 성격**: 우리가 고객을 위한 툴(tools)을 포함하는 범용 툴을 제공하는지 아니면 맞춤형 솔루션을 개발하고 있는지 여부.

3. 우리가 추구하지 않을 인공지능 애플리케이션

위의 목표 외에도, 우리는 다음과 같은 애플리케이션 영역에서 AI를 설계하거나 배치하지 않을 것이다.

① **전반적으로 해악을 유발하거나 유발할 가능성이 있는 기술**. 해악을 끼칠 실질적 위험이 있는 경우, 우리는 이익이 위험보다 훨씬 크다고 믿는 경우에만 진행해갈 것이며, 안전성을 확보하기 위한 적절한 제약 조건 내에서 진행할 것이다.
② **주된 목적이나 실현에 있어서 사람에게 부상을 야기하거나 이를 직접적으로 돕는 무기나 여타 기술.**
③ **국제적으로 통용되는 규범을 위반하는 방식으로 감시를 위해 정보를 이용하거나 수집하는 기술.**
④ **널리 받아들여지는 국제법 및 인권의 원칙에 위배되는 목적을 가진 기술.**

이 분야에서 경험이 축적됨에 따라 이 목록은 변할 수 있다.

4. 결론

우리는 이러한 원칙이 우리 회사와 미래의 AI 발전을 위한 올바른 기반이라고 믿는다. 우리는 이 분야가 역동적으로 발전 중이라는 사실을 인정한다. 우리는 겸손 및 대내외적 관여를 통한 헌신의 태도를 그리고 시간이 주는 교훈에 따라 우리의 접근방식을 바꿔나가겠다는 의지를 가지고 우리의 일에 임할 것이다.

EU 인공지능 법안(규제안)*
2022 미국 연방의회 알고리즘 책임법안

* 번역문 출처: 개인정보보호위원회

EU 인공지능 법안(규제안)

제1편 일반 조항

제1조 주제

본 규정(Regulation)은 다음을 명시한다.

  (a) 유럽 연합에서 인공지능 시스템('AI 시스템)의 출시, 서비스 개시 및 사용을 위한 조화 규칙

  (a) 특정한 인공지능 관행의 금지

  (b) 고위험 AI 시스템에 대한 요구사항 및 동 시스템의 운영자에게 부과되는 의무

  (c) 자연인, 감정 인식 시스템 및 생체 인식 분류 시스템, 그리고 이미지, 오디오 또는 비디오 콘텐츠를 생성하거나 조작하는 데 사용되는 AI 시스템과 상호 작용하는 AI 시스템에 대한 조화 투명성 규칙

  (d) 시장 감시 및 모니터링에 관한 규칙

제2조 범위

1. 본 규정은 다음에 적용된다.

  (a) 유럽 연합 내에서 설립되었는지 또는 제3국에서 설립되었는지 여부에 관계없이 유럽 연합에서 AI 시스템을 출시하거나 서비스 개시하는 제공자

  (b) 유럽 연합 내에 소재한 AI 시스템 사용자

  (c) AI 시스템의 산출물이 유럽 연합에서 사용되는 경우, 제3국에 소재한 AI 시스템의 제공자 및 사용자

2. 다음 법규의 범위 내에 속하는, 제품 또는 시스템의 안전 구성요소이거나 그 자체가 제품 또는 시스템인 고위험 AI 시스템에 대해서는 오로지 본 규정의 제84조만 적용된다.

  (a) Regulation (EC) 300/2008;

  (b) Regulation (EU) No 167/2013;

  (c) Regulation (EU) No 168/2013;

  (d) Directive 2014/90/EU;

  (e) Directive (EU) 2016/797;

(f) Regulation (EU) 2018/858;

(g) Regulation (EU) 2018/1139;

(h) Regulation (EU) 2019/2144.

3. 본 규정은 오직 군사 목적으로만 개발되거나 사용되는 AI 시스템에는 적용되지 않는다.

4. 제3국의 공공 기관 또는 제1항에 따라 본 규정의 범위 내에 속하는 국제 기구가 유럽 연합 또는 회권국과의 법 집행 및 사법 협력을 위한 국제 협약의 프레임워크에서 AI 시스템을 사용하는 경우에는 본 규정이 적용되지 않는다.

5. 본 규정은 유럽 의회 및 유럽 이사회 Directive 2000/31/EC60 제II장, IV절[디지털 서비스법(DSA)의 상응하는 조항에 의해 대체]에 명시된 중개 서비스 제공자의 책임에 관한 조항의 적용에 영향을 미치지 않는다.

제3조 정의

본 규정의 목적을 위해 다음 정의가 적용된다.

(1) '인공지능 시스템(Artificial Intelligence system)'(AI 시스템)은 부속서 I에 열거된 기법과 접근법을 통해 개발되고 인간이 정의한 목표를 위해 그것이 상호 작용하는 환경에 영향을 미치는 콘텐츠, 예측, 추천, 결정 등의 아웃풋을 생성할 수 있는 소프트웨어를 의미한다.

(2) '제공자(provider)'는 자체 명의 또는 상표하에 유료 또는 무료로 출시하거나 서비스 개시하기 위해 AI 시스템을 개발하거나 개발을 의뢰하는 자연인 또는 법인, 공공기관, 기구 또는 단체를 의미한다.

(3) '소규모 제공자(small-scale provider)'는 Commission Recommendation 2003/361/EC61의 의미 내에서 소상공인 또는 중소기업인 제공자를 의미한다.

(4) '사용자(user)'는 개인적, 비전문적 활동에 AI 시스템이 사용되는 경우를 제외하고, 자체 권한에 따라 AI 시스템을 사용하는 자연인 또는 법인, 공공 기관, 기구 또는 기타 단체를 의미한다.

(5) '공인 대리인(authorised representative)'은 AI 시스템의 제공자로부터 그를 대신하여 본 규정에 명시된 의무와 절차를 수행할 권한을 서면으로 위임받은 유럽연합에 소재하는 자연인 또는 법인을 의미한다.

(6) '수입업자(importer)'는 유럽 연합 외부에 소재하는 자연인 또는 법인의 이름 또는 상표를 부착한 AI 시스템을 출시하거나 서비스 개시하는 유럽 연합에 소재하는 자연인 또는 법인을 의미한다.

(7) '유통업자(distributor)'는 그 속성에 영향을 주지 않고 유럽 연합 시장에 AI 시스템을 제공하는, 제공자 또는 수입업자를 제외한 공급망에 속하는 자연인 또는 법인을 의미한다.

(8) '운영자(operator)'는 제공자, 사용자, 공인 대리인, 수입업자 및 유통업자를 의미한다.

(9) '출시(placing on the market)'는 AI 시스템을 유럽 연합 시장에 처음으로 공급하는 것을 의미한다.

(10) '시장에 공급(making available on the market)'은 유료, 무료를 막론하고 상업 활동 과정에서 유럽 연합 시장에서 유통하거나 사용할 AI 시스템을 공급하는 것을 의미한다.

(11) '서비스 개시(putting into service)'는 유럽 연합 시장에서 원래 목적으로 처음 사용하기 위해 사용자에게 직접 또는 자체 용도로 AI 시스템을 공급하는 것을 의미한다.

(12) '원래 목적(intended purpose)'은 제공자의 사용 지침, 판촉/홍보 자료, 명세서 및 기술 문서에 명시되고 특정한 사용 맥락과 조건을 포함하는, 제공자가 의도한 AI 시스템의 용도를 의미한다.

(13) '합리적으로 예측 가능한 오용(reasonably foreseeable misuse)'은 원래 목적에 따르지 않고 합리적으로 예측 가능한 인간 행동 또는 다른 시스템과의 상호작용에서 비롯될 수 있는 방식으로 AI 시스템을 사용하는 것을 의미한다.

(14) '제품 또는 서비스의 안전 구성요소(safety component of a product or system)'는 제품 또는 서비스를 위한 안전 기능을 수행하거나, 그 고장 또는 오작동이 사람 또는 재산의 건강과 안전을 위협하는 제품 또는 서비스의 구성요소를 의미한다.

(15) '사용 지침(instructions for use)'은 고위험 AI 시스템이 사용되는 특정한 지리적, 행동적, 기능적 환경을 포함하여 AI 시스템의 원래 목적과 올바른 사용법을 사용자에게 알려주기 제공자가 제공하는 정보를 의미한다.

(16) 'AI 시스템의 리콜(recall of an AI system)'은 사용자에게 공급한 AI 시스템을 제공자에게 반품하기 위한 조치를 의미한다.

(17) 'AI 시스템의 회수(withdrawal of an AI system)'는 AI 시스템 유통, 전시, 제공을 방지하기 위한 조치를 의미한다.

(18) 'AI 시스템의 성능(performance of an AI system)'은 원래 목적을 달성하는 AI 시스템의 능력을 의미한다.

(19) '통보 기관(notifying authority)'은 적합성 평가 기관의 평가, 지명, 통지 및 모니터링에 필요한 절차를 수립하고 수행하는 일을 책임지는 국가 기관을 의미한다.

(20) '적합성 평가(conformity assessment)'는 본 규정 제3편 제2장에 명시된 AI 시스템과 관련된 요구사항이 충족되었는지 여부를 확인하는 절차를 의미한다.

(21) '적합성 평가 기관(conformity assessment body)'은 테스트, 인증, 검사 등을 포함한 제3자 적합성 평가 활동을 수행하는 기관을 의미한다.

(22) '인증 기관(notified body)'은 본 규정 및 기타 관련 유럽 연합 조화 법령에 따라 지명된 적합성 평가 기관을 의미한다.

(23) '상당한 수정(substantial modification)'은 AI 시스템이 본 규정 제3편 제2장에 명시된 요구사항을 준수하는 데 영향을 주거나 AI 시스템이 평가된 원래 목적의 수정을 초래하는, 출시 또는 서비스 개시 후에 이루어진 AI 시스템의 변경을 의미한다.

(24) 'CE 적합성 마크(CE marking of conformity)'(CE 마크)는 AI 시스템이 본 규정 제3편 제2장에 명시된 요구사항 및 제품 출시를 위한 조건을 조화하는 기타 관련 유럽 연합법규('유럽 연합 조화 법령')를 준수한다는 것을 나타내는 마크를 의미한다.

(25) '출시 후 모니터링(post-market monitoring)'은 AI 시스템의 제공자가 시정 또는 예방 조치를 즉시 적용할 필요가 있는지 파악하기 위한 목적으로, 출시되거나 서비스 개시된 AI 시스템을 사용하면서 획득한 경험을 수집·검토하기 위해 수행하는 모든 활동을 의미한다.

(26) '시장 감시 기관(market surveillance authority)'은 Regulation (EU) 2019/1020에 따른 활동을 수행하고 조치를 취하는 국가 기관을 의미한다.

(27) '조화 표준(harmonised standard)'은 Regulation (EU) No 1025/2012 제2(1)(c)조에 정의된 유럽 표준을 의미한다.

(28) '공통 규격(common specifications)'은 본 규정에 따른 특정한 요구사항과 의무를 준수할 수단을 제공하는 기술 솔루션을 포함하는 표준 이외의 문서를 의미한다.

(29) '학습 데이터(training data)'는 신경망의 가중치를 포함하여 학습 가능한 매개변수의 조절을 통해 AI 시스템을 학습시키는 데 사용되는 데이터를 의미한다.

(30) '검증 데이터(validation data)'는 학습된 AI 시스템의 평가를 제공하고 학습 불가능한 매개변수와 그 학습 프로세스를 튜닝하는 데 사용되는 데이터를 의미한다. 검증 데이터세트는 별도의 데이터세트일 수도 있고 학습 데이터세트의 일

부(고정 또는 가변분할)일 수도 있다.

(31) '테스트 데이터(testing data)'는 AI 시스템을 출시하거나 서비스 개시하기 전에 기대 성능을 확인하기 위해 학습되고 검증된 AI 시스템의 독립 평가를 제공하는 데 사용되는 데이터를 의미한다.

(32) '인풋 데이터(input data)'는 시스템이 아웃풋을 산출하는 토대가 되는, AI 시스템에 제공되거나 AI 시스템이 직접 획득하는 데이터를 의미한다.

(33) '생체 인식 데이터(biometric data)'는 자연인의 신체적, 생리적, 행동적 특성과 관련된 기술적 처리를 통해 산출되는 얼굴 이미지나 지문 데이터와 같이 그의 고유 신원을 확인할 수 있게 해주는 개인 데이터를 의미한다.

(34) '감정 인식 시스템(emotion recognition system)'은 자연인의 생체 인식 데이터를 토대로 그를 식별하거나 그의 감정 또는 의도를 추측하는 AI 시스템을 의미한다.

(35) '생체 인식 분류 시스템(biometric categorisation system)'은 자연인의 생체 인식 데이터를 토대로 성별, 연령, 머리 색, 눈동자 색, 문신, 민족, 성적 또는 정치적 지향 등의 범주를 할당하는 AI 시스템을 의미한다.

(36) '원격 생체 인식 시스템(remote biometric identification system)'은 당사자가 입회할 것이며 식별할 수 있는지 여부와 무관하게 AI 시스템의 사용자에 대한 사전 지식 없이, 자연인의 생체 인식 데이터를 참조 데이터베이스에 포함된 생체 인식 데이터와 비교하여 원거리에서 자연인을 식별하는 AI 시스템을 의미한다.

(37) '실시간 원격 생체 인식 시스템(real-time remote biometric identification system)'은 생체 인식 데이터의 수집, 비교 및 식별이 모두 큰 지연 없이 이루어지는 원격 생체 인식 시스템을 의미한다. 이는 즉각적인 식별과 회피를 방지하기 위한 제한적인 짧은 지연으로 구성된다.

(38) '사후 원격 생체 인식 시스템(post remote biometric identification system)'은 '실시간' 원격 생체 인식 시스템 이외의 원격 생체 인식 시스템을 의미한다.

(39) '공개적으로 접근 가능한 공간(publicly accessible space)'은 접근을 위한 조건이 적용되는지 여부에 관계없이 일반인이 접근할 수 있는 물리적 공간을 의미한다.

(40) '법 집행 기관(law enforcement authority)'은 다음을 의미한다.

　(a) 치안에 대한 위협으로부터의 보호와 예방을 포함한 범죄 행위의 방지, 수사, 탐지, 기소 또는 형사 처벌의 집행을 관할하는 공공 기관.

(b) 회원국 법률에 의해 치안에 대한 위협으로부터의 보호와 예방을 포함한 범죄 행위의 방지, 수사, 탐지, 기소 또는 형사 처벌의 집행 목적으로 공권력을 행사하도록 위임받은 기타 기관 또는 실체.

(41) '법 집행(law enforcement)'은 치안에 대한 위협으로부터의 보호와 예방을 포함한 범죄 행위의 방지, 수사, 탐지, 기소 또는 형사 처벌의 집행을 위해 법 집행 기관이 수행하는 활동을 의미한다.

(42) '국가 감독 기관(national supervisory authority)'은 회원국이 본 규정을 시행·적용하고, 해당 회원국에 위임된 활동을 조율하고, 유럽연합 집행위원회에 대해 단일 연락 지점 역할을 수행하고, 유럽 인공지능 위원회에서 회원국을 대표하는 책임을 할당하는 기관을 의미한다.

(43) '국가 관할 기관(national competent authority)'은 국가 감독 기관, 통보 기관 및 시장 감시 기관을 의미한다.

(44) '중대한 사건(serious incident)'은 직접적 또는 간접적으로 다음을 초래하거나, 초래했을 수 있거나, 초래할 수 있는 사건을 의미한다.
(a) 사람의 죽음 또는 사람의 건강, 재산 또는 환경에 대한 중대한 피해
(b) 중요한 인프라의 관리 및 운영의 중대하고 회복 불가능한 중단.

제4조 부속서 I의 개정

유럽연합 집행위원회는 제73조에 따른 위임 규정을 채택하여, 부속서 I에 열거된 기법 및 접근법의 목록을 수정하고 그러한 기법 및 접근법과 유사한 특성을 토대로 동 목록을 시장 및 기술 발전에 맞추어 업데이트할 권한을 가진다.

제2편 금지되는 인공지능 관행

제5조

1. 다음과 같은 인공지능 관행은 금지된다.
   (a) 당사자 또는 타인에게 물질적 또는 정신적 피해를 주거나 줄 가능성이 있는 방식으로 사람의 행동을 중대하게 왜곡하기 위해 사람의 의식을 벗어난 식역하기법을 배포하는 AI 시스템의 출시, 서비스 개시 또는 사용
   (b) 당사자 또는 타인에게 물질적 또는 정신적 피해를 주거나 줄 가능성이 있는 방식으로 특정 집단에 속하는 사람의 행동을 중대하게 왜곡하기 위해 해당 집단의 연령, 신체 또는 정신 장애로 인한 취약성을 이용하는 AI 시스템의 출

시, 서비스 개시 또는 사용

(c) 자연인의 사회적 행동 또는 알려지거나 인식된 개인적 특성 또는 성격 특성을 토대로 일정 기간에 걸쳐 그의 신뢰성을 평가 또는 분류하기 위한, 공공 기관에 의한 또는 그를 대신한 AI 시스템의 출시, 서비스 개시 또는 사용. 단, 소셜 스코어가 다음 중 하나 또는 두 가지 모두로 이어지는 경우.

    (i) 데이터가 처음 생성되거나 수집된 맥락과 무관한 사회적 맥락에서 특정 자연인 또는 전체 집단의 차별 또는 홀대

    (ii) 그들의 사회적 행동 또는 그 중대성에 비례하지 않거나 정당하지 않은 특정 자연인 또는 전체 집단의 차별 또는 홀대

(d) 법 집행 목적으로 공개적으로 접근 가능한 공간에서 '실시간' 원격 생체 인식 시스템을 사용하는 것. 단, 다음 목적 중 하나를 위해 그러한 사용이 절대적으로 필요한 경우는 예외로 한다.

    (i) 실종 아동을 포함한 범죄의 잠재적 피해자에 대한 표적 수색

    (ii) 자연인의 생명 또는 신체적 안전에 대한 구체적이고 실질적이며 임박한 위협 또는 테러 공격의 방지

    (iii) Council Framework Decision 2002/584/JHA62 제2(2)조에 언급되고 관련 회원국의 법률에 정해진 바에 따라 3년 이상의 최대 기간 동안 구금형 또는 구금 명령으로 처벌 가능한 범죄 행위의 범인 또는 용의자 탐지, 소재 파악, 식별 또는 기소.

2. 제1항 (d)호에 언급된 목적을 위해 법 집행 목적으로 공개적으로 접근 가능한 공간에서 '실시간' 원격 생체 인식 시스템을 사용할 경우 다음 요소를 고려해야 한다.

(a) 사용을 유발하는 상황의 성격. 특히 시스템을 사용하지 않을 경우 초래되는 피해의 심각성, 개연성 및 규모.

(b) 모든 관계자의 권리와 자유에 대한 시스템 사용의 결과. 특히 그러한 결과의 심각성, 개연성 및 규모. 이와 더불어, 제1항 (d)호에 언급된 목적을 위해 법 집행 목적으로 공개적으로 접근 가능한 공간에서 '실시간' 원격 생체 인식 시스템을 사용할 경우, 특히 시간적, 지리적, 개인적 제한을 고려하여, 사용과 관련된 보호 조치 및 조건을 준수해야 한다.

3. 제1항 (d)호 및 제2항과 관련하여, 법 집행 목적으로 공개적으로 접근 가능한 공간에서 '실시간' 원격 생체 인식 시스템을 사용하는 각각의 경우에 대해, 합리적인 요청 시 제4항에 언급된 국가 법률의 세칙에 따라 발급되고 사용이 이루어지는 회원국의 사법기관 또는 독립 행정 기관이 수여하는 사전 허가를 받아야 한다.

단, 적절한 절차에 따라 정당화되는 긴급 상황에서는 허가 없이 시스템의 사용을 개시할 수 있으며 사용 도중 또는 이후에만 허가를 요청할 수 있다. 관할 사법 또는 행정 기관은 그에 제시된 객관적 증거 또는 명백한 징후를 토대로 문제의 '실시간' 원격 생체 인식 시스템의 사용이 요청에서 밝힌 제1항 d)호에 명시된 목표 중 하나를 달성하는 데 필요하고 비례적이라는 사실이 입증되는 경우에만 허가를 수여해야 한다. 요청에 대해 결정을 내리는 과정에서 관할 사법 또는 행정 기관은 제2항에 언급된 요소들을 고려해야 한다.

4. 회원국은 제1항 (d)호, 제2항 및 제3항에 열거된 제한과 조건 내에서 법 집행 목적으로 공개적으로 접근 가능한 공간에서 '실시간' 원격 생체 인식 시스템을 사용하는 것을 전부 또는 일부 허가하는 것을 허용하기로 결정할 수 있다. 해당 회원국은 제3항에 언급된 허가의 요청, 발급, 행사 및 감독에 대한 필수 세칙을 국가 법률에 명시해야 한다. 아울러 이러한 세칙은 제1항 (d)호에 열거된 목표 및 (d)(iii)호에 언급된 범죄 행위 중 어느 것과 관련하여 관할 기관이 법 집행 목적으로 동 시스템을 사용하도록 허가받을 수 있는지 명시해야 한다.

제3편 고위험 AI 시스템

제1장 AI 시스템의 고위험 분류

제6조 고위험 AI 시스템에 대한 분류 규칙

1. AI 시스템이 (a)호와 (b)호에 언급된 제품과 독립적으로 출시되거나 서비스 개시되는지 여부에 관계없이, 다음 두 가지 조건이 모두 충족되는 경우 해당 AI 시스템은 고위험으로 간주되어야 한다.

    (a) AI 시스템이 부속서 II에 열거된 유럽 연합 조화 법령이 적용되는 제품의 안전 구성요소로 사용되거나 그 자체가 제품인 경우

    (b) AI 시스템이 안전 구성요소인 제품 또는 제품으로서 AI 시스템 자체를 부속서 II에 열거된 유럽 연합 조화 법령에 따라 출시하거나 서비스 개시하려면 제3자 적합성 평가를 거쳐야 한다.

2. 1항에 언급된 고위험 AI 시스템에 더하여, 부속서 III에 언급된 AI 시스템 역시 고위험으로 간주되어야 한다.

제7조 부속서 III의 개정

1. 유럽연합 집행위원회는 제73조에 따른 위임 규정을 채택하여, 다음 두 가지 조건이 모두 충족되는 경우 고위험 AI 시스템을 추가하여 부속서 III에 열거된 목록을 업데이트할 권한을 가진다.

   (a) AI 시스템이 부속서 III의 1~8항에 열거된 분야에서 사용되는 경우

   (b) AI 시스템이 발생의 심각성과 개연성에 비추어 부속서 III에 이미 언급된 고위험 AI 시스템이 초래하는 피해 또는 악영향의 위험과 동등하거나 더 크게 건강과 안전에 피해를 주거나 기본권에 악영향을 미칠 위험을 초래하는 경우.

2. 제1항의 목적을 위해, AI 시스템이 부속서 III에 이미 언급된 고위험 AI 시스템이 초래하는 피해의 위험과 동등하거나 더 크게 건강과 안전에 피해를 주거나 기본권에 악영향을 미칠 위험을 초래하는지 여부를 평가할 때, 유럽위원회는 다음 기준을 고려해야 한다.

   (a) AI 시스템의 원래 목적

   (b) AI 시스템이 사용되었거나 사용될 가능성이 있는 정도

   (c) 국가 관할 당국에 제출된 보고서 또는 문서화된 주장에 의해 입증된, AI 시스템의 사용이 이미 건강과 안전에 피해를 주거나, 기본권에 악영향을 미치거나, 그러한 피해 또는 악영향의 실현에 대해 상당한 우려를 불러일으킨 정도

   (d) 특히 많은 사람에게 영향을 미치는 강도와 능력의 맥락에서 그러한 피해 또는 악영향의 잠재적 정도

   (e) 잠재적 피해 또는 악영향을 받는 사람이 특히 실제적 또는 법적 이유로 그 결과물을 옵트아웃(opt-out)하는 것이 합리적으로 가능하지 않기 때문에 AI 시스템으로 산출된 결과물에 의존하는 정도

   (f) 잠재적 피해 또는 악영향을 받는 사람이 특히 권력, 지식, 경제적·사회적 상황, 또는 연령 등으로 인해 AI 시스템의 사용자와 관련하여 취약한 위치에 놓이는 정도

   (g) AI 시스템으로 산출한 결과물을 손쉽게 번복할 수 있는(reversible) 정도(사람의 건강 또는 안전에 영향을 미치는 결과물은 손쉽게 번복 가능한 것으로 간주되지 않음)

   (h) 기존의 유럽 연합 법규가 다음 사항을 규정하는 정도

   (i) AI 시스템이 초래하는 위험과 관련한 효과적 구제 수단(손해 배상 청구 제외)

   (ii) 그러한 위험을 방지하거나 최소화하기 위한 효과적 수단.

제2장 고위험 AI 시스템에 대한 요구사항

제8조 요구사항의 준수

1. 위험 AI 시스템은 이 장에 명시된 요구사항을 준수해야 한다.
2. 그러한 요구사항의 준수 여부를 확인할 때는 고위험 AI 시스템과 제9조에 언급된 위험 관리 시스템의 원래 목적을 고려해야 한다.

제9조 위험 관리 시스템

1. 고위험 AI 시스템과 관련한 위험 관리 시스템을 구축, 시행, 기록, 유지해야 한다.
2. 위험 관리 시스템은 고위험 AI 시스템의 라이프사이클 전반에 걸쳐 지속적으로 운영되고 정기적·체계적 업데이트를 요하는 반복 과정으로 이루어진다. 이는 다음과 같은 단계들로 구성된다.
   (a) 각 고위험 AI 시스템과 관련된 알려지고 예측 가능한 위험의 파악 및 분석
   (b) 고위험 AI 시스템을 합리적으로 예측 가능한 오용의 조건 하에서 원래의 목적으로 사용할 때 발생할 수 있는 위험의 추정 및 평가
   (c) 제61조에 언급된 출시 후 모니터링 시스템에서 수집한 데이터의 분석에 근거한 발생 가능한 다른 위험의 평가
   (d) 아래 항들의 규정에 따른 적합한 위험 관리 수단의 채택.
3. 2항 (d)호에 언급된 위험 관리 수단은 본 제2장에 명시된 요구사항의 적용으로 비롯되는 효과와 가능한 상호작용을 충분히 고려해야 한다. 이는 관련 조화 표준 또는 공통 규격에 반영된 것을 포함하여 일반적으로 인정되는 첨단 기술을 고려해야 한다.
4. 2항 (d)호에 언급된 위험 관리 수단은, 고위험 AI 시스템이 원래 목적에 따라 또는 합리적으로 예측 가능한 오용 조건 하에서 사용되는 경우 각 위험 요소와 관련된 잔여 위험과 고위험 AI 시스템의 모든 잔여 위험이 허용 가능한 것으로 판단되도록 보장해야 한다. 단, 고위험 AI 시스템이 원래 목적에 따라 또는 합리적으로 예측 가능한 오용의 조건하에서 사용되어야 한다. 이러한 잔여 위험을 사용자에게 통지해야 한다. 가장 적합한 위험 관리 수단을 모색하는 과정에서 다음 사항이 보장되어야 한다.
   (a) 적합한 설계와 개발을 통해 최대한 위험 제거 또는 완화
   (b) 적절한 경우, 제거할 수 없는 위험에 대해 적합한 완화 및 통제 조치 시행
   (c) 특히 본 조의 제2항 (b)호에 언급된 위험과 관련하여 제13조에 따른 충분한

정보 제공, 및 적절한 경우 사용자 교육. 고위험 AI 시스템의 사용에 따른 위험을 제거하거나 완화할 때는 사용자가 기대하는 기술적 지식, 경험, 교육, 훈련과 시스템이 사용되는 환경을 충분히 고려해야 한다.

5. 가장 적합한 위험 관리 수단을 파악하기 위한 목적으로 고위험 AI 시스템을 테스트해야 한다. 테스트를 통해 고위험 AI 시스템이 원래 목적에 일치하도록 사용되고 본 장에 명시된 요구사항을 준수하는지 여부를 확인해야 한다.

6. 테스트 절차는 AI 시스템의 원래 목적을 달성하는 데 적합해야 하며 그러한 목적을 달성하는 데 필요한 범위를 넘어설 필요가 없다.

7. 고위험 AI 시스템의 테스트는 적절한 경우 개발 과정에서 임의의 시점에 수행되어야 하며, 어떠한 경우에도 출시 또는 서비스 개시 전에 수행되어야 한다. 테스트는 고위험 AI 시스템의 원래 목적에 적합한 사전 정의된 척도와 확률적 임계값을 기준으로 이루어져야 한다.

8. 1~7항에 기술된 위험 관리 시스템을 실행할 때는 아동이 고위험 AI 시스템에 접근하거나 영향을 받을 가능성이 있는지 여부에 각별한 주의를 기울여야 한다.

9. Directive 2013/36/EU의 규제를 받는 신용 기관의 경우, 1~8항에 기술된 측면들은 동 Directive 제74조에 따라 동 기관이 수립한 위험 관리 절차의 일부가 되어야 한다.

제10조 데이터 및 데이터 거버넌스

1. 데이터를 통한 모델의 학습을 수반하는 기법을 사용하는 고위험 AI 시스템은 2~5항에 언급된 품질 기술을 충족하는 학습, 검증, 테스트 데이터세트를 기반으로 개발되어야 한다.

2. 학습, 검증, 테스트 데이터세트에는 적절한 데이터 거버넌스 및 관리 관행이 적용되어야 한다. 이러한 관행은 특히 다음과 관련된다.

   (a) 설계 선택
   (b) 데이터 수집
   (c) 주석, 레이블링, 정리, 보강, 집계 등 데이터 준비 처리 작업
   (d) 특히 데이터가 측정하고 표시해야 하는 정보와 관련한 가정의 공식화
   (e) 필요한 데이터세트의 가용성, 품질, 지속가능성에 대한 사전 평가
   (f) 가능한 편향을 고려한 조사
   (g) 가능한 데이터 갭 또는 부족 및 그러한 갭과 부족을 해소하는 방법의 파악.

3. 학습, 검증, 테스트 데이터세트는 관련성 있고, 오류가 없고, 완전해야 한다. 이는

고위험 AI 시스템의 사용 대상인 개인 또는 집단과 관련된 것을 포함하여 적절한 통계적 특성을 가져야 한다. 데이터세트의 이러한 특성은 개별 데이터세트 또는 데이터세트 조합의 수준에서 충족될 수 있다.

4. 학습, 검증, 테스트 데이터세트는 원래 목적이 요구하는 한에서, 고위험 AI 시스템이 사용되는 지리적, 행동적, 기능적 환경에 특유한 특성 또는 요소를 고려해야 한다.

5. 고위험 AI 시스템과 관련된 편향 모니터링, 탐지, 시정의 목적을 위해 절대적으로 필요한 경우, 동 시스템의 제공자는 Regulation (EU) 2016/679 제9(1)조, Directive (EU) 2016/680 제10조 및 Regulation (EU) 2018/1725 제10(1)조에 언급된 특수한 범주의 개인 데이터를 처리할 수 있다. 단, 가명화, 또는 익명화가 추구하는 목적에 상당한 영향을 줄 수 있는 경우 암호화와 같은 첨단 보안 및 개인정보 보호 수단의 사용 및 재사용에 대한 기술적 제한을 포함하여 자연인의 기본권과 자유를 보호할 적절한 수단이 확보되어야 한다.

6. 그러한 고위험 AI 시스템이 제2항을 준수하도록 보장하기 위해 모델의 학습을 수반하는 기법을 사용하지 않는 고위험 AI 시스템의 개발에 적절한 데이터 거버넌스 및 관리 관행이 적용되어야 한다.

제11조 기술 문서

1. 고위험 AI 시스템이 출시되거나 서비스 개시되기 전에 해당 시스템의 기술 문서를 작성하고 최신으로 유지해야 한다. 기술 문서는 본 장에 명시된 고위험 AI 시스템이 요구사항을 준수한다는 것을 입증하는 방식으로 작성되어야 하며, AI 시스템이 동 요구사항을 준수하는지 평가하는 데 필요한 모든 정보를 국가 관할 당국과 인증 기관에 제공해야 한다. 여기에는 최소한 부속서 IV에 명시된 요소들이 포함되어야 한다.

2. 부속서 II의 A절에 열거된 법규가 적용되는 제품과 관련한 고위험 AI 시스템이 출시되거나 서비스 개시되는 경우, 부속서 IV에 명시된 모든 정보와 동 법규에 따라 요구되는 정보를 포함하는 하나의 기술 문서가 작성되어야 한다.

3. 유럽연합 집행위원회는 기술 진보에 비추어 시스템이 본 장에 명시된 요구사항을 준수하는지 평가하는 데 필요한 모든 정보가 기술 문서에 포함되도록 보장하기 위해 필요한 경우 제73조에 따른 위임 규정을 채택하여 부속서 IV를 수정할 권한을 가진다.

제12조 기록 유지

1. 고위험 AI 시스템은 고위험 AI 시스템이 운영되는 동안 사건의 자동 기록('로그')이 가능하도록 설계·개발되어야 한다. 이러한 로깅 기능은 공인 표준 또는 공통 규격을 준수해야 한다.

2. 로깅 기능은 AI 시스템의 라이프사이클 전반에 걸쳐 그 기능에 대해 시스템의 원래 목적에 적합한 수준의 추적 가능성을 보장해야 한다.

3. 특히, 로깅 기능은 AI 시스템이 제65(1)조의 의미 내에서 위험을 초래하거나 상당한 수정으로 이어질 수 있는 상황의 발생과 관련하여 고위험 AI 시스템의 운영에 대한 모니터링을 지원하고 제61조에 언급된 출시 후 모니터링을 촉진해야 한다.

4. 부속서 III의 제1항 (a)호에 언급된 고위험 AI 시스템의 경우, 로깅 기능은 최소한 다음 항목을 제공해야 한다.

   (a) 시스템의 각 사용 기간(각 사용의 시작 날짜 및 시간과 종료 날짜 및 시간)의 기록

   (b) 시스템이 인풋 데이터를 확인하는 근거가 된 참조 데이터베이스

   (c) 검색이 일치로 이어진 인풋 데이터

   (d) 제14 (5)조에 언급된, 결과의 검증에 관여한 자연인의 신원

제13조 투명성 및 정보 제공

1. 고위험 AI 시스템은 사용자가 시스템의 아웃풋을 해석하고 적절히 사용할 수 있을 만큼 충분히 투명하게 운영되도록 설계·개발되어야 한다. 사용자와 제공자가 본 편(Title)의 제3장에 명시된 각자의 의무를 준수할 수 있도록 하기 위해 적절한 유형과 수준의 투명성이 보장되어야 한다.

2. 고위험 AI 시스템에는 적절한 디지털 형식으로 작성되거나 사용자가 접근하고 이해할 수 있는 간결하고 완전하고 정확하고 명확한 정보를 포함하는 사용 지침이 수반되어야 한다.

3. 2항에 언급된 정보는 다음 사항을 명시해야 한다.

   (a) 제공자 및 적절한 경우 공인 대리인의 신원과 연락처 세부사항

   (b) 다음을 포함한 고위험 AI 시스템의 수행 특성, 기능 및 제한

      (i) 원래 목적

      (ii) 고위험 AI 시스템을 테스트·검증한 기준이 되고 예상될 수 있는 제15조에 언급된 정확성, 견고성 및 사이버 보안의 수준, 및 그와 같이 예상되는 정확성, 견고성 및 사이버 보안의 수준에 영향을 미칠 수 있는 알려지고 예측 가능한 상황

(iii) 원래 목적에 따라 또는 합리적으로 예측 가능한 오용 조건 하에서 고위험 AI 시스템을 사용하는 데 따른, 건강과 안전 또는 기본권에 대한 위험으로 이어질 수 있는 알려지거나 예측 가능한 상황

(iv) 시스템의 사용 대상인 개인 또는 집단과 관련된 수행

(v) AI 시스템의 원래 목적을 고려한 인풋 데이터에 대한 규격 또는 사용되는 학습, 검증, 테스트 데이터세트와 관련된 기타 모든 정보.

(c) 고위험 AI 시스템과 초기 적합성 평가 시에 제공자가 사전 결정한 그 성능의 변경

(d) 사용자가 AI 시스템의 아웃풋을 해석할 수 있도록 해주는 기술적 수단을 포함한 제14조에 언급된 인간의 감독 수단

(e) 고위험 AI 시스템의 예상 수명, 및 소프트웨어 업데이트를 포함하여 동 시스템의 올바른 기능을 보장하는 데 필요한 유지 관리 수단

제14조 인간의 감독

1. 고위험 AI 시스템은 사용되는 기간 동안 자연인이 효과적으로(적절한 인간-기계 상호작용 도구의 사용을 포함하여) 감독할 수 있는 방식으로 설계·개발되어야 한다.

2. 인간의 감독은 원래의 목적에 따라 또는 합리적으로 예측 가능한 오용 조건 하에서 고위험 AI 시스템을 사용할 때, 특히 본 장에 명시된 다른 요구사항을 적용하는데도 불구하고 그러한 위험이 지속될 때 발생할 수 있는 건강, 안정 또는 기본권에 대한 위험을 방지하거나 최소화하는 것을 목표로 한다.

3. 인간의 감독은 다음 수단 중 하나 또는 모두를 통해 보장되어야 한다.

(a) 기술적으로 실현 가능한 경우, 출시되거나 서비스 개시되기 전에 제공자에 의해 식별되어 고위험 AI 시스템에 내장되는 수단

(b) AI 시스템이 출시되거나 서비스 개시되기 전에 제공자에 의해 식별되고 사용자에 의해 시행하는 것이 적절한 수단.

4. 3항에 언급된 수단은 감독 책임을 맡은 개인이 상황에 따라 다음과 같은 작업을 수행할 수 있도록 해야 한다.

(a) 고위험 AI 시스템의 능력과 한계를 충분히 이해하고 그 운영을 적절히 모니터하여 이상의 징후, 기능 장애 및 예기치 않은 작동을 탐지하고 가능한 한 신속히 해결한다.

(b) 특히 자연인이 내리는 의사결정을 위한 정보 또는 권고를 제공하는 데 사용되는 고위험 AI 시스템의 경우, 시스템이 산출한 아웃풋에 자동적으로 의존

하거나 지나치게 의존하는 경향('자동화 편향')을 인지한다.

(c) 특히 시스템의 특성과 가용한 해석 도구 및 방법을 고려하여 고위험 AI 시스템의 아웃풋을 정확하게 해석한다.

(d) 특별한 상황에서 고위험 AI 시스템을 사용하지 않거나 고위험 AI 시스템의 아웃풋을 무시 또는 번복하기로 결정한다.

(e) 고위험 AI 시스템의 운영에 개입하거나 "중지" 버튼 또는 유사한 절차를 통해 시스템을 중단시킨다.

5. 부속서 III의 1(a)항에 언급된 고위험 AI 시스템의 경우, 제3항에 언급된 수단들은 사용자가 시스템에서 산출된 식별에 근거하여 어떠한 조치를 취하거나 결정을 내리지 않도록 보장해야 한다.

제15조 정확성, 견고성 및 사이버 보안

1. 고위험 AI 시스템은 원래 목적에 비추어 적절한 수준의 정확성, 견고성 및 사이버 보안을 성취하고, 라이프사이클 전반에 걸쳐 그러한 점에서 일관성 있게 작동하는 방식으로 설계 · 개발되어야 한다.

2. 고위험 AI 시스템의 정확성 수준 및 정확성 척도는 첨부한 사용 지침에 명시되어야 한다.

3. 고위험 AI 시스템은 특히 자연인 또는 다른 시스템과의 상호작용으로 인해 시스템 내에서 또는 시스템이 운영되는 환경에서 발생할 수 있는 오류, 고장, 불일치에 대해 복원력을 가져야 한다.

   고위험 AI 시스템의 견고성은 백업 또는 페일세이프(fail-safe) 플랜을 포함한 기술적 중복(redundancy) 솔루션을 통해 성취될 수 있다.

   출시되거나 서비스 개시된 후에도 계속 학습하는 고위험 AI 시스템은 향후의 운영을 위한 인풋으로 사용되는 아웃풋('피드백 루프')으로 인해 편향될 수 있는 아웃풋이 적절한 완화 조치를 통해 충분히 처리되도록 보장하는 방식으로 개발되어야 한다.

4. 고위험 AI 시스템은 허가받지 않은 제3자가 시스템 취약성을 이용하여 그 사용 또는 수행을 변경하려는 시도에 대해 복원력을 가져야 한다.

   고위험 AI 시스템의 사이버 보안을 보장하기 위한 기술 솔루션은 관련된 상황과 위험에 적절해야 한다.

   AI 특유의 취약성을 해소하는 기술 솔루션에는 학습 데이터세트를 조작하려고 시도하는 공격('데이터 오염'), 모델이 오작동을 일으키도록 설계된 인풋('적대적 샘플'), 또는 모델 결함 등을 방지하고 통제하기 위한 수단이 포함되어야 한다.

제3장 고위험 AI 시스템 제공자와 사용자 및 기타 당사자의 의무

제16조 고위험 AI 시스템 제공자의 의무
고위험 AI 시스템의 제공자는 다음과 같은 의무를 가진다.
(a) 각자의 고위험 AI 시스템이 본 편 제2장에 명시된 요구사항을 준수하도록 보장한다.
(b) 제17조를 준수하는 품질 관리 시스템을 배치한다.
(c) 고위험 AI 시스템에 관한 기술 문서를 작성한다.
(d) 각자의 통제 하에 있을 때, 고위험 AI 시스템이 자동으로 생성하는 기록(log)을 유지한다.
(e) 고위험 AI 시스템이 출시되거나 서비스 개시되기 전에 적합성 평가 절차를 거치도록 보장한다.
(f) 제51조에 언급된 등록 의무를 준수한다.
(g) 고위험 AI 시스템이 본 편 제2장에 명시된 요구사항을 준수하지 않는 경우 필요한 시정 조치를 취한다.
(h) 그들이 AI 시스템을 제공하거나 서비스 개시한 회원국의 국가 관할 당국과 해당되는 경우 인증 기관에 비준수 사례와 그에 대해 취한 시정 조치를 통지한다.
(i) 제49조에 따른 본 규정의 준수를 나타내는 CE 마크를 각자의 고위험 AI 시스템에 부착한다.
(j) 국가 관할 당국이 요구할 경우 고위험 AI 시스템이 본 편 제2장에 명시된 요구사항을 준수한다는 것을 입증한다.

제17조 품질 관리 시스템
1. 고위험 AI 시스템의 제공자는 본 규정의 준수를 보장하는 품질 관리 시스템을 배치해야 한다. 이 시스템은 서면 정책, 절차, 지침의 형태로 체계적이고 정연한 방식으로 기록되어야 하며, 적어도 다음 측면을 포함해야 한다.
   (a) 적합성 평가 절차와 고위험 AI 시스템에 대한 수정의 관리를 위한 절차의 준수를 포함한 규제 준수를 위한 전략
   (b) 고위험 AI 시스템의 설계, 설계 관리 및 설계 검증에 사용되는 기법, 절차 및 체계적 조치
   (c) 고위험 AI 시스템의 개발, 품질 관리 및 품질 보증에 사용되는 기법, 절차 및 체계적 조치
   (d) 고위험 AI 시스템의 개발 전·중·후에 수행되는 조사, 테스트, 검증 절차와

그 수행 빈도

(e) 적용되는 표준을 포함한 기술 규격 및 조화 표준이 충분히 적용되지 않는 경우 고위험 AI 시스템이 본 편 제2장에 명시된 요구사항을 준수하도록 보장하는 데 사용되는 수단

(f) 고위험 AI 시스템의 출시 또는 서비스 개시 전에 그러한 목적으로 수행되는 데이터 수집, 데이터 분석, 데이터 레이블링, 데이터 저장, 데이터 필터링, 데이터 마이닝, 데이터 집계, 데이터 보존 및 기타 모든 작업을 포함한 데이터 관리를 위한 시스템 및 절차

(g) 제9조에 언급된 위험 관리 시스템

(h) 제61조에 따른 출시 후 모니터링 시스템의 구축, 시행 및 유지관리

(i) 제62조에 따른 중대한 사건 및 오작동의 보고와 관련된 절차

(j) 국가 관할 당국, 데이터의 접근을 제공하거나 지원하는 부분별 기관을 포함한 관할 기관, 인증 기관, 기타 운영자, 고객 또는 이해 당사자와의 의사소통

(k) 관련된 모든 문서와 정보의 기록 유지를 위한 시스템 및 절차

(l) 공급 수단의 보안을 포함한 자원 관리

(m) 본 항에 열거된 모든 측면과 관련된 경영진 및 기타 직원의 책임을 명시하는 책무성 프레임워크.

2. 1항에 언급된 측면들의 시행은 제공자의 조직 규모에 비례적이어야 한다.

3. 제공자가 Directive 2013/36/EU에 의해 규제되는 신용 기관인 경우, 품질 관리 시스템을 배치해야 할 의무는 동 Directive 제74조에 따른 내부 거버넌스 체계, 프로세스 및 메커니즘에 관한 규칙을 준수함으로써 이행되는 것으로 간주되어야 한다. 이런 맥락에서 본 규정 제40조에 언급된 조화 표준이 고려되어야 한다.

제18조 기술 문서 작성의 의무

1. 고위험 AI 시스템의 제공자는 부속서 IV에 따라 제11조에 언급된 기술 문서를 작성해야 한다.

2. Directive 2013/36/EU에 의해 규제되는 신용 기관인 제공자는 동 Directive 제74조에 따른 내부 거버넌스 체계, 프로세스 및 메커니즘과 관련된 기록의 일부로 기술 문서를 유지해야 한다.

제19조 적합성 평가

1. 고위험 AI 시스템의 제공자는 각자의 시스템이 출시 또는 서비스 개시되기 전에

제43조에 따른 적합성 평가 절차를 거치도록 보장해야 한다. 이러한 적합성 평가에 따라 AI 시스템이 본 편 제2장에 명시된 요구사항을 준수하는 것으로 입증된 경우, 제공자는 제48조에 따른 EU 적합성 선언을 작성하고 제49조에 따른 CE 적합성 마크를 부착해야 한다.

2. Directive 2013/36/EU에 의해 규제되는 신용 기관인 제공자가 출시하거나 서비스 개시하는 부속서 III의 5(b)항에 언급된 고위험 AI 시스템의 경우, 동 Directive 제97조에 언급된 절차의 일부로 적합성 평가를 수행해야 한다.

제20조 자동으로 생성되는 로그

1. 고위험 AI 시스템의 제공자는 각자의 고위험 AI 시스템이 자동으로 생성하는 로그를 유지해야 한다. 단, 그러한 로그가 사용자와의 계약 또는 달리 법률에 의해 그들의 통제 하에 있는 경우에 한한다. 로그는 고위험 AI 시스템의 원래 목적과 유럽 연합법 또는 국가법에 따라 적용되는 법적 의무에 비추어 적절한 기간 동안 보관해야 한다.

2. Directive 2013/36/EU에 의해 규제되는 신용 기관인 제공자는 각자의 고위험 AI 시스템이 자동으로 생성하는 로그를 동 Directive 제74조에 따른 기록의 일부로 유지해야 한다.

제21조 시정 조치

각자가 출시하거나 서비스 개시한 고위험 AI 시스템이 본 규정을 준수하지 않는다고 간주하거나 간주할 이유를 가진 고위험 AI 시스템의 제공자는 상황에 따라 해당 시스템의 준수를 이행하거나 회수 또는 리콜하는 데 필요한 시정 조치를 즉시 취해야 한다. 동 제공자는 해당 고위험 AI 시스템의 유통업자 및 해당될 경우 공인 대리인과 수입업자에게 통지해야 한다.

제22조 통지 의무

고위험 AI 시스템이 제65(1)조의 의미 내에서 위험을 야기하고 그러한 위험이 시스템의 제공자에게 알려진 경우, 동 제공자는 자신이 시스템을 제공한 회원국의 국가 관할 당국과, 해당되는 경우 고위험 AI 시스템에 대한 인증서를 발급한 인증 기관에게 특히 비준수 사실과 취해진 시정 조치를 즉시 통지한다.

23조 관할 기관과의 협력

국가 관할 기관이 요구할 경우, 고위험 AI 시스템의 제공자는 해당 고위험 AI 시스템이 본 편 제2장에 명시된 요구사항을 준수한다는 것을 입증하는 데 필요한 모든 정보와 문서를 관련 회원국이 결정하는 유럽 연합 공식 언어로 해당 기관에 제공해야 한다. 또한 국가 관할 기관이 합리적으로 요구할 경우, 제공자는 고위험 AI 시스템이 자동으로 생성한 로그에 대한 접근을 해당 기관에 제공해야 한다. 단, 그러한 로그가 사용자와의 계약 또는 달리 법률에 의해 그들의 통제 하에 있는 경우에 한한다.

제24조 제품 제조업체의 의무

부속서 II의 A절에 열거된 법규가 적용되는 제품과 관련된 고위험 AI 시스템이 동 법규에 따라 제품 제조업체의 명의로 제조된 제품과 함께 출시되거나 서비스 개시되는 경우, 제품의 제조업체는 동 AI 시스템이 본 규정을 준수하도록 보장할 책임을 지고, 동 AI 시스템이 관련된 한에서 현 규정이 제공자에게 부과하는 것과 동일한 의무를 가진다.

제25조 공인 대리인

1. 유럽 연합 외부에서 설립된 제공자는 수입업자를 확인할 수 없는 유럽 연합 시장에 각자의 시스템을 제공하기 전에 서면 위임을 통해 유럽 연합에서 설립된 공인 대리인을 임명한다.
2. 공인 대리인은 공급자로부터 수신한 위임서에 명시된 과업을 수행한다. 위임서는 공인 대리인이 다음 과업을 수행할 수 있는 권한을 수여한다.
   (a) 제63(7)조에 언급된 국가 관할 기관과 국가 기관이 임의로 처분할 수 있는 EU 적합성 선언과 기술 문서의 사본을 보관한다.
   (b) 국가 관할 기관이 합리적으로 요구할 경우, 고위험 AI 시스템이 본 편 제2장에 명시된 요구사항을 준수한다는 사실을 입증하는 데 필요한 모든 정보와 문서를 제공한다. 여기에는 고위험 AI 시스템이 자동으로 생성한 로그에 대한 접근이 포함된다(그러한 로그가 사용자와의 계약 또는 달리 법률에 의해 그들의 통제 하에 있는 경우).
   (c) 관할 국가 기관이 합리적으로 요구할 경우, 고위험 AI 시스템과 관련하여 그들이 취하는 조치에 대해 그들과 협력한다.

제26조 수입업자의 의무

1. 고위험 AI 시스템의 수입업자는 동 시스템을 출시하기 전에 다음 사항을 확인해야 한다.
   (a) 동 AI 시스템의 제공자가 적절한 적합성 평가 절차를 수행했는지 여부
   (b) 제공자가 부속서 IV에 따른 기술 문서를 작성했는지 여부
   (c) 시스템에 필수적인 적합성 마크가 부착되고 필수적인 문서와 사용 지침이 첨부되는지 여부.

2. 수입업자가 고위험 AI 시스템이 본 규정을 준수하지 않는다고 간주하거나 간주할 이유가 있는 경우에는 준수를 이행하기 전까지 동 시스템을 출시해서는 안 된다. 고위험 AI 시스템이 제65(1)조의 의미 내에서 위험을 야기하는 경우 수입업자는 이를 AI 시스템의 제공자와 시장 감시 기관에 통지해야 한다.

3. 수입업자는 그들의 이름, 등록 상표 및 연락 가능한 주소를 고위험 AI 시스템에, 또는 그것이 불가능한 경우 상황에 따라 포장 또는 첨부 문서에 표시해야 한다.

4. 수입업자는 고위험 AI 시스템이 각자의 책임 하에 있는 동안 보관 또는 운송 상태가 본 편 제2장에 명시된 요구사항의 준수를 저해하지 않도록 보장해야 한다.

5. 국가 관할 기관이 합리적으로 요구할 경우, 수입업자는 고위험 AI 시스템이 본 편 제2장에 명시된 요구사항을 준수한다는 사실을 입증하는 데 필요한 모든 정보와 문서를 동 국가 관할 기관이 쉽게 이해할 수 있는 언어로 제공해야 한다. 여기에는 고위험 AI 시스템이 자동으로 생성한 로그에 대한 접근이 포함된다(그러한 로그가 사용자와의 계약 또는 달리 법률에 의해 제공자의 통제 하에 있는 경우). 아울러 수입업자는 동 시스템과 관련하여 국가 관할 기관이 취하는 모든 조치에 대해 동 기관과 협력해야 한다.

제27조 유통업자의 의무

1. 유통업자는 고위험 AI 시스템을 출시하기 전에 고위험 AI 시스템에 필수 CE 적합성 마크가 부착되었는지, 필수 문서 및 사용 지침이 첨부되었는지, 시스템의 제공자와 수입업자가 본 규정에 명시된 의무를 준수했는지 등을 확인해야 한다.

2. 유통업자가 고위험 AI 시스템이 본 편 제2장에 명시된 요구사항을 준수하지 않는다고 간주하거나 간주할 이유가 있는 경우에는 그러한 요구사항을 준수하기 전까지 동 시스템을 출시해서는 안 된다. 시스템이 제65(1)조의 의미 내에서 위험을 야기하는 경우 유통업자는 상황에 따라 시스템의 제공자 또는 수입업자에게 이를 통지해야 한다.

3. 유통업자는 고위험 AI 시스템이 각자의 책임 하에 있는 동안 보관 또는 운송 상태가 본 편 제2장에 명시된 요구사항의 준수를 저해하지 않도록 보장해야 한다.

4. 자신이 출시한 고위험 AI 시스템이 본 편 제2장에 명시된 요구사항을 준수하지 않는다고 간주하거나 간주할 이유가 있는 유통업자는 해당 시스템이 동 요구사항을 준수하도록 하는 데 필요한 시정 조치를 취하거나, 동 시스템을 회수 또는 리콜하거나, 상황에 따라 제공자, 수입업자 또는 관련 운영자가 그러한 시정 조치를 취하도록 보장해야 한다.
   고위험 AI 시스템이 제65(1)조의 의미 내에서 위험을 야기하는 경우 유통업자는 자신이 제품을 제공한 회원국의 국가 관할 기관에 이를 즉시 통지하고, 특히 비준수 및 취해진 시정 조치의 세부사항을 제공해야 한다.

5. 국가 관할 기관이 합리적으로 요구할 경우, 고위험 AI 시스템의 유통업자는 해당 고위험 시스템이 본 편 제2장에 명시된 요구사항을 준수한다는 것을 입증하는 데 필요한 모든 정보와 문서를 해당 기관에 제공해야 한다. 아울러 유통업자는 해당 국가 관할 기관이 취하는 모든 조치에 대해 동 기관과 협력해야 한다.

제28조 유통업자, 수입업자, 사용자 또는 기타 제3자의 의무

1. 유통업자, 수입업자, 사용자 또는 기타 제3자는 본 규정의 목적을 위해 제공자로 간주되며, 다음과 같은 상황에서 제16조에 따른 제공자의 의무를 져야 한다.
   (a) 자신의 명의 또는 상표로 고위험 AI 시스템을 출시하거나 서비스 개시하는 경우
   (b) 이미 출시되거나 서비스 개시된 고위험 AI 시스템의 원래 목적을 변경하는 경우
   (c) 고위험 AI 시스템을 상당히 개조하는 경우.

2. 제1항 (b)호 또는 (c)호에 언급된 상황이 발생하는 경우, 고위험 AI 시스템을 처음 출시하거나 서비스 개시한 제공자는 더 이상 본 규정의 목적을 위한 제공자로 간주되지 않는다.

제29조 고위험 AI 시스템 사용자의 의무

1. 고위험 AI 시스템의 사용자는 제2항 및 5항에 따라 시스템에 첨부된 사용 지침에 따라 동 시스템을 사용해야 한다.

2. 제1항의 의무는 유럽 연합법 또는 국가법에 따른 사용자의 다른 의무를 침해하지 않으며, 제공자가 명시하는 인간의 감독 조치를 시행하기 위한 목적으로 자체 자원 및 활동을 조직하는 사용자의 재량권을 침해하지 않는다.

3. 제1항을 침해함이 없이, 사용자가 인풋 데이터에 대해 통제력을 행사하는 경우 동 사용자는 인풋 데이터가 고위험 AI 시스템의 원래 목적에 비추어 관련성을 가지도록 보장해야 한다.

4. 사용자는 사용 지침을 토대로 고위험 AI 시스템의 운영을 모니터해야 한다. 사용자가 사용 지침에 따른 사용으로 AI 시스템이 제65(1)조의 의미 내에서 위험을 야기할 수 있다고 간주할 만한 이유가 있는 경우, 동 사용자는 제공자 또는 유통업자에게 통지하고 시스템의 사용을 중단해야 한다. 또한 사용자가 제62조의 의미 내에서 중대한 사건 또는 오작동을 파악한 경우 이를 제공자 또는 유통업자에게 통지하고 AI 시스템의 사용을 중단해야 한다. 사용자가 제공자에게 연락할 수 없는 경우에는 제62조를 준용하여(mutatis mutandis) 적용한다.

   사용자가 Directive 2013/36/EU에 의해 규제되는 신용 기관인 경우, 제1항에 명시된 모니터링 의무는 동 Directive 제74조에 따른 내부 거버넌스 체계, 프로세스 및 메커니즘에 관한 규칙을 준수함으로써 이행되는 것으로 간주되어야 한다.

5. 고위험 AI 시스템의 사용자는 각자의 고위험 AI 시스템이 자동으로 생성하는 로그를 유지해야 한다. 단, 그러한 로그가 그들의 통제 하에 있는 경우에 한한다. 로그는 고위험 AI 시스템의 원래 목적과 유럽 연합법 또는 국가법에 따라 적용되는 법적 의무에 비추어 적절한 기간 동안 보관해야 한다.

   Directive 2013/36/EU에 의해 규제되는 신용 기관인 사용자는 동 Directive 제74조에 따른 내부 거버넌스 체계, 프로세스 및 메커니즘과 관련된 기록의 일부로 로그를 유지해야 한다.

6. 고위험 AI 시스템의 사용자는 제13조에 따라 제공되는 정보를 사용하여 상황에 따라 Regulation (EU) 2016/679 제35조 또는 Directive (EU) 2016/680 제27조에 따른 개인정보 영향 평가를 수행해야 할 의무를 준수해야 한다.

제4장 통보 기관 및 인증 기관

제30조 통보 기관

1. 각 회원국은 적합성 평가 기관의 평가, 지명, 통보 및 모니터링을 위해 필요한 절차를 수립·수행하는 일을 책임지는 통보 기관을 지명하거나 설립한다.

2. 회원국은 Regulation (EC) No 765/2008에 언급된 국가 인가 기관(accreditation body)을 통보 기관으로 지명할 수 있다.

3. 통보 기관은 적합성 평가 기관과의 이해 충돌이 발생하지 않고 활동의 객관성과 공평성이 보호되는 방식으로 설립, 조직, 운영되어야 한다.
4. 통보 기관은 적합성 평가 기관의 통지와 관련된 사안이 동 기관의 평가를 수행하는 사람과 다른 담당자에 의해 결정되는 방식으로 조직되어야 한다.
5. 통보 기관은 적합성 평가 기관이 수행하는 활동 또는 상업적·경쟁적 성격의 컨설팅 서비스를 제의하거나 제공해서는 안 된다.
6. 통보 기관은 그들이 획득하는 정보의 기밀을 보호해야 한다.
7. 통보 기관은 적절한 과업 수행을 위해 재량껏 이용할 수 있는 충분한 수의 담당 직원을 보유해야 한다.
8. 통보 기관은 제공자에게 불필요한 부담을 주지 않으면서 균형 잡힌 방식으로 적합성 평가가 수행되고 인증 기관(notified body)이 사업의 규모, 그것이 운영되는 분야, 그 구조, 해당 AI 시스템의 복잡성 수준 등을 충분히 고려하여 활동을 수행하도록 보장해야 한다.

제31조 적합성 평가 기관의 인증 신청
1. 적합성 평가 기관은 인증(notification) 신청서를 그들이 설립된 회원국의 통보 기관에 제출해야 한다.
2. 인증 신청서에는 적합성 평가 활동, 적합성 평가 모듈, 적합성 평가 기관이 능숙하다고 주장하는 인공지능 기술 등에 대한 설명과 적합성 평가 기관이 제33조에 명시된 요구사항을 충족한다는 사실을 입증하는 국가 인가 기관이 발급한 인가 증명서(존재할 경우) 등이 첨부되어야 한다. 아울러, 기타 유럽 연합 조화 법령에 따른 신청 인증 기관의 지명과 관련된 유효한 문서가 추가되어야 한다.
3. 적합성 평가 기관이 인가 증명서를 제출할 수 없는 경우 동 기관이 제33조에 명시된 요구사항을 준수하는지 여부의 검증, 인정 및 정기 모니터링에 필요한 증거 서류를 통보 기관에 제공해야 한다. 기타 유럽 연합 조화 법령에 따라 지명된 인증 기관의 경우, 그러한 지명과 관련된 모든 문서와 증명서를 사용하여 본 규정에 따른 지명 절차를 뒷받침할 수 있다.

제32조 통보 절차
1. 통보 기관은 오로지 제33조에 명시된 요구사항을 충족한 적합성 평가 기관만을 인증(notify)할 수 있다.
2. 통보 기관은 유럽연합 집행위원회가 개발·관리하는 전자 통지 도구를 사용하여

유럽연합 집행위원회 및 기타 회원국에 통보해야 한다.
3. 통보에는 적합성 평가 활동, 적합성 평가 모듈, 관련 인공지능 기술 등의 완전한 세부사항이 포함되어야 한다.
4. 관련 적합성 평가 기관은 오로지 통보 후 1개월 이내에 유럽연합 집행위원회 또는 기타 회원국이 이의를 제기하지 않는 경우에만 인증 기관의 활동을 수행할 수 있다.
5. 통보 기관은 통보와 관련된 차후의 변경을 유럽연합 집행위원회와 기타 회원국에 통지해야 한다.

제33조 인증 기관

1. 인증 기관(notified body)은 제43조에 언급된 적합성 평가 절차에 따라 고위험 AI 시스템의 적합성을 확인한다.
2. 인증 기관은 각자의 과업을 이행하는 데 필요한 조직, 품질 관리, 자원 및 프로세스 요구사항을 충족해야 한다.
3. 인증 기관의 조직 구조, 책임 할당, 보고 체계 및 운영은 인증 기관이 수행하는 적합성 평가 활동과 그 결과에 대해 신뢰를 주는 방식으로 이루어져야 한다.
4. 인증 기관은 적합성 평가 활동의 대상인 고위험 AI 시스템의 제공자와 독립되어 있어야 한다. 아울러 인증 기관은 평가 대상인 고위험 AI 시스템에 경제적 이해를 가지는 기타 운영자 및 제공자의 경쟁업체와 독립되어 있어야 한다.
5. 인증 기관은 그 활동의 독립성, 객관성, 공평성을 보호하도록 조직·운영되어야 한다. 인증 기관은 그 조직, 인사 및 평가 활동 전반에 걸쳐 공평성을 보호하고 공평성의 원칙을 촉진·적용하기 위한 구조와 절차를 문서화하고 시행해야 한다.
6. 인증 기관은 그 직원, 위원회, 자회사, 하청인 및 관련 기관 또는 외부 기관의 직원들이 적합성 평가 활동을 수행하는 과정에서 소유하게 되는 정보의 기밀을 유지하도록(단, 법률에 의해 공개가 요구되는 경우는 예외) 보장하는 문서화된 절차를 확립해야 한다. 인증 기관의 직원은 본 규정에 따른 과업을 수행하는 과정에서 획득한 모든 정보와 관련된 직무상 비밀을 엄수해야 한다. 단, 그들이 활동을 수행하는 회원국의 통보 기관과 관련된 것은 예외로 한다.
7. 인증 기관은 사업의 규모, 그것이 운영되는 분야, 그 구조, 해당 AI 시스템의 복잡성 수준 등을 충분히 고려한 활동 수행을 위한 절차를 수립해야 한다.
8. 인증 기관은 그들의 적합성 평가 활동에 대해 적절한 책임 보험을 확보해야 한다. 단, 국가 법률에 따라 관련 회원국이 책임을 지거나 동 회원국이 적합성 평가를

직접 책임지는 경우는 예외로 한다.

9. 인증 기관은 본 규정에 따라 그들에게 귀속되는 모든 과업을, 인증 기관이 직접 수행하는지 또는 그들을 대신하여 그들의 책임 하에 수행되는지 여부와 관계없이, 최고 수준의 직업적 성실성과 특정 분야에 필수적인 역량을 가지고 수행할 수 있어야 한다.

10. 인증 기관은 외부 당사자가 그들을 대신하여 수행하는 과업을 효과적으로 평가할 수 있는 충분한 내부 역량을 갖추어야 한다. 이를 위해 언제나 그리고 그들이 담당하는 각 유형의 고위험 AI 시스템과 적합성 평가에 대해, 인증 기관은 관련 인공지능 기술, 데이터 및 데이터 컴퓨팅, 그리고 본 편 제2장에 명시된 요구사항과 관련한 경험과 지식을 보유한 충분한 행정, 기술, 과학 인력을 상시 동원할 수 있어야 한다.

11. 인증 기관은 제38조에 언급된 협조 활동에 참여해야 한다. 아울러 유럽 표준화 기구에 직접 참여하거나, 대표를 파견하거나, 또는 관련된 최신의 표준을 인지해야 한다.

12. 인증 기관은 제30조에 언급된 통보 기관이 평가, 지명, 통보, 모니터링, 감시 활동을 수행하고 본 장에 약술된 평가를 촉진할 수 있도록 지원하기 위해, 해당 통보 기관이 요구할 경우 제공자의 문서 기록을 포함한 모든 관련 문서 기록을 제출해야 한다.

제34조 인증 기관의 자회사 및 하청인

1. 인증 기관이 적합성 평가와 관련된 특정 과업을 하청하거나 자회사에 의뢰하는 경우, 동 기관은 하청인 또는 자회사가 제33조에 명시된 요구사항을 충족하도록 보장하고 이를 통보 기관에 통지한다.

2. 인증 기관은 하청인 또는 자회사가 설립된 경우 이들이 수행하는 과업에 대해 전적인 책임을 진다.

3. 제공자의 동의가 있어야만 활동을 하청하거나 자회사에 의뢰할 수 있다.

4. 인증 기관은 하청인 또는 자회사의 자격 평가 및 본 규정에 따라 그들이 수행하는 작업과 관련된 문서를 통보 기관이 처분할 수 있도록 보관해야 한다.

제35조 본 규정에 따라 지명된 인증 기관의 식별 번호 및 목록

1. 유럽연합 집행위원회는 인증 기관에 식별 번호를 할당한다. 하나의 기관이 여러 개의 유럽연합법에 따라 인증된 경우에도 하나의 번호가 할당된다.

2. 유럽연합 집행위원회는 본 규정에 따라 인증된 기관들의 목록과 그들에게 할당된 식별 번호 및 인증의 대상이 된 활동을 공개해야 한다. 유럽연합 집행위원회는 목록을 최신으로 유지해야 한다.

제36조 인증의 변경

1. 인증 기관이 제33조에 명시된 요구사항을 더 이상 충족하지 않거나 의무를 이행하지 않는 것으로 의심되거나 통지를 받는 경우 통보 기관은 지체 없이 최대한 성실하게 문제를 조사한다. 이러한 맥락에서 통보 기관은 제기된 이의에 대해 관련 인증 기관에 통지하고 동 인증 기관이 자신의 견해를 밝힐 수 있는 기회를 제공해야 한다. 인증 기관이 제33조에 명시된 요구사항을 더 이상 충족하지 않거나 의무를 이행하지 않는다는 결론에 이를 경우, 통보 기관은 불이행의 중대성에 따라 적절히 인증을 제한, 정지 또는 취소해야 한다. 아울러, 이를 즉시 유럽연합 집행위원회 및 기타 회원국에 통지해야 한다.
2. 인증을 제한, 정지 또는 취소하거나 인증 기관이 활동을 중지하는 경우, 통보 기관은 해당 인증 기관의 파일이 다른 인증 기관에 의해 인수되거나 담당 통보 기관이 요구 시 이용할 수 있도록 보장하기 위해 적절한 조치를 취한다.

제37조 인증 기관의 권한에 대한 이의 제기

1. 유럽연합 집행위원회는 필요한 경우 인증 기관이 제33조에 명시된 요구사항을 준수하는지 여부를 의심할 이유가 있는 모든 사례를 조사한다.
2. 통보 기관은 유럽연합 집행위원회가 요구할 경우 관련 인증 기관의 인증과 관련된 모든 정보를 제공한다.
3. 유럽연합 집행위원회는 본 조항에 따른 수사 과정에서 획득한 모든 기밀 정보가 기밀로 취급되도록 보장해야 한다.
4. 인증 기관이 제33조에 명시된 요구조항을 충족하지 않거나 더 이상 충족하지 않는다는 것을 확인하는 경우, 유럽연합 집행위원회는 통보(notifying) 회원국에 대해 필요한 경우 인증의 취소를 포함하여 필요한 시정 조치를 취할 것을 요구하는 합리적 결정을 채택해야 한다. 그러한 실행 규정(implementing act)은 제74(2)조에 언급된 심사 절차에 따라 채택되어야 한다.

제38조 인증 기관의 협력

1. 유럽연합 집행위원회는 본 규정이 적용되는 영역에서, 본 규정에 따른 AI 시스템

의 적합성 평가 절차에 참여하는 인증 기관들 간에 적절한 조율과 협력이 이루어지고 부문별 인증 기관 그룹의 형태로 적절히 운영되도록 보장해야 한다.

2. 회원국은 그들이 인증한 기관이 해당 그룹의 작업에 직접 또는 지명된 대리인을 통해 참여하도록 보장한다.

제39조 제3국의 적합성 평가 기관

유럽 연합이 계약을 체결한, 제3국의 법률에 따라 설립된 적합성 평가 기관은 본 규정에 따른 인증 기관의 활동을 수행할 권한을 부여받을 수 있다.

제5장 표준, 적합성 평가, 인증서, 등록

제40조 조화 표준

유럽 연합 관보에 그 참조가 게재된 조화 표준 또는 그 일부를 준수하는 고위험 AI 시스템은 본 편 제2장에 명시된 요구사항을 준수하는 것으로 추정된다(단, 그러한 표준에 동 요구사항이 포함되는 경우).

제41조 공통 규격

1. 제40조에 언급된 조화 표준이 존재하지 않거나 유럽연합 집행위원회가 관련 조화 표준이 불충분하거나 특정한 안전 또는 기본권 문제를 해결할 필요가 있다고 간주하는 경우, 유럽연합 집행위원회는 실행 규정을 통해 본 편 제2장에 명시된 요구사항과 관련한 공통 규격을 채택할 수 있다. 이러한 실행 규정은 제74(2)조에 언급된 심사 절차에 따라 채택될 수 있다.

2. 유럽연합 집행위원회는 제1항에 언급된 공통 규격을 작성할 때 관련 부문별 유럽연합법에 따라 설립된 관련 기관 또는 전문가 그룹의 견해를 수렴해야 한다.

3. 1항에 언급된 공통 규격을 준수하는 고위험 AI 시스템은 본 편 제2장에 명시된 요구사항을 준수하는 것으로 추정된다(단, 그러한 공통 규격에 동 요구사항이 포함하는 경우).

4. 제공자가 제1항에 언급된 공통 규격을 준수하지 않는 경우에는 그와 적어도 동등한 기술 솔루션을 채택했음을 적절한 절차에 따라 정당화해야 한다.

제42조 특정 요구사항의 준수 추정

1. 특정한 지리적, 행동적, 기능적 환경과 관련한 데이터를 통해 학습과 테스트를 거친 고위험 AI 시스템은 그 원래 목적을 고려하여 제10(4)조에 명시된 요구사항을 준수하는 것으로 추정된다.

2. 유럽 의회 및 유럽 이사회 Regulation (EU) 2019/88163에 의거한 사이버 보안 제도에 따라 인증서 또는 적합성 확인서가 발급되고 유럽 연합 관보에 그 참조가 게재된 고위험 AI 시스템은 본 규정 제15조에 명시된 사이버 보안 요구사항을 준수하는 것으로 추정된다(단, 사이버 보안 인증서 또는 적합성 확인서에 그러한 요구사항이 포함되는 경우-).

제43조 적합성 평가

1. 부속서 III의 제1항에 열거된 고위험 AI 시스템이 본 편 제2장에 명시된 요구사항을 준수한다는 사실을 입증하기 위해 제공자가 제40조에 언급된 조화 표준 또는 해당되는 경우 제41조에 언급된 공통 규격을 적용한 경우에는 다음 절차 중 하나를 따라야 한다.

   (a) 부속서 VI에 언급된 내부 관리에 기초한 적합성 평가 절차

   (b) 부속서 VII에 언급된, 인증 기관이 참여하는 품질 관리 시스템의 평가와 기술 문서의 평가에 기초한 적합성 평가 절차.

   (c) 고위험 AI 시스템이 본 편 제2장에 명시된 요구사항을 준수한다는 사실을 입증하기 위해 제공자가 제40조에 언급된 조화 표준을 적용하지 않거나 일부만 적용한 경우, 또는 그러한 조화 표준이 존재하지 않고 제41조에 언급된 공통 규격을 적용할 수 없는 경우, 제공자는 부속서 VII에 명시된 적합성 평가 절차를 따른다.

   부속서 VII에 언급된 적합성 평가 절차의 목적을 위해 제공자는 인증 기관을 임의로 선택할 수 있다. 단, 법 집행을 통해 시스템이 서비스 개시되는 경우, 이주·망명 당국 및 EU 기관, 기구, 단체, 또는 제63(5)조 또는 (6)조에 언급된 시장 감시 기관이 인증 기관 역할을 수행한다.

2. 부속서 III의 2~8항에 언급된 고위험 AI 시스템의 경우, 제공자는 인증 기관의 참여를 규정하지 않는, 부속서 VI에 언급된 내부 관리에 기초한 적합성 평가 절차를 따른다.

   Directive 2013/36/EU에 의해 규제되는 신용 기관이 출시하거나 서비스 개시하는 부속서 III의 5(b)항에 언급된 고위험 AI 시스템의 경우 적합성 평가 절차는 동

Directive 제97~101조에 언급된 절차의 일부로 수행된다.

3. 부속서 II의 A절에 열거된 법규가 적용되는 고위험 AI 시스템의 경우, 제공자는 동 법규에 따라 요구되는 관련 적합성 평가를 따른다. 이러한 고위험 AI 시스템에는 본 편 제2장에 명시된 요구사항이 적용되며 상기한 평가의일부가 된다. 이와 함께 부속서 II의 제4.3항, 4.4항, 4.5항과 제4.6항 5호가 적용된다. 이러한 평가의 목적을 위해, 상기한 법규에 따라 인증된 인증 기관은 고위험 AI 시스템이 본 편 제2장에 명시된 요구사항을 준수하도록 관리할 권한을 가진다. 단, 동 인증 기관이 제33(4), (9), (10)조에 명시된 요구사항을 준수하는지 여부는 동 법규에 따른 인증 절차의 맥락에서 평가되어야 한다.

   부속서 II의 A절에 열거된 법규에 제품의 제조업체가 모든 관련 요구사항을 포함하는 모든 조화 표준을 적용한 경우에 한하여 동 제조업체가 제3자 적합성 평가를 옵트아웃할 수 있도록 규정된 경우, 동 제조업체는 본 편 제2장에 명시된 요구사항을 포함하는 조화 표준 또는 해당되는 경우 제41조에 언급된 공통 규격을 적용한 경우에만 해당 옵션을 사용할 수 있다.

4. 고위험 AI 시스템이 상당히 수정될 때마다, 수정된 시스템이 추가로 유통될 것인지 또는 현재 사용자에 의해 계속 사용될 것인지 여부에 관계없이, 새로운 적합성 평가 절차를 거쳐야 한다.

   출시되거나 서비스 개시된 후에도 계속 학습하는 고위험 AI 시스템의 경우, 초기 적합성 평가 시에 제공자가 사전 결정하고 부속서 IV의 2(f)항에 언급된 기술 문서에 포함된 정보의 일부인 고위험 AI 시스템 및 그 성능의 변경은 상당한 수정에 해당되지 않는다.

5. 유럽연합 집행위원회는 기술 진보에 따라 필요하게 되는 적합성 평가 절차의 요소들을 도입하기 위해 부속서 VI 및 VII를 업데이트하기 위한 목적으로 제73조에 따른 위임 규정을 채택할 권한을 가진다.

6. 유럽연합 집행위원회는 부속서 III의 제2~8항에 언급된 고위험 AI 시스템에 부속서 II에 언급된 적합성 평가 절차 또는 그 일부를 적용하기 위해 제1항 및 2항을 수정하는 위임 규정을 채택할 권한을 가진다. 유럽연합 집행위원회는 부속서 VI에 언급된 내부 관리에 기초한 적합성 평가 절차가 상기한 시스템이 야기하는 건강과 안전 및 기본권 보호에 대한 위험을 방지하거나 최소화하는 효과와 인증 단체들이 충분한 역량과 자원을 확보할 수 있는지 여부를 고려하여 상기한 위임 규정을 채택해야 한다.

제44조 인증서

1. 부속서 VII에 따라 인증 기관이 발급하는 인증서는 인증 기관이 설립된 회원국이 결정하거나 달리 인증 기관이 받아들일 수 있는 유럽 연합 공식 언어로 작성되어야 한다.
2. 인증서는 인증 기관이 명시하는 5년을 초과하지 않는 기간 동안 유효해야 한다. 제공자가 신청할 경우, 해당 적합성 평가 절차에 따른 재평가를 토대로 인증서의 유효 기간을 각각 5년을 초과하지 않는 추가 기간 동안 연장할 수 있다.
3. 특정한 AI 시스템이 본 편 제2장에 명시된 요구사항을 더 이상 충족하지 않는다고 판단되는 경우 인증 기관은 비례성의 원칙을 고려하여 발급된 인증서를 일시 중지 또는 취소하거나 그에 대해 제한을 부과해야 한다. 단, 시스템의 제공자가 인증 기관이 정한 적절한 기한 내에 적절한 시정 조치를 취하여 그러한 요구사항의 준수를 보장하는 경우는 예외로 한다. 인증 기관은 그러한 결정의 이유를 밝혀야 한다.

제45조 인증 기관의 결정에 대한 항의

회원국은 인증 기관의 결정에 적법한 이해를 가지는 당사자가 동 결정에 대한 항의 절차를 이용할 수 있도록 보장한다.

제46조 인증 기관의 정보 제공 의무

1. 인증 기관은 통보 기관에게 다음 정보를 제공해야 한다.
   (a) 부속서 VII의 요구사항에 따라 발급된 유럽 연합 기술 문서 평가 인증서, 동 인증서의 추록, 품질 관리 시스템 승인
   (b) 부속서 VII의 요구사항에 따라 발급된 유럽 연합 기술 문서 평가 인증서 또는 품질 관리 시스템 승인의 거부, 제한, 일시 중지 또는 취소
   (c) 인증(notification)의 범위 또는 조건에 영향을 미치는 상황
   (d) 적합성 평가 활동과 관련하여 시장 감시 기관으로부터 수신한 정보 요청
   (e) 요청 시, 인증의 범위 내에서 수행한 적합성 평가 활동 또는 국가간 활동 및 하청 계약을 포함한 기타 활동
2. 각 인증 기관은 다른 인증 기관에게 다음 정보를 제공해야 한다.
   (a) 자신이 거부, 일시 중지 또는 취소한 품질 관리 시스템 승인, 그리고 요청 시 자신이 발급한 품질 시스템 승인
   (b) 자신이 거부, 취소, 일시 중지 또는 달리 제한한 EU 기술 문서 평가 인증서

또는 그 추록, 그리고 요청 시 자신이 발급한 인증서 및/또는 그 추록

3. 각 인증 기관은 동일한 인공지능 기술을 포함하는 유사한 적합성 평가 활동을 수행하는 다른 인증 기관에게 부정적 및 (요청 시) 긍정적인 적합성 평가 결과와 관련된 문제에 관한 정보를 제공해야 한다.

제47조 적합성 평가 절차의 예외적용

1. 시장 감시 기관은 제43조에 대한 법적예외허용을 통해, 공공 안전 또는 개인의 생명과 건강의 보호, 환경의 보호, 주요 산업 및 인프라 자산의 보호 등 예외적인 이유로 관련 회원국의 영토 내에서 특정 고위험 AI 시스템을 출시하거나 서비스 개시하는 것을 허가할 수 있다. 이러한 허가는 필요한 적합성 평가 절차가 수행되는 제한된 기간 동안 지속되고 그러한 절차가 완료되는 즉시 종료된다. 그러한 절차는 불합리한 지체 없이 완료되어야 한다.

2. 시장 감시 기관은 고위험 AI 시스템이 본 편 제2장에 명시된 요구사항을 준수한다고 판단하는 경우에만 제1항에 언급된 허가를 발급해야 한다. 시장 감시 기관은 제1항에 따라 발급한 허가에 대해 유럽연합 집행위원회와 다른 회원국에 통지한다.

3. 회원국 또는 유럽연합 집행위원회가 제2항에 언급된 통지를 수신한 후 15역일 이내에 제1항에 따라 회원국의 시장 감시 기관이 발급한 허가와 관련하여 아무런 이의를 제기하지 않는 경우 동 허가는 정당화된 것으로 간주된다.

4. 2항에 언급된 통지를 수신한 후 15역일 이내에 회원국이 다른 회원국의 시장 감시 기관이 발급한 허가에 대해 이의를 제기하거나, 또는 유럽연합 집행위원회가 동 허가가 유럽연합법에 위배되거나 제2항에 언급된 시스템의 준수와 관련한 회원국의 결론이 근거 없다고 간주하는 경우, 유럽연합 집행위원회는 지체 없이 관련 회원국과 협의를 벌여야 한다. 관련 운영자는 협의에 응하고 각자의 의견을 제시할 수 있다. 유럽연합 집행위원회는 이를 고려하여 허가가 정당한지 여부를 결정한다. 유럽연합 집행위원회는 이러한 결정을 관련 회원국과 관련 운영자에게 통지한다.

5. 허가가 정당하지 않다고 간주되는 경우 관련 회원국의 시장 감시 기관은 이를 취소해야 한다.

6. 제1~5항의 개정을 통해, Regulation (EU) 2017/745 및 Regulation (EU) 2017/746이 적용되는 장치의 안전 구성요소로 사용되거나 그 자체가 장치인 고위험 AI 시스템의 경우, 본 편 제2장에 명시된 요구사항의 준수에 대한 적합성 평가의 개정

과 관련하여 Regulation (EU) 2017/745 제59조 및 Regulation (EU) 2017/746 제54조가 적용된다.

제48조 EU 자기적합성 선언

1. 제공자는 각 AI 시스템에 대해 EU 적합성 선언서를 작성하고 AI 시스템이 출시되거나 서비스 개시된 후 10년간 국가 관할 당국이 처분할 수 있도록 보관해야 한다. EU 적합성 선언은 작성 대상이 된 AI 시스템을 밝혀야 한다. 관련 국가 관할 기관이 요청할 경우 EU 적합성 선언서 사본을 제공해야 한다.

2. EU 적합성 선언은 문제의 고위험 AI 시스템이 본 편 제2장에 명시된 요구사항을 준수한다는 것을 언명해야 한다. EU 적합성 선언에는 부속서 V에 명시된 정보가 포함되어야 하며 유럽 연합 공식 언어 또는 고위험 AI 시스템이 제공된 회원국이 요구하는 언어로 번역되어야 한다.

3. 고위험 AI 시스템에 역시 EU 적합성 선언을 요구하는 다른 유럽 연합 조화 법령이 적용되는 경우, 해당 고위험 AI 시스템에 적용되는 모든 유럽 연합법규에 대해 하나의 EU 적합성 선언을 작성해야 한다. 선언에는 그와 관련된 모든 유럽연합 조화 법령의 식별에 필요한 모든 정보가 포함되어야 한다.

4. 제공자는 EU 적합성 선언을 작성함으로써 본 편 제2장에 명시된 요구사항을 준수할 책임을 진다. 제공자는 적절한 경우 EU 적합성 선언을 최신으로 유지해야 한다.

5. 유럽연합 집행위원회는 기술 발전에 따라 필요하게 되는 요소들을 도입하기 위해 부속서 V에 명시된 EU 적합성 선언의 내용을 업데이트하기 위한 목적으로 제73조에 따른 위임 규정을 채택할 권한을 가진다.

제49조 CE 적합성 마크

1. CE 마크는 고위험 AI 시스템에 눈에 띄게, 읽기 쉽게, 지워지지 않게 부착해야 한다. 이것이 가능하지 않거나 고위험 AI 시스템의 성격 때문에 곤란한 경우에는 상황에 따라 포장이나 첨부 문서에 부착한다.

2. 본 조 제1항에 언급된 CE 마크에는 Regulation (EC) No 765/2008 제30조에 명시된 일반 원칙이 적용된다.

3. 적절한 경우, CE 마크 옆에 43조에 명시된 적합성 평가 절차를 책임지는 인증 기관의 식별번호를 표시한다. 식별 번호는 고위험 AI 시스템이 CE 마크의 요구사항을 충족한다고 언급하는 판촉 자료에도 표시되어야 한다.

제50조 문서 보존

제공자는 AI 시스템이 출시되거나 서비스 개시된 지 10년 후에 종료되는 기간 동안 국가 관할 기관이 처분할 수 있도록 다음 문서를 보관해야 한다.

(a) 제11조에 언급된 기술 문서

(b) 제17조에 언급된 품질 관리 시스템과 관련된 문서

(c) 해당되는 경우 인증 기관이 승인한 변경과 관련된 문서

(d) 해당되는 경우 인증 기관이 발급한 결정 및 기타 문서

(e) 제48조에 언급된 EU 적합성 선언

제51조 등록

제6(2)에 언급된 고위험 AI 시스템을 출시하거나 서비스 개시하기 전에, 제공자 또는 해당되는 경우 공인 대리인은 동 시스템을 제60조에 언급된 EU 데이터베이스에 등록한다.

제4편 특정 AI 시스템에 대한 투명성 의무

제52조 특정 AI 시스템에 대한 투명성 의무

1. 제공자는 자연인과 상호 작용하는 AI 시스템이 해당 자연인이 AI 시스템과 상호 작용하고 있다는 것을 고지하는 방식으로 설계·개발되도록 보장한다. 단, 사용 상황과 맥락에서 이것이 명백한 경우는 예외로 한다. 이 의무는 범죄 행위의 탐지, 방지, 수사, 기소를 위해 법률이 허가한 AI 시스템에는 적용되지 않는다. 단, 일반 인이 이러한 시스템을 범죄행위의 신고에 이용할 수 있는 경우는 예외로 한다.

2. 감정 인식 시스템 또는 생체 인식 분류 시스템의 사용자는 그에 노출되는 자연인에 게 시스템의 작동에 대해 고지해야 한다. 이 의무는 범죄 행위의 탐지, 방지, 수사를 위해 법률이 허용하는 생체 인식 분류에 사용되는 AI 시스템에는 적용되지 않는다.

3. 기존의 사람, 물체, 장소, 기타 실체 또는 사건과 현저히 유사하고 마치 진본처럼 보이는 이미지, 오디오 또는 비디오 콘텐츠를 생성하거나 조작하는('딥 페이크') AI 시스템의 사용자는 해당 콘텐츠가 인공적으로 생성 또는 조작되었음을 공개 해야 한다. 단, 범죄 행위의 탐지, 방지, 수사를 위해 법률이 사용을 허가하거나 EU 기본권 헌장에 보장된 표현의 자유 또는 학문과 예술의 자유에 대한 권리를 행사하기 위해 필요하고 제3자의 권리와 자유에 대한 적절한 보호 조치가 적용되

는 경우에는 제1항이 적용되지 않는다.

4. 제1, 2, 3항은 본 규정의 제3편에 명시된 요구사항 및 의무에 영향을 미치지 않는다.

제5편 혁신을 지원하는 조치

제53조 AI 규제샌드박스

1. 하나 이상의 회원국 관할 기관 또는 유럽 데이터 보호 감독관에 의해 설립된 AI 규제샌드박스는 특정한 계획에 따라 혁신적인 AI 시스템이 출시되거나 서비스 개시되기 전에 제한된 시간 동안 개발, 테스트, 검증할 수 있는 통제 환경을 제공한다. 이는 본 규정과 해당되는 경우 샌드박스 내에서 감독을 받는 기타 유럽 연합 및 회원국 법규의 요구사항 준수를 보장하기 위해 관할 기관의 직접 감독 및 지도 하에 이루어진다.

2. 회원국은 혁신적인 AI 시스템이 개인 데이터의 처리를 수반하거나 데이터의 접근을 제공 또는 지원하는 다른 국가 기관 또는 관할 기관의 감독을 받는 경우 국가 데이터 보호 기관과 상기한 다른 국가 기관이 AI 규제샌드박스의 운영에 참여하도록 보장한다.

3. AI 규제샌드박스는 관할 기관의 감독 및 시정 권한에 영향을 주어서는 안 된다. 시스템의 개발 및 테스트 과정에서 건강과 안전 및 기본권에 대한 중대한 위험이 확인되는 경우 이를 즉시 완화해야 하며 그에 실패할 경우 완화가 이루어질 때까지 개발 및 테스트 프로세스가 일시 중지된다.

4. AI 규제샌드박스의 참가자는 샌드박스에서 이루어지는 실험의 결과로 제3자에게 가해지는 피해에 대해 해당 유럽 연합 및 회원국 책임 법규에 따른 책임을 진다.

5. AI 규제샌드박스를 설립한 회원국의 관할 기관은 유럽 인공지능 위원회의 프레임워크 내에서 활동을 조율하고 협력한다. 이들은 동 제도의 시행에 따른 결과를 연례 보고서를 위원회와 유럽연합 집행위원회에 제출해야 한다. 여기에는 우수 사례, 획득한 교훈, 그리고 그 설립과 해당될 경우 본 규정 및 샌드박스 내에서 감독을 받는 기타 유럽 연합 법규의 적용에 대한 권고사항이 포함된다.

6. 샌드박스 신청, 선정, 참여, 탈퇴를 위한 자격 기준과 절차를 포함한 AI 규제샌드박스의 운영 방식과 조건 및 참가자의 권리와 의무는 실행 규정에 명시된다. 이러한 실행 규정은 제74(2)조에 언급된 심사 절차에 따라 채택된다.

제54조

AI 규제샌드박스에서 공익을 위해 특정 AI 시스템을 개발하기 위한 개인 데이터의 추가 처리

1. AI 규제샌드박스에서는 다음과 같은 조건 하에, 다른 목적으로 적법하게 수집한 개인 데이터를 특정한 혁신적 AI 시스템을 개발·테스트하기 위한 목적으로 처리한다.

    (a) 다음 영역 중 하나 이상에서 상당한 공익을 보호하기 위해 혁신적 AI 시스템을 개발한다.

      (i) 관할 기관의 통제와 책임 하에 공공 안전에 대한 위협으로부터의 보호와 방지를 포함한 범죄 행위의 방지, 수사, 탐지 기소, 또는 형사 처벌의 집행. 처리는 회원국 또는 유럽 연합 법규에 근거해야 한다.

      (ii) 질병 예방, 통제, 치료를 포함한 공공 보건 및 공공 안전

      (iii) 높은 수준의 환경의 질 보호 및 개선

    (b) 익명화 정보, 합성 정보 또는 기타 비 개인 정보를 처리하는 것만으로 제3편 제2장에 명시된 요구사항을 효과적으로 충족할 수 없는 경우 동 요구사항을 준수하는 데 해당 데이터가 필요하다.

    (c) 샌드박스 실험 과정에서 정보 주체의 기본권에 대해 높은 위험이 발생할 수 있는지 파악하는 효과적 모니터링 메커니즘과 그러한 위험을 즉시 완화하고 필요할 경우 처리를 중단하는 대응 메커니즘이 갖춰져 있다.

    (d) 샌드박스의 맥락에서 처리되는 개인 데이터가 기능적으로 분리·보호되는 데이터 처리 환경에 있고, 참가자의 통제 하에 오로지 허가된 사람만 해당 데이터에 접근할 수 있다.

    (e) 처리되는 개인 데이터를 다른 당사자가 전송, 이전 또는 접근하지 않는다.

    (f) 샌드박스의 맥락에서 개인 데이터의 처리가 정보 주체에게 영향을 미치는 조치 또는 결정으로 이어지지 않는다.

    (g) 샌드박스에 대한 참여가 종료되거나 개인 데이터의 보존 기간이 만료되면 샌드박스의 맥락에서 처리되는 모든 개인 데이터가 삭제된다

    (h) 샌드박스의 맥락에서 개인 데이터의 처리에 대한 기록은 오로지 본 조항 또는 관련 유럽 연합 또는 회원국 법규에 따른 책무성 및 기록 의무의 목적으로, 그리고 그에 필요한 경우에 한하여, 샌드박스에 대한 참여 기간 및 종료 후 1년간 보관된다.

    (i) 처리에 대한 완전하고 상세한 설명과 AI 시스템의 학습, 테스트, 검증을 뒷받침하는 근거를 테스트 결과와 함께 부속서 IV에 명시된 기술 문서의 일부로

보관한다.

    (j) 샌드박스에서 개발된 AI 프로젝트와 그 목표 및 기대하는 결과의 간단한 요약을 관할 기관의 웹사이트에 게시한다.

2. 제1항은 명시된 것 이외의 목적으로 처리하는 것을 금지하는 유럽 연합 또는 회원국 법규를 침해하지 않는다.

제55조 소규모 제공자 및 사용자를 위한 조치

1. 회원국은 다음 조치를 수행한다.

    (a) 소규모 제공자와 스타트업이 자격 조건을 충족하는 경우 AI 규제샌드박스에 우선적으로 접근할 수 있도록 한다.

    (b) 소규모 제공자 및 사용자의 요구에 맞춤화된, 본 규정의 적용에 대한 인식 제고 활동을 조직한다.

    (c) 적절한 경우 소규모 제공자 및 사용자와 기타 혁신자들과의 의사소통을 위한 전담 채널을 구축하여 본 규정의 시행에 대한 지침을 제공하고 질문에 응답한다.

2. 제43조에 따른 적합성 평가의 수수료를 책정할 때 소규모 제공자의 특정한 이해와 요구를 고려하여 그들의 규모와 시장 규모에 비례하도록 수수료를 경감한다.

제6편 거버넌스

제1장 유럽 인공지능 위원회

제56조 유럽 인공지능 위원회의 설립

1. '유럽 인공지능 위원회(European Artificial Intelligence Board)'('위원회')를 설립한다.

2. 위원회는 다음을 위해 유럽연합 집행위원회에 조언과 조력을 제공한다.

    (a) 본 규정이 적용되는 문제와 관련한 국가 감독 기관과 유럽연합 집행위원회의 효과적 협력에 기여한다.

    (b) 본 규정이 적용되는 문제와 관련한 역내 시장 전반에 걸쳐 새롭게 부각되는 문제에 대한 유럽연합 집행위원회와 국가 감독 기관 및 기타 관할 기관의 지침과 분석을 조율하고 기여한다.

    (c) 국가 감독 기관과 유럽연합 집행위원회가 본 규정을 일관성 있게 적용할 수

있도록 조력한다.

제57조 위원회의 구조
1. 위원회는 고위급 임원들로 대표되는 국가 감독 기관과 유럽 데이터 보호 감독관으로 구성된다. 회의에서 토론되는 문제와 관련이 있는 다른 국가 기관을 회의에 초청할 수 있다.
2. 위원회는 회원 과반수의 찬성과 유럽연합 집행위원회의 동의를 얻어 절차 규칙을 채택한다. 절차 규칙에는 또한 제58조에 열거된 위원회의 과업 수행과 관련된 운영 측면이 포함된다. 위원회는 필요할 경우 특정 문제를 조사하는 목적을 위해 소분과를 둘 수 있다.
3. 위원회의 의장은 유럽연합 집행위원회가 맡는다. 유럽연합 집행위원회는 본 규정에 따른 위원회의 과업과 절차 규칙에 따라 회의를 개최하고 의제를 준비한다. 유럽연합 집행위원회는 본 규정에 따른 위원회의 활동에 대해 행정 및 분석 지원을 제공한다.
4. 위원회는 외부 전문가와 옵서버를 회의에 초청할 수 있으며, 적절한 수준으로 그들의 활동을 지원하기 위해 이해관계가 있는 제3자와 교류를 가질 수 있다. 이를 위해 유럽연합 집행위원회는 (인공지능) 위원회와 다른 유럽 연합 기관, 국/청, 기구 및 자문 그룹 간의 교류를 촉진할 수 있다.

제58조 위원회의 과업
위원회는 제56(2)조의 맥락에서 유럽연합 집행위원회에 조언과 조력을 제공할 때 특히 다음을 수행한다.
(a) 회원국들 사이에서 전문 지식과 모범 사례를 수집하고 공유한다.
(b) 제53조에 언급된 규제샌드박스의 기능을 포함하여, 회원국들의 일관성 있는 행정 실무에 기여한다.
(c) 본 규정의 시행, 특히 다음과 관련된 문제에 대해 의견, 권고 또는 기고문을 제공한다.
   (i) 제3편 제2장에 명시된 요구사항과 관련된 기술 규격 또는 기존 표준
   (ii) 제40조 및 41조에 언급된 조화 표준 또는 공통 규격의 사용
   (iii) 제71조에 언급된 과징금의 책정과 관련된 가이드라인을 포함한 지침서의 작성.

제2장 국가 관할 기관

제59조 국가 관할 기관의 지명

1. 국가 관할 기관은 각 회원국이 본 규정의 적용과 시행을 보장하기 위한 목적으로 설립하거나 지명한다. 국가 관할 기관은 그 활동과 과업의 객관성과 공평성을 보호하도록 조직되어야 한다.

2. 각 회원국은 국가 관할 기관들 중에서 국가 감독 기관을 지명한다. 국가 감독 기관은 통보 기관 및 시장 감시 기관의 역할을 수행한다. 회원국이 둘 이상의 기관을 지명할 조직적·행정적 이유가 있는 경우는 예외로 한다.

3. 회원국은 지명 사실과 해당될 경우 둘 이상의 기관을 지명하는 이유를 유럽연합 집행위원회에 통지한다.

4. 회원국은 국가 관할 기관이 본 규정에 따른 과업을 이행하기에 충분한 재정 및 인적 자원을 제공받도록 보장한다. 특히, 국가 관할 기관은 인공지능 기술, 데이터 및 데이터 컴퓨팅, 기본권, 건강 및 안전 위험, 기존 표준 및 법적 요건 등에 대한 심층적 이해를 포함한 전문 지식과 역량을 갖춘 상시 가용한 충분한 수의 인력을 보유해야 한다.

5. 회원국은 타당성 평가를 통해 국가 관할 기관의 재정 및 인적 자원 상태를 파악하고 이를 매년 유럽연합 집행위원회에 보고해야 한다. 유럽연합 집행위원회는 이러한 정보를 위원회를 전송하여 토론하고 가능한 경우 권고를 제공할 수 있도록 해야 한다.

6. 유럽연합 집행위원회는 국가 관할 기관들 간에 경험의 교환을 촉진한다.

7. 국가 관할 기관은 본 규정의 시행에 대한 지침과 조언을 소규모 제공자를 포함한 대상에게 제공할 수 있다. 국가 관할 기관이 다른 유럽 연합 법규가 적용되는 영역에서 AI 시스템과 관련된 지침과 조언을 제공하고자 하는 경우, 동 유럽 연합 법규에 따른 관할 국가 기관과 협의해야 한다. 아울러 회원국은 운영자들과 의사소통하기 위한 하나의 중앙 연락 지점을 설정할 수 있다.

8. 유럽 연합 기관, 기구, 단체가 본 규정의 범위 내에 속하는 경우 유럽 연합 데이터 보호 감독 기구는 그들의 감독을 위한 관할 기관의 역할을 수행해야 한다.

제7편 독립형 고위험 AI 시스템을 위한 EU 데이터베이스

제60조 독립형 고위험 AI 시스템을 위한 EU 데이터베이스

1. 유럽연합 집행위원회는 회원국들과 협력하여 제51조에 따라 등록되고 제6(2)조에 언급된 고위험 AI 시스템에 관한, 제2항에 언급된 정보를 포함하는 EU 데이터베이스를 구축하고 유지한다.

2. 제공자는 부속서 VIII에 열거된 데이터를 EU 데이터베이스에 입력해야 한다. 유럽연합 집행위원회는 이들에게 기술적 · 행정적 지원을 제공한다.

3. EU 데이터베이스에 포함된 정보는 일반인이 접근할 수 있어야 한다.

4. EU 데이터베이스에는 오로지 본 규정에 따라 정보를 수집 · 처리하는 데 필요한 경우에만 개인 데이터가 포함되어야 한다. 이 정보에는 시스템을 등록하는 일을 책임지고 제공자를 대표할 법적 권한을 가지는 자연인의 이름과 연락처 세부사항이 포함된다.

5. 유럽연합 집행위원회는 EU 데이터베이스의 관리자(controller)가 된다. 유럽연합 집행위원회는 또한 제공자에게 충분한 기술적 · 행정적 지원을 보장해야 한다.

제8편 출시 후 모니터링, 정보 공유, 시장 감시

제1장 출시 후 모니터링

제61조

제공자에 의한 출시 후 모니터링 및 고위험 AI 시스템에 대한 출시 후 모니터링 계획

1. 제공자는 인공지능 기술의 성격과 고위험 AI 시스템의 위험에 비례하는 방식으로 출시 후 모니터링 시스템을 구축하고 문서화해야 한다.

2. 출시 후 모니터링 시스템은 사용자가 제공하거나 다른 소스를 통해 수집한 고위험 AI 시스템의 수명주기 전반에 걸친 수행에 관한 데이터를 적극적 · 체계적으로 수집, 기록, 분석하고, 제공자로 하여금 AI 시스템이 제3편 제2장에 명시된 요구사항을 지속적으로 준수하는지 평가할 수 있도록 해야 한다.

3. 출시 후 모니터링 시스템은 출시 후 모니터링 계획에 기초해야 한다. 출시 후 모니터링 계획은 부속서 IV에 언급된 기술 문서의 일부여야 한다. 유럽연합 집행위원회는 출시 후 모니터링 계획을 위한 템플릿과 계획에 포함될 요소들의 목록에

관한 세부 조항을 명시하는 실행 규정을 채택해야 한다.

4. 부속서 II에 언급된 법규가 적용되는 고위험 AI 시스템에 대해, 동 법규에 따라 출시 후 모니터링 시스템 및 계획이 이미 수립된 경우, 제1, 2, 3항에 기술된 요소들이 상황에 따라 해당 시스템 및 계획에 통합되어야 한다.

제1항은 Directive 2013/36/EU에 의해 규제되는 신용 기관이 출시하거나 서비스 개시하는 부속서 III의 5(b)항에 언급된 고위험 AI 시스템에도 적용된다.

제2장 사건 및 오작동에 관한 정보의 공유

제62조 중대한 사건 및 오작동의 보고

1. 유럽 연합 시장에 출시된 고위험 AI 시스템의 제공자는 유럽 연합법에 따른 기본권 보호 의무의 위반을 구성하는 동 시스템의 중대한 사건 또는 오작동을 동 사건 또는 위반이 발생한 회원국의 시장 감시 기관에 보고해야 한다.

상기한 통지는 제공자가 AI 시스템과 사건 또는 오작동 간의 인과관계 또는 그 합리적 가능성을 파악하는 즉시, 그리고 어떠한 경우에도 제공자가 중대한 사건 또는 오작동을 인지한 후 15일 이내에 이루어져야 한다.

2. 시장 감독 기관은 유럽 연합법에 따른 기본권 보호 의무의 위반과 관련된 통지를 수신하는 즉시 이를 제64(3)조에 언급된 국가 공공 기관 또는 기구에 통지한다. 유럽연합 집행위원회는 제1항에 명시된 의무의 준수를 촉진하기 위한 지침을 개발한다. 이 지침은 늦어도 본 규정이 발효된 지 12개월 후에 공표되어야 한다.

3. Directive 2013/36/EU에 의해 규제되는 신용 기관인 제공자가 출시하거나 서비스 개시한 부속서 III의 5(b)항에 언급된 고위험 AI 시스템 또는 Regulation (EU) 2017/745 및 Regulation (EU) 2017/746이 적용되는 장치의 안전 구성요소이거나 그 자체가 장치인 고위험 AI 시스템의 경우, 중대한 사건 또는 오작동의 통지는 유럽 연합법에 따른 기본권 보호 의무의 위반을 구성하는 경우로만 제한된다.

제3장 집행

제63조 유럽 연합의 시장 감시 및 AI 시스템의 관리

1. 본 규정이 적용되는 AI 시스템에는 Regulation (EU) 2019/1020이 적용된다. 단, 본 규정의 효과적 집행 목적을 위해,

   (a) Regulation (EU) 2019/1020에 따른 경제 운영자에 대한 언급은 본 규정의 제3

편 제3장에 명시된 모든 운영자를 포함하는 것으로 이해되어야 한다.

   (b) Regulation (EU) 2019/1020에 따른 제품에 대한 언급은 본 규정의 범위 내에 속하는 모든 AI 시스템을 포함하는 것으로 이해되어야 한다.

2. 국가 감독 기관은 관련 시장 감시 활동의 결과를 유럽연합 집행위원회에 정기적으로 보고해야 한다. 국가 감독 기관은 시장 감시 활동 과정에서 파악된, 경쟁 규칙에 관한 유럽연합법의 적용에 중요할 수 있는 모든 정보를 유럽연합 집행위원회와 관련 국가 경쟁 당국(national competition authorities)에 지체 없이 보고해야 한다.

3. 부속서 II의 A절에 열거된 법규가 적용되는 제품과 관련된 고위험 AI 시스템의 경우, 본 규정의 목적을 위한 시장 감시 기관이 동 법규에 따라 지명된 시장 감시 활동을 책임지는 기관이 되어야 한다.

4. 금융 서비스에 관한 유럽 연합법에 의해 규제되는 금융 기관이 출시, 서비스 개시 또는 사용하는 AI 시스템의 경우, 본 규정의 목적을 위한 시장 감시 기관이 동 법률에 따라 동 기관의 금융 감독을 책임지는 기관이 되어야 한다.

5. 부속서 III의 1(a)항(시스템이 법 집행 목적으로 사용되는 경우), 제6항 및 7항에 열거된 AI 시스템의 경우, 회원국은 Directive (EU) 2016/680 또는 Regulation 2016/679에 따른 관할 데이터 보호 감독 기관 또는 법 집행 활동을 감독하는 국가 관할 기관 또는 동 시스템을 서비스 개시하거나 사용하는 이주·망명 기관을 본 규정의 목적을 위한 시장 감시 기관으로 지명해야 한다.

6. 유럽 연합 기관, 기구, 단체가 본 규정의 범위 내에 속하는 경우 유럽 데이터 보호 감독관이 이들의 시장 감시 기관 역할을 수행한다.

7. 회원국은 본 규정에 따라 지명된 시장 감시 기관과 부속서 II에 열거된 유럽 연합 조화 법령 또는 부속서 III에 언급된 고위험 AI 시스템과 관련될 수 있는 다른 유럽 연합법의 적용을 감독하는 다른 관련 국가 기관 또는 기구들 사이의 조율을 촉진한다.

제64조 데이터 및 문서에 대한 접근

1. 그 활동의 맥락에서 데이터 및 문서에 대한 접근. 시장 감시 기관은 애플리케이션 프로그래밍 인터페이스('API') 또는 원격 접근을 지원하는 기타 적절한 기술적 수단 및 도구를 포함하여 제공자가 사용하는 학습, 검증 및 테스트 데이터세트에 전면적으로 접근할 수 있어야 한다.

2. 고위험 AI 시스템이 제3편 제2장에 명시된 요구사항을 준수하는지 평가하는 데 필요하고 합리적으로 요청하는 경우, 시장 감시 기관은 AI 시스템의 소스 코드에

대한 접근이 허용되어야 한다.

3. 부속서 III에 언급된 고위험 AI 시스템의 사용과 관련하여 유럽 연합법에 따른 기본권 보호 의무의 이행을 감독하거나 집행하는 국가 공공 기관 또는 기구는, 해당 문서의 접근이 관할권의 제한 내에서 그들의 권한에 따른 직무를 이행하는 데 필요한 경우 본 규정에 따라 작성되거나 유지되는 문서를 요청하고 접근할 권한을 가진다. 관련 공공 기관 또는 기구는 그러한 요청을 관련 회원국의 시장 감시 기관에 통지해야 한다

4. 본 규정이 발효된 지 3개월 후까지 각 회원국은 제3항에 언급된 공공 기관 또는 기구를 파악하고 그 목록을 국가 감독 기관의 웹사이트에 공개해야 한다. 회원국은 목록을 유럽연합 집행위원회와 다른 모든 회원국에 통지하고 동 목록을 최신으로 유지해야 한다.

5. 3항에 언급된 문서가 유럽 연합법에 따른 기본권 보호 의무의 위반이 발생했는지 여부를 확인하는 데 불충분한 경우 제3항에 언급된 공공 기관 또는 기구는 시장 감시 기관에 대해 기술적 수단을 통해 고위험 AI 시스템의 테스트를 조직할 것을 합리적으로 요청할 수 있다. 시장 감시 기관은 요청 후 합리적인 시간 내에 요청하는 공공 기관 또는 기구의 긴밀한 관여 하에 테스트를 조직해야 한다.

6. 본 조에 따라 제3항에 언급된 국가 공공 기관 또는 기구가 획득한 모든 정보 및 문서는 제70조에 명시된 기밀 유지 의무를 준수하는 것으로 취급된다.

제65조 국가 수준에서 위험을 야기하는 AI 시스템을 취급하기 위한 절차

1. 위험을 야기하는 AI 시스템은 사람의 건강, 안전 또는 기본권에 대한 위험과 관련하여 Regulation (EU) 2019/1020의 제3항 19호에 정의된 위험을 야기하는 제품으로 이해된다.

2. 회원국의 시장 감시 기관이 특정 AI 시스템이 제1항에 언급된 위험을 야기한다고 간주할 충분한 이유를 가지는 경우에는 해당 AI 시스템이 본 규정에 명시된 모든 요구사항과 의무를 준수하는지 여부를 평가해야 한다. 기본권에 대한 위험이 존재하는 경우 시장 감시 기관은 제64(3)조에 언급된 관련 국가 공공 기관 또는 기구에 이를 통지해야 한다. 관련 운영자는 필요할 경우 시장 감시 기관 및 제64(3)조에 언급된 기타 국가 공공 기관 또는 기구와 협력해야 한다.

    상기한 평가 과정에서 AI 시스템이 본 규정에 명시된 요구사항과 의무를 준수하지 않는다고 판단되는 경우 시장 감시 기관은 지체 없이 관련 운영자에 대해 동 AI 시스템의 준수에 필요한 모든 시정 조치를 취하거나, 동 기관이 규정하는 위험

의 성격에 상응하는 합리적 기간 내에 동 AI 시스템을 시장에서 회수하거나 리콜할 것을 요구해야 한다.

시장 감시 기관은 이를 관련 인증 기관에 통지한다. 제2항에 언급된 조치에는 Regulation (EU) 2019/1020 제18조가 적용된다.

3. 비준수가 국가 영토에 국한되지 않는다고 간주되는 경우, 시장 감시 기관은 평가 결과와 운영자에게 요구한 조치를 유럽연합 집행위원회와 다른 회원국에 통지해야 한다.

4. 운영자는 자신이 유럽 연합 전역에 걸쳐 출시한 모든 AI 시스템과 관련하여 필요한 모든 시정 조치가 취해지도록 보장한다.

5. AI 시스템의 운영자가 제2항에 언급된 기간 내에 충분한 시정 조치를 취하지 않는 경우 시장 감시 기관은 동 AI 시스템이 자국의 시장에 출시되는 것을 금지 또는 제한하는 데 필요한 모든 잠정적 조치를 취하거나, 제품을 시장에서 회수 또는 리콜해야 한다. 동 기관은 그러한 조치에 대해 유럽연합 집행위원회와 다른 회원국에 지체 없이 통지해야 한다.

6. 5항에 언급된 정보에는 특히 비준수 AI 시스템의 식별에 필요한 데이터, 동 AI 시스템의 원산지, 관련된 비준수와 위험의 성격, 취해진 국가적 조치의 성격과 기간, 관련 운영자가 제시한 논거 등 가용한 모든 세부사항이 포함되어야 한다. 특히 시장 감시 기관은 비준수가 다음 중 하나 이상으로 인한 것인지 여부를 밝혀야 한다.
   (a) AI 시스템이 제3편 제2장에 명시된 요구사항을 충족하지 않음
   (b) 준수 추정을 허용하는 제40조 및 41조에 언급된 조화 표준 또는 공통 규격의 결함.

7. 절차를 개시하는 회원국의 시장 감시 기관이 아닌 회원국의 시장 감시 기관은 채택한 조치와 관련 AI 시스템의 비준수에 관한 (그들이 처분할 수 있는) 추가 정보, 그리고 국가적 조치에 동의하지 않는 경우 반대 의사를 지체 없이 유럽연합 집행위원회 및 다른 회원국에 통지해야 한다.

8. 5항에 언급된 통지를 받은 후 3개월 이내에 회원국 또는 유럽연합 집행위원회가 해당 회원국이 취한 잠정 조치에 대해 아무런 이의를 제기하지 않는 경우, 동 조치는 정당화된 것으로 간주된다. 이는 Regulation (EU) 2019/1020 제18조에 따른 관련 운영자의 절차적 권리를 침해하지 않는다.

9. 모든 회원국의 시장 감시 기관은 해당 제품과 관련하여 예컨대 제품을 시장에서 회수하는 등의 적절한 제한 조치가 지체 없이 취해지도록 보장해야 한다.

제66조 유럽 연합 보호 절차

1. 제65(5)조에 언급된 통지를 받은 후 3개월 이내에, 특정 회원국이 취한 조치에 대해 다른 회원국이 이의를 제기하거나 동 조치가 유럽 연합법에 위배된다고 판단되는 경우 유럽연합 집행위원회는 지체 없이 관련 회원국 및 운영자와 협의를 벌이고 국가적 조치를 평가해야 한다. 유럽연합 집행위원회는 그러한 평가 결과를 토대로 제65(5)조에 언급된 통지로부터 9개월 이내에 국가적 조치가 정당화되는지 여부를 결정하고 이를 관련 회원국에 통지해야 한다.

2. 국가적 조치가 정당하다고 간주되는 경우 모든 회원국은 비준수 AI 시스템을 각국의 시장에서 회수하는 데 필요한 조치를 취하고 이를 유럽연합 집행위원회에 통지한다. 국가적 조치가 정당하지 않다고 간주되는 경우 관련 회원국은 조치를 취소한다.

3. 국가적 조치가 정당하다고 간주되고 AI 시스템의 비준수가 본 규정 제40조 및 41조에 언급된 조화 표준 또는 공통 규격의 결함에 기인한다고 간주되는 경우 유럽연합 집행위원회는 Regulation (EU) No 1025/2012 제11조에 규정된 절차를 적용한다.

제67조 위험을 야기하는 준수 AI 시스템

1. 회원국의 시장 감시 기관이 제65조에 따른 평가를 수행한 결과 AI 시스템이 본 규정을 준수하지만 사람의 건강 또는 안전, 유럽 연합 또는 국가 법률에 따른 기본권 보호 의무 준수, 또는 공익 보호의 기타 측면에 위험을 야기한다고 판단되는 경우 동 기관은 관련 운영자에 대해 관련 AI 시스템이 출시되거나 서비스 개시된 경우 더 이상 그러한 위험을 야기하지 않도록 보장하는 데 필요한 모든 조치를 취하거나, 동 기관이 규정하는 위험의 성격에 상응하는 합리적 기간 내에 동 AI 시스템을 시장에서 회수 또는 리콜할 것을 요구해야 한다.

2. 제공자 또는 기타 관련 운영자는 유럽 연합 전역에서 그들이 출시한 모든 관련 AI 시스템에 대해 제1항에 언급된 회원국의 시장 감시 기관이 규정하는 기간 내에 시정 조치가 취해지도록 보장한다.

3. 관련 회원국은 즉시 유럽연합 집행위원회와 다른 회원국에 통지한다. 이 정보에는 특히 관련 AI 시스템의 식별에 필요한 데이터, AI 시스템의 원산지와 공급망, 수반되는 위험의 성격, 취해진 국가적 조치의 성격과 기간 등 가용한 모든 세부사항이 포함되어야 한다.

4. 유럽연합 집행위원회는 지체 없이 회원국 및 관련 운영자와 협의를 벌이고 취해

진 국가적 조치를 평가한다. 유럽연합 집행위원회는 그러한 평가 결과를 토대로 조치가 정당화되는지 여부를 결정하고 필요한 경우 적절한 조치를 제안한다.

5. 유럽연합 집행위원회는 상기한 결정을 회원국에 통지한다.

제68조 공식적 비준수

1. 회원국의 시장 감시 기관이 다음 사실 중 하나를 발견하는 경우에는 관련 제공자에게 관련 비준수를 중단할 것을 요구해야 한다.

   (a) 제49조를 위반하여 적합성 마크를 부착한 사실

   (b) 적합성 마크가 부착되지 않은 사실

   (c) EU 적합성 선언이 작성되지 않은 사실

   (d) EU 적합성 선언이 올바르게 작성되지 않은 사실

   (e) 해당될 경우 적합성 평가 절차에 관여한 인증 기관의 식별 번호가 부착되지 않는 사실

2. 1항에 언급된 비준수가 지속되는 경우 관련 회원국은 해당 고위험 AI 시스템이 출시되는 것을 제한하거나 금지하는 데 필요한 모든 조치를 취하거나 시장에서 회수 또는 리콜되도록 보장해야 한다.

제9편 행동 지침

제69조 행동 지침

1. 유럽연합 집행위원회와 회원국은 시스템의 원래 목적에 비추어 제3편 제2장에 명시된 요구사항의 준수를 보장하는 적절한 수단인 기술 규격 및 솔루션을 토대로 그러한 요구사항을 고위험 AI 시스템이 아닌 AI 시스템에 자발적으로 적용하도록 촉구하는 행동 지침을 작성할 것을 장려하고 촉진해야 한다.

2. 유럽연합 집행위원회와 유럽 인공지능 위원회는 명확한 목표와 그러한 목표의 달성을 측정하는 핵심 성과 지표를 토대로 예컨대 환경의 지속가능성, 장애인의 접근성, AI 시스템의 설계·개발에 대한 이해관계자의 참여, 개발 팀의 다양성 등과 관련된 요구사항을 AI 시스템에 자발적으로 장려하도록 촉구하는 행동 지침을 작성할 것을 장려하고 촉진해야 한다.

3. 행동 지침은 AI 시스템의 개별 제공자 또는 그들을 대표하는 조직 또는 둘 모두에 의해 작성될 수 있으며, 사용자와 이해관계자 및 그들을 대표하는 조직이 관

여할 수 있다. 행동 지침은 관련 시스템들의 원래 목적이 지닌 유사성을 고려하여 하나 이상의 AI 시스템에 적용될 수 있다.

4. 유럽연합 집행위원회와 유럽 인공지능 위원회는 행동 지침의 작성을 장려·촉진할 때 소규모 제공자 및 스타트업의 이해와 요구를 고려해야 한다.

제10편 기밀 유지 및 처벌

제70조 기밀 유지

1. 본 규정의 적용에 관여하는 국가 관할 기관과 인증 기관은 과업과 활동을 수행하는 과정에서 획득한 정보와 데이터의 기밀을 존중해야 하며, 특히 다음을 보호해야 한다.

   (a) 소스 코드를 포함한, 자연인 또는 법인의 지적 재산권, 기밀 비즈니스 정보 또는 영업 비밀. 단, 미공개 노하우 및 비즈니스 정보(영업 비밀)를 불법 획득, 사용 및 공개로부터 보호하는 데 대한 Directive 2016/943 제5조에 언급된 사례는 예외로 한다.

   (b) 특히 검사, 조사 또는 감사 목적을 위한 본 규정의 효과적 시행

   (c) 공공 안전 및 국가 안보 이해

   (d) 사법 또는 행정 절차의 무결성.

2. 제1항을 침해함이 없이, 부속서 III의 제1, 6, 7항에 언급된 고위험 AI 시스템이 법 집행 또는 이주·망명 기관에 의해 사용되고 그러한 공개가 공공 안전 및 국가 안보 이해를 위태롭게 할 수 있는 경우 국가 관할 기관들 사이 및 국가 관할 기관과 유럽연합 집행위원회 사이에 기밀 유지 원칙에 따라 교환된 정보를 원 출처인 국가 관할 기관 및 사용자와의 사전 협의 없이 공개해서는 안 된다.

   법 집행 또는 이주·망명 기관이 부속서 III의 제1, 6, 7항에 언급된 고위험 AI 시스템의 제공자인 경우 부속서 IV에 언급된 기술 문서를 각 구내에 보관해야 한다. 동 기관은 제63(5)조 및 (6)조에 언급된 시장 감시 기관이 요청하는 경우 즉시 상기한 기술 문서에 접근하거나 그 사본을 획득할 수 있도록 보장해야 한다. 오로지 적절한 수준의 보안 허가를 받은 시장 감시 기관의 직원만 동 문서 또는 그 사본에 접근할 수 있다.

3. 제1항 및 2항은 정보 교환 및 경고 발령과 관련된 유럽연합 집행위원회, 회원국 및 인증 기관의 권리와 의무, 그리고 회원국의 형법에 따라 정보를 제공해야 할

관계 당사자들의 의무에 영향을 주지 않는다.

4. 유럽연합 집행위원회와 회원국은 필요할 경우 충분한 수준의 기밀을 보장하는 양자 또는 다자간 기밀 유지 협정을 체결한 제3국의 규제 기관과 기밀 정보를 교환할 수 있다.

제71조 처벌

1. 회원국은 본 규정에 명시된 조건에 따라 본 규정의 위반에 적용되는 과징금을 포함한 처벌에 관한 규칙을 명시하고 그것이 적절하고 효과적으로 시행되도록 보장하는 데 필요한 모든 조치를 취해야 한다. 규정된 처벌은 효과적이고 비례적이며 억제적이어야 한다. 이는 소규모 제공자와 스타트업의 이해 및 경제적 생존 능력을 특별히 고려해야 한다.

2. 회원국은 상기한 규칙과 조치를 유럽연합 집행위원회에 통지하고, 그들에게 영향을 미치는 추후의 개정을 지체 없이 유럽연합 집행위원회에 통지해야 한다.

3. 다음과 같은 위반에는 최대 30 000 000 EUR, 또는 위반자가 기업인 경우 전년도 전세계 연매출의 최대 6% 중에서 더 높은 금액의 과징금이 부과된다.

   (a) 제5조에 언급된 인공지능 관행의 금지를 준수하지 않는 위반

   (b) AI 시스템이 제10조에 명시된 요구사항을 준수하지 않는 위반

4. AI 시스템이 본 규정에 따른 요구사항 또는 의무(제5조 및 10조에 명시된 것 제외)를 준수하지 않는 경우 최대 20 000 000 EUR, 또는 위반자가 기업인 경우 전년도 전 세계 연매출의 최대 4% 중에서 더 높은 금액의 과징금이 부과된다.

5. 인증 기관과 국가 관할 기관의 요청에 응답하여 부정확하거나 불완전하거나 오도하는 정보를 제공하는 경우 최대 10 000 000 EUR, 또는 위반자가 기업인 경우 전년도 전 세계 연매출의 최대 2% 중에서 더 높은 금액의 과징금이 부과된다

6. 각 개별 사례에서 과징금의 액수를 결정할 때는 모든 관련 상황을 고려하고 특히 다음 사항에 유의해야 한다.

   (a) 위반과 그 결과의 성격과 중대성 및 지속 기간

   (b) 다른 시장 감시 기관이 동일한 위반에 대해 동일한 운영자에게 이미 과징금을 적용했는지 여부

   (c) 위반을 한 운영자의 규모와 시장 점유율

7. 각 회원국은 동 회원국에서 설립된 공공 기관 및 기구에 과징금이 부과될 수 있는지 여부와 금액에 관한 규칙을 명시해야 한다.

8. 회원국의 법률 체계에 따라, 과징금에 관한 규칙은 다른 기구의 관할 국내 법원이

동 회원국에서 적용되는 것처럼 벌금을 부과하는 방식으로 적용될 수 있다. 동 회원국에서 그러한 규칙을 적용할 경우 동등한 효과를 가진다.

제72조 유럽 연합 기관, 기구, 단체에 대한 과징금

1. 유럽 데이터 보호 감독관은 본 규정의 범위 내에 속하는 유럽 연합 기관, 기구, 단체에 과징금을 부과할 수 있다. 각 개별 사례에서 과징금을 부과할지 여부와 과징금의 액수를 결정할 때는 모든 관련 상황을 고려하고 특히 다음 사항에 유의해야 한다.
   (a) 위반과 그 결과의 성격과 중대성 및 지속 기간
   (b) 유럽 데이터 보호 감독관이 동일한 주제와 관련하여 해당 유럽 연합 기관, 기구 또는 단체에 대해 이전에 명령한 조치의 준수를 포함하여, 위반을 구제하고 위반의 부정적 효과를 완화하기 위한 유럽 데이터 보호 감독관과의 협력.
   (c) 유럽 연합 기관, 기구 또는 단체에 의한 이전의 유사한 위반
2. 다음과 같은 위반에는 최대 500,000 EUR의 과징금이 부과된다.
   (a) 제5조에 언급된 인공지능 관행의 금지를 준수하지 않는 위반
   (b) AI 시스템이 제10조에 명시된 요구사항을 준수하지 않는 위반
3. AI 시스템이 본 규정에 따른 요구사항 또는 의무(제5조 및 10조에 명시된 것 제외)를 준수하지 않는 경우 최대 250 000 EUR의 과징금이 부과된다.
4. 유럽 데이터 보호 감독관은 본 조에 따른 결정을 내리기 전에 유럽 데이터 보호 감독관이 실시하는 법적 절차의 대상인 유럽 연합 기관, 기구 또는 단체에게 위반과 관련된 주제에 관해 의견을 개진할 기회를 주어야 한다. 유럽 데이터 보호 감독관은 오로지 관계당사자들이 의견을 개진할 수 있었던 요소 및 상황에 근거해서만 결정을 내려야 한다. 제소자(있을 경우)는 법적 절차와 긴밀한 관련을 가져야 한다.
5. 법적 절차에서 관계 당사자의 항변권이 충분히 존중되어야 한다. 개인 또는 사업체가 각자의 개인 데이터 또는 영업 비밀의 보호에 대한 적법한 이해를 가진다는 전제 하에, 이들은 유럽 데이터 보호 감독관의 파일에 접근할 권한을 가진다.
6. 본 조의 벌금을 부과하여 징수한 자금은 유럽 연합 일반 예산의 수입이 된다.

제11편 권한의 위임과 위원회(Committee) 절차

제73조 위임의 행사

1. 본 조문에 명시된 조건에 따라 유럽연합 집행위원회는 위임 규정을 채택할 수 있는 권한을 부여받는다.

2. 제4조, 제7(1)조, 제11(3)조, 제43(5) 및 (6)조, 제48(5)조에 언급된 권한의 위임은 [규정발효일]로부터 무기한으로 유럽연합 집행위원회에 부여된다.

3. 제4조, 제7(1)조, 제11(3)조, 제43(5) 및 (6)조, 제48(5)조에 언급된 권한의 위임은 언제든지 유럽 의회 또는 이사회에 의해 취소될 수 있다. 취소 결정은 동 결정에 명시된 권한의 위임을 끝낸다. 동 결정은 유럽 연합 관보(Official Journal of the European Union)에 게재된 날의 다음날 또는 동 결정에 명시된 차후 날짜에 발효된다. 동 결정은 이미 시행 중인 위임 규정의 유효성에 영향을 주지 않는다.

4. 유럽연합 집행위원회는 위임 규정을 채택하는 즉시 유럽 의회와 이사회에 동시에 통지해야 한다.

5. 제4조, 제7(1)조, 제11(3)조, 제43(5) 및 (6)조, 제48(5)조에 따라 채택된 위임 규정은 오로지 동 규정을 유럽 의회와 이사회에 통지한 후 3개월 기간 내에 유럽 의회 또는 이사회가 반대를 표명하지 않거나, 동 기간의 만료 전에 유럽 의회와 이사회가 모두 반대하지 않을 것임을 유럽연합 집행위원회에 통지한 경우에만 발효된다. 동 기간은 유럽 의회 또는 이사회의 주도로 3개월 연장된다.

제74조 위원회 절차

1. 유럽연합 집행위원회는 위원회(committee)의 조력을 받는다. 동 위원회는 Regulation (EU) No 182/2011의 의미 내에서 위원회(committee)여야 한다.

2. 본 항에 대한 참조가 이루어질 경우 Regulation (EU) No 182/2011 제5항이 적용된다.

제12편 최종 조항

제75조 Regulation (EC) No 300/2008의 개정

Regulation (EC) No 300/2008 제4(3)조에 다음 호(subparagraph)를 추가한다.

"기술 규격과 승인 절차 및 [인공지능에 관한] 유럽 의회 및 유럽 이사회 Regulation

(EU)YYY/XX*의 의미에서 인공지능 시스템과 관련된 보안 장비의 사용과 관련된 세부 조치를 채택할 때는 동 규정의 제3편 제2장에 명시된 요구사항을 고려해야 한다."

제76조 Regulation (EU) No 167/2013의 개정

Regulation (EU) No 167/2013 제17(5)조에 다음 호를 추가한다.

"[인공지능에 관한] 유럽 의회 및 유럽 이사회 Regulation (EU) YYY/XX*의 의미에서 안전 구성요소인 인공지능 시스템과 관련한 첫 호에 따라 위임 규정을 채택할 때는 동 규정의 제3편 제2장에 명시된 요구사항을 고려해야 한다."

제77조 Regulation (EU) No 168/2013의 개정

Regulation (EU) No 168/2013 제22(5)조에 다음 호를 추가한다.

"[인공지능]에 관한 유럽 의회 및 유럽 이사회 Regulation (EU) YYY/XX*의 의미에서 안전 구성요소인 인공지능 시스템과 관련한 첫 호에 따라 위임 규정을 채택할 때는 동 규정의 제3편 제2장에 명시된 요구사항을 고려해야 한다."

제78조 Directive 2014/90/EU의 개정

Directive 2014/90/EU 제8조에 다음 호를 추가한다.

"4. [인공지능에 관한] 유럽 의회 및 유럽 이사회 Regulation (EU) YYY/XX*의 의미에서 안전 구성요소인 인공지능 시스템의 경우, 제1항에 따른 활동을 수행할 때 그리고 제2항 및 3항에 따른 기술 규격과 테스트 표준을 채택할 때 유럽연합 집행위원회는 동 규정의 제3편 제2장에 명시된 요구사항을 고려해야 한다."

제79조 Directive (EU) 2016/797의 개정

Directive (EU) 2016/797 제5조에 다음 항을 추가한다.

"12. [인공지능에 관한] 유럽 의회 및 유럽 이사회 Regulation (EU) YYY/XX*의 의미에서 안전 구성요소인 인공지능 시스템과 관련한 제1항에 따른 위임 규정과 제11항에 따른 실행 규정을 채택할 때는 동 규정의 제3편 제2장에 명시된 요구사항을 고려해야 한다."

제80조 Regulation (EU) 2018/858의 개정

Regulation (EU) 2018/858 제5조에 다음 항을 추가한다.

"4. [인공지능에 관한] 유럽 의회 및 유럽 이사회 Regulation (EU) YYY/XX*의 의미에서 안전 구성요소인 인공지능 시스템과 관련한 제3항에 따른 위임 규정을 채택할 때는 동 규정의 제3편 제2장에 명시된 요구사항을 고려해야 한다."

제81조 Regulation (EU) 2018/1139의 개정

Regulation (EU) 2018/1139를 다음과 같이 개정한다.

(1) 제17조에 다음 항을 추가한다.

"3. 제2항을 침해함이 없이, [인공지능에 관한] 유럽 의회 및 유럽 이사회 Regulation (EU) YYY/XX*의 의미에서 안전 구성요소인 인공지능 시스템과 관련한 제1항에 따른 실행 규정을 채택할 때는 동 규정의 제3편 제2장에 명시된 요구사항을 고려해야 한다."

(2) 제19조에 다음 항을 추가한다.

"4. [인공지능에 관한] 유럽 의회 및 유럽 이사회 Regulation (EU) YYY/XX*의 의미에서 안전 구성요소인 인공지능 시스템과 관련한 제1항 및 2항에 따른 위임 규정을 채택할 때는 동 규정의 제3편 제2장에 명시된 요구사항을 고려해야 한다."

(3) 제43조에 다음 항을 추가한다.

"4. [인공지능에 관한] 유럽 의회 및 유럽 이사회 Regulation (EU) YYY/XX*의 의미에서 안전 구성요소인 인공지능 시스템과 관련한 제1항에 따른 실행 규정을 채택할 때는 동 규정의 제3편 제2장에 명시된 요구사항을 고려해야 한다."

(4) 제47조에 다음 항을 추가한다.

"3. [인공지능에 관한] 유럽 의회 및 유럽 이사회 Regulation (EU) YYY/XX*의 의미에서 안전 구성요소인 인공지능 시스템과 관련한 제1항 및 2항에 따른 위임 규정을 채택할 때는 동 규정의 제3편 제2장에 명시된 요구사항을 고려해야 한다."

(5) 제57조에 다음 항을 추가한다.

"[인공지능에 관한] 유럽 의회 및 유럽 이사회 Regulation (EU) YYY/XX*의 의미에서 안전 구성요소인 인공지능 시스템과 관련한 실행 규정을 채택할 때는 동 규정의 제3편 제2장에 명시된 요구사항을 고려해야 한다."

(6) 제58조에 다음 항을 추가한다.

"3. [인공지능에 관한] 유럽 의회 및 유럽 이사회 Regulation (EU) YYY/XX*의 의미에서 안전 구성요소인 인공지능 시스템과 관련한 제1항 및 2항에 따른 위임 규정을 채택할 때는 동 규정의 제3편 제2장에 명시된 요구사항을 고려해야 한다."

제82조 Regulation (EU) 2019/2144의 개정

Regulation (EU) 2019/2144 제11조에 다음 항을 추가한다.

"3. [인공지능에 관한] 유럽 의회 및 유럽 이사회 Regulation (EU) YYY/XX*의 의미에서 안전 구성요소인 인공지능 시스템과 관련한 제2항에 따른 실행 규정을 채택할때는 동 규정의 제3편 제2장에 명시된 요구사항을 고려해야 한다.

제83조 이미 출시되거나 서비스 개시된 AI 시스템

1. 본 규정은 [제85(2)조에 언급된 본 규정이 적용된 날로부터 12개월 후] 이전에 출시되거나 서비스 개시되고 부속서 IX에 열거된 법규에 의해 구축된 대규모 IT 시스템의 구성요소인 AI 시스템에는 적용되지 않는다. 단, 그러한 법규의 교체 또는 개정이 관련 AI 시스템의 설계 또는 원래 목적의 중대한 변경으로 이어지는 경우는 예외로 한다.

   부속서 IX에 열거된 법규의 규정에 따라 수행되는, 동 법규에 의해 구축된 대규모 IT 시스템에 대한 평가에서 본 규정에 명시된 요구사항을 고려해야 한다.

2. 본 규정은 [제85(2)조에 언급된 본 규정이 적용된 날짜] 이전에 출시되거나 서비스 개시된, 제1항에 언급된 것 이외의 고위험 AI 시스템이 상기한 날짜로부터 그 설계 또는 원래 목적의 중대한 변경을 수반하는 경우에 한하여 적용된다.

제84조 평가 및 검토

1. 유럽연합 집행위원회는 본 규정의 발효 후 연 1회에 걸쳐 부속서 III의 목록을 개정할 필요성을 평가한다.

2. [제85(2)조에 언급된 본 규정이 적용되는 날로부터 3년 후]에 그리고 이후로 4년마다 유럽연합 집행위원회는 본 규정의 평가 및 검토에 관한 보고서를 유럽 의회와 이사회에 제출한다. 보고서는 일반에 공개한다.

3. 2항에 언급된 보고서는 다음 사항에 특별히 주의를 기울여야 한다.
   (a) 본 규정에 따라 국가 관할 기관에 할당된 과업을 효과적으로 수행하기 위한 동 기관의 재정 및 인적 자원의 상태
   (b) 회원국이 본 규정의 위반에 적용한 처벌의 상태, 특히 71(1)조에 언급된 과징금.

4. [제85(2)조에 언급된 본 규정이 적용되는 날로부터 3년 후] 이내에 그리고 이후로 4년마다 유럽연합 집행위원회는 제3편 제2장에 명시된 요구사항과 고위험 AI 시스템이 아닌 AI 시스템에 대한 기타 추가 요구사항의 적용을 촉진하는 행동 지침의 영향과 효과를 평가한다.

5. 제1~4항의 목적을 위해, 유럽 인공지능 위원회, 회원국 및 국가 관할 기관은 유럽연합 집행위원회의 요청에 관한 정보를 유럽연합 집행위원회에 제공한다.
6. 1~4항에 언급된 평가와 검토를 수행하는 과정에서 유럽연합 집행위원회는 유럽 인공지능위원회, 유럽 의회, 유럽 이사회 및 기타 관련 기구 또는 출처의 입장과 조사 결과를 고려한다.
7. 필요할 경우 유럽연합 집행위원회는 특히 기술의 발전과 정보 사회의 진보 상태를 고려하여 본 규정을 개정하기 위한 적절한 제안을 제출한다.

제85조 발표 및 적용
1. 본 규정은 유럽 연합 관보에 게재된 날로부터 12일째 되는 날에 발효된다.
2. 본 규정은 [규정이 발효된 지 24개월 후]부터 적용된다.
3. 제2항의 개정을 통해:
   (a) 제3편 제4장 및 제6편은 [본 규정이 발효된 지 3개월 후]부터 적용된다.
   (b) 제71조는 [본 규정이 발효된 지 12개월 후]부터 적용된다.

본 규정은 모든 회원국에서 완전한 구속력을 가지며 직접 적용된다. 브뤼셀에서 작성.

유럽 의회   유럽 이사회
의장   의장

2022 미국 연방의회 알고리즘 책임법안
(The US Algorithmic Accountability Act of 2022)

정준영 옮김/ 좌정원 · 김건우 감수

제117대 미국 연방의회 2차 회기

상원 법률안 3572호

연방거래위원회(the Federal Trade Commission)로 하여금 자동화결정시스템와 증강중요 결정과정에 대한 영향평가를 요구하도록 지시함과 기타 사항을 목적으로 한다.

미합중국 상원에서 2022년 2월 3일 와이든(Wyden) 위원장은 (그 자신과 부커(Booker), 샤츠(Schatz), 히로노(Hirono), 하인리히(Heinrich), 루한(Luján), 볼드윈(Baldwin), 케이시(Casey) 의원을 대표하여) 다음과 같은 법안을 제출하였다. 이 법안은 두 번의 독회 심의를 거쳤고 상업과학교통위원회에 회부되었다.

법안

연방거래위원회로 하여금 자동화결정시스템와 증강중요결정과정에 대한 영향평가를 요구하도록 지시함과 기타 사항을 목적으로 한다.

연방의회에 결집한 미합중국의 상원과 하원에 의하여 다음의 내용이 법률로 제정되었음을 알린다.

제1조 약칭

이 법률은 "2022년 알고리즘 책임법"이라고 인용될 수 있다.

제2조 정의

이 법에서

(1) "증강중요결정과정"(augmented critical decision process)이라는 용어는 중요결정을 내리기 위하여 자동화결정시스템를 이용하는 과정, 절차, 또는 기타 활동을 의미한다.

(2) "자동화결정시스템"(automated decision system)라는 용어는 컴퓨터에 의한 연산을 사용하는 모든 체계, 소프트웨어, 또는 과정을 의미하는데(기계학습, 통계학, 또는 기타 데이터 처리법이나 인공지능 기법에서 파생된 것을 포함하고, 수동적 컴퓨팅 인프라는 제외한다),

여기서 그 계산의 결과는 결정 또는 판단의 기초로 작용한다.

(3) "생체정보"(biometrics)라는 용어는 소비자의 생물학적, 생리학적, 또는 행동상의 특성이나 특징을 나타내는 모든 정보를 의미한다.

(4) "위원장"(chair)이라는 용어는 위원회의 위원장을 의미한다.

(5) "위원회"(commission)라는 용어는 연방거래위원회를 의미한다.

(6) "소비자"(consumer)라는 용어는 한 개인을 의미한다.

(7) "대상자"(covered entity)

(A) 일반사항: "대상자"라는 용어는 연방거래위원회법 제5조 제(a)항 제(2)호(15 U.S.C. 제45조 제(a)항 제(2)호)에 따라 위원회가 관할하는 모든 사람, 조합(partnership), 또는 주식회사(corporation)로서,

(i) 증강중요결정과정을 적용하는 경우를 의미한다. 그리고

(I) 1986년 내국세입법(Internal Revenue Code) 제448조 제(c)항 제(2), (3)호에 따라 정해진 바대로, 최근 회계연도 직전의 3개 과세연도 기간에(또는 그 사람, 조합, 또는 주식회사가 존재했던 기간이 3년보다 짧은 경우에는 그 기간에) 평균 연간 총수입액이 5천만 달러보다 컸거나, 순수자산 가치가 2억 5천만 달러보다 크다고 간주되는 경우이거나,

(II) 모든 자동화결정시스템와 증강중요결정과정을 개발하거나 적용하려는 목적으로 1백만 이상의 소비자들, 가구들, 소비자 장치들에 관한 식별정보를 보유, 관리, 수정, 처리, 분석, 통제하거나, 혹은 그 정보를 사용하는 경우이거나,

(III) (I) 또는 (II)에 속하는 요건들을 충족시키는 사람, 조합, 또는 주식회사에 의하여 실질적으로 소유되거나, 적용되거나, 통제되는 경우를 의미한다.

(ii) 또는

(I) 1986년 내국세입법 제448조 제(c)항 제(2), (3)호에 따라 정해진 바대로, 최근 회계연도 직전의 3개 과세연도 기간에(또는 그 사람, 조합, 또는 주식회사가 존재했던 기간이 3년보다 짧은 경우에는 그 기간에) 평균 연간 총수입액이 5천만 달러보다 컸거나, 순수자산 가치가 2억 5천만 달러보다 크다고 간주되고,

(II) 증강중요결정과정에서 (i)에 서술된 요건들을 충족시키는 사람, 조합, 또는 주식회사에 의하여 시행 또는 사용을 위해 개발되었거나, 시행되거나 시행되리라고 그 사람, 조합, 또는 주식회사가 합당하게 기대할 수 있는 자동화결정시스템를 적용하는 경우를 의미한다. 또는

(iii) 직전 3년 안에 (i) 또는 (ii)에 서술된 기준을 충족시켰던 경우를 의미한다.

(B) 인플레이션 조정: 이 법의 제정일자 또는 그 이후에 시작된 첫 번째 회계연도 이후의 모든 회계연도에 이 호를 적용하기 위하여, (A)목에서 구체적으로 명시된 각각의 달러 금액들은 그러한 제정일자 이후에 시작된 그 첫 번째 회계연도부터 당해 회계연도에 이르기까지 모든 도시 소비자들(미국 도시 평균)에 대한 소비자물가지수의 (만약 증가가 있는 경우에) 백분율 증가에 의하여 증가하여야 한다.

(8) "중요결정"(critical decision)이라는 용어는 다음의 항목들에 대한 접근이나 그것들의 비용, 조건, 또는 이용가능성에 관련된 소비자의 생활에 법적, 물질적 효과, 또는 유사하게 중요한 효과를 가지는 결정이나 판단을 의미한다.

(A) 평가, 인가, 또는 자격증명을 포함하는 교육 및 직업 훈련

(B) 고용, 노무관리 또는 자영업

(C) 전기, 난방, 수도, 인터넷 또는 통신 접속, 또는 운송과 같은 필수시설

(D) 입양 서비스 또는 재생산 관련 서비스를 포함하는 가족계획

(E) 담보대출 회사, 담보대출 중개인, 또는 채권자에 의해 제공되는 모든 금융 서비스를 포함하는 금융 서비스

(F) 정신건강, 치아, 시력 관리를 포함하는 보건

(G) 임대 또는 단기 주택이나 임시 숙소를 포함하는 주거 또는 숙박

(H) 사적 중재나 조정을 포함하는 법률 서비스 또는

(I) 그것에 대한 결정이 소비자의 생활에 대해 위의 항목들에 상응하는 법적, 물질적, 또는 그와 유사하게 중요한 효과를 가지는 기타 모든 서비스, 프로그램, 또는 기회로서 위원회가 규칙제정을 통해 정하는 사항

(9) "적용"(deploy)이라는 용어는 시행, 사용하거나 판매, 허가, 또는 기타 상업 관계에 이용 가능하도록 만드는 것을 의미한다.

(10) "개발"(develop)이라는 용어는 설계, 코드화, 생산, 맞춤제작하거나 혹은 창조하거나 수정하는 것을 의미한다.

(11) "식별정보"(identifying information)라는 용어는 그 정보가 어떻게 수집, 추론, 예측, 또는 획득되었는지와 상관없이, 성명, 우편주소, 전화번호, 생체정보, 이메일 주소, IP(인터넷 프로토콜) 주소, 사회보장 번호나 기타 모든 식별 번호, 식별자, 또는 부호와 같은 데이터 요소들 또는 특성들을 통해 소비자, 가구, 또는 소비자 장치를 알 수 있게 하거나 나타내는 모든 정보를 의미한다.

(12) "영향평가"(impact assessment)라는 용어는 자동화결정시스템 또는 증강중요결정과정과 그것이 소비자들에게 미치는 영향에 대한 지속적 조사 및 평가를 의미한다.

(13) "수동적 컴퓨팅 인프라"(passive computing infrastructure)라는 용어는 결정의 결과에 영향을 미치거나 그것을 결정하지 않는 모든 중간단계의 기술을 의미하는 것으로, 다음의 항목을 포함한다.

(A) 웹호스팅

(B) 도메인 등록

(C) 네트워킹

(D) 캐싱(caching)

(E) 데이터 저장 또는

(F) 사이버보안

(14) "주"(State)라는 용어는 50개 주(州) 각각, 컬럼비아 특별구, 그리고 미국의 모든 영토 또는 점유지를 의미한다.

(15) "요약보고서"(summary report)라는 용어는 이 법에 서술된 바 또는 위원회가 적절하다고 정한 바에 따라, 영향평가를 통해 다루어질 것이 요구되는 정보의 일부를 담은 기록문서를 의미한다.

(16) "제삼자 결정 수령인"(third-party decision recipient)이라는 용어는 대상자가 자동화결정시스템나 증강중요결정과정을 적용하는 데에서 기인하는 결정 또는 판단의 결과에 관한 문서를 수령하거나 그 결과에 접근할 수 있는 (해당 소비자와 대상자의 범위를 넘어서는) 모든 사람, 조합, 또는 주식회사를 의미한다.

제3조 자동화결정시스템 및 증강중요결정과정의 영향평가

(a) 법의 금지행위

(1) 일반사항: 다음의 사항은 불법이다.

(A) 어떤 대상자가 제(b)항에 공표된 규제사항을 위반하는 것, 또는

(B) 어떤 사람이 대상자가 제(b)항을 위반하는 데에 실질적 도움을 고의로 제공하는 것

(2) 사적 계약에 대한 우선권: 대상자들 또는 소비자들 간의 구체적 합의와 상관없이, 어떤 대상자가 제(1)호에 금지된 행동을 범하는 것은 불법으로 한다.

(b) 규제사항

(1) 일반사항: 위원회는 제(2)호를 조건으로 하여 이 법의 제정일자 이후 2년 내에 국립표준기술연구소의 책임자, 국가인공지능이니셔티브의 책임자, 과학기술정책실의 책임자, 이에 더하여 표준화기구들, 민간 산업계, 학계, 기술 전문가, 및 시민적 권리, 소비자들, 영향을 받는 공동체들을 대변하는 변호사/옹호단체들을 포함하는 기타 유관한 이해관계자들과 협의하여, 미국연방법전 제5편 제553조에 따라 다음

의 규제사항을 공표해야 한다.

(A) 각 대상자로 하여금

(i) 증강중요결정과정에서 적용된, 제2조 제(7)호 (A)목 (i)에 서술된 요건들을 충족시키는 모든 사람, 조합, 또는 주식회사에 의하여 시행 또는 이용되기 위해 개발되었거나, 시행되거나 이용되리라고 그 대상자가 합당하게 기대할 수 있는, 자동화결정시스템와

(ii) 증강중요결정과정에 대한 영향평가를 그 대상자에 의한 적용 이전과 이후 모두에 수행하도록 요구한다.

(B) 각 대상자로 하여금 제4조 제(a)항에 서술된 해당하는 정보를 포함하여, (A)목에 따라 수행된 모든 영향평가의 기록문서를 그 자동화결정시스템 또는 증강중요결정과정이 적용된 기간보다 3년 이상 보존하도록 요구한다.

(C) 제2조 제(7)호 (A)목 (i)에 서술된 요건을 충족시키는 각 사람, 조합, 또는 주식회사로 하여금 자동화결정시스템 또는 증강중요결정과정에서 그 대상자에 의하여 적용된 모든 자동화결정시스템를 판매하거나, 허가하거나, 또는 그 외 상업적 관계를 통해 제공하는 모든 사람, 조합, 또는 주식회사로 하여금 대상자로서의 자기 지위를 밝히도록 요구한다.

(D) 각 대상자로 하여금 적용된 모든 자동화결정시스템 또는 증강중요결정과정에 대하여 지속적 영향평가의 요약보고서를 해마다 위원회에 제출하도록 요구한다.

(E) 각 대상자로 하여금 새로운 모든 자동화결정시스템 또는 증강중요결정과정에 대하여 그것이 그 대상자에 의하여 적용되기에 앞서 최초의 요약보고서를 위원회에 제출하도록 요구한다.

(F) 연방거래위원회법 제5조 제(a)항 제(2)호(15 U.S.C. 제45조 제(a)항 제(2)호)에 따라 위원회의 관할에 속하며 자동화결정시스템 또는 증강중요결정과정을 적용하지만, 본 법상의 대상자에는 해당하지 않는 모든 사람, 조합, 또는 주식회사로 하여금 그러한 체계 또는 과정에 대하여 수행된 모든 영향평가의 요약보고서를 위원회에 제출하는 것을 허용한다.

(G) 각 대상자로 하여금 (A)목에 서술된 영향평가를 수행하면서 가능한 한에서 (피고용인, 윤리 담당부서, 사회적으로 책임성 있는 기술 부서와 같은) 유관한 내부 이해관계자들 및 (영향을 받는 집단의 대표자와 변호사, 시민사회와 권익옹호단체들, 기술 전문가와 같은) 독립적 외부 이해관계자들과 필요에 따라 참여설계, 독립적 회계감사, 또는 피드백을 요청하거나 반영하는 것을 포함하여 의미 있게 협의하도록 요구한다.

(H) 각 대상자로 하여금 소비자의 생활에 법적 효과 혹은 이에 준하는 중요한 효과를

가지는 중대한 부정적 영향을 발생시킬 우려가 있는 증강중요결정과정이 일으키는 모든 영향을 적절한 시기에 제거하거나 완화시키기를 시도하도록 요구한다.

(I) 위원회가 필요하다고 여기는 바에 따라 다음 항목들의 정의를 확립한다.

(i) "중요결정에 대한 접근 또는 중요결정의 비용, 조건, 이용가능성"

(ii) 식별정보의 "보유", "관리", "수정", "통제"

(iii) 대상자가 제5조 제(1)호 (H)목에 따라 문서를 제공해야만 하는 제삼자 결정 수령인의 여러 범주들

(iv) 제2조 제(8)호의 (A)부터 (I)목까지 서술된 서비스들, 프로그램들, 또는 기회들 중 위원회가 소비자, 대상자, 그리고 규제기관에게 그에 관한 정보를 제공하는 것이 필요하다고 여기는 것들

(J) 어떠한 (혹은 특정) 사람, 조합, 또는 주식회사의 대상자 지위를 확정하기 위하여 그 사람, 조합, 또는 주식회사가 보유, 운영, 수정, 또는 관리하는 식별정보의 주체인 소비자, 가구, 또는 소비자 대상 (혹은 소비자용) 기기의 수를 계산하기 위한 가이드라인을 확립한다.

(K) 대상자가 영향평가를 수행하기 위하여 그 대상자에 의하여 적용되는 여러 자동화결정시스템와 증강중요결정과정에 우선순위를 매기는 데에 적용되는 지침을 확립한다.

(L) (D), (E), (F)목에 서술되어 있는 요약보고서가 접근하기 쉽고 기계 판독이 가능한 방식으로 제출될 수 있도록 모든 요약 보고서가 따라야 하는 서식을 확립한다.

(2) 고려사항: 제(1)호에 따른 규제사항들을 공표하면서 위원회는

(A) 다음의 사항을 고려해야 한다.

(i) 자동화결정시스템 또는 증강중요결정과정의 일정한 평가 또는 문서화는 그러한 체계 또는 과정의 개발과 적용이 이루어지는 특정한 단계에서만 가능하거나, 일정한 유형의 정보 또는 데이터의 이용가능성이나 그 대상자와 소비자들 간의 관계가 가지는 성격에 기초하여 제한되거나 가능하지 않을 수 있다는 점

(ii) 요약보고서들의 제출 간격과 보고된 정보의 적시성

(iii) 위원회와 대상자에게 부과되는 행정적 부담

(iv) 구체적이고 융통성 있는 보고를 제공할 수 있는 덜 구조화된 내러티브식의 보고서가 가지는 이점에 비하여, 비교분석을 위해 요약보고서를 표준화하고 구조화하는 것이 가지는 이점

(v) 서로 다른 대상자들이 제출한 요약보고서들이 위원회가 확립한 요건에 따라 상이한 분야들을 포함할 수 있고, 위원회가 불완전한 보고서의 제출을 허용하거나 요

구할 수도 있다는 점

(vi) 기존의 데이터 프라이버시 혹은 기타 규제들에 의해 대상자가 일정한 정보를 보관하거나 공유하는 것이 금지되어 있을 수 있다는 점

(vii) 대상자가 영향평가의 수행을 위하여 그 대상자가 자동화결정시스템 또는 증강중요결정과정에 적용한 모든 자동화결정시스템를 개발한 다른 사람, 조합, 또는 주식회사에게 정보를 요구할 수 있다는 점

(B) 다음의 사항에 대하여 영향평가와 요약보고서의 구체적 요건을 정할 수 있다.

(i) 제2조 제(8)호의 (A)부터 (I)목까지 서술된 중요 결정의 특정한 범주들 또는 위원회가 정한 중요 결정의 하위 범주들

(ii) 자동화결정시스템 또는 증강중요결정과정의 적용과 개발이 이루어지는 특정한 단계들

(3) 발효일자: 제(1)호에 서술된 규제사항들은 그러한 규제사항들이 공표되고 2년이 지난 날부터 효력을 가지는 것으로 한다.

제4조 대상자 영향평가의 요건

(a) 영향평가의 요건: 대상자는 제3조 제(b)항 제(1)호에 따라 요구되는 자동화결정시스템 또는 증강중요결정과정에 대한 모든 영향평가를 수행하면서, 위원회가 그러한 대상자에게 해당한다고 정한 것으로서 다음의 사항을 가능한 한에서 행해야 한다.

(1) 새로운 증강중요결정과정의 경우에는, 이러한 과정이 사용/적용되기 이전에 동일한 중요결정을 위해 사용되었던 기존의 모든 중요의사결정과정을 다음과 같은 관련 기록문서 혹은 정보와 더불어 평가해야 한다.

(A) 새로운 증강중요결정과정에 의하여 향상되거나 대체된 기존 과정에 관한 서술

(B) 중요결정을 내리는 데 사용된 기존 과정의 알려진 모든 손해 결점, 실패 사례, 또는 소비자들에게 미치는 중대한 부정적 영향

(C) 그 증강중요결정과정의 의도된 이점과 필요성

(D) 그 자동화결정시스템 또는 증강중요결정과정의 의도된 목적

(2) 다음의 사항에 대한 기록을 포함하여, 제3조 제(b)항 제(1)호 (G)목이 요구하는 바에 따라 유관 이해관계자들과 진행된 모든 협의를 지목하고 서술해야 한다.

(A) 협의한 이해관계자들의 연락처(연락담당자)

(B) 그러한 모든 협의의 일자

(C) 그 협의의 조건과 과정에 관한 다음과 같은 정보

(i) 그 이해관계자들과 그 대상자 간의 모든 법적 또는 재정적 합의의 존재와 성격

(ii) 그 이해관계자가 다루었던 모든 데이터, 체계, 설계, 시나리오, 또는 기타 문서나 자료

(iii) 그 자동화결정시스템 또는 증강중요결정과정의 개발 또는 적용을 수정하는 데에 이용된 이해관계자의 모든 권고사항, 그리고 그에 더하여 사용되지 않은 모든 권고사항과 그렇게 사용되지 않은 합리적 사유

(3) 국립표준기술연구소 또는 기타 연방정부기관의 유관한 모든 모범 실무관행 및 표준에 따라, 그 자동화결정시스템 또는 증강중요결정과정의 프라이버시 관련 위험과 프라이버시 강화 방안에 대하여 다음과 같은 지속적 검사와 가치평가를 수행해야 한다.

(A) 그러한 체계 또는 과정의 데이터 최소화 실무관행에 대한 평가와 기록, 그리고 관련된 식별정보 및 이에 기반한 모든 중요결정의 보관 기간에 대한 평가와 기록

(B) 그러한 체계 또는 과정의 위험 수준에 따른 연합 학습(federated learning), 차등 프라이버시(differential privacy), 다자간 보안연산(secure multi-party computation), 비식별화(deidentification), 또는 데이터 보안구역(secure data enclaves)과 같은 프라이버시 강화 기술을 포함한 정보 보안 조치들에 대한 평가

(C) 그러한 체계 또는 과정이 소비자 및 그들에 대한 식별정보의 프라이버시, 안전성, 또는 보안에 미치는, 현재와 잠재적 미래 또는 후속의 긍정적·부정적 영향에 대한 평가와 기록

(4) 다음의 사항들에 대한 기록을 포함하여, 벤치마킹 데이터 집합, 그 대상자의 과거 데이터에서 나온 대표 사례들, 혹은 기타의 기준들과 같은 척도를 이용한 자동화결정시스템 또는 증강중요결정과정의 현재 및 과거의 성과에 대한 지속적 검증과 평가를 행하여야 한다.

(A) 대상자가 성공적 수행으로 판단한 것에 대한 서술과 수행을 평가하는 데에 사용한 방법과 기술 및 사업 실적분석기준/실적분석방법에 대한 서술

(B) 그러한 체계 또는 과정의 시험 조건에서의 수행에 관한 검사, 혹은 이러한 시험 수행 검사가 진행되지 않았다면 그 이유에 대한 설명

(C) 그러한 체계 또는 과정이 실제 적용된 조건에서의 수행에 관한 검사, 혹은 이러한 적용 조건에서의 수행 검사가 진행되지 않았다면 그 이유에 대한 설명

(D) 그러한 체계 또는 과정이 실제 적용된 조건에서의 수행과 시험 조건에서의 수행의 비교, 혹은 이러한 비교가 가능하지 않았다면 그 이유에 대한 설명

(E) 소비자의 인종, 피부색, 성, 성별, 연령, 장애, 종교, 가족 내 지위, 사회경제적 지위, 또는 퇴역군인 여부, 그리고 대상자가 관련 정보를 가지고 있는 기타의 특성

들 (그러한 특성들의 조합을 포함) 중 위원회가 적절하다고 판단한 것들과 결부된 차별적 수행에 대한 평가 (그러한 평가의 방법론, 그리고 (우편번호를 포함한 대용(proxy) 데이터의 사용과 같은) 데이터에서 그런 특성들을 식별하는 데 사용된 방법에 관한 정보와 기록에 대한 서술을 포함)

(F) 부분모집단(subpopulations)이 검사와 가치평가에 사용된 경우에, 어떤 부분모집단이 사용되었는지에 대한 서술과 그러한 부분모집단이 어떻게 그리고 왜 그 검사와 가치평가에 유관하다고 결정되었는지에 대한 서술

(5) 모든 유관한 피고용인, 계약자, 또는 기타 행위자(혹은 대리인)를 대상으로 유사한 자동화결정시스템 또는 증강중요결정과정이 소비자들에게 미치는 것으로 보고된 (혹은 입증된) 중대한 부정적 영향 및 이들 체계 또는 과정에 대한 영향 평가의 개발 혹은 수행에 관하여 산업계의 모범 관행과 변호사, 기자, 학자와 같은 전문가들의 관련된 제안 및 출판물에 기초한 보다 향상된 방법론들에 대한 지속적 훈련 및 교육을 지원하고 수행해야 한다.

(6) 그 자동화결정시스템 또는 증강중요결정과정의 특정한 사용 또는 적용에 대한 방어책의 필요 또는 이의 개발 가능성을 평가하여야 한다. (그러한 사용 또는 적용이 금지되어야 하는지, 아니면 사용, 허가 계약, 또는 대상자들 간의 기타 법적 합의의 조건들을 통해 제한되어야 하는지 여부에 대한 평가를 포함).

(7) 다음의 사항을 포함하여, 그 자동화결정시스템 또는 증강중요결정과정을 개발, 검사, 유지, 또는 갱신하는 데 사용되는 모든 데이터 또는 기타 입력정보에 대한 기록문서를 유지하고 계속 갱신된 상태에 있도록 해야 한다.

(A) 다음과 같은 정보를 포함하여, 그러한 데이터 또는 기타 입력정보가 언제 어떻게 수집되었는지, 그리고 허가가 있었던 경우에는 언제 어떻게 허가되었는지

(i) 파일 유형, 파일 생성 또는 수정일자, 데이터 필드에 대한 설명과 같은 데이터 또는 기타 입력정보의 구조 및 유형에 관한 메타데이터와 정보

(ii) 그 대상자가 그러한 데이터 또는 기타 입력정보를 수집, 추론, 또는 획득한 방법론에 대한 설명, 그리고 해당하는/관련이 있는 경우에는 표시, 범주화, 분류, 또는 군집화한 방법론에 대한 설명 (그러한 데이터 또는 기타 입력정보가 대상자에 의하여 수집, 추론, 또는 획득되기 전에 표시, 범주화, 분류, 또는 군집화되었는지 여부를 포함)에 대한 설명

(iii) 소비자들이 그들에 관한 데이터 또는 기타 입력정보의 포함 및 추가 사용에 대하여, 그리고 그러한 포함 및 추가 사용에 관하여 규정된 제한사항에 대하여 사전 동의(informed consent)를 제공하였는지의 여부와 방법

(B) 왜 그런 데이터 또는 기타 입력정보가 사용되었는지, 그리고 이들 외에 어떤 대안

들이 고려되었는지

(C) 그 데이터 또는 기타 입력정보에 관한 다음과 같은 다른 정보

(i) 증강중요결정과정이 적용된 모집단의 분포에 대한 가정을 포함하여 그 데이터집
합의 대표성과 이 대표성이 어떻게 측정되었는지

(ii) 그 데이터의 질, 그 질이 어떻게 평가되었는지, 그 데이터를 정규화, 교정, 또는
정리하기 위해 취한 조치

(8) 다음과 같은 방식으로 소비자의 권리를 평가해야 한다.

(A) 대상자가 소비자들에게 다음의 사항을 제공한 정도에 대한 평가

(i) 그러한 체계 또는 과정이 사용될 것이라는 명확한 통지

(ii) 그러한 사용에서 제외될 수 있게 하는 메커니즘

(B) 다음의 사항을 포함하여, 그러한 체계 또는 과정의 투명성 및 설명가능성, 그리고
소비자가 이 체계 또는 과정의 결정에 대하여 어느 정도까지 이의를 제기하거나,
그 결정을 정정하거나, 불복하거나, 이 체계 또는 과정으로부터 제외될 수 있는지
에 대한 평가

(i) 그 체계 또는 과정에 관해 소비자 또는 소비자의 대표자나 대리인에게 제공된 특
정한 결정에 기여하는 유관한 요인들 (어떠한 기여 요인이, 만약 그에 변화가 있을 경우, 그
체계 또는 과정으로 하여금 다른 결정에 이르도록 하는지에 관한 설명을 포함하여)과 같은 정보,
그리고 그러한 소비자, 대표자, 또는 대리인이 이들 정보에 어떻게 접근할 수 있
는지

(ii) 그러한 체계 또는 과정에 관하여 소비자가 대상자에게 제기한 모든 불만, 분쟁,
정정, 불복, 또는 제외 요청의 문서화

(iii) 소비자에 관한 우려 또는 소비자에 대한 해악을 다루기 위해 대상자가 취한 개선
조치의 과정과 결과

(C) 제3조 제(b)항 제(1)호 (I)목 (iii)에서 위원회가 정의한 바와 같이, 제삼자 결정 수령
인이 그러한 체계 또는 과정의 결과 사본을 수령하거나 그 결과에 접근할 수 있는
정도에 관한 서술, 그리고 그러한 제삼자 결정 수령인의 범주에 관한 서술

(9) 다음과 같은 방식으로, 그 자동화결정시스템 또는 증강중요결정과정이 소비자에
게 미칠 가능성이 있는 중대한 부정적 영향을 지목하고, 적용가능한 모든 완화
전략을 평가해야 한다.

(A) 그 체계 또는 과정이 소비자들에게 미칠 우려가 있는 중대한 부정적 영향의 판단
과 측정 (그러한 영향을 식별하고 측정하기 위하여 취해진 조치에 대한 문서화 포함)

(B) 발생할 여지가 있다고 지목된 중대한 부정적 영향을 제거하거나 합당하게 완화하

기 위해 취해진 모든 조치들의 기록(시장에서 그 체계 또는 과정을 제거하거나 그것의 개발을 종료시키는 것과 같은 조치들 포함)

(C) 발생할 우려가 있다고 판단된 중대한 부정적 영향들 중 완화 조치가 이루어지지 않았던 것들과 이러한 비조치의 정당화 사유(이를 정당화하는 비차별적이고 긴요한 이익과 왜 그런 이익이 다른 수단으로는 만족될 수 없었는지에 관한 구체적 설명을 포함 (예컨대 2명 또는 그 이상의 소비자들에 대한 영향들 간에 동등한 제로섬 상충관계가 있거나, 요구되는 완화 조치가 시민적 권리나 다른 법률을 위반하게 되는 경우))에 대한 기록

(D) 소비자에게 미칠 여지가 있는 중대한 부정적 영향을 식별, 측정, 완화, 또는 제거하기 위하여 사용된 표준프로토콜 또는 관행의 기록, 그리고 유관 부서 또는 직원이 유관 부서 또는 직원이 어떻게 그러한 프로토콜 또는 관행에 대한 정보를 제공 받고 교육을 받았는지에 대한 기록

(10) 다음과 같은 정보를 포함하여, 그 자동화결정시스템 또는 증강중요결정과정에 관한 개발 및 적용 과정에 대한 모든 지속적 문서화를 서술해야 한다.

(A) 검사, 적용, 인허가, 또는 기타 중요한 사건의 일자

(B) 관련되어 있는 모든 부서, 사업단위 또는 이들과 유사한 내부 이해관계자의 연락처

(11) 다음과 같은 영역에서, 그 자동화결정시스템, 증강중요결정과정, 또는 그런 체계 또는 과정에 대한 영향평가를 개선하는 데에 필요하거나 유익할 수 있는 모든 역량, 도구, 표준, 데이터 집합, 보안 프로토콜, 이해관계자 참여의 향상, 또는 기타 자원들을 식별해야 한다.

(A) 정확성, 견고성, 신뢰성을 포함한 수행

(B) 편향과 비차별을 포함한 공정성

(C) 투명성, 설명가능성, 쟁론가능성, 구제의 기회

(D) 프라이버시 및 보안

(E) 개인과 공공의 안전

(F) 효율성 및 적시성

(G) 비용

(H) 위원회가 적절하다고 정한 기타 모든 영역

(12) 제(1)호부터 제(11)호까지 서술된 영향평가의 요건들 중 시도하였으나 실행이 불가능하여 준수할 수 없었던 것들을 이들 요건들을 준수할 수 없었던 정당화 사유와 함께 기록해야 하며, 그런 이유에는 다음의 사항이 포함될 수 있다.

(A) 다른 사람, 조합, 주식회사가 개발한 자동화결정시스템에 관한 일정한 정보의 부족

(B) 의뢰인, 고객, 피인허가자, 동업자 및 다른 사람, 조합, 또는 주식회사가 자신들의 증강중요결정과정에 자동화결정시스템를 어떻게 적용하고 있는지에 관한 일정한 정보의 부족

(C) 차별적 수행을 평가하는 데 요구되는 인구통계 또는 기타 데이터의 부족(그런 데이터가 수집, 추론, 또는 보관하기에 너무 민감하기 때문에)

(D) 기술적 혁신을 포함하여, 그런 요건을 행하는 데 필요했을 일정한 역량의 부족

(13) 위원회가 적절하다고 정한 기타 모든 지속적 조사 또는 가치평가를 수행하고 기록해야 한다.

(b) 해석의 규칙: 이 법의 어떤 내용도 대상자가 자신의 자동화결정시스템 또는 증강중요결정과정에 대한 영향평가의 수행을 개선하기 위하여 다른 규준, 절차, 또는 기술을 추가하지 못하도록 제한한다고 해석되어서는 안 된다.

(c) 영향평가의 비공개: 제3조 제(b)항 제(1)호의 (D)목 또는 (E)목에 따라 요구되는 요약보고서에 포함되는 모든 정보를 제외하고는, 이 법의 어떤 내용도 대상자로 하여금 이 법에 따라 수행된 영향평가에 포함된 모든 정보를 위원회나 공공에 공유하거나, 아니면 공개하도록 요구한다고 해석되어서는 안 된다.

제5조 위원회에 제출되는 요약보고서의 요건

제3조 제(b)항 제(1)호의 (D)목 또는 (E)목에 따라 대상자가 모든 자동화결정시스템 또는 증강중요결정과정에 관하여 제출하도록 요구되는 요약보고서는 가능한 한도에서

(1) 해당하는 바에 따라 다음의 사항을 포함하여, 그러한 체계 또는 과정에 대한 영향평가에서 나온 정보를 내용으로 포함해야 한다.

(A) 그 대상자의 이름, 웹 사이트, 연락처(연락담당자)

(B) 제2조 제(8)호의 (A)부터 (I)목까지에 서술된 바에 따른 중요결정의 범주를 포함하여, 그 증강중요결정과정을 통해 내리고자 하는 구체적 중요결정에 대한 자세한 서술

(C) 그 자동화결정시스템 또는 증강중요결정과정에 대하여 그 대상자가 의도한 목적

(D) 제3조 제(b)항 제(1)호 (G)목이 요구하는 바에 따라 그 대상자가 협의한 모든 이해관계자의 신원확인자료, 그리고 그 이해관계자와 그 대상자 간의 모든 법적 합의의 존재와 성격에 관한 기록문서

(E) 다음의 사항을 포함하여, 그 자동화결정시스템 또는 증강중요결정과정에 대한 검사 및 가치평가에 관한 기록문서

(i) 그러한 체계 또는 과정의 수행을 평가하는 데에 사용된 방법과 기술 및 사업 실적

분석, 그리고 어떤 실적분석이 성공적 수행으로 여겨지는지에 관한 서술

(ii) 그러한 체계 또는 과정의 수행에 대한 모든 평가의 결과, 그리고 검사 조건과 적용 조건에서 이루어진 모든 평가 결과의 비교

(iii) 영향평가 기간에 평가된 그러한 체계 또는 과정의 모든 차별적 수행에 대한 가치 평가

(F) 그 자동화결정시스템 또는 증강중요결정과정의 일정한 사용 또는 적용에 대한 공개적으로 진술된 방어책 또는 제한사항(그러한 사용 또는 적용이 금지되어야 하는지, 아니면 사용, 허가 계약, 또는 대상자들 간의 기타 법적 합의의 조건들을 통해 제한되어야 하는지 여부를 포함)

(G) 다음의 사항을 포함하여 그 자동화결정시스템 또는 증강중요결정과정을 개발, 검사, 유지, 또는 갱신하는 데 사용되는 데이터 또는 기타 입력정보에 관한 기록문서

(i) 그 대상자가 그러한 데이터 또는 기타 입력정보를 언제 어떻게 얻었는지

(ii) 그러한 데이터 또는 기타 입력정보가 왜 사용되었고 어떤 대안들이 탐구되었는지

(H) 다음의 사항을 포함하여 그 대상자가 투명성 또는 설명가능성 조치를 시행하였는지의 여부와 방법에 관한 기록문서

(i) 어떤 범주의 제삼자 결정 수령인이 그러한 체계 또는 과정에서 나온 모든 결정 또는 판단의 결과에 관하여 문서를 수령하거나 그 결과에 접근할 수 있는지

(ii) 소비자가 그러한 체계 또는 과정의 결정에 이의를 제기하거나, 그 결정을 바로잡거나, 상소하거나, 그 체계 또는 과정으로부터 이탈할 수 있는 모든 메커니즘(해당하는 경우에는 그러한 메커니즘을 위한 상응하는 웹 사이트를 포함)

(I) 소비자에게 미칠 공산이 있다고 그 대상자에 의하여 식별된 모든 중대한 부정적 영향, 그리고 그러한 영향을 교정하거나 완화하기 위하여 취해진 조치들에 대한 서술

(J) 준수하고자 시도되었지만 실행불가능했기 때문에 준수하는 것이 가능하지 않았던 영향평가의 요건과 그런 요건을 준수할 수 없었던 상응하는 정당화 사유의 목록

(K) 영향평가에 의하여 영향평가의 수행 또는 모든 자동화결정시스템 또는 증강중요결정과정의 개발 및 적용을 개선하는 데에 필요하거나 유익하다고 식별되는 추가적 역량, 도구, 표준, 데이터 집합, 보안 프로토콜, 이해관계자 참여의 향상, 또는 기타 자원으로서 그 대상자가 위원회와 공유하기에 적절하다고 결정한 사항

(2) 제(1)호에 따라 요구되는 정보에 더하여, 제4조 제(a)항에서 그 대상자가 위원회와 공유하기를 원하는 유관한 모든 추가 정보를 포함해야 한다.

(3) 위원회가 구체적으로 제시한 서식 또는 구성 요건을 따라야 한다.

(4) 위원회가 정한 바에 따라 소비자 보호의 목적에 필수적인 추가 규준을 포함해야 한다.

제6조 보고; 공개적으로 접근가능한 저장소

(a) 연례 보고서: 제3조 제(b)항 제(3)호에 서술된 발효일자 이후 1년 이내에, 그리고 그 후로 해마다 위원회는 제3조 제(b)항 제(1)호의 (D), (E), (F)목에 따라 제출된 요약보고서에 담긴 정보를 서술하고 요약하는 보고서를 위원회의 웹 사이트에 공개적으로 발행해야 한다. 그 보고서는

(1) 21세기통합디지털경험법(44 U.S.C. 3501 note)에 따라 접근하기 쉽고 기계 판독이 가능해야 하며

(2) 영향평가 및 요약보고, 감독, 다른 규제기관에 대한 권고안 작성과 관련된 지침의 갱신을 위하여 자동화결정시스템 또는 증강중요결정과정에 대한 영향평가의 수행에 관한 일반적 경향, 집계된 통계, 익명처리된 주의 사항을 서술하여야 한다.

(b) 공개적으로 접근가능한 저장소

(1) 일반사항

(A) 설립

(i) 개발: 위원회가 제3조 제(b)항 제(1)호에 따라 요구되는 규제사항들을 공표한 후 180일 이내에 위원회는 소비자 보호를 촉진하기 위하여 제3조 제(b)항 제(1)호의 (D), (E), 또는 (F)목에 따라 위원회가 그에 관한 요약보고서를 받은 각각의 자동화결정시스템 및 증강중요결정과정에 대하여 제한된 일부의 정보를 발행하기 위해 설계된 공개적으로 접근가능한 저장소를 개발해야 한다.

(ii) 공개: 제3조 제(b)항 제(3)호에 서술된 발효일자 이후 180일 이내에 위원회는 그 저장소를 공개적으로 접근가능하게 만들어야 한다.

(iii) 갱신: 위원회는 분기별로 그 저장소를 갱신해야 한다.

(B) 목적: (A)목에 따라 설립된 저장소의 목적은 다음과 같다.

(i) 소비자들에게 자동화결정시스템 및 증강중요결정과정의 사용에 관하여 고지하는 것

(ii) 연구자 및 변호사들이 자동화결정시스템 및 증강중요결정과정의 사용에 대하여 조사할 수 있도록 허용하는 것

(iii) 이 법의 요건들이 준수되도록 보장하는 것

(C) 고려사항: (A)목에 따라 저장소를 설립하면서 위원회는 다음의 사항을 고려해야 한다.

(i) 어떻게 증강중요결정과정에 관한 적절한 정보를 소비자들에게 제공하면서도, 그런 정보를 제공함으로 인해 대상자에게 발생할 수 있는 잠재적 상업적 위험을 최소화할 것인지

(ii) 그 증강중요결정과정에 적용된 구체적 자동화결정시스템에 관련하여 포함되어야 할 정보가 있다면 그 정보는 무엇인지

(iii) 해당하는 경우에 소비자가 쉽게 접근가능한 방식으로 중요결정에 이의를 제기하거나 구제를 청구하는 방법에 관한 정보를 어떻게 기록할 것인지

(iv) 위원회의 부담을 최소화하거나 제거하기 위하여 위원회가 정보를 효율적으로 저장소에 옮길 수 있도록 제3조 제(b)항 제(1)호의 (D), (E), 또는 (F)목에 따른 요약보고서의 제출을 어떻게 간소화할 것인지

(D) 요건: 위원회는 (A)목에 따라 설립된 저장소를 다음과 같이 설계해야 한다.

(i) 공개적으로 이용가능하고 위원회의 웹 사이트에서 쉽게 발견할 수 있음

(ii) 사용자가 동시에 복수의 특성에 따라(예컨대 대상자별, 보고일자별, 또는 중요결정의 범주별로) 저장소를 정렬하고 검색할 수 있도록 허용함

(iii) 개방적이고 공적이고 필수적 정부의 전자 데이터에 관한 법률(44 U.S.C. 101 note)과 같이 관리예산실의 현행 지침에 따라, (ii)에 서술된 바와 같이 정렬 또는 검색을 통해 얻은 일부 정보를 포함하여, 사용자가 저장소에서 얻은 정보를 복사하거나 다운로드할 수 있도록 허용함

(iv) 21세기통합디지털경험법(44 U.S.C. 3501 note)에 서술된 것과 같은 사용자경험 및 접근성의 모범 관행에 부합함

(v) 다음의 사항을 포함하여 제3조 제(b)항 제(1)호의 (D), (E), 또는 (F)목에서 해당하는 바에 따른 요약보고서의 한정된 일부의 정보를 포함함

(I) 대상자의 웹 사이트로 연결된 링크를 포함하여 그러한 요약보고서를 제출한 대상자의 신원

(II) 그 증강중요결정과정이 내린 구체적 중요결정과 그 중요결정의 범주

(III) 공개적으로 진술된, 그 자동화결정시스템 또는 증강중요결정과정의 금지된 적용 (그런 금지가 사용, 허가 계약, 또는 기타 대상자들 간의 법적 합의의 조건들을 통해 집행되는지 여부 포함)

(IV) 가능한 한도에서, 그 자동화결정시스템 또는 증강중요결정과정을 개발, 검사, 유지, 또는 갱신하는 데 사용된 모든 데이터의 출처

(V) 가능한 한도에서, 적용된 조건에서 그 증강중요결정과정의 수행을 평가하는 데 사용된 기술 및 사업 실적분석의 유형

(Ⅵ) 소비자가 그 자동화결정시스템 또는 증강중요결정과정의 결정에 이의를 제기하거나, 그 결정을 바로잡거나, 상소하거나, 그 체계 또는 과정으로부터 이탈할 수 있는 메커니즘에 관련된 설명 또는 기타 정보가 있는 모든 웹 페이지로 연결되는 링크

(ⅵ) 다음의 사항을 포함하여 그 저장소의 설계, 사용, 유지에 관한 정보를 포함함

(Ⅰ) 그 저장소가 얼마나 자주 갱신되는지

(Ⅱ) 최근 갱신 일자

(Ⅲ) 제3조 제(b)항 제(1)호의 (D), (E), 또는 (F)목에 따라 제출된 요약보고서의 정보 가운데 그 저장소에 포함된 정보와 포함되지 않은 정보의 유형

(Ⅳ) 설계, 사용, 유지에 관하여 위원회가 다음에 해당한다고 결정한 기타 모든 정보

(aa) 소비자 및 연구자들에게 유관함

(bb) 소비자 교육과 구제청구에 필수적임

(2) 비용책정의 허가: 이 항을 시행하는 데 필요한 만큼의 금액을 위원회에 책정하는 것은 허가된다.

제7조 지침과 기술 지원, 기타 요건들

(a) 위원회가 제공하는 지침과 기술 지원

(1) 일반사항: 위원회는 기록문서 견본 및 의미 있는 협의를 위한 안내서와 같은 방편들을 포함하여 제4조 및 제5조의 요건을 충족시키기 위한 방법에 관한 지침을 출간해야 하는데, 이 지침은 국립표준기술연구소의 책임자, 국가인공지능이니셔티브의 책임자, 과학기술정책실의 책임자, 이에 더하여 표준화기구들, 민간 산업계, 학계, 기술 전문가 및 시민적 권리, 소비자들, 영향을 받는 공동체들을 대변하는 변호사를 포함하는 기타 유관한 이해관계자들과의 협의를 거쳐 위원회가 개발한다.

(2) 대상자 지위의 확정 과정에 대한 지원: 제(1)호에 따라 요구되는 지침에 더하여, 위원회는

(A) 사람, 조합, 주식회사들이 자신이 대상자인지 여부를 평가하는 과정을 지원하기 위하여 지침 및 교육훈련 자료를 발행해야 하고,

(B) 대상자, 전문가 또는 기타 유관한 이해관계자들의 모든 피드백과 질문사항에 따라 그러한 지침 및 교육훈련 자료를 정기적으로 갱신해야 한다.

(b) 기타 요건

(1) 공개: 이 법의 어떤 내용도 대상자가 제3조 제(b)항 제(1)호 (B)목에 따라 보존되고 있는 영향평가의 기록문서를 공시하는 것을 제한한다고 해석되어서는 안 된다(그런

발표가 어떤 소비자의 프라이버시를 위반하지 않는 한, 제3조 제(b)항 제(1)호의 (D)목 또는 (E)목에 따른 요약보고서를 통해 제출되도록 요구되는 것을 넘어서는 정보를 포함).

(2) 규제사항에 대한 정기 검토: 위원회는 적어도 5년마다 한 번씩은 제3조 제(b)항에 따라 공표된 규제사항을 검토하고, 그러한 규제사항을 적절한 것으로 갱신해야 한다.

(3) 국립표준기술연구소와 과학기술정책실의 검토: 위원회는 장래의 표준 또는 규제사항의 개발을 목적으로 하는 검토를 위하여, 제3조 제(b)항 제(1)호의 (D), (E) 또는 (F)목에 따라 제출된 모든 요약보고서를 국립표준기술연구소의 책임자, 과학기술정책실의 책임자 및 증강중요결정과정에 대한 유관한 규제관할권을 가진 연방 기관의 장이 비공개적이고 안전한 방식으로 이용할 수 있는 것으로 만들어야 한다.

제8조 자원과 당국

(a) 기술국

(1) 설립

(A) 일반사항: 위원회 안에 기술국을 설립한다(이 항에서는 "국"이라 칭함).

(B) 의무: 국은 다음의 사항을 포함하는 활동에 임해야 한다.

(i) 다음을 포함하여 위원회 기능의 기술적 측면에 관련하여 위원회에 조력하거나 조언함

(I) 연구, 워크숍, 감사, 공동체 참여 기회, 또는 기타 유사한 활동들을 준비, 수행, 촉진, 관리하거나, 혹은 가능하게 함

(II) 위원회 또는 위원장이 적절하다고 간주하는 기타 모든 지원

(ii) 이 법의 집행에 관련하여 위원회에 조력하거나 조언함

(iii) 사안에 대한 조사 및 심리에 관련하여 위원회 내 모든 집행 부서에 기술 지원을 제공함

(2) 최고기술자: 그 국은 최고기술자가 지휘해야 한다.

(3) 사무직원

(A) 임명

(i) 일반사항: (B)목을 조건으로 하여 위원장은 (규제사항을 포함한) 공무원조직법을 고려하지 않고 관리, 기술, 디지털 및 제품 디자인, 사용자 경험, 정보 보안, 시민적 권리, 기술 정책, 프라이버시 정책, 인문 및 사회과학, 제품 관리, 소프트웨어 공학, 기계학습, 통계와 같은 분야, 또는 국이 자기 직무를 수행할 수 있도록 하는 데 관련된 기타 분야의 경력을 가진 직원을 임명할 수 있다.

(ii) 임명의 최저치: 이 법의 제정일자 이후 2년 내에 위원장은 적어도 50명 이상의 직원을 임명해야 한다.

(B) 제외직(除外職): (A)목에 따라 임명된 직원은 연방규정집 제5편의 제213.3102조 제(r)항에 서술된 직위에 임명될 수 있다.

(4) 비용책정의 허가: 이 항을 시행하는 데 필요한 만큼의 금액을 위원회에 책정하는 것은 허가된다.

(b) 소비자보호국의 추가 직원

(1) 추가 직원: 법의 다른 규정에도 불구하고, 위원장은 (규제사항을 포함한) 공무원조직법을 고려하지 않고 소비자보호국의 집행부서에 25명의 추가 직원을 임명할 수 있다.

(2) 비용책정의 허가: 이 항을 시행하는 데 필요한 만큼의 금액을 위원회에 책정하는 것은 허가된다.

(c) 협력 협약의 수립: 위원회는 중요결정을 내리기 위한 자동화결정시스템 또는 증강중요결정과정의 개발 또는 적용과 관하여 취해지는 정보 공유와 집행 조치에 관하여, 필요한 경우 유관한 연방 기관과 협력 협약을 협정해야 한다. 그러한 협약은 어떤 기관이 소송을 제기할 것인지를 결정하는 절차, 그리고 가능한 경우, 중요결정을 내리기 위한 자동화결정시스템 또는 증강중요결정과정을 대상자가 개발 또는 적용하는 것에 관하여 그러한 기관의 관할권 내에서 연방법을 집행하기 위한 민사소송을 시작하기에 앞서 소송을 제기하지 않는 기관에게 통지하는 절차를 포함해야 한다.

제9조 집행

(a) 위원회에 의한 집행

(1) 불공정하거나 기만적인 행위 또는 관행: 이 법 또는 그에 따라 공표된 규제사항들의 위반은 연방거래위원회법 제18조 제(a)항 제(1)호 (B)목(15 U.S.C. 제57a조 제(a)항 제(1)호 (B)목) 하의, 불공정하거나 기만적인 행위 또는 관행을 정의하는 규칙의 위반으로 간주된다.

(2) 위원회의 권한

(A) 일반사항: 위원회는 연방거래위원회법(15 U.S.C. 41 et seq.)의 해당하는 모든 조건과 규정들이 마치 이 법의 일부로 포함되고 만들어진 것처럼 그와 동일한 방식으로, 동일한 수단에 의하여, 동일한 관할권, 권한, 의무를 통해 이 법과 이 법에 따라 공표된 규제사항들을 집행해야 한다.

(B) 특권 및 면제권: 이 법 또는 그에 따라 공표된 규제사항을 위반한 모든 사람은 처벌의 대상이 되며, 연방거래위원회법(15 U.S.C. 41 et seq.)에 규정된 특권과 면제권을 부여받는다.

(C) 보호되는 권위: 이 법의 어떤 내용도 법의 모든 기타 규정에 따른 위원회의 권위를 제한하는 것으로 해석되어서는 안 된다.

(D) 규칙제정: 위원회는 미국연방법전 제5편 제553조에 따라 이 법을 시행하는 데 필요할 수 있는 추가적 규칙들을 공표해야 한다.

(b) 주(州)에 의한 집행

(1) 일반사항: 만약 주(州) 법무장관이 이 법 또는 그에 따라 공표된 규제사항을 위반하는 관행에 의하여 그 주(州) 거주민의 이익이 위협당했거나 위협당하고 있거나, 또는 불리하게 영향을 받고 있다고 생각할 이유를 가진다면, 그 주 법무장관은 국가후견인으로서 그 주 거주민을 대표하여 미국의 적절한 연방지방법원에 적절한 구제를 구하기 위한 민사소송을 제기할 수 있다.

(2) 위원회의 권리

(A) 위원회에 대한 통지

(i) 일반사항: (iii)에 규정된 경우를 제외하고 주 법무장관은 제(1)호에 따라 민사소송을 시작하기 전에 그 법무장관이 그러한 민사소송을 제기하고자 한다는 사실을 위원회에 서면으로 통지해야 한다.

(ii) 내용: (i)에 따라 요구되는 통지는 그 민사소송을 시작하기 위하여 제출되어야 할 소장(訴狀)의 사본을 포함해야 한다.

(iii) 예외: 만약 주 법무장관이 제(1)호에 따른 민사소송을 시작하기 전에 (i)에 따라 요구되는 통지를 제공하는 것이 가능하지 않다면, 그 법무장관은 그 민사소송을 시작하는 즉시 위원회에 통지해야 한다.

(B) 위원회에 의한 개입: 위원회는

(i) 제(1)호에 따라 주 법무장관이 제기한 모든 민사소송에 개입할 수 있다.

(ii) 개입함으로써

(I) 그 민사소송에서 발생하는 모든 문제사안에 관하여 진술할 수 있고,

(II) 그 민사소송에서 어떤(a) 결정을 호소하는 탄원서를 제출할 수 있다.

(3) 조사 권한: 이 항의 어떤 내용도 주(州) 법이 법무장관에게 부여한 권한으로서, 조사를 수행하거나, 선서 또는 무선서 증언을 실시하거나, 증인의 참석 또는 기록물이나 기타 증거의 제출을 강제할 수 있는 권한을 주 법무장관이 행사하는 것을 금지한다고 해석될 수 없다.

(4) 재판적(裁判籍, venue), 소장 송달

(A) 관할지: 제(1)호에 따라 제기되는 모든 소송은 다음의 법원에 제기될 수 있다.

(i) 미국연방법전 제28편 제 1391조 하의 재판적에 관하여 적용되는 요건을 충족시키는 미국의 지방법원, 또는

(ii) 정당한 관할권을 가진 또 다른 법원

(B) 소장 송달: 제(1)호에 따라 제기된 소송에서 소장은 다음과 같은 어떤 (연방사법)구역에서든 송달될 수 있다.

(i) 피고가 주민이거나, 실거주하고 있거나, 또는 상거래 활동을 하고 있는 지역, 또는

(ii) 관할지가 미국연방법전 제28편 제1391조에 따라 적절한 지역

(5) 다른 주 공무원에 의한 소송

(A) 일반사항: 제(1)호에 따라 법무장관이 제기하는 민사소송에 더하여, 주(州)에 의하여 그렇게 할 수 있도록 권한을 부여받은 그 주의 다른 모든 공무원은 이 항에 따라 법무장관이 제기한 민사소송에 적용되는 동일한 요건과 제한을 조건으로 하여 제(1)호에 따른 민사소송을 제기할 수 있다.

(B) 유보 규정: 이 항의 어떤 내용도 권한을 가진 주(州) 공무원이 그 주의 민사법 또는 형사법 위반에 관하여 그 주의 법원에서 소송절차를 시작하거나 계속하는 것을 금지한다고 해석될 수 없다.

제10조 조정

위원회는 이 법을 시행하면서 자동화결정시스템 및 증강중요결정과정에 대한 일관된 규제처리를 촉진하기 위하여 적절한 연방 기관 또는 주(州) 규제기관과 협의해야 한다.

제11조 우선권 없음

이 법의 어떤 내용도 주, 원주민, 시, 또는 지방 법률, 규정, 또는 조례에 우선한다고 해석될 수 없다.

주석

서론

1. http://www.ittimes.com/news/articleView.html?idxno=1310 (최종검색일: 2023년 4월 1일)

2. https://futureoflife.org/open-letter/pause-giant-ai-experiments/ (최종검색일: 2023년 4월 1일)

3. https://www.technologyreview.com/2023/05/02/1072528/geoffrey-hinton-google-why-scared-ai/ 최종검색일: 2023년 5월 10일)

4. https://www.platformer.news/p/microsoft-just-laid-off-one-of-its (최종검색일: 2023년 4월 1일)

5. 이 두 법안을 상세히 비교하는 논의로, Mökander, J., Juneja, P., Watson, D.S. et al. "The US Algorithmic Accountability Act of 2022 vs. The EU Artificial Intelligence Act: what can they learn from each other?." Minds & Machines 32, 751–758 (2022). https://doi.org/10.1007/s11023-022-09612-y

6. https://www.pipc.go.kr/np/cop/bbs/selectBoardArticle.do?bbsId=BS074&mCode=C020010000&nttId=8674 (최종검색일: 2023년 4월 1일)

1장

1. 롭 라이히 · 메흐란 사하미 · 제러미 M. 와인스타인, 이영래 옮김, 『시스템 에러: 빅테크 시대의 윤리학』, 어크로스, 2022, 33쪽.

2. https://www.washingtonpost.com/technology/2023/02/20/layoff-algorithms/ (최종검색일: 2023년 4월 13일)

3. '저작권'이 법적 개념인데 반해, '저자권'은 주로 법적 맥락보다는 윤리(특히 연구윤리)의 맥락에서 거론되는 개념이며, "작품이나 논문에 대한 저자가 누구인가"의 문제를 가리킨다. '저자성', '저자됨', 혹은 '저자자격' 등으로 번역하기도 한다.

4. 이원태, 「인공지능과 킬러로봇」, 한국인공지능법학회, 『인공지능과 법』, 박영사, 2019, 304쪽.

5. 이원태, 앞의 글, 300쪽.

6. https://m.yna.co.kr/amp/view/AKR20230411114800074 (최종검색일: 2023년 4월 13일)

7. 김대호, 『인공지능 거버넌스』, 커뮤니케이션북스, 2018, 95-99쪽.

8. 김대호, 위의 책(주2), 96-7쪽.

9. 유발 하라리, 김명주 옮김, 『호모데우스: 미래의 역사』, 김영사, 2017, 11장.

10. 본 절 내용과 더불어 졸고, 「차별에서 공정성으로: 인공지능의 차별 완화와 공정성 제고를 위한 제도적 방안」, 『전북대학교 법학연구』 통권 제61집(2019. 12)과 「인공지능으로 인한 불공정과 불투명의 문제를 다루는 제도적 방안」, 정원섭 편, 『인공지능의 편향과 챗봇의 일탈』(세창출판사, 2022) 참조. 한편 이하 소절 1의 서술을 위해 당해 논문 42쪽에서의 서술을 일부 활용했다는 사실을 밝혀둔다.

11. "UN Women ad series reveals widespread sexism", *UN Women* (2013. 10. 21.) (https://www.unwomen.org/en/news/stories/2013/10/women-should-ads.

12. Issie Lapowsky, "Google autocomplete still makes vile suggestions", *WIRED* (2018. 02. 12.) 0 https://www.wired.com/story/google-autocomplete-vile-suggestions/.

13. 사피야 우모자 노블(노윤기 역), 『구글은 어떻게 여성을 차별하는가』, 한스미디어, 2019, 제1장.

14. https://www.theguardian.com/technology/2016/sep/08/artificial-intelligence-beauty-contest -doesnt-like-black-people 참고.

15. Propublica, "Machine Bias: There's software used across the country to predict future criminals. And it's biased against blacks", (2016. 5. 23.). (https://www.propublica.org/article/machine-bias-risk-assessments-in-criminal-sentencing)

16. Northpointe, "Compas Risk Scales: Demonstrating Accuracy Equity and Predictive Parity", (2016. 7. 8.) 참조, http://go.volarisgroup.com/rs/430-MBX-989/images/ProPublica_Commentary_Final_070616.pdf

17. 상세한 소개 및 분석은 졸고, 「챗봇 이루다를 통해 본 인공지능윤리의 근본 문제」, 『횡단인문학』 제10호 (2022.2) 참조. 이 책에서는 앞의 논문 1절의 서술을 부분적으로 활용하였음을 밝힌다.

18. 이는 개인정보보호위원회가 보도자료에서 밝힌 내용이다. 당해 홈페이지 참조: https://www.pipc.go.kr/np/cop/bbs/selectBoardArticle.do?bbsId=BS074&mCode=C020010000&nttId=7298. (최종방문일: 2023년 4월 13일)

19. 김정룡·정원섭, 「인공지능의 공정성과 데이터의 편향성」, 정원섭 편, 앞의 책(주 10), 제1장 참조. 이 글에서는 데이터 편향의 유형을 총 12가지로 세분해서 소개하고 있다.

20. 홍성욱, 「인공지능 알고리즘과 차별」, 『STEPI Fellowship 연구보고서』, 과학기술정책연구원 2018.

3장

1. US Executive Office of the President National Science and Technology Council Committee on Technology, PREPARING FOR THE FUTURE OF ARTIFICIAL INTELLIGENCE, October, 2016.

2. National Science and Technology Council, Networking and Information Technology Research and Development Subcommittee, THE NATIONAL ARTIFICIAL INTELLIGENCE RESEARCH AND DEVELOPMENT STRATEGIC PLAN, October 2016.

3. US Select Committee on Artificial Intelligence of the National Science & Technology Council, THE NATIONAL ARTIFICIAL INTELLIGENCE RESEARCH AND DEVELOPMENT STRATEGIC PLAN: 2019 UPDATE, June 2019.

4. Department of International Cooperation Ministry of Science and Technology, P.R.China, Next Generation Artificial Intelligence Development Plan Issued by State Council, China Science & Technology Newsletter, No. 17, September 15, 2017.

5. 중국 지도부는 중국이 이미 2018년 중반을 기점으로 이 목표를 달성했다고 평가하고 있다.

6. White Paper on Standardization in AI, National Standardization Management Committee, Second Ministry of Industry, January 18, 2018.

7. UK House of Lords Select Committee on Artificial Intelligence, "AI in the UK: ready, willing and able?", Report of Session 2017-19, 16 April 2018.

8. European Parliament 2014-2019, REPORT with recommendations to the Commission on Civil Law Rules on Robotics (2015/2103(INL)), 27. 1. 2017.

9. European Parliament, REPORT on a comprehensive European industrial policy on artificial intelligence and robotics (2018/2088(INI)), 30. 1. 2019.

10. White Paper on Artificial Intelligence: a European approach to excellence and trust, Brussels, 19.2.2020, COM(2020) 65 final.

11. Proposal for a REGULATION OF THE EUROPEAN PARLIAMENT AND OF THE COUNCIL LAYING DOWN HARMONISED RULES ON ARTIFICIAL INTELLIGENCE (ARTIFICIAL INTELLIGENCE ACT) AND AMENDING CERTAIN UNION LEGISLATIVE ACTS, Brussels, 21.4.2021, COM(2021) 206 final, 2021/0106 (COD).

12. Japan Strategic Council for AI Technology, Artificial Intelligence Technology Strategy (Report of Strategic Council for AI Technology), March 31, 2017.

13. The Conference toward AI Network Society, Draft AI R&D GUIDELINES for International Discussions, July 28, 2017.

14. Interview with WIRED, Nicholas Thompson, "Emmanuel Macron Talks to Wired About France's AI Strategy", March 31, 2018.

4장

1. 홍성욱, 「인공지능 알고리즘과 차별」 2018 STEPI Fellowship (과학기술정책연구원, 2018. 12), 38면.

2. 한국규제학회, 「AI시대 규제패러다임 전환과 미래지향 법제도 정립방안 연구」, 『방송통신정책연구』(2020-0-01396), 과학기술정보통신부, 2021(2), 774쪽.

3. 이수환·박소영, 「금융분야 AI 가이드라인 도입 추진과 시사점」, 『이슈와 논점』 제1878호, 국회입법조사처, 2021(10. 12), 1쪽.

4. 박혜성·김법연·권헌영, 「인공지능 통제를 위한 규제의 동향과 시사점」, 『정보법학』 제25권 제2호, 한국정보법학회, 2021, 2쪽.

5. 그다음으로 윤리적 접근을 우선 실시한 후 법제도적인 접근을 하는 것이 바람직하

다는 견해가 17%로 나타났다. 장민선, 「인공지능(AI) 시대의 법적 쟁점에 관한 연구」, 『연구보고』(18-10), 한국법제연구원, 2018(10), 128~133쪽.

6. 예컨대, AI에게 법적 지위를 부여할 것인지, 또한 AI에게 법적 책임(불법행위책임이나 형사책임)을 물을 수 있는지, AI를 이용한 창작물에 대해 저작권과 같은 법적인 보호를 제공할 것인지 등 다양한 법적 논의가 이어지고 있다.

7. Ursula von der Leyen, A Union that strives for more, My agenda for Europe By Candidate for President of the European Commission, Political Guidelines for the Next European Commission 2019-2024, 2019, p.13.

8. European Commission, Explanatory Memorandum, Proposal for a Regulation of the European Parliament and of the Council: Laying down harmonised rules on artificial intelligence and amending certain Union legislative acts, April 21, 2021, p.1.

9. 미국 SF 소설가인 그가 1942년 소설 『런어라운드(Runaround)』에서 최초로 언급한 원칙을 의미한다.

10. 고학수 · 박도현 · 이나래, 「인공지능 윤리규범과 규제 거버넌스의 현황과 과제」, 『경제규제와 법』 제13권 제1호, 서울대학교 공익산업법센터, 2020(5), 10쪽.

11. 정식명칭은 「유럽연합 집행위원회가 유럽의회 등에게 전달하는 '유럽을 위한 AI' 추진방안(Communication from the Commission to the European Parliament, the European Council, the Council, the European Economic and Social Committee and the Committee of the Regions: Artificial Intelligence for Europe)」이며, 약칭 "유럽 AI 전략"으로 통한다.

12. 유럽의회는 2017년 1월 유럽연합 집행위원회에 인공지능 영향평가를 요청하고, 같은 해 2월 16일 "로봇공학에 관한 민사법적 규율에 관한 유럽연합 집행위원회 권고 결의안(Resolution on Civil Law Rules on Robotics)"을 채택하였는바, 이것이 제목에 AI가 아닌 로봇공학이 들어간 마지막 공식 문건일 것이다.

13. European Council, European Council meeting (19 October 2017) - Conclusion EUCO 14/17, 2017, p.7.

14. 〈https://digital-strategy.ec.europa.eu/en/policies/expert-group-ai〉.

15. 이 윤리가이드라인의 내용에 관한 보다 상세한 소개는 선지원, 「EU의 인공지능 윤리 및 법제 대응: 인공지능의 편익과 위험, 양 측면을 관리하기 위한 유럽의 노력", 『국회입법조사처보』 통권 제43호, 국회입법조사처, 2019(12), 16쪽; 윤혜선, "인공지능 규제 정책에 관한 연구: 주요국의 규제 정책 사례를 중심으로", 『정보통신정책연구』 제26권 제4호, 정보통신정책학회, 2019, 158~161쪽; 이보연, 「유럽연합의 인

공지능 관련 입법 동향을 통해 본 시사점」, 『법학논문집』 제43집 제2호, 중앙대학교 법학연구원, 2019, 1314쪽.

16. 〈https://ec.europa.eu/futurium/en/ethics-guidelines-trustworthy-ai/register-piloting-process- 0.html〉.

17. 이 평가항목의 내용에 관한 보다 상세한 소개는 유재흥·추형석·강송희, 「유럽(EU)의 인공지능 윤리 정책 현황과 시사점 : 원칙에서 실천으로」, Issue Report IS-114, 소프트웨어정책연구소, 2021(3. 25), 12~14쪽; 이수환·박소영, 앞의 논문, 3~4쪽.

18. Council of the European Union, Artificial intelligence b) Conclusions on the coordinated plan on artificial intelligence-Adoption 6177/19, 2019.

19. European Parliament resolution of 20 October 2020 with recommendations to the Commission on a framework of ethical aspects of artificial intelligence, robotics and related technologies, 2020/2012(INL).

20. 박혜성·김법연·권헌영, 앞의 논문, 32쪽.

21. 한국인터넷진흥원, 「EU 인공지능(AI) 규제안 주요내용과 개인정보보호」, 『2021 개인정보보호 월간동향분석』 제5호, 한국인터넷진흥원, 2021(5. 31), 11쪽.

22. European Commission, Explanatory Memorandum, Proposal for a Regulation of the European Parliament and of the Council: Laying down harmonised rules on artificial intelligence and amending certain Union legislative acts, April 21, 2021, p.3.

23. Ibid., p.8.

24. Ibid., p.3.

25. Ibid., p.12.

26. 기타 법안의 내용과 관련한 보다 상세한 사항은 김법연, 「유럽연합의 인공지능 규제 관련 법제 동향」, 『경제규제와 법』 제14권 제1호, 서울대학교 공익산업법센터, 2021(5); 김현정, 「인공지능 기반 사회에 대비한 EU의 전략과 정책 : EU의 AI 규제안을 중심으로」, 『한국과 국제사회』 제5권 제4호, 한국정치사회연구소, 2021; 한국인터넷진흥원, 앞의 논문 참조.

27. Melissa Heikkilä, European Parliament calls for a ban on facial recognition, Politico, October 6, 2021, 〈https://www.politico.eu/article/european-parliament-ban-facial-recognition-brussels/〉.

28. Council of the EU, "Artificial Intelligence Act: Council calls for promoting safe AI that respects fundamental rights", December 6, 2022, 〈https://www.

consilium.europa.eu/en/press/press-releases/2022/12/06/artificial-intelligence-act-council-calls-for-promoting-safe-ai-that-respects-fundamental-rights/〉.

29. Luca Bertuzzi, "AI Act moves ahead in EU Parliament with key committee vote", EURACTIV, May 11, 2023, 〈https://www.euractiv.com/section/artificial-intelligence/news/ai-act-moves-ahead-in-eu-parliament-with-key-committee-vote/〉.

30. Perkins Coie, "The Latest on the EU's Proposed Artificial Intelligence Act", May 1, 2023, 〈https://www.perkinscoie.com/en/news-insights/the-latest-on-the-eus-proposed-artificial-intelligence-act.html〉; 〈https://eur-lex.europa.eu/EN/legal-content/glossary/trilogue.html〉.

31. 관계부처 합동, 「인공지능 법·제도·규제 정비 로드맵」, 국정현안점검조정회의, 2020(12. 24), 6~7쪽.

32. 이에 대한 소개와 평가는 이수환·박소영, 앞의 논문 참조.

33. 「지능정보화 기본법」으로의 전면개정은 2020년 6월 9일에 이루어지고 2020년 12월 10일부터 시행에 들어갔으며, 이에 따라 기존 한국정보화진흥원은 한국지능정보사회진흥원으로 전환되었다. 또한 데이터3법은 2020년 2월 4일에 개정되어 2020년 8월 5일부터 시행에 들어갔다.

34. '특수활용 인공지능'이란 '사람의 생명·신체에 위험을 줄 수 있거나 부당한 차별 및 편견의 확산 등 인간의 존엄성을 해칠 위험이 있는 인공지능'으로 이에 해당하는 8가지 유형을 제시하면서, 이 '특수활용 인공지능'을 사용하여 업무를 수행하는 자는 이러한 사실을 상대방에게 사전에 고지하고, 이 '특수활용 인공지능'에만 의존하여 최종적인 평가 및 의사결정을 하지 못하도록 하고 있다. 아울러 상대방이 요구하는 경우 의사결정 원리 및 최종결과를 설명하도록 하고, 그러한 설명을 하지 않을 수 있는 예외를 설정하고 있다.

35. '고위험인공지능'이란 국민의 생명, 신체의 안전 및 기본권의 보호에 중대한 영향을 미치는 인공지능으로 이에 해당하는 7가지 유형을 제시하고 있으며, 고위험인공지능 이용자는 고위험인공지능을 이용한 기술 또는 서비스에 대한 설명요구권, 이의제기권 또는 거부권, 사업자에 대한 자료요청권, 알고리즘 거부권이라는 매우 강력하고 포괄적인 권리를 갖는다.

36. Cameron F. Kerry, Joshua P. Meltzer, Andrea Renda, Alex Engler, and Rosanna Fanni, Strengthening international cooperation on AI - Progress report, Brookings, October 25, 2021, 〈https://www.brookings.edu/research/strengthening-international-cooperation-on-ai/〉.

37. 윤혜선, 앞의 논문, 166쪽.

38. 박혜성·김법연·권헌영, 앞의 논문, 6~7쪽.

39. 방정미, 「인공지능 알고리듬 규제거버넌스의 전환 - 최근 미국의 알고리듬 규제와 인공지능 윤리원칙을 중심으로 -」, 「공법연구」 제49집 제3호, 한국공법학회, 2021, 400쪽.

40. "기존 강인공지능 기술은 지속적으로 발전하고 변화하는 상태에 있기 때문에, 법규범을 신속하게 마련하고 모든 것을 규제하여야 한다는 전통적 관념은 적절하지 않다." 고학수·박도현·이나래, 앞의 논문, 30쪽.

41. 고학수·박도현·이나래, 앞의 논문, 31쪽.

42. 고학수·박도현·이나래, 앞의 논문, 29쪽.

43. 규제가 가장 적은 미국에서도 강인공지능의 적용이 현실화되고 있는 현시점에서는 이러한 대원칙에 따른 규제정책을 펼치고 있다는 점은 방정미, 앞의 논문, 400쪽에서 확인할 수 있다.

44. "모든 데이터가 활용하기 쉽게 자유롭게 흘러 타 산업 발전의 촉매 역할을 하면서, 혁신적 비즈니스와 서비스를 창출하는 경제"를 의미한다. 한국정보화진흥원, 「데이터 경제의 부상과 사회경제적 영향」, IT & Future Strategy 제7호, 한국정보화진흥원, 2018(11. 19), 8쪽.

45. The Economist, "The world's most valuable resource is no longer oil, but data", May 6, 2017, 〈https://www.economist.com/leaders/2017/05/06/the-worlds-most-valuable-resource-is-no-longer-oil-but-data〉.

46. 이인호, 「지능정보사회에서 개인정보보호의 법과 정책의 패러다임 전환」, 「과학기술과 법」 제11권 제2호, 충북대학교 법학연구소, 2020(12), 257쪽.

47. 이인호, 앞의 논문, 254쪽; 같은 취지로는 선지원, 「인공지능 알고리즘 규율에 대한 소고」, 「경제규제와 법」 제12권 제1호, 서울대학교 공익산업법센터, 2019, 39쪽; 함인선, 「AI시대에서의 개인정보자기결정권의 재검토」, 「인권법평론」 제26권 제1호, 전남대학교 법학연구소, 2021, 144쪽.

48. 이인호, 앞의 논문, 257쪽.

49. 유럽연합 개인정보보호법제에 대한 이러한 설명은 선지원, 앞의 논문(서울대학교 공익산업법센터, 2019), 39쪽.

50. Nick Wallace & Daniel Castro, "The Impact of the EU's New Data Protection Regulation on AI", Center for Data Innovation, 26 March, 2018, 〈https://datainnovation.org/2018/03/the-impact-of-the-eus-new-data-protection-regulation-on-ai/〉.

51. 권건보·김일환, 「지능정보시대에 대응한 개인정보자기결정권의 실효적 보장방안」, 『미국헌법연구』 제30권 제2호, 미국헌법학회, 2019, 32쪽.

52. 이인호, 앞의 논문, 257쪽; 함인선, 앞의 논문, 143쪽.

53. European Commission, Explanatory Memorandum, Proposal for a Regulation of the European Parliament and of the Council: Laying down harmonised rules on artificial intelligence and amending certain Union legislative acts, April 21, 2021, p. 3.

54. "인공지능(AI) 기술 발전과 성과가 눈부시다. 인공지능 파급력은 특정 분야에 국한되지 않고, 산업 전반의 혁신을 이끄는 원동력이자 국가 경쟁력의 핵심 경쟁요소로 기대를 모으고 있다. 이런 파급력 확대에 따라 인공지능 기술을 기반으로 '유니콘(Unicorn)'이 되거나 근접한 사례가 많이 나오고 있다. 유니콘은 신화에 등장하는 전설상의 동물인데, 비상장 스타트업으로 기업가치가 1조 원을 초과하는 기업을 의미한다. 글로벌 리서치 회사인 CB인사이트에 따르면 2013년 유니콘 기업 수는 25개였는데 2021년 10월 현재 840개로 크게 늘었다." ZDNet Korea, "[기고]인공지능 분야 기술 혁신과 신뢰성 확보의 양립을 위한 제언(장홍성 지능정보산업협회장)", 2021년 10월 28일자, 〈https://zdnet.co.kr/view/?no=20211028094925〉.

55. 유재홍·추형석·강송희, 앞의 글, 1쪽.

56. 생체인식정보의 활용과 관련한 화두는 최근 우리 사회에도 던져졌다. 2021년 11월, 법무부와 과학기술정보통신부가 출입국관리 과정에서 취득한 내국인 5,760만 건 및 외국인 1억2천만 건의 안면 이미지 정보를 '인공지능 식별·추적시스템' 구축 사업에 참여하는 민간업체가 AI 시스템의 학습용도로 활용하면서 사회적 이슈가 되었다. 이러한 안면 이미지 정보가 민감정보에 해당하는지, 그리고 이러한 정보의 처리에 관한 법적 근거가 「출입국관리법」에 존재하는가를 비롯하여, 민간업체의 활용이 목적외 이용인지 아니면 목적내 이용인지, 제3자 제공에 해당하는지 아니면 처리위탁에 해당하는지 등 다양한 법적 쟁점이 불거졌다. 2022년 4월, 대부분의 쟁점에서 법위반은 없다는 개인정보보호위원회의 조사 및 심의·의결 결과를 놓고 시민단체가 적극 반발하며 법원 및 헌법재판소에 제소할 것을 시사함으로써, 분쟁은 장기화될 조짐을 보이고 있다. 진보네트워크를 비롯한 시민단체들의 공동성명은 〈https://act.jinbo.net/wp/45429/〉에서 확인할 수 있다.

57. 헌법재판소 2005. 5. 26. 99헌마513 등, 판례집 17-1, 668 (주민등록 지문정보 DB 사건).

58. 헌법재판소 2005. 5. 26. 99헌마513 등, 판례집 17-1, 668, 687~688.

59. 헌법재판소 2005. 5. 26. 99헌마513 등, 판례집 17-1, 668, 696~697.

60. 물론 이는 우리나라도 마찬가지이다. 「개인정보 보호법」 제23조 및 동법 시행령 제 18조 제3호에 따라 생체인식정보는 민감정보로 분류된다.

61. 김송옥·권건보, 「안면인식기술을 이용한 생체인식정보의 활용과 그 한계 -실종아 동 등 신원확인을 위한 법제를 중심으로-」, 『헌법학연구』 제27권 제1호, 한국헌법학 회, 2021(3), 124쪽.

62. 대표적으로는 2019년 유럽연합 기본권보호청(FRA)가 발표한 보고서가 그 에 해당한다. FRA (European Union Agency for Fundamental Rights), "Facial recognition technology: fundamental rights consideration in the context of law enforcement", November 27, 2019, ⟨https://fra.europa.eu/en/publication/2019/facial-recognition-technology-fundamental-rights-considerations-context-law⟩.

63. European Commission, White Paper on Artificial Intelligence - A European approach to excellence and trust, COM(2020) 65 final, 2020.

64. 고학수·박도현·이나래, 앞의 논문, 14쪽.

65. 법률신문, "'알고리즘 설명요구권' 놓고 영업기밀 침해 논란도", 2021년 8월 9일자, ⟨https://www.lawtimes.co.kr/Legal-News/Legal-News-View?serial=171566⟩.

66. 고학수·정해빈·박도현, 「인공지능과 차별」, 『저스티스』 통권 제171호, 한국법학 원, 2019(4), 235~236쪽.

67. ICO(Information Commissioner's Office) UK, Big data, artificial intelligence, machine learning and data protection, September 2017, p. 10.

68. 고학수·박도현·이나래, 앞의 논문, 13쪽.

69. Nick Wallace & Daniel Castro, "The Impact of the EU's New Data Protection Regulation on AI", Center for Data Innovation, March 26, 2018, ⟨https://datainnovation.org/2018/03/the-impact-of-the-eus-new-data-protection-regulation-on-ai/⟩; "이런 이유 때문에 잘 작동하는 인공지능의 경우에는 만족할 만한 검사가 가능한 정도의 투명성을 확보하기가 힘들게 된다." 홍성욱, 앞의 글, 33쪽.

70. 법률신문, "[연구논단]인공지능과 자동화평가 대응권(이대희-고려대교수)", 2021년 1월 7일자, ⟨https://www.lawtimes.co.kr/Legal-News/Legal-News-View?serial=166997⟩.

71. Martin Heller, "'사람이 이해할 수 있는 AI' 설명가능한 AI를 설명하다", IT World, 2021년 10월 8일자, ⟨https://www.itworld.co.kr/news/210149?page=0,0⟩.

72. 이 점은 제29조 작업반(Art. 29 Working Party)의 가이드라인에서 설명권의 이행과 관련하여 주문하고 있는 바이기도 하다. 법률신문, 앞의 글(연구논단) 참조.

73. 홍성욱, 앞의 글, 34쪽.

74. 조선비즈, "윤성로 4차산업혁명위원장 '리걸테크 시대 거스를 수 없어… 판결문 개방 시급'", 2021년 10월 30일자, 〈https://biz.chosun.com/it-science/ict/2021/10/30/IVWLSCVUH5EKDGERI2XVBIZMJU/〉.

75. 한국규제학회, 앞의 글, 773쪽.

76. 이루다의 위법성과 관련한 세밀한 분석은 전승재·고명석, 「이루다 사건을 통해서 보는 개인정보의 인공지능 학습데이터 활용 가능성」, 『정보법학』 제25권 제2호, 한국정보법학회, 2021(8) 참조.

77. 홍성욱, 앞의 글, 31쪽; 동일한 이유를 근거로 이루다 사건을 날카롭고 세밀하게 분석한 논문으로는 김건우, 「챗봇 이루다를 통해 본 인공지능윤리의 근본 문제」, 『횡단인문학』 제10호, 숙명여자대학교 인문학연구소, 2022(2) 참조.

78. 홍성욱, 앞의 글, 33쪽.

79. 시사인, "나는 인간이 아니다. 초거대 인공지능(AI)이다", 2021년 11월 4일자, 〈https://www.sisain.co.kr/news/articleView.html?idxno=45918〉.

80. 홍성욱, 앞의 글, 35쪽.

81. "과학기술의 연구개발, 협력과 진흥을 주 업무로 하는 기관인 과학기술정보통신부는 인공지능 기술의 청사진에 주안점을 둘 수밖에 없다. 이 때문에 과학기술정보통신부 주도로 인공지능 관련 윤리가이드라인을 마련하는 것은 균형성을 상실하기 쉽다." 이보연, 앞의 논문, 26~27쪽.

82. 윤지영·윤성욱, 「AI 융합 촉진을 위한 법제 대응방안」 AI Trend Watch(2021-14호), 정보통신정책연구원, 2021(7. 30), 5쪽.

83. European Commission, Explanatory Memorandum, Proposal for a Regulation of the European Parliament and of the Council: Laying down harmonised rules on artificial intelligence and amending certain Union legislative acts, 21 April, 2021, p. 9.

84. ZDNET Korea, "EU, 세계 첫 인공지능법 연내 제정 목표", 2023년 5월 2일자, 〈https://zdnet.co.kr/view/?no=20230502140458〉.

85. Perkins Coie, "The Latest on the EU's Proposed Artificial Intelligence Act", May 1, 2023, 〈https://www.perkinscoie.com/en/news-insights/the-latest-on-the-eus-proposed-artificial-intelligence-act.html〉; 〈https://eur-lex.europa.eu/EN/legal-content/glossary/trilogue.html〉.

86. Melissa Heikkilä, A quick guide to the most important AI law you've never heard of, MIT Technology Review, May 13, 2022, 〈https://www.

technologyreview.com/2022/05/13/1052223/guide-ai-act-europe/〉.

87. 이러한 전망들은 Melissa Heikkilä, A quick guide to the most important AI law you've never heard of, MIT Technology Review, May 13, 2022, 〈https://www. technologyreview.com/2022/05/13/1052223/guide-ai-act-europe/〉.

88. Eva Maydell, The best way to regulate artificial intelligence? The EU's AI Act, The PARLIAMENT, April 20, 2022, 〈https://www.theparliamentmagazine.eu/news/article/the-best-way-to-regulate-artificial-intelligence-the-eus-ai-act〉.

89. Mikołaj Barczentewicz & Benjamin Mueller, More Than Meets The AI: The Hidden Costs of a European Software Law, Center for Data Innovation, December 1, 2021, 〈https://www2.datainnovation.org/2021-more-than-meets-the-ai.pdf〉

90. 한국규제학회, 앞의 글, 774쪽.

91. 정보통신기획평가원, 「2020 ICT 기술수준조사 및 기술경쟁력분석 보고서」, 정보통신기획평가원, 2022(1), 88쪽.

92. 그러나 AI 분야에서 중국은 이미 미국을 뛰어넘었으며, 향후 15~20년 동안 미국은 중국을 이길 가망이 없다는 전망도 나오고 있다. 조선일보, "미국 압도한 중국산 AI… 결정적 무기는 '14억 인민의 빅데이터'", 2021년 11월 5일자, 〈https://www.chosun.com/economy/mint/2021/11/05/ QTNCOP3BKJHZ7E5KFWNM46Q2YY/〉.

93. 이보연, 앞의 논문, 10쪽.

94. 고학수·박도현·이나래, 앞의 논문, 16쪽.

5장

1. 헌법재판소 1991. 6. 3. 자 89헌마204 결정

2. 양천수, 「인공지능과 윤리 - 법철학의 관점에서」, 『법학논총』 제27권 제1호, 조선대학교 법학연구원, 2020, 76~77쪽.

3. 애덤 스위프트/스테판 뮬홀, 김해성/조영달 옮김, 『자유주의와 공동체주의』, 한울, 2007, 76~79쪽.

4. 오병선, 「밀의 자유론과 해악의 원리」, 『수행인문학』 제36권, 한양대학교 수행인문학연구소, 2006, 37~40쪽.

5. 로버트 노직, 남경희 옮김, 『아나키에서 유토피아로』, 문학과지성사, 1997, 56쪽.

6. 양천수, 앞의 글, 89~90쪽.

7. 존 스튜어트 밀, 서병훈 옮김, 『자유론』, 책세상, 2005, 서문.

8. 존 롤스, 황경식 옮김, 『정의론』, 이학사, 2003, 400~401쪽.

9. 이상용, 「인공지능과 계약법」, 『비교사법』 제23권 제4호, 한국비교사법학회, 2016, 1648~1650쪽.

10. 스튜어트 러셀/피터 노빅, 류광 옮김, 『인공지능 : 현대적 접근방식』, 제이펍, 2016, 20~36쪽.

11. 이러한 구분은 이원태, 「알고리즘 규제의 두 가지 차원과 정책적 함의」, 『사회과학연구』 제32권 제2호, 국민대학교 사회과학연구소, 2020, 187, 201~202쪽에서 차용한 것이지만, 완전히 일치하는 것은 아니다.

12. 심우민, 「인공지능의 발전과 알고리즘의 규제적 속성」, 『법과 사회』 제53호, 법과사회이론학회, 2016, 54~58쪽; 이원태, 앞의 글, 201~202쪽.

13. 한애라, 「사법시스템과 사법환경에서의 인공지능 이용에 관한 유럽 윤리헌장의 검토 - 민사사법절차에서의 인공지능 도입 논의와 관련하여」, 『저스티스』 제172호, 한국법학원, 2019.

14. 이원태, 앞의 글, 190~191쪽.

15. Allen Schuller, "At the crossroads of control: The intersection of artificial intelligence in autonomous weapon systems with international humanitarian law", *Harvard National Security Journal*, vol.8, 2017, pp.415~425.

16. 양천수, 앞의 글, 83~84쪽.

17. 김진우, 「인공지능에 대한 전자인 제도 도입의 필요성과 실현방안에 관한 고찰」, 『저스티스』 제171권, 한국법학원, 2019, 35~40쪽.

18. 이상용, 「인공지능과 법인격」, 『민사법학』 제89호, 한국민사법학회, 2019 참조.

19. Anthony Ogus, *Regulation, economics and the law*, Edward Elgar Publishing, 2001, pp.345~346.

20. 윤혜선, 「리스크 규제에 관한 공법적 연구」, 박사학위 논문, 서울대학교 대학원, 2009, 103~108쪽.

21. 이원우, 「규제개혁과 규제완화」, 『저스티스』 제106호, 한국법학원, 2008, 372쪽.

22. 김태오, 「제4차 산업혁명의 견인을 위한 규제패러다임 모색 : 한국의 규제패러다임을 중심으로」, 『경제규제와 법』 제10권 제2호, 2017, 144쪽.

23. 정순섭, 「원칙중심 규제의 논리와 한계」, 『상사판례연구』 제22권 제1호, 한국상사판례학회, 2009, 37쪽 이하.

24. 이원우, 「혁신과 규제 : 상호 갈등관계의 법적 구조와 갈등해소를 위한 법리와 법적 수단」, 『경제규제와 법』 제9권 제2호, 2016, 20~21쪽.

25. 양천수, 앞의 글, 92쪽, 100~101쪽.

26. 김태오, 앞의 글, 153, 161쪽.

27. Sofia Ranchordás, "Innovation Experimentalism in the age of the Sharing Economy", *Lewis & Clark L. Rev.*, Vol. 19, 2015. p.871, p.890.

28. 김태오, 앞의 글, 141~142쪽.

29. 이원우, 앞의 글(2016), 8~9쪽.

30. 이원우, 앞의 글(2016), 12쪽.

31. 김태오, 앞의 글, 143쪽.

32. 김태오, 앞의 글, 162~164쪽.

33. 정보문화포럼/한국정보화진흥원, 지능정보사회 윤리가이드라인 및 지능정보사회 윤리헌장, 2017.

34. 윤혜선, 「인공지능 규제 정책에 관한 연구: 주요국의 규제 정책 사례를 중심으로」, 『정보통신정책연구』 제26권 제4호, 정보통신정책학회, 2019 참조.

35. 윤혜선, 앞의 글(2009), 68쪽 이하, 160~189쪽; 이에 바탕을 둔 보다 구체적인 분석으로는 이원우, 앞의 글(2016), 12~13쪽.

36. 이원우, 위의 글(2016), 13~16쪽.

37. 윤혜선, 앞의 글(2009), 140면

38. 2021년 EU 인공지능 법안은 인공지능 시스템이 야기하는 위험을 ① 허용할 수 없는 위험, ② 고위험, ③ 제한된 위험, ④ 최소 위험 등으로 나누어 규제 수준을 달리한다. 이는 일견 위험의 중대성과 개연성을 고려한 것으로 보이기도 하지만, '허용할 수 없는 위험'의 범주를 채택하여 이를 금지한 것은 오히려 위험의 속성을 중시한 것으로 여겨진다.

39. 존 롤스, 앞의 책, 106~107쪽.

40. 오병선, 앞의 글, 36쪽.

41. 헌법재판소 2001. 6. 28.자 99헌마516 결정

42. 존 롤스, 앞의 책, 365쪽.

43. 개인정보보호법 제15조 제1항 제6호, 제3항, 제17조 제4항, 제28조의2 제1항 참조.

44. 밀턴 프리드만, 심준보·변동열 옮김, 『자본주의와 자유』, 청어람미디어, 2007, 298~303쪽.

45. 로버트 노직, 앞의 책, 49~50쪽.

46. 로버트 노직, 앞의 책, 118쪽 이하.

47. 참고로 2021년 EU 인공지능 법안은 허용할 수 없는 위험을 초래하여 금지되는 사례로서, 신체적·정신적 위해를 가하여 사람의 자유의지를 벗어난 행동을 하도록 강요하는 인공지능 시스템이나 공공기관이 사람의 행동·인성을 점수화하여 평가분류

하는 인공지능 시스템 등을 들고 있다.

48. 홍대식, 「온라인 플랫폼 기업과 데이터 접근 이슈 - 경쟁법적 관점-」, 『제6차 규제혁신법제포럼 발표자료』, 한국법제연구원, 2020. 10. 참조.

49. OECD, "Algorithms and Collusion: Competition policy in the digital age", 2017; 이선희, 「알고리즘을 이용한 담합의 규제」, 『경쟁법연구』 제40호, 2019, 235~259쪽.

50. 이상용, 앞의 글(2016), 1687~1689쪽.

51. 로버트 쿠터/토마스 울렌, 한순구 옮김, 『법경제학』, 경문사, 2009, 13쪽 참조.

52. 한국과학기술기획평가원, 『2019년 기술영향평가보고서: 소셜로봇 기술』, 동진문화사, 2019.

53. https://www.bundeskartellamt.de/SharedDocs/Meldung/EN/Pressemitteilungen/2019/07_02_2019_Facebook.html

54. Nicholas Diakopoulos, "Accountability in algorithmic decision making", 『Communications of ACM』, vol.59 no.2, 2016, pp.58~62.

55. 심우민, 앞의 글, 60~61쪽.

56. Datta, Amit et al, "Automated experiments on ad privacy settings: A tale of opacity, choice, and discrimination", *Proceedings on privacy enhancing technologies*, vol.2015 no.1, 2015.

57. https://www.chosun.com/economy/stock-finance/2020/10/05/E6TX-F7CYAJEPTDKVWWLTPOOLVY/?utm_source=naver&utm_medium=original&utm_campaign=news

58. Mayson, S. G., "Bias in, bias out", *Yale Law Journal*, HeinOnline, vol.128, 2018.

59. Monetary Authority of Singapore, *Veritas Document 1 FEAT Fairness Principles Assessment Methodology*, 2021. 한편 재분배나 복지의 관점에서는 기회의 균등이 아니라 결과의 균등, 즉 인구통계적 동등성이 기준이 되어야 하므로 집단 간의 동등한 승인율이 유용한 통계지표가 될 것이다.

60. 김범준/엄윤경, 「로보-어드바이저 알고리즘의 규제 개선을 통한 금융소비자 보호」, 『법학연구』, 한국법학회, 제71호, 2018 참조.

61. http://www.aitimes.com/news/articleView.html?idxno=124280

62. 이상용, 앞의 글(2016), 1665, 1681쪽.

63. 양천수, 앞의 글, 98~99쪽 참조.

64. 양천수, 앞의 글, 99쪽 참조.

65. Goodman/Flaxman, "European Union regulations on algorithmic decision-making and a 'right to explanation'", *AI magazine*, vol.38 no.3, 2017.

66. 박상돈, 「헌법상 자동의사결정 알고리즘 설명요구권에 관한 개괄적 고찰」, 『헌법학연구』 제23권 제3호, 2017, 185~218쪽.

67. 헌법재판소 2005. 5. 26자 99헌마513, 2004헌마190 결정

68. 1 BvR, p.209, p.269, p.362, p.420, p.440, pp. 483~484; 한스 하인리히 투르테, 김태호 옮김, 「[국문 번역문] 빅데이터와 알고리즘」, 『경제규제와 법』 제8권 제1호, 2015, 88~108쪽.

69. 대법원 2016. 8. 17. 선고 2014다235080 판결 참조.

70. David Gunning/D. Aha, "DARPA's explainable artificial intelligence program", AI Magazine, Association for the Advancement of Artificial Intelligence, vol.40 no.2, 2019.

71. 이러한 아이디어는 법적 논증이론에서 '법적 결정'과 '법적 논증'을 구별하는 것을 상기시킨다.(양천수, 앞의 글, 94~95쪽)

72. James Wexler, "Facets: An Open Source Visualization Tool for Machine Learning Training Data", Google AI blog(17 Jul 2017).

6장

1. 이와 같은 패러다임에 관한 논의의 단초는 심우민, 「인공지능과 법 패러다임 변화 가능성: 입법 실무 거버넌스에 대한 영향과 대응 과제를 중심으로」, 『법과 사회』 제56호, 2017을 참고할 것.

2. 이러한 불확정성을 가장 극명하게 설명하는 학자로는 던컨 케네디(Duncan Kennedy)가 있다. 그가 이러한 불확정성을 주장하는 이유는 법을 모종의 공식과 같은 결정적인 것으로 인식하는 우리들의 허위적인 믿음을 우리들 스스로 부정하기 위함이라고 주장한다. 결국 이러한 불확정성에 대한 이해방식은 던컨 케네디가 속해 있는 비판법학 운동 그룹의 테제인 "법은 정치적이다"라는 주장으로 연결된다. 김정오, 「자유주의 법체계에 대한 구조적 분석과 비판-던컨 케네디의 비판법담론을 중심으로-」, 『연세법학연구』 제2권, 1992, 672~682쪽.

3. 안형준, 「알고리즘 안에 내재된 사회적 차별: 빅데이터에 대한 미국 정부의 우려」, 『과학기술정책』 제26권 제5호, 2016, 6쪽 참조.

4. Federal Trade Commission, Big Data: A Tool for Inclusion or Exclusion?, January, 2016.

5. Executive Office of the President, Big Data: A Report on Algorithmic Systems, Opportunity, and Civil Rights, May, 2016.

6. 최근 미국 법원에서 콤파스(Compas)라는 소프트웨어가 문제된 바 있었다. 본 판결의 문제점에 관해 명확히 다루고 있는 기사로는 ProPublica, "Machine Bias: There's software used across the country to predict futrue criminal, And it's biased against blacks", 2016. 5. 23.

7. 안형준, 위의 글(주 3), 6쪽.

8. 물론 EU와 일본이 관련 규정을 전면적으로 개편했다는 점은, 실무적인 제도개선 조치가 완성된 것처럼 오해를 불러일으킬 수 있다. 그러나 EU GDPR은 향후 실제 작용과정에서 세부적인 적용기준들이 구체화될 것으로 보이며, 일본의 경우에도 법 개정과 관련한 논란이 지속되고 있어서 아직 법제 정비를 완수했다고 보기 힘든 측면이 있다.

9. European Parliament, European Parliament Resolution of 16 February 2017 with Recommendations to the Commission on Civil Law Rules on Robotics (2015/2103(INL)), 2017.2.16.

10. 여기서 책임(Liability)이라고 하는 것은 다소 법률적 차원의 책임 또는 의무를 부과한다는 의미이고, 책무(Accountability)는 아직은 법률적 수준에 이르지 못한 일종의 도덕적 소명 의무 등으로 이해할 수 있다. 물론 책무의 경우에도 간접적으로 법규범적인 유도를 위한 시도가 불가능한 것은 아니라는 점은 당연하다.

11. 이에 관한 개괄적 논의에 대해서는 심우민, 「정보사회 법적규제의 진화」, 『한국학술정보』, 2008, 29쪽 이하.

12. 소통적 규범형성의 배경이론에 대해서는 김정오 · 심우민, 「현대적 입법정책결정의 배경이론 모색: 사회적 구성주의 이론 도입을 중심으로」, 『법학연구』 제26권 제2호, 2016 참조.

13. 이러한 '아키텍처 규제'가 특히 문제가 되는 점은 아키텍처의 설계자들이 관련 규제의 내용을 실질적으로 결정하게 되는 입법자와 유사한 역할을 수행하게 된다는 점에 있다. 이러한 아키텍처 규제와 법적 규제의 비교에 대해서는 심우민, 「정보통신법제의 최근 입법동향」, 『언론과 법』 제13권 제1호, 2014, 88~91쪽 참고할 것.

14. 심우민, 「이행기 IT법학의 구조와 쟁점: 가상현실과 인공지능의 영향을 중심으로」, 『언론과 법』 제15권 제1호, 2016, 192쪽.

15. 알고리즘 규제(algorithmic regulation)라는 용어는 또한 최근 오라일리(Tim O'Reilly)가 사용하고 있는데, 그가 사용하고 있는 이 용어는 정부의 법 집행 및 규제에 관하여 컴퓨터 알고리즘을 활용하자는 취지를 가지고 있다. 즉 일종의 새로운 규제 거버넌스의 운영을 의미하는 것이다. 따라서 오라일리의 용어 사용과 필자의 용어 사용은 논의의 차원이 다르다고 볼 수 있다. 오라일리의 알고리즘 규제에 대해

서는 Tim O'Reilly, "Open data and algorithmic regulation", in Brett Goldstein & Lauren Dyson(Eds.), *Beyond Transparency: Open Data and the Future of Civic Innovation*(Code for American Press, 2013), 289~300쪽 참조.

16. '알고리즘 규제'라는 용어가 '알고리즘에 대한 규제'의 의미로 단순하게 오인될 수도 있을 것이다. 이에 대해서는 입법 실천 전략 구상의 측면을 다루는 이하 Ⅲ장에서 별도로 논한다. 다만 여기에서 이 용어는 '법적 규제'와 대비되는 규제의 한 양식을 의도한 것이다. 즉 법규범이 아닌 '알고리즘에 의한 규제'를 의미한다.

17. Ryan Calo, "Robotics and the Lessons of Cyberlaw", *California Law Review* 103, 2015가 대표적이라고 할 수 있겠다.

18. Jack M. Balkin, "The Path of Robotics Law", *California Law Review Circuit* 6, 2015.

19. 이러한 견지에서 볼킨은 케일로가 제시하는 로봇 기술의 본질적 속성 중 '우발성'에 관해서는 다소 긍정적인 입장을 표명한다.

20. Jack M. Balkin, 앞의 논문, 51쪽 이하.

21. '비결정성'이라는 용어는 국내에서 '불확정성'이라는 표현으로 사용되기도 한다. 이에 대한 개괄적인 이해는 안성조, 「법의 불확정성과 법의 지배」, 『법철학연구』 제10권 제2호, 2007 참조.

22. 이에 대해 비교적 간명하게 설명하고 있는 논문으로는 Lee Tein, "Architectural Regulation and the Evolution of Social Norms", *Yale Journal of Law and Technology* 7(1), 2005 참조.

23. 최근 이에 대한 논의로는 이덕연, 「법철학과 법이론으로 본 법적 문제로서의 사법 적극주의」, 『연세대학교 법학연구원 추계학술회의(자료집)』, 2016.11, 39쪽 이하. 또한 김현철, 「법의식과 법교육」, 『법교육연구』 제1권 제1호, 2006; 김연미, 「M. Nussbaum의 자연법사상」, 『법철학연구』 제12권 제1호, 2009 등 참조.

24. 법적인 측면에서 정치적인 것을 개관해 볼 수 있는 저술로는 Richard Bellamy, *Political Constitutionalism: A Republican Defence of the Constitutionality of Democracy* (Cambridge University Press, 2007)이 있다. 또한 이러한 측면은 '법은 정치적이다'라는 입장을 대변하는 미국의 비판법학파의 입장과 맞물려 있다. 비판법학에 대해서는 Jeong-Oh Kim, *Law, Ideology, and Power: A Theoretical Disscussion of Marxist Theories, Critical Legal Studies, and Foucault*, University of Wisconsin-Madison S.J.D. Dissertation, 1990; 김정오, 「미국 비판법학의 흐름과 동향」, 『법과 사회』 제10호, 1994; 김정오, 「비판법학의 원천과 쟁점들」, 『현대법철학의 흐름』(법문사, 1997) 등을 참조할 것. 또한 정치적인 것의 개념에 관해서는 무페의 견해를 경청할

만하다. 그녀는 정치를 개인들 사이의 대화와 합의 형성 영역으로 이해하는 개인주의·자유주의 접근법과는 반대로, 정치란 집합적 동일체들 사이의 갈등과 대결의 과정이라는 사실을 강조하고 있다. 또한 그녀는 모든 합의가 잠정적인 헤게모니의 임시적인 결과로서 존재하고, 그것은 언제나 특정한 형태의 배제를 수반한다는 사실을 인정해야 한다고 주장한다. 결과적으로 합리적 논쟁을 통해 권력이 해체되고 정당성이 순수한 합리성 위에 정초될 수 있다는 생각은 민주적 위험을 위험에 빠뜨리는 환상이라고 주장한다. Chantal Mouffe, *The Democratic Paradox* (Verso, 2000); 이행(역), 『민주주의의 역설』(인간사랑, 2006) 제2장 및 162쪽 참조.

25. 심우민, 「인공지능의 발전과 알고리즘의 규제적 속성」, 『법과 사회』 제53호, 2016, 41~70쪽; 이원태, 「알고리즘 규제의 두 가지 차원과 정책적 함의」, 『사회과학연구』 제32권 제2호, 2020, 183~216쪽.

26. 즉 앞서 II장에서 설명한 '알고리즘 규제'는 바로 '알고리즘에 의한 규제'를 뜻한다.

27. High-Level Expert Group on Artificial Intelligence (2019. 4. 8). Ethics Guidelines for Trustworthy AI. European Commission.

28. 관계부처 합동, 사람이 중심이 되는 『인공지능(AI) 윤리기준』, 2020.12.23.

29. 제62조(지능정보사회윤리) ④ 정부는 지능정보기술 또는 지능정보서비스 개발자·공급자·이용자가 준수하여야 하는 사항을 정한 지능정보사회윤리준칙을 제정하여 보급할 수 있다.

30. European Commission (2021. 4. 21). Proposal for a regulation laying down harmonised rules on Artificial Intelligence(Artificial Intelligence Act) and amending certain Union legislative acts(COM/2021/206 final).

31. Article 19 (Conformity assessment)

32. AIIネットワーク社会推進会議事務局(総務省情報通信政策研究所調査研究部) (2016. 12. 28). 〈「AI 開発ガイドライン」(仮称)の策定に向けた国際的議論の用に供する素案の作成に関する論点〉.

33. Regulation (EU) 2016/679 of the European Parliament and of the Council of 27 April 2016 on the protection of natural persons with regard to the processing of personal data and on the free movement of such data, and repealing Directive 95/46/EC (General Data Protection Regulation)

34. Regulation (EU) 2019/1150 of the European Parliament and of the Council of 20 June 2019 on promoting fairness and transparency for business users of online intermediation services

35. Article 16 (Obligations of providers of high-risk AI systems).

36. Article 52 (Transparency obligations for certain AI systems).

37. Article 3 (Definitions) (1)

38. Department for Digital, Culture, Media and Sport (2022. 7. 18). *Establishing a pro-innovation approach to regulating AI - An overview of the UK's emerging approach*, 9면 이하.

39. Article 6 (Classification rules for high-risk AI systems).

40. Article 7 (Amendments to Annex III).

41. (14) AI 시스템에 대해 비례적이고 효과적인 규제 수단을 도입하려면 명확하게 정의된 위험 기반 접근방식을 준수해야 한다. 그러한 접근방식은 규칙의 유형과 내용을 인공지능 시스템이 생성할 수 있는 위험의 강도와 범위에 맞게 세분화해 나가야 한다. 따라서 모종의 인공지능 관행을 억제하기 위하여, 고위험 인공지능 시스템의 요건과 관련 운영자에 대한 의무를 규정하고, 특정 인공지능 시스템에 대한 투명성 의무를 규정하는 것이 필요하다.

42. European Parliament resolution of 3 May 2022 on artificial intelligence in a digital age(2020/2266(INI))

43. Wyden, R., Booke, C., & Clarke, Y. (2022. 2. 3). Algorithmic Accountability Act of 2022(S.3572, H.R.6580)

1장 참고문헌

국내문헌

고학수, 이나래, 박도현, 「윤리적 인공지능의 실현과 과제」, 『서울대학교 법과경제연
　　구센터 인공지능정책 이니셔티브 이슈페이퍼』 04, 2019.
김건우, 「차별에서 공정성으로: 인공지능의 차별 완화와 공정성 제고를 위한 제도적
　　방안」, 『전북대학교 법학연구』 통권 제61집, 2019.
　　　　　「챗봇 이루다를 통해 본 인공지능윤리의 근본 문제」, 『횡단인문학』 제10호,
　　2022.2.
김대호, 『인공지능 거버넌스』, 커뮤니케이션북스, 2018.
노우블, 사피아 우모자, 노윤기 옮김, 『구글은 어떻게 여성을 차별하는가』, 한스미디
　　어, 2019.
스튜어트 러셀, 피터 노빅, 류광 옮김, 『인공지능: 현대적 접근방식』, 제이펍, 2016.
롭 라이히 · 메흐란 사하미 · 제러미 M. 와인스타인, 이영래 옮김, 『시스템 에러: 빅테
　　크 시대의 윤리학』, 어크로스, 2022.
박노형 외, 『EU 개인정보보호법-GDPR을 중심으로』, 박영사, 2017.
백종현, 「포스트휴머니즘 사회와 휴머니즘 문제」, 한국포스트휴먼연구소, 『포스트휴
　　먼시대의 휴먼』, 아카넷, 2016.

양종모, 「인공지능 알고리즘의 편향성, 불투명성이 법적 의사결정에 미치는 영향 및 규율 방안」, 『법조』 제723권, 2017.

오닐, 캐시, 김정혜 옮김, 『대량살상 수학무기』, 흐름출판, 2016.

웬델 월러치, 콜린 알렌, 노태복 옮김, 『왜 로봇의 도덕인가』, 메디치, 2014.

유발 하라리, 김명주 옮김, 『호모데우스: 미래의 역사』, 김영사, 2017.

유뱅크스, 버지니아, 김영선 옮김. 『자동화된 불평등』, 북트리거, 2018.

이선구, 「알고리듬의 투명성과 설명가능성: GDPR을 중심으로」, 『서울대학교 법과경제연구센터 인공지능정책 이니셔티브 이슈페이퍼』 2019-2.

이중원 외, 『인공지능의 존재론』, 한울아카데미, 2018.

정원섭, 「인공지능윤리의 방향」, 정원섭 외, 『인공지능과 새로운 규범』, 아카넷, 2018.

최난설헌, 「연성규범(Soft Law)의 기능과 법적 효력: EU 경쟁법상의 논의를 중심으로」, 『인하대학교 법학연구』 제16집 제2호, 2013.

파스콸레, 프랭크, 이시은 옮김, 『블랙박스 사회』, 안티고네, 2016.

한국인공지능법학회, 『인공지능과 법』, 박영사, 2019.

국외문헌

Angwin, Julia et al., "Machine Bias", ProPublica, 2016. 5. https://www.propublica.org/article/machine-bias-risk-assessments-in-criminal-sentencing (최종검색일: 2019년 12월 5일)

Gunning, David. *Explainable Artificial Intelligence*, Defense Advanced Research Projects Agency(DARPA), 2017.

Foer, Franklin. *World Without Mind: Why Google, Amazon, Facebook and Apple Threaten Our Future*, Vintage, New York, 2017.

Goodman, Bryce W., "A Step Towards Accountable Algorithms?: Algorithmic Discrimination and The European Union General Data Protection", *29th Conference on Neural Information Processing Systems* (NIPS 2016), Barcelona, Spain.

Issie Lapowsky, "Google autocomplete still makes vile suggestions", *WIRED* (2018. 02. 12).

Noble, Safiya U., *Algorithms of Oppression: How Search Engines Reinforce Racism*, NYU Press, New York, 2018.

O'Neil, Cathy. *Weapons of Math Destruction*, Crown, New York, 2016.

Patrick Lin, Keith Abney, and George Bekey, *Robot Ethics: The Ethical and Social Implications of Robotics*, MIT Press, 2012.

Porup, J. M., "How and why deepfake videos work and what is at risk", 2019. 4. 10.
https://www.csoonline.com/article/3293002/deepfake-videos-how-and-why-they-work.html (최종검색일: 2019년 12월 5일)

Rotblat, Joseph, "Science and Human Values", Keynote Speech of the World Conference on Science.

Russell, Stuart & Peter Norvig, *Artificial Intelligence: A Modern Approach*, 3rd ed., Prentice Hall, 2010.

Selbst, Andrew D., "Disparate Impact in Big Data Policing", *Georgia Law Review* 52, 2018,

Wachter-Boettcher, Sara. *Technically Wrong*, W.W.Norton & Company, New York, 2016.

연구 보고서

홍성욱, 「인공지능 알고리즘과 차별」, 『STEPI Fellowship 연구보고서』, 과학기술정책연구원 2018

정보통신정책연구원, 「4차산업혁명시대 산업별 인공지능 윤리의 이슈 분석 및 정책적 대응방안 연구」, 2018

EU Commission, *Draft Report with Recommendations to the Commission on Civil Law Rules in Robotics*, 2016.

Center for Data Ethics and Innovation (CDEI), "Deepfakes and Audio-visual Disinformation", *CDEI Snapshot Series* (Sep. 2019).

신문 기사 및 법률안

이하 모든 웹페이지 최종검색일은 최종검색일: 2023년 4월 13일임.

https://www.washingtonpost.com/technology/2023/02/20/layoff-algorithms
https://m.yna.co.kr/amp/view/AKR20230411114800074
https://www.unwomen.org/en/news/stories/2013/10/women-should-ads.
https://www.theguardian.com/technology/2016/sep/08/artificial-intelligence-beauty-contest -doesnt-like-black-people

Propublica, "Machine Bias: There's software used across the country to predict future criminals. And it's biased against blacks", (2016. 5. 23.)https://www.propublica.org/article/machine-bias-risk-assessments-in-criminal-sentencing.

Northpointe, "Compas Risk Scales: Demonstrating Accuracy Equity and Predictive Parity", (2016. 7. 8.) 참조,
http://go.volarisgroup.com/rs/430-MBX-989/images/ProPublica_Commentary_Final_070616.pdf
https://www.pipc.go.kr/np/cop/bbs/selectBoardArticle.do?bbsId=BS074&mCode=C020010000&nttId=7298.
https://www.congress.gov/bill/116th-congress/house-bill/2231/all-info

2장 참고문헌

Abacus. (2018). China internet report 2018. Retrieved July 13, 2018. https://www.abacusnews.com/china -internet-report/china-internet-2018.pdf.

Abrassart, C., Bengio, Y., Chicoisne, G., de Marcellis-Warin, N., Dilhac, M.-A., Gambs, S., Gautrais, V., et al. (2018). *Montréal declaration for responsible development of artificial intelligence* (pp. 1–21).

Amodei, D., Olah, C., Steinhardt, J., Christiano, P., Schulman, J., Mané, D. (2017). Concrete problems in AI safety. *arXiv* (pp. 1–29).

Ananny, M. (2016). Toward an ethics of algorithms: Convening, observation, probability, and timeliness. *Science, Technology, & Human Values*, 41(1), 93–117.

Anderson, M., & Anderson, S. L. (Eds.). (2011). *Machine ethics*. Cambridge: Cambridge University Press.

Anderson, M., Anderson, S. L. (2015). Towards ensuring ethical behavior from autonomous systems: A case-supported principle-based paradigm. *In Artificial intelligence and ethics: Papers from the 2015 AAAI Workshop* (pp. 1–10).

Anderson, D., Bonaguro, J., McKinney, M., Nicklin, A., Wiseman, J. (2018). *Ethics & algorithms toolkit*. Retrieved February 01, 2019. https://ethicstoolkit.ai/.

Anderson, K., Waxman, M. C. (2013). Law and ethics for autonomous weapon systems: Why a ban won't work and how the laws of WAR can. SSRN Journal, 1–32.

Asimov, I. (2004). *I, Robot*. New York: Random House LLC.

Awad, E., Dsouza, S., Kim, R., Schulz, J., Henrich, J., Shariff, A., et al. (2018).

The moral machine experiment. *Nature*, 563(7729), 59–64. https://doi. org/10.1038/s41586-018-0637-6.

Bakewell, J. D., Clement-Jones, T. F., Giddens, A., Grender, R. M., Hollick, C. R., Holmes, C., Levene, P. K. et al. (2018). *AI in the UK: Ready, willing and able?*. Select committee on artificial intelligence (pp. 1–183).

Baron, B., Musolesi, M. (2017). Interpretable machine learning for privacy-preserving pervasive systems. *arXiv* (pp. 1–10).

Beck, U. (1988). *Gegengifte: Die organisierte Unverantwortlichkeit*. Frankfurt am Main: Suhrkamp.

Beijing Academy of Artificial Intelligence. (2019). *Beijing AI principles*. Retrieved June 18, 2019. https://www.baai.ac.cn/blog/beijing-ai-principles.

Bendel, O. (2017). The synthetization of human voices. *AI & SOCIETY - Journal of Knowledge, Culture and Communication*, 82, 737.

Bentham, J. (1838). *The Works of Jeremy Bentham*. With the assistance of J. Bowring. 11 vols. 1. Edinburgh: William Tait. Published under the Superintendence of his Executor.

Boddington, P. (2017). *Towards a code of ethics for artificial intelligence*. Cham: Springer.

Bostrom, N. (2014). *Superintelligence: Paths, dangers, strategies*. Oxford: Oxford University Press.

Bourdieu, P. (1984). *Distinction: A social critique of the judgement of taste*. Cambridge: Harvard University Press.

Brady, W. J., Wills, J. A., Jost, J. T., Tucker, J. A., & van Bavel, J. J. (2017). Emotion shapes the diffusion of moralized content in social networks. *Proc Natl Acad Sci USA*, 114(28), 7313–7318.

Brahnam, S. (2006). Gendered bots and bot abuse. In Antonella de Angeli, Sheryl Brahnam, Peter Wallis, & Peter Dix (Eds.), *Misuse and abuse of interactive technologies* (pp. 1–4). Montreal: ACM.

Brundage, M., Avin, S., Clark, J., Toner, H., Eckersley, P., Garfinkel, B., Dafoe, A. et al. (2018). The malicious use of artificial intelligence: Forecasting, prevention, and mitigation. *arXiv* (pp. 1–101).

Buolamwini, J., Gebru, T. (2018). *Gender shades: Intersectional accuracy disparities in commercial gender classification*. In Sorelle and Wilson 2018 (pp. 1–15).

Burton, E., Goldsmith, J., Koening, S., Kuipers, B., Mattei, N., & Walsh, T. (2017).

Ethical considerations in artificial intelligence courses. *Artificial Intelligence Magazine*, 38(2), 22–36.

Calo, R. (2017). Artificial intelligence policy: a primer and roadmap. *SSRN Journal*, 1–28.

Campolo, A., Sanfilippo, M., Whittaker, M., Crawford, K. (2017). *AI now 2017 report*. Retrieved October 02, 2018. https://assets.ctfassets.net/8wprhhvnpf c0/1A9c3ZTCZa2KEYM64Wsc2a/8636557c5fb14f2b74b2be64c3ce0c78/_AI_ Now_Institute_2017_Report_.pdf.

Casilli, A. A. (2017). Digital labor studies go global: Toward a digital decolonial turn. *International Journal of Communication, 11*, 1934–3954.

Cave, S., ÓhÉigeartaigh, S. S. (2018). *An AI race for strategic advantage: Rhetoric and risks* (pp. 1–5).

Cowls, J., Floridi, L., (2018). Prolegomena to a white paper on an ethical framework for a good AI society. *SSRN Journal*, 1–14.

Crawford, K., Dobbe, R., Dryer, T., Fried, G., Green, B., Kaziunas, E., Kak, A. et al. (2019). *AI now 2019 report*. Retrieved December 18, 2019. https:// ainowinstitute.org/AI_Now_2019_Report.pdf.

Crawford, K., Joler, V. (2018). *Anatomy of an AI system*. Retrieved February 06, 2019. https://anatomyof.ai/.

Crawford, K., Whittaker, M., Clare Elish, M., Barocas, S., Plasek, A., Ferryman, K. (2016). *The AI now report: The social and economic implications of artificial intelligence technologies in the near-term*.

Cutler, A., Pribić, M., Humphrey, L. (2018). *Everyday ethics for artificial intelligence: A practical guide for designers & developers*. Retrieved February 04, 2019. https://www.ibm.com/watson/assets/duo/pdf/everydayethics.pdf: 1–18.

Darling, K. (2016). Extending legal protection to social robots: The effect of anthropomorphism, empathy, and violent behavior towards robotic objects. In R. Calo, A. M. Froomkin, & I. Kerr (Eds.), *Robot law* (pp. 213–234). Cheltenham: Edward Elgar.

de Bruin, B., & Floridi, L. (2017). The ethics of cloud computing. *Science and Engineering Ethics*, 23(1), 21–39.

DeepMind. *DeepMind ethics & society principles*. Retrieved July 17, 2019. https:// deepmind.com/applied/deepmind-ethics-society/principles/.

Derrida, J. (1997). *Of grammatology*. Baltimore: Johns Hopkins Univ. Press.

Diakopoulos, N., Friedler, S. A., Arenas, M., Barocas, S., Hay, M., Howe, B., Jagadish, H. V. et al. Principles for accountable algorithms and a social impact statement for algorithms. Retrieved July 31, 2019. https://www.fatml.org/resources/principles-for-accountable-algorithms.

Duchi, J. C., Jordan, M. I., Wainright, M. J. (2013). Privacy aware learning. *arXiv* (pp. 1-60).

Eaton, E., Koenig, S., Schulz, C., Maurelli, F., Lee, J., Eckroth, J., Crowley, M. et al. (2017). Blue sky ideas in artificial intelligence education from the EAAI 2017 new and future AI educator program. *arXiv* (pp. 1-5).

Eckersley, P. (2018). Impossibility and uncertainty theorems in AI value alignment or why your AGI should not have a utility function. *arXiv* (pp. 1-13).

Ekstrand, M. D., Joshaghani, R., Mehrpouyan, H. (2018). Privacy for all: Ensuring fair and equitable privacy protections. In Sorelle and Wilson 2018 (pp. 1-13).

Engelmann, S., Chen, M., Fischer, F., Kao, C., Grossklags, J. (2019). Clear sanctions, vague rewards: How China's social credit system currently defines "Good" and "Bad" behavior. In *Proceedings of the conference on fairness, accountability, and transparency—FAT* '19 (pp. 69-78).

Ernest, N., & Carroll, D. (2016). Genetic fuzzy based artificial intelligence for unmanned combat aerial vehicle control in simulated air combat missions. *Journal of Defense Management*. https://doi.org/10.4172/2167-0374.1000144.

Etzioni, A., & Etzioni, O. (2017). Incorporating ethics into artificial intelligence. *The Journal of Ethics*, 21(4), 403-418.

Eubanks, V. (2018). *Automating inequality: How high-tech tools profile, police, and punish the poor*. New York: St. Marting's Press.

Fang, L. (2019). *Google hired gig economy workers to improve artificial intelligence in controversial drone-targeting project*. Retrieved February 13, 2019. https://theintercept.com/2019/02/04/google-ai-project-maven-figure-eight/.

Fjeld, J., Hilligoss, H., Achten, N., Daniel, M. L., Feldman, J., Kagay, S. (2019). *Principled artificial intelligence: A map of ethical and rights-based approaches*. Retrieved July 17, 2019. https://ai-hr.cyber.harvard.edu/primp-viz.html.

Flaxman, S., Goel, S., & Rao, J. M. (2016). Filter bubbles, echo chambers, and online news consumption. *PUBOPQ*, 80(S1), 298-320.

Floridi, L. (2016). Faultless responsibility: On the nature and allocation of moral responsibility for distributed moral actions. *Philosophical Transactions. Series A,*

Mathematical, Physical, and Engineering Sciences, 374(2083), 1–13.

Floridi, L., Cowls, J., Beltrametti, M., Chatila, R., Chazerand, P., Dignum, V., et al. (2018). AI4People—An ethical framework for a good AI society: Opportunities, risks, principles, and recommenda-tions. *Minds and Machines*, 28(4), 689–707.

Fogg, B. J. (2003). *Persuasive technology: Using computers to change what we think and do*. San Francisco: Morgan Kaufmann Publishers.

Frey, C. B., Osborne, M. A. (2013). *The future of employment: How susceptible are jobs to computerisation*: Oxford Martin Programme on Technology and Employment (pp. 1–78).

Fryer-Biggs, Z. (2018). The pentagon plans to spend $2 billion to put more artificial intelligence into its weaponry. Retrieved January 25, 2019. https://www.theverge.com/2018/9/8/17833160/pentagon-darpa-artificial-intelligence-ai-investment.

Future of Life Institute. (2017). *Asilomar AI principles*. Retrieved October 23, 2018. https://futureoflife.org/ai-principles/.

Garzcarek, U., Steuer, D. (2019). Approaching ethical guidelines for data scientists. *arXiv* (pp. 1–18).

Gebru, T., Morgenstern, J., Vecchione, B., Vaughan, J. W., Wallach, H., Daumeé, III, H., Crawford, K. (2018). Datasheets for datasets. *arXiv* (pp. 1–17).

Gilligan, C. (1982). *In a different voice: Psychological theory and women's development*. Cambridge: Harvard University Press.

Goldsmith, J., Burton, E. (2017). *Why teaching ethics to AI practitioners is important. ACM SIGCAS Computers and Society* (pp. 110–114).

Google. (2018). *Artificial intelligence at Google: Our principles*. Retrieved January 24, 2019. https://ai.google/principles/.

Google. (2019). *Perspectives on issues in AI governance* (pp. 1–34). Retrieved February 11, 2019. https://ai.google/static/documents/perspectives-on-issues-in-ai-governance.pdf.

Gotterbarn, D., Brinkman, B., Flick, C., Kirkpatrick, M. S., Miller, K., Vazansky, K., Wolf, M. J. (2018). *ACM code of ethics and professional conduct: Affirming our obligation to use our skills to benefit society* (pp. 1–28). Retrieved February 01, 2019. https://www.acm.org/binaries/content/assets/about/acm-code-of-ethics-booklet.pdf.

Graham, M., Hjorth, I., & Lehdonvirta, V. (2017). Digital labour and development: Impacts of global digital labour platforms and the gig economy on worker livelihoods. *Transfer: European Review of Labour and Research*, 23(2), 135–162.

Greene, D., Hoffman, A. L., Stark, L. (2019). Better, nicer, clearer, fairer: A critical assessment of the movement for ethical artificial intelligence and machine learning. In *Hawaii international conference on system sciences* (pp. 1–10).

Hagendorff, T. (2016). Wirksamkeitssteigerungen Gesellschaftskritischer Diskurse. *Soziale Probleme. Zeitschrift für soziale Probleme und soziale Kontrolle*, 27(1), 1–16.

Hagendorff, T. (2019). Forbidden knowledge in machine learning: Reflections on the limits of research and publication. *arXiv* (pp. 1–24).

Hao, K. (2019). Three charts show how China's AI Industry is propped up by three companies. Retrieved January 25, 2019. https://www.technologyreview.com/s/612813/the-future-of-chinas-ai-indus try-is-in-the-hands -of-just-three-compa nies/?utm_campa ign=Artificial %2BInt ellig ence%2BWeekly&utm_medium=email&utm_source=Artificial_Intelligence_Weekly_95.

Helbing, D. (Ed.). (2019). *Towards digital enlightment: Essays on the darf and light sides of the digital revolution*. Cham: Springer.

Held, V. (2013). Non-contractual society: A feminist view. *Canadian Journal of Philosophy, 17*(Supplementary Volume 13), 111–137.

Holdren, J. P., Bruce, A., Felten, E., Lyons, T., & Garris, M. (2016). *Preparing for the future of artificial intelligence* (pp. 1–58). Washington, D.C: Springer.

Howard, P. N., Kollanyi, B. (2016). Bots, #StrongerIn, and #Brexit: Computational propaganda during the UK-EU Referendum. *arXiv* (pp. 1–6).

Hursthouse, R. (2001). *On virtue ethics*. Oxford: Oxford University Press.

Information Technology Industry Council. (2017). *ITI AI policy principles*. Retrieved January 29, 2019. https://www.itic.org/public-policy/ITIAIPolicyPrinciplesFINAL.pdf.

Introna, L. D., & Wood, D. (2004). Picturing algorithmic surveillance: The politics of facial recognition systems. *Surveillance & Society*, 2(2/3), 177–198.

Irani, L. (2015). The cultural work of microwork. *New Media & Society*, 17(5), 720–

739.

Irani, L. (2016). The hidden faces of automation. *XRDS*, 23(2), 34–37.

Jobin, A., Ienca, M., & Vayena, E. (2019). The global landscape of AI ethics guidelines. *Nature Machine Intelligence*, 1(9), 389–399.

Johnson, D. G. (2017). Can engineering ethics be taught? *The Bridge*, 47(1), 59–64.

Kant, I. (1827). *Kritik Der Praktischen Vernunft*. Leipzig: Hartknoch.

King, T. C., Aggarwal, N., Taddeo, M., & Floridi, L. (2019). Artificial intelligence crime: An interdisciplinary analysis of foreseeable threats and solutions. *Science and Engineering Ethics*, 26, 89–120.

Kish-Gephart, J. J., Harrison, D. A., & Treviño, L. K. (2010). Bad apples, bad cases, and bad barrels: Meta-analytic evidence about sources of unethical decisions at work. *The Journal of Applied Psychology*, 95(1), 1–31.

Kitchin, R. (2017). Thinking critically about and researching algorithms. *Information, Communication & Society*, 20(1), 14–29.

Kitchin, R., & Dodge, M. (2011). *Code/space: Software and everyday life*. Cambridge: The MIT Press.

Kosinski, M., Matz, S. C., Gosling, S. D., Popov, V., & Stillwell, D. (2015). Facebook as a research tool for the social sciences: Opportunities, challenges, ethical considerations, and practical guidelines. *American Psychologist*, 70(6), 543–556.

Kosinski, M., Stillwell, D., & Graepel, T. (2013). Private traits and attributes are predictable from digital records of human behavior. *Proceedings of the National Academy of Sciences of the United States of America*, 110(15), 5802–5805.

Kosinski, M., & Wang, Y. (2018). Deep neural networks are more accurate than humans at detecting sexual orientation from facial images. *Journal of Personality and Social Psychology*, 114(2), 246–257.

Kramer, A. D. I., Guillory, J. E., & Hancock, J. T. (2014). Experimental evidence of massive-scale emotional contagion through social networks. *Proceedings of the National Academy of Sciences of the United States of America*, 111(24), 8788–8790.

Lazer, D. M. J., Baum, M. A., Benkler, Y., Berinsky, A. J., Greenhill, K. M., Menczer, F., et al. (2018). The science of fake news. *Science*, 359(6380), 1094–

1096.

Lecher, C. (2018). The employee letter denouncing Microsoft's ICE contract now has over 300 signatures. Retrieved February 11, 2019. https://www.theverge.com/2018/6/21/17488328/microsoft-ice-employees-signatures-protest.

Leonelli, S. (2016). Locating ethics in data science: Responsibility and accountability in global and distributed knowledge production systems. *Philosophical Transactions. Series A, Mathematical, Physical, and Engineering Sciences*, 374(2083), 1-12.

Luhmann, N. (1984). *Soziale Systeme: Grundriß einer allgemeinen Theorie*. Frankfurt A.M: Suhrkamp.

Luhmann, N. (1988). *Die Wirtschaft der Gesellschaft*. Frankfurt A.M: Suhrkamp.

Luhmann, N. (1997). *Die Gesellschaft der Gesellschaft*. Frankfurt am Main: Suhrkamp.

Luhmann, N. (2008). *Die Moral der Gesellschaft*. Frankfurt AM: Suhrkamp.

Luke, B. (1995). Taming ourselves or going Feral? Toward a nonpatriarchal metaethic of animal liberation. In Carol J. Adams & Josephine Donovan (Eds.), *Animals & women: Feminist theoretical explorations* (pp. 290-319). Durham: Duke University Press.

Lyon, D. (2003). Surveillance as social sorting: Computer codes and mobile bodies. In David Lyon (Ed.), *Surveillance as social sorting: Privacy, risk, and digital discrimination* (pp. 13-30). London: Routledge.

Lyons, S. (2018). *Death and the machine*. Singapore: Palgrave Pivot.

Matz, S. C., Kosinski, M., Nave, G., & Stillwell, D. (2017). Psychological targeting as an effective approach to digital mass persuasion. *Proceedings of the National Academy of Sciences of the United States of America*, 114, 12714-12719.

McAllister, A. (2017). Stranger than science fiction: The rise of A.I. interrogation in the dawn of autonomous robots and the need for an additional protocol to the U.N. convention against torture. *Minnesota Law Review*, 101, 2527-2573.

McNamara, A., Smith, J., Murphy-Hill, E. (2018). Does ACM's code of ethics change ethical decision making in software development?" In G. T. Leavens, A. Garcia, C. S. Păsăreanu (Eds.) *Proceedings of the 2018 26th ACM joint meeting on european software engineering conference and symposium on the foundations of software engineering—ESEC/FSE 2018* (pp. 1-7). New York: ACM Press.

Microsoft Corporation. (2019). Microsoft AI principles. Retrieved February 01, 2019. https://www.microsoft.com/en-us/ai/our-approach-to-ai.

Mittelstadt, B. (2019). Principles alone cannot guarantee ethical AI. *Nature Machine Intelligence*, 1(11), 501–507.

Mittelstadt, B., Russell, C., Wachter, S. (2019). Explaining explanations in AI. In *Proceedings of the conference on fairness, accountability, and transparency—FAT* '19* (pp. 1–10).

Morley, J., Floridi, L., Kinsey, L., Elhalal, A. (2019). From what to how. An overview of AI ethics tools, methods and research to translate principles into practices. *arXiv* (pp. 1–21).

Mullen, B., & Hu, L.-T. (1989). Perceptions of ingroup and outgroup variability: A meta-analytic integration. *Basic and Applied Social Psychology*, 10(3), 233–252.

Müller, V. C., & Bostrom, N. (2016). Future progress in artificial intelligence: A survey of expert opinion. In Vincent C. Müller (Ed.), *Fundamental issues of artificial intelligence* (pp. 555–572). Cham: Springer International Publishing.

Omohundro, S. (2014). Autonomous technology and the greater human good. *Journal of Experimental & Theoretical Artificial Intelligence*, 26(3), 303–315.

O'Neil, C. (2016). *Weapons of math destruction: How big data increases inequality and threatens democracy.* New York: Crown Publishers.

OpenAI. (2018). *OpenAI Charter.* Retrieved July 17, 2019. https://openai.com/charter/.

Organisation for Economic Co-operation and Development. (2019). *Recommendation of the Council on Artificial Intelligence* (pp. 1–12). Retrieved June 18, 2019. https://legalinstruments.oecd.org/en/instruments/OECD-LEGAL-0449.

Pariser, E. (2011). *The filter bubble: What the internet is hiding from you.* New York: The Penguin Press.

Partnership on AI. (2018). *About us.* Retrieved January 25, 2019. https://www.partnershiponai.org/about/.

Pasquale, F. (2015). *The black box society: The secret algorithms that control money and information.* Cambridge: Harvard University Press.

Pekka, A.-P., Bauer, W., Bergmann, U., Bieliková, M., Bonefeld-Dahl, C., Bonnet, Y., Bouarfa, L. et al. (2018). *The European Commission's high-level* expert group on artificial intelligence: Ethics guidelines for trustworthy ai. Working Document for stakeholders' consultation. Brussels (pp. 1-37).

Pistono, F., Yampolskiy, R. (2016). Unethical research: How to create a malevolent artificial intelligence. *arXiv* (pp. 1-6).

Podgaiska, I., Shklovski, I. *Nordic engineers' stand on artificial intelligence and ethics: Policy recommendations and guidelines* (pp. 1-40).

Prates, M., Avelar, P., Lamb, L. C. (2018). On quantifying and understanding the role of ethics in AI research: A historical account of flagship conferences and journals. *arXiv* (pp. 1-13).

Rawls, J. (1975). *Eine Theorie Der Gerechtigkeit.* Frankfurt am Main: Suhrkamp.

Rolnick, D., Donti, P. L., Kaack, L. H., Kochanski, K., Lacoste, A., Sankaran, K., Ross, A. S. et al. (2019). Tackling climate change with machine learning. *arXiv* (pp. 1-97).

Rosenberg, S. (2017) Why AI is still waiting for its ethics transplant."Retrieved January 16, 2018. https://www.wired.com/story/why-ai-is-still-waiting-for-its-ethics-transplant/.

Schneier, B. (2018). *Click here to kill everybody.* New York: W. W. Norton & Company.

Selbst, A. D., Boyd, D., Friedler, S. A., Venkatasubramanian, S., Vertesi, J. (2018). Fairness and abstraction in Sociotechnical Systems. In *ACT conference on fairness, accountability, and transparency (FAT)* (vol. 1, No. 1, pp. 1-17).

Shoham, Y., Perrault, R., Brynjolfsson, E., Clark, J., Manyika, J., Niebles, J. C., Lyons, T., Etchemendy, J., Grosz, B., Bauer, Z. (2018). *The AI index 2018 annual report.* Stanford, Kalifornien (pp. 1-94).

Silberman, M. S., Tomlinson, B., LaPlante, R., Ross, J., Irani, L., & Zaldivar, A. (2018). Responsible research with crowds. *Communications of the ACM, 61*(3), 39-41.

Singla, A., Horvitz, E., Kamar, E., White, R. W. (2014). Stochastic Privacy. *arXiv* (pp. 1-10).

Sitawarin, C., Bhagoji, A. N., Mosenia, A., Chiang, M., Mittal, P. (2018). DARTS: Deceiving autonomous cars with toxic signs. *arXiv* (pp. 1-27).

Smart Dubai. 2018. *AI ethics principles & guidelines.* Retrieved February 01, 2019. https://smartdubai.ae/pdfvi ewer/web/viewe r.html?file=https ://smart dubai .ae/docs/defau lt-sourc e/ai-princ iples -resources/ai-ethics.pdf?Status

=Master&sfvrsn=d4184f8d_6.

Statt, N. (2018). Google reportedly leaving project maven military AI program after 2019. Retrieved February 11, 2019. https://www.theverge. com/2018/6/1/17418406/google-maven-drone-imagery-ai-contract-expire.

Taddeo, M., & Floridi, L. (2018). How AI can be a force for good. *Science*, 361(6404), 751–752.

Tegmark, A. (2017). *Life 3.0: Being human in the age of artificial intelligence*. New York: Alfred A. Knopf.

The IEEE Global Initiative on Ethics of Autonomous and Intelligent Systems. (2016). *Ethically aligned design: A vision for prioritizing human well-being with artificial intelligence and autonomous systems* (pp. 1–138).

The IEEE Global Initiative on Ethics of Autonomous and Intelligent Systems. (2019). *Ethically aligned design: A vision for prioritizing human well-being with autonomous and intelligent systems* (pp. 1–294).

Tufekci, Z. (2018). YouTube, the great Radicalizer. Retrieved March 19, 2018. https://www.nytimes.com/2018/03/10/opinion/sunday/youtube-politics-radical.html.

Vaes, J., Bain, P. G., & Bastian, B. (2014). Embracing humanity in the face of death: why do existential concerns moderate ingroup humanization? *The Journal of Social Psychology*, 154(6), 537–545.

Vakkuri, V., Abrahamsson, P. (2018). The key concepts of ethics of artificial intelligence. In *Proceedings of the 2018 IEEE international conference on engineering, technology and innovation* (pp. 1–6).

Vallor, S. (2016). *Technology and the virtues: A philosophical guide to a future worth wanting*. New York: Oxford University Press.

Veale, M., & Binns, R. (2017). Fairer machine learning in the real world: Mitigating discrimination without collecting sensitive data. *Big Data & Society*, 4(2), 1–17.

Veglis, A. (2014). Moderation techniques for social media content. In D. Hutchison, T. Kanade, J. Kittler, J. M. Kleinberg, A. Kobsa, F. Mattern, J. C. Mitchell, et al. (Eds.), *Social computing and social media* (pp. 137–148). Cham: Springer International Publishing.

Vosoughi, S., Roy, D., & Aral, S. (2018). The spread of true and false news online. *Science*, 359(6380), 1146–1151.

Whittaker, M., Crawford, K., Dobbe, R., Fried, G., Kaziunas, E., Mathur, V., West, S. M., Richardson, R., Schultz, J., Schwartz, O. (2018). *AI now report 2018* (pp. 1–62).

Wiggers, K. (2019). CB insights: Here are the top 100 AI companies in the world. Retrieved February 11, 2019. https://venturebeat.com/2019/02/06/cb-insights-here-are-the-top-100-ai-companies-in-the-world/.

Yu, H., Shen, Z., Miao, C., Leung, C., Lesser, V. R., Yang, Q. (2018). Building ethics into artificial intelligence. *arXiv* (pp. 1–8).

Yuan, L. (2018). *How cheap labor drives China's A.I. ambitions*. Retrieved November 30, 2018. https://www.nytimes.com/2018/11/25/business/china-artificial-intelligence-labeling.html.

Zeng, Y., Lu, E., Huangfu, C. (2018). Linking artificial intelligence principles. *arXiv* (pp. 1–4).

4장 참고문헌

국내문헌

(1) 연구논문

고학수·박도현·이나래, "인공지능 윤리규범과 규제 거버넌스의 현황과 과제", 『경제규제와 법』 제13권 제1호 (서울대학교 공익산업법센터, 2020. 5)

고학수·정해빈·박도현, "인공지능과 차별", 『저스티스』 통권 제171호 (한국법학원, 2019. 4)

권건보·김일환 "지능정보시대에 대응한 개인정보자기결정권의 실효적 보장방안", 『미국헌법연구』 제30권 제2호 (미국헌법학회, 2019)

김건우, "챗봇 이루다를 통해 본 인공지능윤리의 근본 문제", 『횡단인문학』 제10호 (숙명여자대학교 인문학연구소, 2022. 2)

김법연, "유럽연합의 인공지능 규제 관련 법제 동향", 『경제규제와 법』 제14권 제1호 (서울대학교 공익산업법센터, 2021. 5)

김송옥·권건보, "안면인식기술을 이용한 생체인식정보의 활용과 그 한계 -실종아동 등 신원확인을 위한 법제를 중심으로-", 『헌법학연구』 제27권 제1호 (한국헌법학회, 2021. 3)

김현정, "인공지능 기반 사회에 대비한 EU의 전략과 정책 : EU의 AI 규제안을 중심

으로", 『한국과 국제사회』 제5권 제4호 (한국정치사회연구소, 2021)

박광배 · 채성희 · 김현진, "빅데이터 시대 생성정보의 처리 체계 - 추론된 정보의 처리에 관한 우리 개인정보보호법의 규율과 개선 방안에 관한 고찰 -", 『정보법학』 제21권 제2호 (한국정보법학회, 2017)

박해성 · 김법연 · 권헌영, "인공지능 통제를 위한 규제의 동향과 시사점", 『정보법학』 제25권 제2호 (한국정보법학회, 2021)

방정미, "인공지능 알고리듬 규제거버넌스의 전환 - 최근 미국의 알고리듬 규제와 인공지능 윤리원칙을 중심으로 -", 『공법연구』 제49집 제3호 (한국공법학회, 2021)

선지원, "EU의 인공지능 윤리 및 법제 대응: 인공지능의 편익과 위험,, 양 측면을 관리하기 위한 유럽의 노력", 『국회입법조사처보』 통권 제43호 (국회입법조사처, 2019. 12)

선지원, "인공지능 알고리즘 규율에 대한 소고", 『경제규제와 법』 제12권 제1호 (서울대학교 공익산업법센터, 2019)

윤혜선, "인공지능 규제 정책에 관한 연구: 주요국의 규제 정책 사례를 중심으로", 『정보통신정책연구』 제26권 제4호 (정보통신정책학회, 2019)

이보연, "유럽연합의 인공지능 관련 입법 동향을 통해 본 시사점", 『법학논문집』 제43집 제2호 (중앙대학교 법학연구원, 2019)

이수환 · 박소영, "금융분야 AI 가이드라인 도입 추진과 시사점", 『이슈와 논점』 제1878호 (국회입법조사처, 2021. 10. 12)

이인호, "지능정보사회에서 개인정보보호의 법과 정책의 패러다임 전환", 『과학기술과 법』 제11권 제2호 (충북대학교 법학연구소, 2020. 12)

전승재 · 고명석, "이루다 사건을 통해서 보는 개인정보의 인공지능 학습데이터 활용 가능성", 『정보법학』 제25권 제2호 (한국정보법학회, 2021. 8)

조동관, "유럽연합 인공지능 규정(안)", 『최신외국입법정보』 2021-16호 (국회도서관, 2021. 7. 6)

함인선, "AI시대에서의 개인정보자기결정권의 재검토", 『인권법평론』 제26권 제1호 (전남대학교 법학연구소, 2021)

(2) 보고서 및 해설서

송충한, 『주요 국가의 인공지능(AI) 관련 연구윤리 정책 동향 조사』 NRF Issue Report 2020-18호 (한국연구재단, 2020. 11)

유재흥 · 추형석 · 강송희, 『유럽(EU)의 인공지능 윤리 정책 현황과 시사점 : 원칙에서 실천으로』 Issue Report IS-114 (소프트웨어정책연구소, 2021. 3. 25)

윤지영 · 윤성욱, 『AI 융합 촉진을 위한 법제 대응방안』 AI Trend Watch 2021-14호 (정

보통신정책연구원, 2021. 7. 30)

장민선, 「인공지능(AI) 시대의 법적 쟁점에 관한 연구」 연구보고 18-10 (한국법제연구원, 2018. 10)

정보통신기획평가원, 「2020 ICT 기술수준조사 및 기술경쟁력분석 보고서」 (정보통신기획평가원, 2022. 1)

한국규제학회, 「AI시대 규제패러다임 전환과 미래지향 법제도 정립방안 연구」 방송통신정책연구 2020-0-01396 (과학기술정보통신부, 2021. 2)

한국인터넷진흥원, "EU 인공지능(AI) 규제안 주요내용과 개인정보보호", 「2021 개인정보보호 월간동향분석」 제5호 (한국인터넷진흥원, 2021. 5. 31)

한국정보화진흥원, 「데이터 경제의 부상과 사회경제적 영향」 IT & Future Strategy 제7호 (한국정보화진흥원, 2018. 11. 19)

홍성욱, 「인공지능 알고리즘과 차별」 2018 STEPI Fellowship (과학기술정책연구원, 2018. 12)

국외문헌

Cameron F. Kerry, Joshua P. Meltzer, Andrea Renda, Alex Engler, and Rosanna Fanni, Strengthening international cooperation on AI – Progress report, Brookings, October 25, 2021, 〈https://www.brookings.edu/research/strengthening-international-cooperation-on-ai/〉

European Commission, Explanatory Memorandum, Proposal for a Regulation of the European Parliament and of the Council: Laying down harmonised rules on artificial intelligence and amending certain Union legislative acts, April 21, 2021

European Commission, White Paper on Artificial Intelligence - A European approach to excellence and trust, COM(2020) 65 final, 2020

European Commission, Communication from the Commission, Artificial Intelligence for Europe, COM(2018) 237 final, 2018

European Council, European Council meeting (19 October 2017) - Conclusion EUCO 14/17, 2017

European Parliament resolution of 20 October 2020 on a framework of ethical aspects of artificial intelligence, robotics and related technologies, 2020/2012(INL)

FRA(European Union Agency for Fundamental Rights), "Facial recognition technology: fundamental rights consideration in the context of law enforcement",

November 27, 2019

ICO(Information Commissioner's Office), Big data, artificial intelligence, machine learning and data protection, September 2017

Nick Wallace & Daniel Castro, "The Impact of the EU's New Data Protection Regulation on AI", Center for Data Innovation, March 26, 2018, 〈https://datainnovation.org/2018/03/ the-impact-of-the-eus-new-data-protection-regulation-on-ai/〉

Ursula von der Leyen, A Union that strives for more, My agenda for Europe By Candidate for President of the European Commission, Political Guidelines for the Next European Commission 2019-2024, 2019

신문기사

AI타임즈, "EU 의장국, AI 법 절충안 발표…AI 시스템에 관한 새로운 조항 제안", 2022년 1월 25일자, 〈http://www.aitimes.com/news/articleView.html?idxno=142714〉

한겨레, "2년 뭉개다…법무부, '식별추적 사업' 개인정보 영향평가 받는다", 2021년 11월 24일자, 〈https://www.hani.co.kr/arti/economy/it/1020670.html〉

조선일보, "미국 압도한 중국산 AI…결정적 무기는 '14억 인민의 빅데이터'", 2021년 11월 5일자, 〈https://www.chosun.com/economy/mint/2021/11/05/QTNCOP3BKJHZ7E5KFWNM46Q2YY/〉

시사인, "나는 인간이 아니다. 초거대 인공지능(AI)이다", 2021년 11월 4일자, 〈https://www.sisain.co.kr/news/articleView.html?idxno=45918〉

조선비즈, "윤성로 4차산업혁명위원장 '리걸테크 시대 거스를 수 없어… 판결문 개방 시급'", 2021년 10월 30일자, 〈https://biz.chosun.com/it-science/ict/2021/10/30/IVWLSCVUH5EKDGERI2XVBIZMJU/〉

ZDNet Korea, "[기고]인공지능 분야 기술 혁신과 신뢰성 확보의 양립을 위한 제언(장홍성 지능정보산업협회장)", 2021년 10월 28일자, 〈https://zdnet.co.kr/view/?no=20211028094925〉

Martin Heller, "'사람이 이해할 수 있는 AI' 설명가능한 AI를 설명하다", IT World, 2021년 10월 8일자, 〈https://www.itworld.co.kr/news/210149?page=0,0〉

Melissa Heikkilä, European Parliament calls for a ban on facial recognition, Politico, October 6, 2021, 〈https://www.politico.eu/article/european-parliament-ban-facial-recognition-brussels/〉

법률신문, "'알고리즘 설명요구권' 놓고 영업기밀 침해 논란도", 2021년 8월 9일자,

〈https://www.lawtimes.co.kr/Legal-News/Legal-News-View?serial=171566〉

법률신문, "[연구논단]인공지능과 자동화평가 대응권(이대희-고려대교수)", 2021년 1월 7일자, 〈https://www.lawtimes.co.kr/Legal-News/Legal-News-View?serial=166997〉

The Economist, "The world's most valuable resource is no longer oil, but data", 6 May 2017, 〈https://www.economist.com/leaders/2017/05/06/the-worlds-most-valuable-resource-is-no-longer-oil-but-data〉

Mauritz Kop, EU Artificial Intelligence Act: The European Approach to AI, Stanford - Vienna Transatlantic Technology Law Forum, Transatlantic Antitrust and IPR Developments, Stanford University, Issue No. 2/2021, 〈https://law.stanford.edu/publications/eu-artificial-intelligence-act-the-european-approach-to-ai/〉

Eva Maydell, The best way to regulate artificial intelligence? The EU's AI Act, The PARLIAMENT, April 20, 2022, 〈https://www.theparliamentmagazine.eu/news/article/the-best-way-to-regulate-artificial-intelligence-the-eus-ai-act〉

Melissa Heikkilä, A quick guide to the most important AI law you've never heard of, MIT Technology Review, May 13, 2022, 〈https://www.technologyreview.com/2022/05/13/1052223/guide-ai-act-europe/〉

Mikołaj Barczentewicz & Benjamin Mueller, More Than Meets The AI: The Hidden Costs of a European Software Law, Center for Data Innovation, December 1, 2021, 〈https://www2.datainnovation.org/2021-more-than-meets-the-ai.pdf〉

| 저자 소개 | 가나다 순

김건우
서울대학교 물리학과를 졸업하였고, 서울대학교 과학사및과학철학협동과정 대학원에서 과학철학으로 석사를, 서울대학교 법학대학원에서 법철학으로 박사 학위를 받았다. 현재 광주과학기술원(GIST) 기초교육학부 부교수(법학)로 재직하고 있다. 주된 연구 관심사는, 법철학의 다양한 측면에서 법의 토대를 검토하는 것과, 인공지능 등 첨단 과학기술을 둘러싼 윤리적·법적·사회적 문제를 탐색하는 데에 있다. 최근에는 이 두 광대한 분야를 종합하여 인간, 사회, 자연의 구획을 넘어서는 총체적 견지에 서서, 법학과 윤리학을 포함한 규범학 일반의 탈근대적 토대를 모색하는 연구 기획에 주력하고 있다. 관련 주제로 다수의 논문을 썼으며, 역서로 프레더릭 샤워, 『법률가처럼 사고하는 법』이 있다.

김송옥
중앙대학교에서 법학박사학위(공법학 전공)를 받은 후, 중앙대학교 공공인재학부와 대학원에서 헌법과 프라이버시법을 강의하고 있다. 헌법과 정보법으로 특화하여 연구를 해왔으며, 최근에는 인공지능과 관련한 연구에 주력하고 있다. 주요 논문으로는 「경찰의 안면인식기술 사용과 관련한 영국 판결의 헌법적 함의」, 「익명보도의 원칙의 판례법적 수용에 대한 비판적 고찰」, 「가명정보의 안전한 처리와 합리적 이용을 위한 균형점-데이터3법에 대한 헌법적 평가를 겸하여」 등 다수가 있다.

심우민
경인교육대학교 사회과교육과에서 법(학)교육 관련 과목들을 중심으로 강의하며, 동 대학의 입법학센터장으로 재직 중이다. 국회입법조사처 입법조사관으로 정보통신법제 업무를 담당해온 바 있으며, 이와 같은 경험을 바탕으로 IT법학, 입법학 및 기초법학적 논제들을 주요 연구 대상으로 삼고 있다. 관련 저술로는 *The Rationality and Justification of Legislation* (공저, 2013), 『입법학의 기본관점』(2014), 『인공지능의 발전과 알고리즘의 규제적 속성』(2016), 『인공지능과 법패러다임 변화 가능성』(2017), 『인공지능 시대의 입법학』(2018), 『데이터사이언스와 입법실무』(2019), 『디지털 전환과 사회갈등』(2021), 『디지털 전환과 법교육의 미래』(2022) 등이 있다.

윤혜선

한양대학교 법학전문대학원에서 행정법을, 인공지능대학원에서 AI와 법을 강의하고 있다. 생화학과 생리학을 학부와 대학원에서 전공한 후 법학으로 전향하여 미국과 캐나다 변호사 자격 취득 후 캐나다와 국내 로펌에서 짧게 재직하였다. 방송통신, 데이터, 인공지능, 바이오, 원자력 분야의 행정법적 이슈와 규제 및 입법 정책을 주로 연구하고 있다. 최근 연구논문으로는 「보건의료데이터의 안전한 활용을 위한 법제도 연구」, 「키워드 네트워크와 BERT 모델을 활용한 인공지능 관련 국내외 법학연구 동향과 함의」, 「인공지능의 사회적 수용성과 법제도의 기능적 관계에 관한 소고」 등이 있으며, 저서로는 *Data Justice and COVID-19: Global Perspectives*, 『4차 산업혁명 시대의 기술혁신과 규제정책』 등이 있다.

이상용

건국대학교 법학전문대학원에서 민법을 강의하고 있다. 10여 년간 판사로 재직하였고, 한국인공지능법학회 초대 회장을 역임하였다. 민법 전반에 관한 연구 외에 인공지능 및 데이터와 관련된 법과 정책의 문제를 주로 연구하고 있다. 주요 논문으로는 「인공지능과 계약법」, 「인공지능과 법인격」, 「알고리즘 규제를 위한 지도(地圖)」, 「데이터 거래의 법적 기초」, 「데이터세트에 대한 배타적 보호」 등이 있으며, 저서로는 『데이터세트 보호 법제에 관한 연구』 등이 있다.

틸로 하겐도르프

독일 슈투트가르트 대학의 인공지능윤리 연구자로서 독립연구그룹을 이끌고 있다. 인공지능윤리 외에 사회철학 및 동물윤리 분야 등에서도 연구성과를 발표해왔으며, 여러 대중매체를 통한 강연과 인터뷰 등의 활동도 활발하게 하고 있다.